职业院校
汽车类"十三五"规划教材

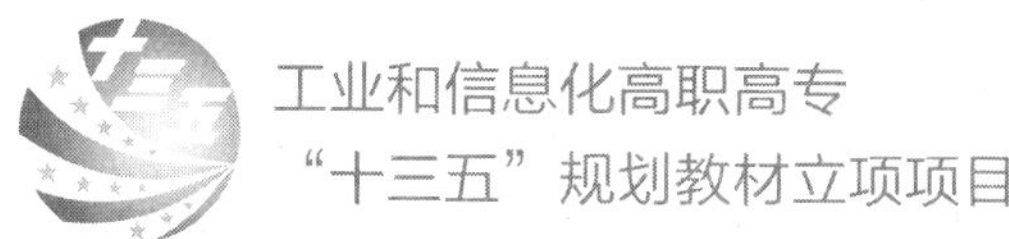

工业和信息化高职高专
"十三五"规划教材立项项目

4S店主营业务与汽车营销

Auto 4S Shop and Marketing

◎ 王丽霞 韩艳君 主编
◎ 常兴华 于丽娜 陈霞 副主编

人 民 邮 电 出 版 社
北 京

图书在版编目（CIP）数据

4S店主营业务与汽车营销 / 王丽霞，韩艳君 主编
. -- 北京 : 人民邮电出版社，2015.12
职业院校汽车类“十三五”规划教材
ISBN 978-7-115-41272-0

Ⅰ. ①4… Ⅱ. ①王… ②韩… Ⅲ. ①汽车－专业商店－经营管理－高等职业教育－教材②汽车－市场营销学－高等职业教育－教材 Ⅳ. ①F717.5②F766

中国版本图书馆CIP数据核字(2015)第305888号

内 容 提 要

全书分上、中、下三篇，共计12个任务。上篇：汽车4S店主营业务，主要对汽车4S店进行整体介绍，对目前4S店汽车销售业务、售后服务业务、汽车配件及金融业务等进行详细阐述，共计2个任务；中篇：汽车营销理论，主要对汽车市场、营销战略和营销策略进行分析，共计3个任务；下篇：汽车销售实务，主要对销售背后的主线汽车销售流程进行分环节实战介绍，包括初次接触、需求分析、新车展示、试乘试驾、谈判成交、车辆交付、客户跟踪，共计7个任务。每个任务结束后都安排了任务专项实训。通过实训任务的准备、布置、完成和评估，读者可进一步巩固、强化对基础知识的掌握及汽车销售职业能力的培养。

本书可作为高等职业教育汽车营销类教学用书，也可供有关销售人员参考、自主学习及汽车销售企业对员工培训之用。

◆ 主　　编　王丽霞　韩艳君
副 主 编　常兴华　于丽娜　陈　霞
责任编辑　刘盛平
执行编辑　王丽美
责任印制　焦志炜

◆ 人民邮电出版社出版发行　　北京市丰台区成寿寺路11号
邮编　100164　　电子邮件　315@ptpress.com.cn
网址　http://www.ptpress.com.cn
大厂聚鑫印刷有限责任公司印刷

◆ 开本：787×1092　1/16
印张：17　　　　2015年12月第1版
字数：449千字　　　　2015年12月河北第1次印刷

定价：42.00元

读者服务热线：(010)81055256　印装质量热线：(010)81055316
反盗版热线：(010)81055315

前言

近年来，随着汽车产业的快速发展及人们对汽车需求迅速膨胀的现状，购车的人越来越多。但是汽车销售产业能否顺畅发展，人们能否买到称心如意的爱车，除了国家经济发展状况和个人经济条件外，还要看汽车销售人员的整体素养，能否帮助客户买到一辆适合自己的车。目前汽车产业的发展对汽车销售人员的要求也越来越高，这就对我们高职高专院校人才培养提出了挑战，要求我们能够培养出合格优秀的高素质技能型高端汽车销售人才来满足汽车销售产业界的需求。

目前，高职高专汽车院校汽车销售专业相关教材都是关于汽车营销原理及汽车销售实务两大方面的内容，依据汽车 4S 店经营范围现状，要求学生除了掌握上述两大方面知识和技能外，还要熟知汽车 4S 店的整体状况、组织架构、主要业务及操作流程，这样才能保证学生就业后更好、更快地适应汽车销售岗位，培养学生可持续发展力。为此，我们编写了这本《4S 店主营业务与汽车营销》教材。这也可以算是营销教材编写上的一大突破。

“4S 店主营业务与汽车营销”主要让学生了解和认识汽车 4S 店的整体架构、掌握汽车营销原理，培养汽车销售职业能力和技能，是高职高专汽车院校汽车技术服务与营销专业必修的一门核心课程。

本书以培养、训练和提升学生汽车销售素养及综合销售技能为核心，遵循认知（汽车 4S 店整体介绍、组织架构等）——内化（汽车营销原理）——提升（汽车销售技能训练）的理念，整合汽车销售环境、营销前沿理论、汽车销售实践内容于一体，采用任务教学的方式组织内容，分上篇、中篇、下篇，共计 12 个任务。每个任务都有知识目标、能力目标、任务导入、课程导航和知识解读，最后安排了任务专项实训。知识目标和能力目标为学生指明学习方向；任务导入让学生带着问题阅读资料，帮助学生探索要完成上述学习任务需要具备哪些知识；课程导航让学生由浅入深了解知识结构；知识解读进行知识和能力的具体阐述和诠释；任务专项训练是对整个任务的巩固和提高，完成知识迁移，转化成职业能力，达成技能目标。

通过 12 个任务的学习和训练，学生不仅能够认识和了解汽车 4S 店及 4S 店主要业务流程规范，而且还能掌握营销基本原理，树立良好的营销理念，并能学会运用汽车销售的技能技巧，满足企业对高素质、技能型人才的需要。

本书的参考学时为 98 学时，建议采用任务驱动、理实一体化的教学模式，具体参考学时如下。

学时分配表

项　目	课程内容	学　时
任务一	汽车 4S 店整体介绍	6
任务二	汽车 4S 店主营业务	24
任务三	汽车市场分析	12
任务四	汽车市场营销战略分析	8
任务五	汽车市场营销策略分析	16

续表

项　目	课 程 内 容	学　时
任务六	初次接触	4
任务七	需求分析	6
任务八	车辆展示	6
任务九	试乘试驾	6
任务十	谈判成交	2
任务十一	车辆交付	4
任务十二	客户跟踪	4
课时总计		98

本书由长春职业技术学院王丽霞、长春市城建工程学校韩艳君任主编，长春职业技术学院常兴华、于丽娜、陈霞任副主编，参加本书编写的还有长春职业技术学院杨建新、毕然、曲雪苓、周立香、陈燕、左晨旭。

由于编者水平和经验有限，书中难免有欠妥之处，恳请读者批评指正。

编　者

2015年10月

目 录

●上篇　汽车 4S 店主营业务●

●中篇　汽车营销理论●

下篇　汽车销售实务

上篇

汽车 4S 店主营业务

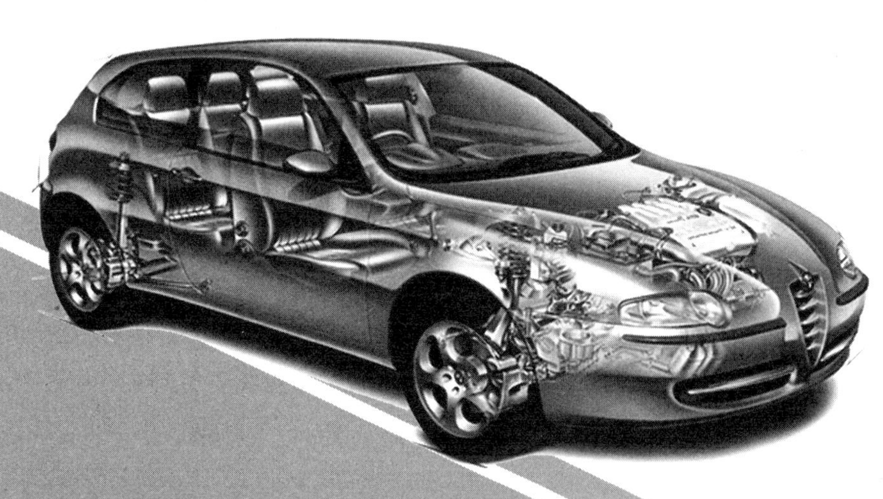

任务一 汽车 4S 店整体介绍

知识目标

1. 了解汽车 4S 店的含义、发展历程、优势、现状及未来趋势
2. 掌握汽车 4S 店的业务组成及功能作用
3. 认识汽车 4S 店的整体组织架构

能力目标

1. 能够主动了解和认识更多的汽车销售模式
2. 能够帮助企业培养具备 4S 店基本销售素养的销售人才

任务导入

请结合下面的资料，分析汽车 4S 店的概貌、业务组成及整体架构，谈谈你对汽车 4S 店的认识。此外，你还了解哪些汽车销售模式？

广州本田奉贤店是广州本田汽车有限公司授权的广州本田汽车 4S 服务店。该 4S 店拥有 600m^2 宽敞明亮、环境优雅的销售展厅，有 3000m^2 先进的汽车维修车间，设备完善，还有备件充足的零部件仓库，信息化的客户休息室。

4S 店严格按照广州本田特约模式建立，具有严密的组织管理体系，良好的运营模式。公司严格执行广州本田汽车特约销售服务店领先规范的管理模式，围绕“超越客户的期望值”的经营理念，培养高素质的销售团队和高技术水平的维修技术骨干，“终身享受喜悦服务”的服务宗旨，让客户收到购买的喜悦。

4S 店的业务范围包括保险、新车入户、消费信贷、二手车评估和置换服务等，具有完善的售后服务体系，为客户提供维修保养、保险理赔、汽车美容等专业服务，专门设有 24 小时维修热线和急救拖车服务，全面实现为顾客提供“超越客户的期望值”的诚信服务。

分析：

从上述材料中我们能了解到汽车 4S 店的部分构成，如展厅销售和售后维修等硬件设施，还可以知道汽车 4S 店的部分业务经营范围，如果想要了解更多的关于汽车 4S 店的相关知识，必须还要掌握汽车 4S 店的发展、业务组成、功能及整体架构。

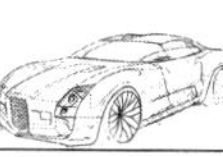

课程导航

1. 汽车 4S 店概述
2. 汽车 4S 店业务组成与功能
3. 汽车 4S 店的组织架构

知识解读

一、汽车 4S 店概述

现在国内汽车市场已进入服务制胜的时代，而作为向汽车消费者提供销售和服务的终端，汽车 4S 店已经成为整车企业越来越重视和青睐的渠道模式。下面两组图分别展示了奥迪 4S 店外观（见图 1-1）、宝马 4S 店外观（见图 1-2）及展厅内部效果（见图 1-3 和图 1-4），看起来确实让消费者感觉清新优雅。

图 1-1　奥迪 4S 店外观

图 1-2　宝马 4S 店外观

图 1-3　4S 店展厅内部效果图

图 1-4　4S 店展厅内部效果图

（一）汽车 4S 店的含义

汽车 4S 店是一种以“四位一体”为核心的汽车特许经营模式，包括整车销售（Sale）、零配件（Sparepart）、售后服务（Service）、信息反馈（Survey）。它拥有统一的外观形象，统一的标识，统一的管理标准，只经营单一品牌的特点。4S 店的核心含义是“汽车终身服务解决方案”，是为了满足客户在服务方面的需求而推出的一种业务模式。4S 店是一种个性突出的，具有渠道一致性和统一性的文化理念，它在提升汽车品牌、汽车生产上的优势是显而易见的。

（二）汽车 4S 店的源起

汽车 4S 店是 20 世纪 80 年代出现于欧洲并在欧洲逐渐成熟的一种汽车营销方式。4S 店在欧洲出现和成熟是有其客观背景的，首先，欧洲汽车市场上的品牌比世界任何其他地区的汽车品牌都要多，在这块城市密布、交通便利、各种服务设施完备的大陆上，车型集中，并且每种车型都有较大的保有量。其次，汽车行业技术更新换代很快，汽车车型层出不穷，为了吸引更多的顾客和进一步提高利润，生产商和销售商一方面依靠上述手段吸引消费者，另一方面又在营销手段上做文章，在这种背景下4S店应运而生。

（三）汽车4S店的特点

1. 全程服务与全员服务的结合

全程服务是指汽车从设计生产，再到流通销售和售后，最后到汽车的报废这一过程中的服务。在汽车的整个“生命周期”中，需要企业所有部门的员工都要为顾客提供服务，包括有形的和无形的。根据服务的不同，所需要提供服务的人员也是不同的，如技术性的服务由于其专业性所限制，只能由汽车专业技术人员提供，而销售服务则可由非技术人员负责。

2. 多层次有针对性的服务

汽车4S店的客户主要分为两类。将要购买汽车的人和已经购买汽车的人。对于潜在客户，应该通过各种途径了解他们的购车心理，关注其在意的购车因素，并给予他们最好的服务。对于老客户，应该更多地关注他们已经留下的资料信息，争取在已有的信息资料的基础之上建立一个客户数据库，给予他们更好的售后服务，这也是发掘潜在客户的一个重要途径。

3. 定点的服务

服务存在依附性，必须要与一定的有形产品或者是固定场所联系起来。对于汽车4S店来说，汽车的服务营销必须要在汽车市场或者是售后服务中心进行。由于汽车的价值比较高，因此汽车的成交率与销售环节以及售后服务环节联系密切。

4. 对服务人员素质要求高

对于服务这种无形的产品，其是否被顾客所认可，很大程度上取决于消费者对提供服务人员的认可，不仅包括对他们的专业技术、技能的认可，也包括对他们的服务态度的认可。服务人员不仅要注意服务的态度、说话的语气和时机、说话的技巧等方面，还要有所针对性，根据不同的客户，不同的场合采取不同形式的服务。

（四）汽车4S店的优势

1. 信誉度好

4S店有一系列的客户投诉、意见、索赔的管理系统，给车主留下了良好的印象，而普通改装店由于人员素质、管理等问题，经常是出了问题找不到负责的，相互推诿，互相埋怨，给车主留下非常恶劣的形象。

2. 专业性强

由于4S店大多只针对一个厂家的系列车型，有厂家的系列培训和技术支持，对于车的性能、技术参数、使用和维修等方面都是非常专业的，做到了“专而精”，而汽车用品经销商接触的车型多，对每一种车型都不是非常的精通，只能做到“杂而博”，在一些技术方面多是只知其一，不知其二，所以在改装一些需要技术支持和售后服务的产品时，4S店具有很大的优势。

3. 售后服务优

随着竞争的加大，4S店商家越发注重服务品牌的建立，加之4S店的后盾是汽车生产厂家，所以在售后服务方面可以得到保障。

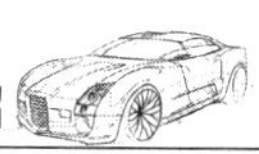

（五）国外、国内汽车 4S 店发展历史

1. 国外汽车 4S 店的发展

作为汽车 4S 店模式的起源地欧洲，由于交通便利、汽车业发达和汽车保有结构上的优势等，汽车 4S 店“四位一体”的经营模式才得以在多数欧洲国家存在和发展。以德国为例，全国人口约为 8100 万，汽车拥有量 5000 万辆，而其中轿车多达 4200 万辆，且各汽车品牌多集中在欧洲本土生产的大众、奔驰、宝马等大型汽车集团旗下。欧洲汽车销售体系的建立是以汽车整车企业为中心的，无论哪种销售体制，分销商、代理商和零售商的一切经营活动都是为整车企业服务（见图 1-5）。它们之间一般通过合作或产权等为纽带，依靠合同把销售活动与双方的利益紧密地联系在一起。

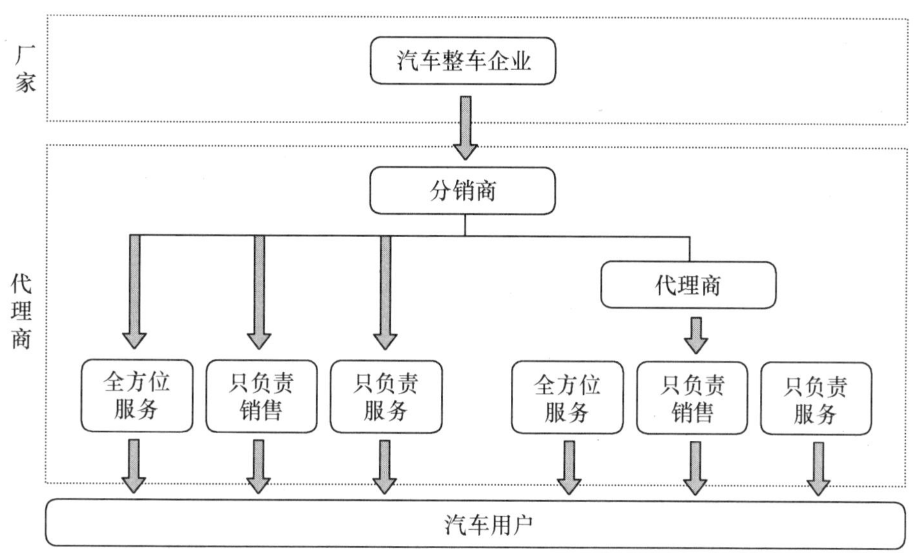

图 1-5　欧洲汽车销售服务渠道模式

然而，在 90 年代已有上百年汽车发展历史的欧洲，在进入 20 世纪末时汽车 4S 店营销模式已显颓态。销售网点过于密集，利润空间逐年减少，经销商无利可图，最终导致大量 4S 店只能合并或者破产。因此，欧盟开放了汽车销售形式，重新设计适应新环境的营销形式，将销售和维修完全分开，并对汽车零售业进行改革，允许多品牌经营，减少中间环节，以达到降低成本和促进消费的目的。欧盟的改革和 4S 店集中销售的方式大相径庭，说明 4S 店的营销模式已经不适合欧洲。

（1）汽车 4S 店在美国的发展

美国作为全球第一大汽车强国，近年来汽车销售量不断增长，即便是在困难重重的 2009 年，汽车销售量也在 1000 万辆以上。与其新车销量相对应的，美国的汽车市场和营销模式也处于世界领先地位。美国传统的汽车销售是从整车企业到特约经销商再到顾客，每个地区设立地区机构负责产销关系，同时设有配件中心供应配件，还设有负责修理及培训的维修中心。

美国汽车销售的主流模式仍然是汽车专卖店，厂家不直接参与销售商工作。全美大多数汽车专卖店只做销售，少数具有一定规模的才会建有售后服务体系。其主要原因是销售商提供维修服务费用很高，3S、4S 的传统经销模式经销点的建立和运行费用都很昂贵。而且，由于汽车科技含量的迅猛提升，所需的维修设备也越来越昂贵，没有必要每个经销商都购置一套。所以，美国的汽车售后服务逐渐趋向专业化经营，汽车销售已经实行销售和售后服务的分离，如汽车金融服务、保险服务等已从原有的售后服务体系中独立出来。因此，在美国，真正意义上的汽车 4S 店并不是汽车销售服务渠道的主流模式（见图 1-6），还有独立的汽车服务企业，直接针对汽车用户个体。

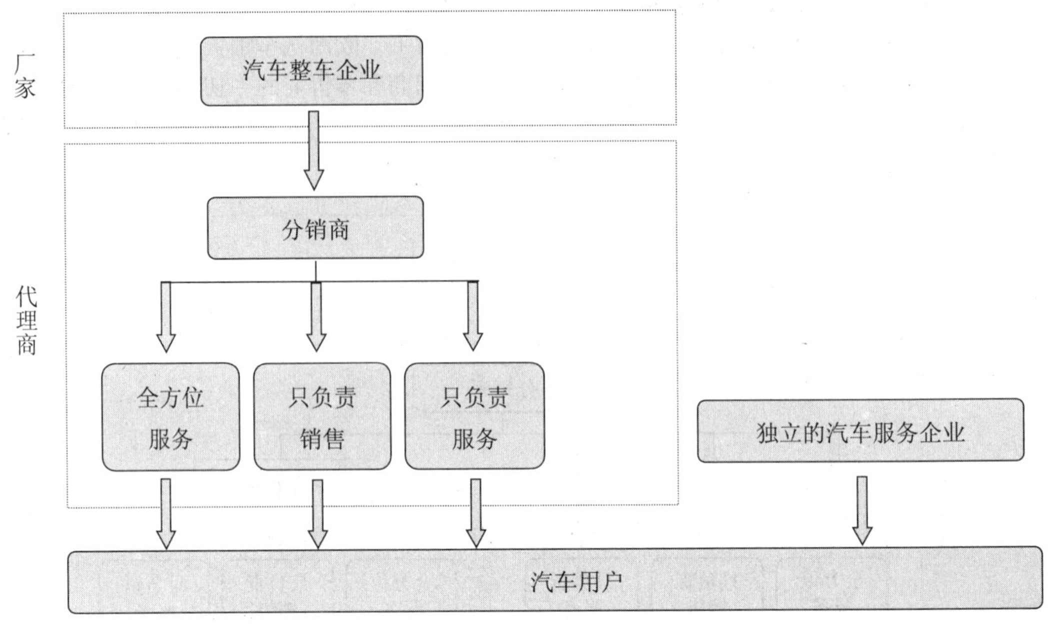

图 1-6　美国汽车销售服务渠道模式

（2）汽车 4S 店在日本的发展

日本的汽车销售服务渠道体系以整车企业为投资方的汽车 4S 店和独立经销商经营的 4S 店是日本汽车销售服务渠道的主流，独立汽车服务企业则有效地补充了汽车销售服务市场，这三方在日本汽车市场同时并存，如图 1-7 所示。日本汽车销售模式以地区经销店为代表，业务构成分 3 块，即新车、二手车和售后服务。地区经销总店一般负责一个县的品牌销售，经销总店下设若干分店，遍布全县。总店具有全套功能，包括整车销售、旧车交易、维修、配件销售等，并负责组织该地区统一进货，分店的功能除了整车销售外还提供一些易损备件，具备简单的维修设备。在日本的售后服务市场，大型汽车整车企业往往是主力军，由他们参股投资的维修企业规模较大，服务功能主要是定点维修品牌车。除此之外，也有一些独立的售后服务企业。与大型维修企业形成互补关系的这些小型连锁店通过全国联网形成最大程度的信息互动与资源共享，巧妙地调动了小型汽修店的灵活性。

2. 国内汽车 4S 店的发展

（1）国内汽车 4S 店的起源

我国汽车 4S 店的发展相对较晚。20 世纪 90 年代以前，汽车的生产和销售主要有 5 种渠道，分别是联营联合经销公司、独资公司、特约经销公司、一般性经销公司和汽车生产企业自销或直销。当时的汽车市场供不应求，整车企业无需推销。但从 90 年代中期开始，随着汽车市场竞争越来越激烈、个人购车比例快速增大，汽车市场逐步由卖方市场转为买方市场，企业的市场销售越来越被动。长期以来由于重生产、轻流通造成相对落后的汽车销售和服务体系，与汽车产业进一步健康发展和保障广大消费者合法权益之间的矛盾也越来越突出。

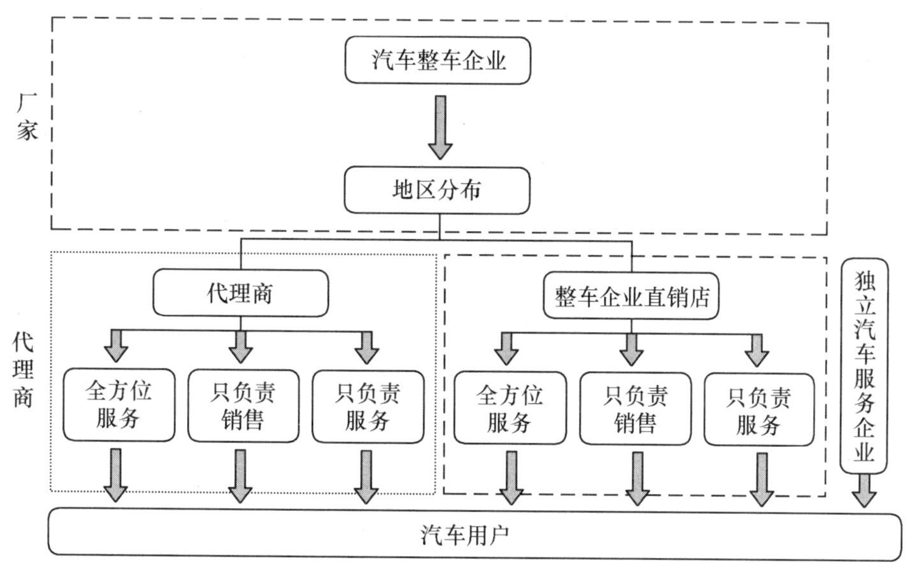

图 1-7 日本汽车销售渠道模式

1997 年年底，在中国汽车销售流通体制改革研讨会上，汽车整车企业开始建立一种新的营销体系，即以汽车整车企业的整车销售部门为中心、以区域管理中心为依托、以特许或特约经销商为基点、受控于整车企业的全新营销模式专卖店。1998 年起，随着“广州本田汽车特约销售服务店”“上海通用汽车销售服务中心”“风神汽车专营店”的逐一亮相，标志着以品牌经营为核心的汽车 4S 店模式在中国正式登陆。

（2）国内汽车 4S 店的发展现状

由于客户消费心理的不断成熟，需求日益多样化，对产品、服务的要求也逐渐趋于严格，而原有的代理销售体制远远不能适应市场与客户需求。汽车 4S 店的出现，恰好能满足客户的各种需求，它可以提供装备精良、整洁干净的维修区，现代化的设备和服务管理，高度职业化的气氛、良好的服务设施、充足的服务备件供应、迅速及时的售后跟踪服务体系等。通过汽车 4S 店的服务，可以让客户对品牌产生信赖感和忠诚度，从而扩大汽车的销量。4S 店与各个厂家之间建立了紧密的产销关系，具有购物环境优美、品牌意识强等优势，加上一波经济高速发展的浪潮，国内本土汽车生产商和经销商纷纷模仿外国汽车在中国的特约经销商在全国各地开办 4S 店，仅仅十年左右的时间，中国的各种汽车品牌的 4S 店已经达到 9000 家左右，数量居世界首位。

然而，随着时间的推移，4S 店销售模式面临极大挑战。早在 2004 年，由于汽车市场低迷，给正在大规模兴建汽车销售 4S 店的狂潮当头一棒，除一些前期进入并经营良好的宝马、本田、现代等汽车销售 4S 店基本上还是处于较好的经营状态外，多数规模较小，品牌较低的汽车 4S 店日子都不好过，只要建汽车销售 4S 店就盈利的神话就此破灭，随后 2009 年金融危机的爆发，经济持续减速，销售不利、库存积压严重、流动资金匮乏等不利因素的刺激，导致汽车经销利润大大减少，大量汽车 4S 店随即面临倒闭，很多 4S 店出现全亏损现象，甚至出现资金链断裂从而走向消亡，而一些仍在市场上打拼的品牌店，却发现他们不得不面临争夺一个可能越来越小的蛋糕的命运，经营困难成为普遍现象。近几年，我国汽车 4S 店发展处于调整期，4S 模式仍然主导当前的渠道销售，但是这种表面的渠道模式背后其实已经隐含着变革方向，充满了各种挑战。总体来说，汽车 4S 店的形成与发展是与我国汽车行业的发展紧密相连的，当经济环境有利汽车行业发展时，必然带来汽车 4S 店的发展；当汽车行业自身存在诸多问题时，也必然带来汽车 4S 店的冲击。

（3）国内汽车 4S 店发展存在问题

① 产业链太短，产生利润的环节有限。由于服务相对简单，对售后维修不够重视，服务跟不上就无法满足客户的要求，更别提增值服务。而在整车销售利润渐趋式微的大势下，服务将成为中国 4S 店经营的救命稻草。用户买车只花了 20%的钱，80%将消耗在用车过程中，当汽车服务市场形成完整高效的产业链条时，利润将会稳定而持续。但是当前大多数 4S 店并未真正重视自身产品链的构成，造成产品链太短，能够产生利润的环节有限。

② 过度投资造成过度竞争。几乎每个新品牌进入中国，都要大张旗鼓地投资建网，每个品牌的 4S 店少则 100 多家，多则超过 300 家。销售网点过于密集，利润空间逐年减少，随着竞争加剧和投资逐步增大，4S 店难以支撑其运作成本，对 4S 经销商来说是一个很大的风险。

③ 经销商与汽车生产厂家地位不对等。因 4S 店只是汽车生产厂家的销售机构，汽车厂家从自身的利益最大化出发，对 4S 经销商进行强行搭售、强制性接车现象并不少见。而 4S 店因为担心汽车厂家将其 4S 资格收回，不得不大量积压库存，厂家的库存压力通过 4S 店推向了社会。汽车价格高，大量库存必然导致资金占用的增加，进而导致费用的增大，不得以企业必然低价销售，将导致利润的大幅度下降。

④ 4S 店初期投资过高，经营成本高。据调查，一个 4S 店的固定资产投资在 1000 万 ~ 1500 万元，流动资金要求在 1000 万元，总投资少则三五千万元，多的上亿元。在汽车企业的严格规定下，一个集展示、销售、维修保养为一体的 4S 店要占地 3000 ~ 10000m^2，有工位 20 ~ 30 个。成本都在 2000 万元以上，回收期大多 6 ~ 8 年时间，实际远超过此限。此外，汽车专卖店追求数量增长之时，提升档次之风也越演越烈。巨大的投入使卖车成本居高不下，一家 4S 店即使一台车不卖，一天维持运转的水、电等的运营费用在一万元以上。

⑤ 对客户来说维修成本太高，服务低于预期产生客户流失。4S 店真正想实现赢利，需要通过维修和售后服务，但是 4S 店售后服务体系不完善，一是售后服务人员技术等“软件”缺乏；二是零部件的垄断销售。4S 店的维修保养费用会比普通快修店高出 70%以上，而且价格缺乏透明度，服务项目少且不能提供所需的延伸服务，让客户感觉不到服务超过其期待，就会向路边店、普通的维修厂流失。

（4）我国汽车 4S 店未来发展趋势

① 业务多元化，扩大利润来源。受各种资源的限制，单一的 4S 店不可能全部满足庞大的汽车产品“后市场”产业链的经营或服务要求，4S 店与同一条价值链上的上游厂家和下游“后市场”服务商之间进行协作的纵向联合成为一种必然趋势。在此基础上建立起该品牌的价值链，如汽车用品、汽车改装、汽车救援、二手车交易、物流运输、金融服务、出租和租赁、汽车俱乐部、汽车检测、汽车认证、停车场和加油站等业务的经营和服务，从而变单点竞争为价值链竞争和专业化规模竞争。因此，业务的多元化必将是 4S 店今后的发展方向，特别是二手车置换和汽车金融服务会是业务拓展的重点。这些业务一方面与 4S 店的服务精神相吻合，另一方面这些业务的利润率都比较高。因此，实施不背离服务精神的多元化经营战略能够极大地帮助 4S 店抵制市场风险。

② 整合与重组。在经过几年的跳跃式发展后，国内汽车 4S 店模式已经相当泛化。很多整车企业在国内市场上一家就有几套 4S 店网络，特别是一些跨国集团，在各方利益的博弈下，有的是国内生产的一套、进口的一套网络；有的是甲合资整车企业一套、乙合资整车企业一套网络。而现在市场的变化已经使 4S 店通过独享资源、独立经营的方式赚取垄断利润的时代一去不复返。为了保持竞争优势，4S 店特别是同一品牌的 4S 店之间必将出现横向联合的局面。

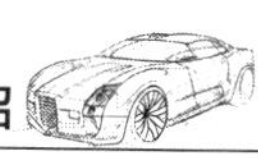

4S 店以共同利益为基础逐步走向战略联合，竞合互动、避免恶性竞争，共享专业化规模优势的好处，在竞争与合作过程中不断得到发展。

激烈的竞争也将使兼并重组成为 4S 店模式的一种整合方式，一批实力弱小、经营管理不善的 4S 店被淘汰后，一批实力强、集团化的经销商将脱颖而出，这会在很大程度上有利于提高 4S 店模式的整体竞争能力。

③ 创造自己的品牌。加强宣传自己 4S 店的知名度，不要完全依赖于汽车生产厂家，汽车 4S 店在拥有自己的品牌价值之后，在与处于汽车价值链上游的汽车生产商进行博弈的时候就能拥有更大的话语权，从而就能够部分控制住自己的利润空间。同时制定自己的发展战略，保持自己的独立性，有自己的一套适应市场的生存法则，这样在面对变幻莫测的竞争市场时才能游刃有余。最后还要注重对消费者市场的调研，获取消费者市场的变化以便及时做出反应。

④ 合理规划网点布局，降低运营成本。汽车市场是一个需求决定生产的市场，汽车销售网点的规划建设，必须遵循市场发展规律，根据市场发展需求，引导汽车生产和销售，并用科学的方法对汽车市场进行理智的分析和预测，并结合各区域经济发展现状、消费偏好以及未来预期等因素，合理规划布局汽车 4S 店。盲目上马过多过滥的汽车 4S 店，不仅形成资源浪费，造成成本的增加，更主要的是造成 4S 店经营举步维艰。尽管 4S 店营销模式是目前比较先进和科学的经营形式，但也不是唯一的营销模式，根据各汽车生产商、经销商以及区域社会经济的具体情况，也可以采取设立 3S 店、2S 店等汽车营销方式，在减少资金投入、降低运营成本、避免恶性竞争、符合不同区域社会经济发展的同时，也能建立起多层次的更加丰富的汽车营销体系。

随着一线城市汽车市场逐渐饱和，二三线地区市场将会成为未来车市增长主力。对于二三线城市来说，4S 店的营销模式显然既不现实也不经济，而低成本、小规模的 2S 店成为消费者更好的选择。2S 店投资风险小，成本低，运营灵活，如果行情不好，2S 店关门停业对于品牌来说影响也不大；如果市场发展形势不错，2S 店在区域市场经营的效果就能体现，投资方也能根据自己的需求向厂家申请将 2S 店升级成为 4S 店，这样也能在获取稀缺的品牌授权资源时占据先机。目前，很多厂家已经在二三线城市推出了 2S 店模式。比如，广汽本田一直引以为傲的 4S 店模式率先被自己打破，鼓励经销商在二三线城市设立较小规模的展厅，再配备可以为客户提供保养以及快修等简单服务功能的二级网点；东风雪铁龙变通经营思路，在二三线城市推出“2S+A 模式”，2S 指的是配件+维修，A 指的是销售；上汽集团也酝酿在二三线市场运作“迷你店”模式，最低 15 万元就能申请到一个这样的销售店。

⑤ 注重服务而不是注重销量。提升工作人员的素质和完善各项工作制度尤其是售后服务态度极为重要，无论是销售人员、技术人员及其他的工作人员，对他们的专业素养的培养一定要重视，只有让消费者享受到一流的服务，他们才会认可 4S 店与其他店不同的地方，毕竟 4S 店是一个以提供完美服务为最终营销思路的营销方式，没有了服务，4S 店的精神也就没有了，其具有的各种优势也无从发挥，所以为了最大限度地发挥 4S 店的优势，4S 店必须提供最好的服务。

二、汽车 4S 店业务组成与功能

汽车 4S 店作为特许经销商进行运营的汽车销售渠道模式，其发展之处，业务范围紧紧围绕整车销售、零配件、售后服务和信息反馈开展。随着时间的推移，人们需求的不断增多，现在这种销售运营模式的业务范围也有很大扩展，同时也增加了很多功能。

（一）汽车 4S 店的业务组成

汽车 4S 店的业务主要有整车车辆销售、汽车零配件销售、汽车售后服务、保险业务、贷款与租赁业务、二手车评估与置换业务、精品销售、装饰装潢、其他业务（包括新车入户、车辆购置附加费缴纳等）。

（二）汽车 4S 店的平面布置及功能

1. 平面布置

汽车 4S 店的平面布置主要有销售展厅（见图 1-8）维修接待区（见图 1-9）、客户休息区（见图 1-10）、售后服务维修车间（见图 1-11）、配件库（见图 1-12）、精品展示（见图 1-13）、装饰装潢区（见图 1-14）、保险理赔区（见图 1-15）、二手车评估与置换区（见图 1-16）、行政管理办公区（见图 1-17）等。

图 1-8　销售展厅

图 1-9　维修接待区

图 1-10　客户休息区

图 1-11　售后服务维修车间

图 1-12　配件库

图 1-13　精品展示

图 1-14　装饰装潢区

图 1-15　保险理赔区

图 1-16　二手车评估与置换区

图 1-17　行政管理办公室区

2. 汽车 4S 店的功能及各平面区域组成

（1）销售展厅

销售展厅主要是完成需求分析、新车展示和谈判成交的功能，是汽车品牌形象和品牌理念的传递中心区，设有展示车位、总接待台、洽谈桌、儿童活动区域、精品展示区、销售办公区等部分，可以说是汽车 4S 店功能较多的地方。销售展厅主要对车辆进行展示销售，向客户介绍车型、技术参数，办理购买手续等的地方，协助客户购买称心如意的车辆。

（2）维修接待部

维修接待部的主要功能就是帮助进店客户进行车辆维修、保养等。它的平面布置区域包括客户维修接待区、客户休息区和维修车间。在维修接待区对维修车辆进行接待、登记、预检，一般有 2 ~ 3 个工位，就近于维修车间，并能方便预检车辆预检完毕后直接进入维修车间。客户不允许在维修车间停留，而是到客户休息区等待。

客户休息区布置舒适，可有配套的咖啡吧、电脑上网、影视屏幕、糖果小吃等，要求有一面玻璃墙，可以直接看到维修车间，以使客户随时观察自己车辆维修、保养的进展程度，显示出厂家技术操作的规范性、技师技能的专业娴熟与可信任的理念。

同时维修接待区和客户休息区还具有零配件展示和销售功能，设有展示架和精品摆放，临近维修接待区还设有收银台。

（3）维修车间

维修车间主要有对客户的完好车辆进行保养服务，对事故车进行维修，对部分客户的车辆进行改装等功能。在维修车间里配有洗车位、修车位、修理用空间、工具间、废品库、车间管理办公室、空压机房、配电房等，车间设计对采光要求高，并且需要通风良好，设有单独的车间出入口。对于繁华地段的 4S 店，地价昂贵，车间可以设在二层或者设计多层。

（4）配件库

零部件的挑选和领用，都需要有一定的科学摆放依据，这样才能满足修理车辆的换用。另外，储备一定量的汽车零配件，可以供客户选购；事故、损耗零件进行保存归档，反馈给厂家检查。配件需要有直接的进货门，内部可以设 2 m 左右的夹层，也可以提高空间利用率；另外还要配有配件管理办公室、面向维修车间的发货窗口。

（5）行政管理办公

行政管理办公主要管理联系上述 4 个功能部分的分块。主要有行政财务办公室、接待室、会议室、培训教室等，一般这个区域的设置都设在楼上，这样更节省空间，方便客户。

（6）二手车评估与置换

二手车评估与置换在国内汽车 4S 店中的利润所占比重逐渐增大，而且很多品牌汽车 4S 店也都建立了单独的二手车展厅，但大部分还是作为展厅的一部分共用。国外二手车评估与置换可以说是汽车产业发展的主力军，在汽车品牌专卖店里都会将二手车评估与置换考虑进去。

（7）市场部

市场部主要负责品牌车辆的市场调研、广告、促销活动策划、形象推广等营销工作；负责潜在客户的市场开发与管理工作。

（8）客服部

客服部主要负责办理“一条龙”服务手续，为客户提供售后验车、领牌照等服务。负责客户合同、车辆档案等资料的管理，为客户提供还款数据、资料查询等服务，建立并维护客户服务体系。

（9）财务部

财务部主要负责财务管理工作。

三、汽车 4S 店的组织架构

（一）汽车 4S 店的总部

汽车 4S 店的总部是汽车生产厂家，主要是负责生产汽车，各大汽车 4S 店都要按照厂家的要求来建店，达到厂家的验收标准，然后厂家通过专门的途径将汽车配送到各 4S 店。

（二）汽车 4S 店（经销商）的组织架构

对于“四位一体”的汽车 4S 店的组织架构一般都是董事会下辖总经理负责制，一般设有销售部、市场部、客服部、采购部、备件部、售后维修部、美容装潢部、二手车部、网络部、财务部及行政人事部（也称综合部）。根据各 4 S 店的实际情况，有的各部分还有从属和合并状况，但是作为一个标准的汽车 4S 店，不可或缺的组织架构如图 1-18 所示。

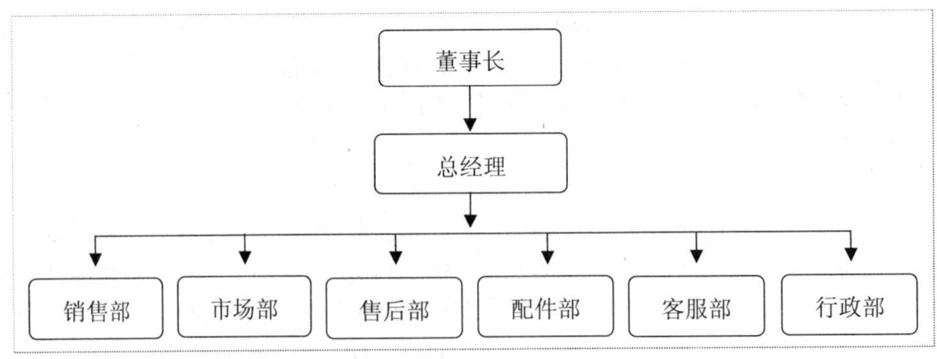

图 1-18　汽车 4S 店组织架构

还有很多汽车 4S 店总经理下设副总经理，每一个经理分管一个部门，结构和人员组成如图 1-19 所示。

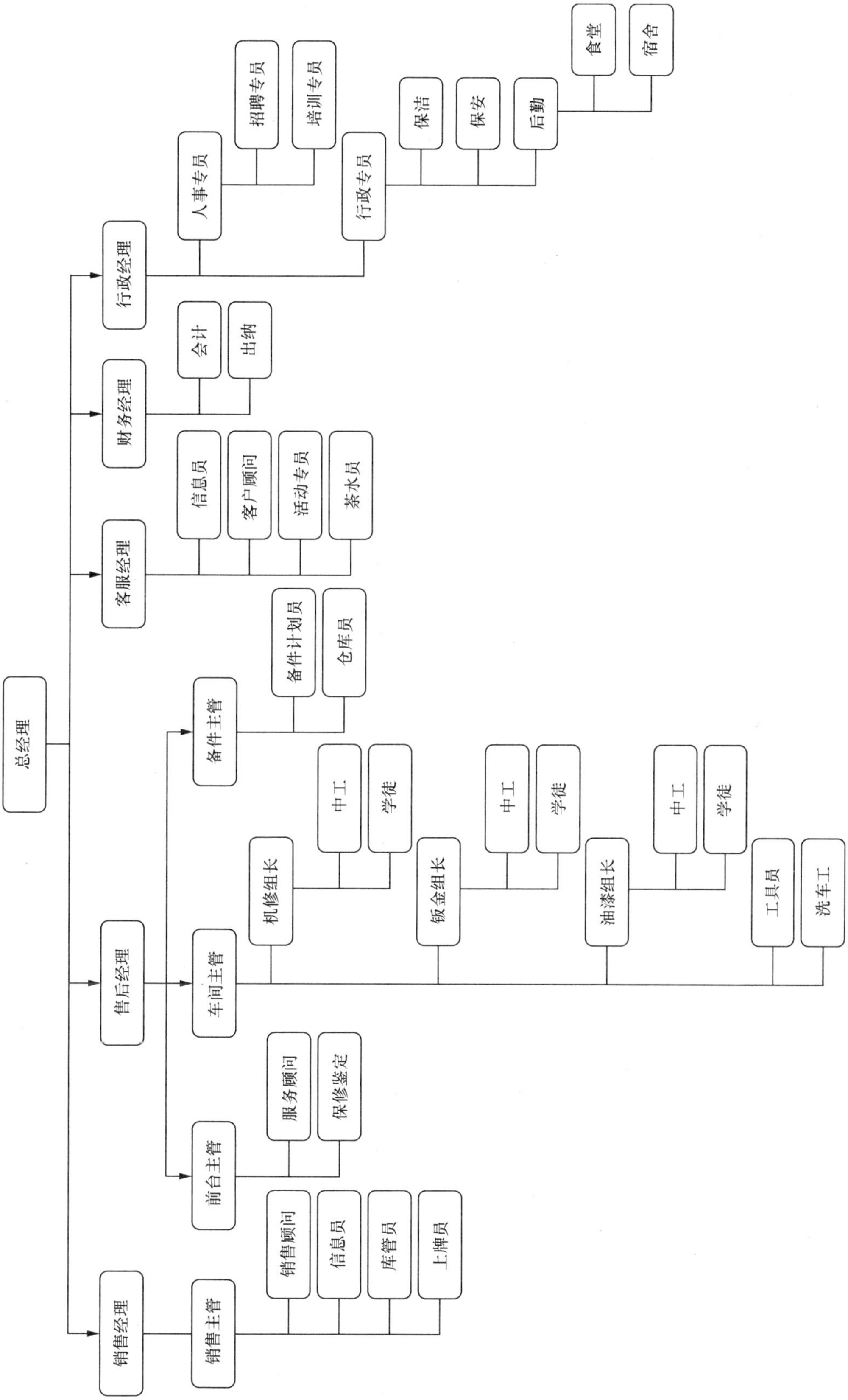

- 总经理
  - 销售经理
    - 销售主管
      - 销售顾问
      - 信息员
      - 库管员
      - 上牌员
  - 售后经理
    - 前台主管
      - 服务顾问
      - 保修鉴定
    - 车间主管
      - 机修组长
        - 中工
        - 学徒
      - 钣金组长
        - 中工
        - 学徒
      - 油漆组长
        - 中工
        - 学徒
      - 工具员
      - 洗车工
    - 备件主管
      - 备件计划员
      - 仓库员
  - 客服经理
    - 信息员
    - 客户顾问
    - 活动专员
    - 茶水员
  - 财务经理
    - 会计
    - 出纳
  - 行政经理
    - 人事专员
      - 招聘专员
      - 培训专员
    - 行政专员
      - 保洁
      - 保安
      - 后勤
        - 食堂
        - 宿舍

图 1-19　汽车 4S 店组织架构详图

（三）汽车 4S 店各岗位的职责

1. 总经理岗位职责

（1）负责建立、实施和改进公司的各项制度、目标和要求。

（2）制订质量方针、质量目标，确保顾客需求与期望得到确定和满足。

（3）确定公司的组织机构和资源的配备。

（4）确保公司现有业绩，并使管理体系持续改进。

（5）负责向全体员工传达法律、法规的重要性。

（6）组织企业各部门力量，完成董事会确定的各项经济指标。

（7）关心职工生活、劳动保护，防止发生重大安全事故；加强职工安全教育，提高职工安全系数。

（8）在发展生产的基础上提高职工的福利和技术业务、文化水平。

（9）主持管理评审，确保管理体系的适宜、充分和有效。

（10）规划好公司的未来战略方针和发展目标，并贯彻落实好公司的各项规定和指示，带领公司不断发展。

2. 销售经理岗位职责

在总经理的领导下负责销售部的销售工作，带领销售人员完成销售任务。

（1）每日向总经理分别汇报前一日工作和当日工作安排。

（2）传达上级领导的指示和要求，并监督实施。

（3）安排好销售顾问每天的工作和交车事宜。

（4）帮助销售顾问做好接待顾客工作，力争不断提高成交率。

（5）要求销售顾问每天打回访电话，跟踪每一位潜在客户。

（6）依照制度安排好每位试乘试驾人员进行试车，并注意安全。

（7）负责展厅及车辆卫生。

（8）定期安排销售顾问进行职业技能培训和学习。

（9）掌握竞争车型情况，及时向公司领导汇报。

（10）负责协调好展厅所有人员的工作联系。

（11）协调销售顾问和其他部门的工作。

（12）完成上级领导交给的其他工作。

3. 售后经理岗位职责

（1）负责监督和指导业务接待、索赔员的具体工作并作月度考核。

（2）负责索赔事务，严格按授权公司索赔政策正常运作。

（3）负责参与重要客户和万元以上付出金额的客户的相关工作。

（4）制定、安排和协调售后服务工作的具体开展，协调业务接待、索赔、收银、维修车间、配件之间的关系，保证全部门员工有良好的工作状态。

（5）严格按公司运作标准或相关要求开展工作。

（6）定期对本部门的工作进行审核及改进。

（7）积极开展和推进各项业务工作，控制管理及运作成本，完成内部拟定的工作目标。

（8）做好业务统计分析工作，定期填写并上报各种报表。

（9）负责控制和提高车间维修质量，安全生产成本控制和环境管理。

（10）组织本部门开展的各项相关活动及评估工作。

（11）负责各项会议的召开及售后各项工作的不断优化改进。

（12）负责质量管理体系中的相关工作。

（13）负责公司各项制度在本部门的宣导及相关信息的传递。

4. 客服经理岗位职责

（1）根据领导要求，指导、带领客服部员工完成工作任务。

（2）制订部门工作计划并实施完成。

（3）负责管理和协调客户反馈/投诉的收集、追踪处理以及重大客户问题的解决。

（4）做好客户档案的管理及客户的定期回访工作。

（5）组织、协调各部门做好客服工作，发生客户投诉时，具有执行权。

（6）不断优化顾客满意度调查的方式和方法，为总经理提供提高顾客满意度的长期规划。

（7）做好本部门及公司内的媒体公关工作。

（8）负责组织本部门人员定期上报服务质量表及其他业务报表。

（9）负责预约及跟踪工作流程的不断优化。

（10）负责分析客户信息，如忠诚客户、一般客户、流失客户，设计相应的活动，尽量避免客户流失。

5. 财务经理岗位职责

（1）坚持原则、忠于职守，自觉维护公司的权益，认真贯彻执行财经纪律和公司的各项规定。

（2）负责设计公司适当的账务处理办法使其既符合会计制度规定又满足税收法规的要求。

（3）细化会计核算办法，使核算结果既能满足公司外部的需要，又能最大限度地满足公司内管理的要求。

（4）负责记账凭证、会计报表的复核工作，并在每月初对公司的各种明细账簿进行例行检查和必要的实物抽查，以保证账账、账表、账实的准确衔接。

（5）监督并协助会计人员完成凭证汇总，账簿登记、报表编制及纳税申报工作。

（6）负责各项业务付款及费用报销的审核工作。

（7）负责与厂家对接财务方面的相关工作。

（8）每月末对公司经营情况做出财务分析，并上报有关领导。

（9）负责财务部日常管理，协调本部门和公司其他部门的工作关系。

（10）负责税务检查和审计的接待工作。

（11）编制公司年度决算报告和财务预算报告。

（12）负责组织部门工作例会及部门员工的培训工作。

（13）完成上级领导临时交办的其他工作。

6. 行政经理岗位职责

（1）负责组织制定公司规章制度，发布有关事项的通告、通知等。

（2）负责公司企业文化的规划及宣传工作。

（3）负责公司运行过程中的法律相关事务及文书档案的管理和保密工作。

（4）负责公司各项证照的审核、年检工作。

（5）负责对公司固定资产、办公设备的管理工作。

（6）负责公司各项规章制度的组织学习和落实、检查工作。

（7）负责管理公司的后勤服务保障工作。

（8）负责公司组织架构、人力资源规划、开发工作。

（9）负责人力资源招募、员工培训工作。

（10）负责公司人力资源绩效考核、激励制度及职业发展规划工作。

（11）负责公司员工关系及薪酬福利管理工作。

（12）完成领导交办的其他任务。

7. 销售主管岗位职责

（1）协助销售经理制订每月的销售计划，并组织实施、督促完成。

（2）负责展厅的日常管理，包括销售人员的日常行为规范、接待礼仪、展厅的卫生安排、展厅人力和物力资源的合理安排。

（3）负责协助销售经理制订培训计划，定期给销售人员培训（产品培训、市场营销相关知识培训等），并对培训效果进行考核。

（4）对销售顾问每日接待工作进行监督、抽查（如销售表卡、客户回访等），督促销售人员严格按销售流程、业务流程执行。

（5）负责协助销售经理组织安排员工参与市场活动，贯彻实施活动并对活动进行跟进，及时进行活动信息反馈。

（6）负责领导销售顾问完成销售经理下达的展厅销售目标，做好展厅内的销售工作，协助销售经理进行绩效考核。

（7）负责规范销售团队行为，监督销售团队遵从公司服务准则和日常行为标准，提升团队凝聚力。

（8）负责跟踪和控制销售计划完成进度，进行销售现场管理，对销售顾问工作进行监督和指导。

（9）负责协助解决客户投诉。

（10）完成领导交办的其他任务。

8. 销售顾问岗位职责

（1）认真贯彻厂家的销售政策，在展厅经理的领导下，组织开展整车销售业务。

（2）严格执行公司各项规章制度（考勤、展车、6S、整车出入库、精品出库、按揭办理、保险、上牌）及产品的接待流程、交车流程。

（3）负责销售统计及信息反馈。确保数据的准确性、及时性（客户信息、到店流量、潜客分析、潜客跟进、订单及成交订单）。

（4）对客户满意度负责，端正工作态度和服务态度，提高销售能力和销售质量处理相关投诉。

（5）积极参加各项培训，提高自身的专业技能和综合素养。

（6）配合公司开展的外展、外拓工作，并配合销售经理开好晨会、夕会、周会、月会工作。

（7）完成领导交办的其他工作。

9. 维修主管岗位职责

（1）协助服务经理在售后服务部开展技术管理工作。

（2）负责维修车间维修质量工作，并形成质量分析月报。

（3）负责组织成立内部技术攻关组，对疑难问题进行攻关。

（4）负责车间人员的各种维修技能的培训。

（5）负责规范使用专业工具。

（6）负责售后服务部维修工具和设备的统一订购，对维修工具和设备进行管理。

（7）对直接下属的日常工作进行监督考核。

（8）负责制定维修质量、培训、工具、资料等管理制度。

（9）完成领导交办的其他任务。

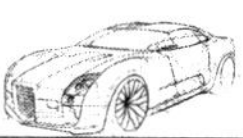

10. 服务顾问岗位职责

（1）引导、受理用户预约工作。

（2）负责预约准备工作的落实。

（3）负责维修车辆用户的登记、接待工作。

（4）负责客户来店维修时的各部门协调。

（5）负责用户车辆的故障诊断。

（6）向车间主管下达维修派工单。

（7）负责客户委托书的签订。

（8）积极处理客户抱怨。

（9）完成领导交办的其他任务。

11. 维修工岗位职责

（1）根据前台和车间主任的分配，认真、仔细的完成维修工作。

（2）负责在维修过程中对客户车辆采取有效的防护措施。

（3）负责按委托书项目进行操作，在维修过程所出现的问题及时向维修主管汇报。

（4）必须对每个维修项目自检，合格后转到下个工序，不断提高专业技术，保证维修质量。

（5）耐心、周到、热情的解答客户相关疑问，提高服务质量。

（6）仔细、妥善地使用和保管工具设备及资料。

（7）负责维修后的整理工作，做到油、水、物“三不落地”，保持车间整洁、有序及开展 6S 的具体实施。

（8）完成领导交办的其他工作。

12. 备件主管岗位职责

（1）负责配件订货计划和库位改善，建立合理的备件库存量。

（2）负责制定配件的储备上下限定额。

（3）负责到货配件的入库。

（4）负责新车计划、配件知识的培训工作。

（5）负责紧急件的订货管理。

（6）负责对新老车型、库存限额制订合理的计划。

（7）负责提升部门员工专业能力和现场管理能力。

（8）配合财务部进行每月的盘点工作。

（9）完成领导交办的其他任务。

13. 整车库管岗位职责

（1）负责与生产厂家的销售部门和运输部门联络沟通，保证车辆及时到达公司。

（2）负责商品车辆的接收、检验、编号、入库及车钥匙、随车文件的保管发放。

（3）保证商品车的安全、完好、清洁，在商品车的销售过程中做到先进先出，对不合格车辆予以退回或及时索赔，保证车辆合格率为 100%。

（4）每日核对商品车数量，建立健全商品车进、销、存报表及商品库存表。

（5）每月对商品车实物及账务进行核对，上报公司相关部门。

（6）负责认真完成公司的派车任务，以及区域之间的调车工作。

（7）完成领导交办的其他任务。

14. 仓库管理员岗位职责

（1）负责验收材料及零配件的验收、入库、码放、保管、盘点、对账等工作。

（2）负责保持仓库内部的货品和环境的整洁卫生工作。
（3）负责仓库日常物资的挑选、复核及发货工作。
（4）材料及零配件入库后要建卡、入账、并做到账、卡、物实物三结合。
（5）完成领导交办的其他任务

15. 保险专员（三包索赔员）岗位职责

（1）开展新车首次保养的索赔工作，正常维修车辆配件的索赔工作。
（2）整理并保存好每天的单据。
（3）在坚持三包原则的基础上维护客户的正当权益，负责对客户的解释工作。
（4）将索赔件按时返厂，协助财务人员与厂家结算三包费用。
（5）与厂家的索赔信息和政策进行定期沟通。
（6）熟悉车辆配件名称，知道三包范围内的所有零件，以及零件三包的时间。
（7）对索赔配件要贴好标签，并摆放到指定位置。
（8）负责填写、打印信息报告，以及申请单填写工作。
（9）负责每月保修零配件申请表的汇总存档。
（10）完成领导交办的其他任务。

16. 人事专员岗位职责

（1）负责协助人事行政经理完善、落实公司的各项规章制度，并监督执行情况。
（2）负责公司各项工作、规定、报告、总结、会议等文件的成文工作。
（3）负责公司各项文件的接收和发放工作。
（4）负责协助人事行政经理对公司固定资产、办公用品的管理工作。
（5）协助人事行政经理管理公司后勤服务保障工作。
（6）负责公司各项证照的审核、年审工作。
（7）完成领导交办的其他任务。

17. 会计岗位职责

（1）配合财务经理管理公司的日常工作，直接对财务经理负责。
（2）负责凭证的录入，总账及明细的账务处理，编制月报、季报、年度报表；提供管理所需要的其他报表及资料。
（3）负责财务软件凭证及各科目的审核。
（4）负责资金的盘点工作。
（5）负责进项税票的登记、认证；申报纳税工作。
（6）负责固定资产、低值易耗品及配件的登记和盘点工作；负责整车的监盘工作。
（7）负责折让的审核及采购与销售折让的统计和对接，负责厂商三包核对与经销商三包的统计对接。
（8）负责往来账款的核对。
（9）负责发票和财务印章的保管。
（10）负责整理和保管会计档案。
（11）负责出纳的培训工作。
（12）完成领导交办的其他任务。

18. 出纳岗位职责

（1）负责审核收款和付款凭证，审核配件入库单、出库单和维修单，并与配件系统进行核对，及时反映价格的变动情况；审核维修收入日报表。

（2）及时登记现金和银行存款日记账、日清月结、账实相符；按月编制银行存款余额调节表。

（3）及时传递原始凭证，编制现金和银行存款收支清单。

（4）及时规范处理银行存兑汇票。

（5）统计融资额度、融资车辆，保管和登记融资车辆合格证，及时还款，及时反映融资车辆到期情况。

（6）保管合格证，负责整车的盘点工作。

（7）负责整车和维修发票的开票工作。

（8）负责收银员的培训工作。

（9）配合主管会计工作。

（10）完成领导交办的其他工作。

任务专项实训

☞实训项目

汽车 4S 店整体认知。

☞实训目的

通过本实训项目，能够了解汽车 4S 店的平面布置，了解各岗位设置及岗位功能，体会各岗位的岗位职责，从整体上了解什么是汽车 4S 店。

☞实训内容

选择一家（或者几家）某品牌汽车 4S 店，了解其各岗位的工作过程及完成该工作过程需要哪些能力。

☞实训步骤

◎将学生进行分组，4~5 人一组。

◎根据汽车 4S 店的岗位设置情况，每个岗位分配一组学生，由汽车 4S 店的相关岗位人员当师傅，进行指导和讲解。根据具体情况进行岗位轮换。

◎学生立足于汽车 4S 店的岗位，观察、分析你所在岗位的职能、工作流程、完成该工作需要的能力及岗位职责。

☞实训评价

◎能够说出某品牌汽车 4S 店的平面布置、岗位设置、岗位工作流程、岗位职责及岗位能力。

◎完成一份《汽车 4S 店整体认知》实训报告。

任务二
汽车 4S 店主营业务

知识目标

1. 了解汽车整车销售业务流程、销售形式及业务知识
2. 了解汽车售后服务业务流程及业务知识
3. 掌握汽车配件销售业务流程及业务知识
4. 了解并学会汽车金融及其他相关业务流程，掌握相关业务知识

能力目标

1. 通过对各业务流程的了解，提升自己的销售业务能力
2. 能够帮助企业培养符合各岗位要求的企业员工
3. 能够提高企业员工的整体素养，有利于汽车 4S 店的未来发展

任务导入

请结合下面的资料，分析汽车 4S 店销售、维修等工作情景给客户带来的影响及好处。

2015 年 2 月 14 日，刘先生经朋友介绍来到一汽—大众华阳 4S 店，想购买一台公私兼用的轿车，目前刘先生所用车型为捷达。前台小张热情接待了刘先生，了解到刘先生想购买新车，于是向刘先生推荐了销售顾问小杨。小杨认真了解了刘先生的需求，带领刘先生看了车，还让刘先生亲自体验，最后经过双方合理价格谈判（还在店里买了保险，并进行了二手车评估和置换）成功购买了一台 2015 款新迈腾。之后的交车让刘先生很感动，小杨为刘先生准备了礼品，又合影留念等，刘先生说以后有朋友买车也会介绍给小杨。刘先生对小杨的服务以及展厅的环境等设施很满意，并承诺以后维修保养都会一直来这里。

购车后大约一个月，刘先生接到电话回访，问新车使用情况及提醒首保，于是刘先生如期而至。首保期间，刘先生在客户休息区看电视、上网，等待汽车保养后愉快离店。

分析：

上述材料中我们能了解到汽车 4S 店主要有哪些业务，案例中体现出汽车 4S 店运用了哪种销售运营模式？你还知道哪些销售运营模式？另外，售后维修保养的业务流程你了解吗？

课程导航

1. 汽车整车销售业务
2. 汽车售后服务业务
3. 汽车配件销售业务
4. 汽车金融业务（保险业务、贷款与租赁业务、二手车评估与置换业务）
5. 汽车 4S 店的其他业务（精品、装饰装潢、新车入户、车辆购置附加费缴纳等）

知识解读

一、汽车 4S 店整车销售业务

为了满足广大汽车消费者的购车需求，应运而生了多种整车销售的运营模式，同时也规范各种销售运营模式，加大了对营销模式的管理力度。

（一）汽车 4S 店整车销售运营模式

1. 展厅营销

（1）展厅营销的含义

传统的展厅营销又被称为顾问式销售。这种销售运营模式对展厅内、外都有很高的要求，以提高客户的满意度，促进销售成功。因此，经营者特别注意对展厅的设计和布置，以营造良好的展厅氛围。

① 展厅销售氛围营造的重要性。据某国际权威研究结果显示：顾客到商场购物，70%以上的决定是在卖场里面做出的，冲动性消费占了很大一部分。良好的销售氛围，对卖场销售有着非凡的贡献和巨大的意义。销售氛围指顾客在卖场所处环境的气氛和情调。正是这种氛围，可以让顾客自发地产生或放弃一系列购买欲望和决定的心理变化及行为。因此，营造一个舒适、温馨，能体现品牌理念和品牌内涵及企业文化的展厅环境，让客户觉得到店犹如到家一样舒服、自在，利于销售的成功。

② 营造氛围的方式。

◆ “5 觉营销”——展厅感官效果设计。

客户进店，首先映入眼帘的要能吸引客户眼球，也就是感动客户的视觉，这主要通过展厅的设施、布置、灯光照明、新车陈列、指示牌、海报、型录、礼品、人员形象及礼仪等方式来营造展厅氛围。

听觉上营造氛围的方式有展厅人员对客户的问候、彼此之间的谈话、展厅背景音乐、需求分析及新车展示等手段。

嗅觉上营造氛围的方式有优雅淡香的展厅绿色植物、展厅的气味、洗手间的清洁、会客室的味道等，人力资源管理部门应该加强对这些部分的管理。

味觉上营造氛围的方式主要是茶水、饮料、蛋糕、小点心、展厅的免费午餐等。

触觉上营造氛围的方式有展示车、会客桌椅、洗手间还有各种用具等。

◆ 良好的服务态度。良好的服务态度包括服务语言和服务行为。服务语言上要微笑着说话，语速适中、语调缓和、声音亮丽。服务行为方面要符合商务礼仪。通过语言和行为，让客感觉倍备受尊重、欢迎和理解。

◆ 高明的服务水平。这里有两层含义，一是客户懂车的很少，基本没有学过汽车专业知识，因此在和客户的接触过程中要体现出我们的专业水平，关于车的原理、卖点等都要用专业的方法讲解给客户听。二是服务的艺术，不仅给客户讲专业知识和原理，还要通过情景的创设，让客户了解他未来购车后对某些装备的使用状况。

（2）展厅外观管理

展厅外部主要包括塔标（店标）、玻璃幕墙、外围绿化、客户停车区、试乘试驾区、交车区等部分，上述区域都要定期进行清洗，保持清洁、干净；绿化草坪定期进行修剪美化；客户停车区要有明确的标识进出方向和停车格线；试乘试驾区周围环境要干净、整洁，试乘试驾车头朝向车位入口方向，并设置“欢迎体验××汽车”标志牌；交车区设定交车标志和交车背景幕布，周围环境干净整洁，如果没办法设立交车区，可借用展厅前方位置举办交车仪式。

（3）展厅内部管理

展厅内部主要包括展厅入口、导购台、接待台、背景板、服务接待台、车辆展示区、洽谈区等。

① 展厅入口。展厅入口前方不得停放车辆，入口右侧放置雨伞及雨伞架。入口玻璃门框上标示明确的营业时间、销售和服务热线电话。

② 导购台。导购台位于展厅入口内背景墙右侧，台面保持干净，除产品资料外不能放置任何物品，第一值班销售顾问或者前台在此接待客户。

③ 接待台。接待台位于展厅背景板前正对大门的位置，接待台面保持干净，不能放置档案架或者其他任何物品，如手机、记录本等。桌牌、名片、产品资料、“来电/来店客户登记表”，电话等摆放整齐。第二、三值班销售顾问站立于此位置后值班接待。

④ 背景板。背景板不能有任何破损，要干净明亮，不能被任何物品遮挡。

⑤ 服务接待台。服务接待台保持干净，不得乱放杂物，桌牌、名片、电话、计算机及各种文件资料等摆放整齐有序，接待台前座椅摆放整齐，客户走后应该立即整理。

⑥ 车辆展示区。车辆展示区要选择有代表性的进行陈列，车色需要合理搭配。展车以展厅入口为圆心进行扇形排列，间距保持在 2.5m 以上，参数架上放入最新参数资料，置于展车右侧前 0.7m 处。车辆展示区要满足展车照明的要求，要保持干净整洁。

⑦ 洽谈区。洽谈区位于展车附近或者前方，距离展车 2m 左右，各洽谈桌间距在 3m 以上，并使其对展车有清晰完整的视线。洽谈桌上摆放瓶花或者绿植、糖果、饮料单等，桌面和座椅保持清洁，使用后立即复原归位。洽谈桌附近可摆放产品资料架、报刊杂志架和绿植等营造氛围。

特别提示

VIP 洽谈室有明确的标志牌，墙上布置壁画，有饮水机和垃圾桶，桌椅布置要与上述相同。

⑧ 客户休息区。不同品牌的汽车 4S 店对客户休息区要求不同，其主要配置包括：不小于 34 英寸的数字电视；配置至少 5 台计算机，能正常上网；休息区空调能正常使用、通风良好，配有沙发、茶几等；要有报刊杂志，种类不少于 5 种；饮料供应及时，有饮水机、一次性水杯，饮料不少于 3 种；要摆设植物或者盆景等装饰。

⑨ 精品展示区。精品展示区位于展厅销售服务区一侧，靠侧玻璃墙，展厅内只保留两个展柜，保证展厅车辆展示销售的最大化。精品展示区保持干净整洁，玻璃展示柜、精品实物和包装盒等保持干净，精品要适时调整，展示的精品要明码标价。

⑩ 儿童娱乐区。儿童娱乐区面积一般为 $30\sim50m^2$，应有滑梯、木马、皮球、秋千等设施，同时为保证儿童的安全，一些设施上面要张贴提醒和器材使用说明。

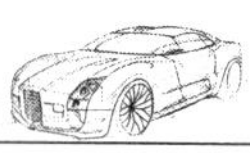

（4）展厅营销流程

对经销商而言，通过标准展厅销售流程可以有效提高经销商的业绩，增加经销商的盈利，降低经销商的成本，稳定经销商的绩效，并形成良好的销售文化；对销售人员而言，标准展厅销售流程可以坚定其信心确保销售的品质，透过规范化的流程与步骤提高销售的业绩，增加销售的收入；对客户而言，透过标准展厅销售流程可以充分满足其心理需求，提高购车客户消费层次，提供完美的购车经验并提升满意度。既然标准销售流程可以形成经销商、销售人员与客户之间的三赢局面，那么展厅销售流程各环节如何安排更好，标准的销售流程如图 2-1 所示。

2. 车展营销

汽车 4S 店的传统营销模式从过去在店里集客开始向外部主动出击。车展作为一个平台，一个纽带，把汽车 4S 店和消费者联系起来，既给消费者提供了一个很好的购车和赏车的平台，又给汽车 4S 店一个宣传企业形象、展示新车型的机会，对于汽车 4S 店和消费者来说应该是互利互惠的。近些年来车展营销已经成为拉动车市销量的一个重要、有效的组成部分。

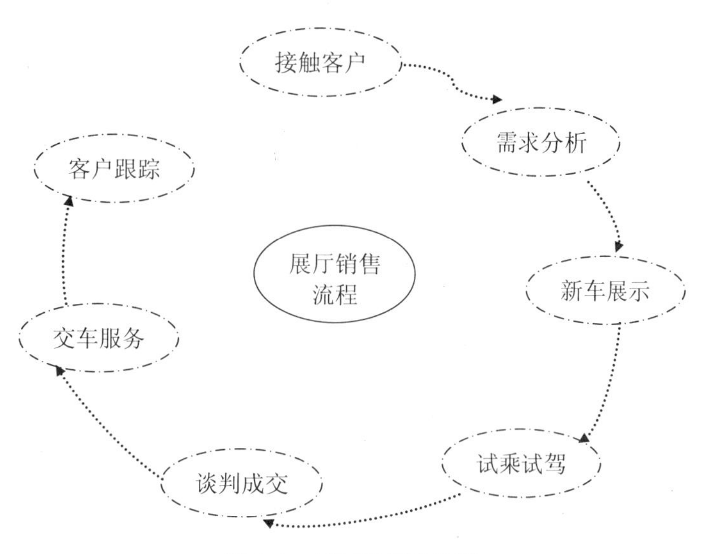

图 2-1　展厅销售流程图

（1）车展的含义

车展，全称为“汽车展览”（Auto Show），是由政府机构、专业协会或主流媒体等组织，在专业展馆或会场中心进行的汽车产品展示展销会或汽车行业经贸交易会、博览会等。

车展是对于汽车工艺的呈现与汽车产品的广告，如同汽车制造者和当地经销商的公共关系。消费者可经由汽车展览会场所展示的汽车或汽车相关产品，了解汽车制造工业的发展动向与时代脉动。汽车厂商则可以通过车展对外宣传产品的设计理念，发布产品信息，了解世界汽车发展方向。

（2）车展的起源于与发展

车展起源于欧洲，慢慢传入国内。国际上主要有法兰克福车展、日内瓦国际汽车展、巴黎车展、北美车展、东京车展。

① 法兰克福车展。德国是世界最早办国际车展的地方。法兰克福车展前身为柏林车展，创办于 1897 年，1951 年移到法兰克福举办，每年一届，轿车和商用车轮换展出。法兰克福车展是世界规模最大的车展，有“汽车奥运会”之称。法兰克福国际车展一般安排在 9 月中旬开展，为期两周左右。参展的商家主要来自欧洲、美国和日本，尤其以欧洲汽车商居多。德国是现代汽车的发祥地，是奔驰公司、大众公司、奥迪公司老牌公司的老家，法兰克福车展正是他们一展身手的好机会。

② 日内瓦国际汽车展。日内瓦车展素有“国际汽车潮流风向标”之称，在位于日内瓦机场附近的巴莱斯堡国际展览中心举行，总面积达 7 万平方米。日内瓦车展创始于 1905 年，从 1931 年起，一年一度在瑞士日内瓦举办。其展会多在每年的 3 月举行，以展示豪华车及高性能改装

车为主，展品比较个性化。在五大车展中，瑞士是唯一一个没有汽车工业的国家，但却承办着世界上最知名的车展之一。从日内瓦车展大厅望去，所有展位都尽在眼底，这是因为瑞士的展览规则详尽细致，不允许有过大的公司标牌和展位阻挡视线。

③ 巴黎车展。作为浪漫之都的巴黎，它的车展如同时装，总能给人争奇斗艳的感觉。该展起源于1898年的国际汽车沙龙会，直至1976年每年一届，此后每两年一届。在每年的9月底至10月初举行。1998年10月，巴黎车展恰逢百周年，欧洲车迷期待很久的巴黎“百年世纪车展”以“世纪名车大游行”方式，让展车行驶在大街上供人观赏。法国的汽车设计一向以新颖独特著称于世，富于浪漫和充满想象力的法国人，总是在追求最别具一格的车型、风一般的速度和最舒适的车内享受。这些法国人的嗜好，都在巴黎车展中显露无遗，使得巴黎车展始终围绕着“新”字作文章。与此同时，巴黎车展也是概念车云集的海洋，各款新奇古怪的概念车常常使观众眼前一亮。

④ 北美车展。一年一度的北美国际汽车展的前身是原美国底特律国际汽车展览会，至今已经有近百年的历史，是美国创办历史最长的车展之一，由底特律汽车经销商协会主办。1900年11月，纽约美国汽车俱乐部召开了第一届世界汽车博览会，1907年转迁到底特律汽车城，当时会场设在贝乐斯啤酒花园，小小的展示区中参加的厂商只有17家，车辆不过33辆。1957年，欧洲车厂终于远渡重洋而来，首次出现了沃尔沃、奔驰、保时捷的身影，获得了美国民众的高度重视，底特律车展的“王旗”正式树起。从1965年起，展览移师COBO会议展览中心。1989年底特律车展更名为北美国际汽车展，每年1月办展，车展办得像个大的假日集会，热闹非凡。

⑤ 东京车展。东京车展是五大车展中历史较短的，被誉为“亚洲汽车风向标”，创办于20世纪50年代，逢单数年秋季举办，是亚洲最大的国际车展。第一次东京车展始于1954年。1999年的东京车展创下了参观人数达140万的世界纪录，足见它的热闹程度。东京车展每年轮流展示一次轿车和商务用车，2003年东京汽车展着重展示的是商务用车和摩托车。东京车展具有鲜明的特点：日本本土车厂出产的五花八门、千姿百态的小型汽车历来是车展的主角。同时，各种各样的汽车电子设备和技术也是展会的一大亮点。

欧洲及亚洲国际车展影响着我国国内车展的发展，我国主要有北京车展、上海车展、广州车展、唐山车展、潮州车展等。

① 北京车展。北京车展于1990年创办，每两年定期在北京举办。北京国际汽车展览会自创办以来，规模不断扩大，展会功能也由过去单纯的产品展示，发展到今天成为企业发展战略发布、全方位形象展示的窗口；全球最前沿技术创新信息交流的平台；最高效的品牌推广宣传舞台。秉承展品精、品牌全、国际化的办展理念和特色，北京车展已成为在国际上具有较高知名度的品牌展览会，为中国汽车工业的发展，自主汽车品牌的创立、发展发挥了重要的作用；并为促进中外汽车业界的交流与合作，为中国会展经济的快速发展做出了积极巨大的贡献。

② 上海车展。上海车展创办于1985年，是中国最早的专业国际汽车展览会；逢单数年举办，是亚洲最大规模的车展。

2004年6月，上海国际汽车展顺利通过了国际博览联盟（UFI）的认证，成为中国第一个被UFI认可的汽车展。伴随着中国汽车工业与国际汽车工业的发展，经过20多年的积累，上海国际汽车展已成为中国最权威、国际上最具影响力的汽车大展之一。

③ 唐山车展。备受瞩目的“2013第九届中国唐山国际汽车博览会”于2013年5月30日在唐山国际会展中心拉开帷幕，博览会历时6天，从2013年5月30日开始，至2013年6月4日结束。

本届车博会的主题为“车·引领生活”，旨在为唐山人民打造一个赏车购车的良好氛围，同时也演绎了现代汽车注重科技与环保而带给唐山人民的美好生活方式。2013 年第九届中国唐山国际汽车博览会得到了国内、外百余家车商及厂家的鼎力支持。中国唐山国际汽车博览会已连续 8 年成功举行，始终致力于为汽车企业打造展示形象、推广品牌、促进交流、产品销售的平台。

④ 潮州车展。由潮州市汽车行业协会主办，“2014 潮州汽车行业（国庆）展销会”于 2014 年 10 月 1 日至 5 日（每天早 9 点至晚 21 点），在潮州体育馆盛大开展。本次品牌汇聚，主流汽车品牌经销商悉数参展，带来近 100 款热销车型，近 10 款全新车型现场展销，价格优惠幅度更是本年最高，超豪华品牌、国际知名品牌、一线合资品牌、国产自主品牌汇聚一堂，同场演绎，商家集中促销打折，让消费者真正享受到实惠以及消费购物的乐趣。

（3）车展分类

按照执行范围界定分为外部展览展示业务和内部展览展示业务。其中外部展览展示业务按照组织单位和影响力的差异化分为以下 3 类。

① A 类车展：一般指国际专业汽车展、政府相关大型展览会及其他展示活动。例如，国内、国外定期举办的展览会（北京车展、上海车展、广州车展等）；政府牵头组织的国内大型工业类及科技类综合展览会，如科博会、国内大型工业及科技类综合展览会；其他展示活动，如公司级的商务年会、经济年会、新闻发布会等。

② B 类车展：一般指国家级及区域专业汽车展、政府相关展览会及其他展示活动。例如，国家级汽车展览会和地方重要性区域汽车展览会，这些展览会在国内具有一定的影响力，与汽车相关的展览会或在重点区域销售（如青岛车展、哈尔滨车展等）；政府牵头组织的会议、参观、访问等都属于该类车展。

③ C 类车展：指一般性汽车展览会及由地方主流媒体联合举办的大型展览展示活动，如长春车展。

（4）车展的选择

策划车展活动首先要选择合适的车展，汽车 4S 店在平时的经营中，多留意各种车展信息，不是所有的车展都适合，在选择车展类型时应考虑如下问题：

① 展会是否适应本汽车 4S 店的营销计划；

② 展会地点交通是否方便；

③ 参加展会的客户有多少是本品牌产品的目标客户群体；

④ 参加展会的客户有多少是本品牌产品的忠诚客户；

⑤ 车展主办方采用的宣传手段是否符合本品牌；

⑥ 参考以往类似的展会的成功率；

⑦ 确认哪些竞争对手参加车展。

特别提示：

汽车 4S 店管理者在决定是否参展前，可以通过电话、邮件、微信、QQ 等通信方式向车展主办方了解情况，或者可以根据情况到现场进行实地考察。

（5）车展营销策略

车展是汽车 4S 店营销计划中的一个部分，管理者一旦决定参展，可以根据车展要求制定营销策略，让车展营销过程理性化，以便于更好地操控车展营销行为。那么如何更加理性化，在制定营销策略时应该考虑的因素如表 2-1 所示。

表 2-1　　营销策略需考虑因素

序号	因素	具体问题
1	车展与汽车 4S 店营销策略匹配度	（1）现有产品或服务是否在现有市场上增加 （2）现有产品或服务是否投入新市场 （3）新产品或服务是否投入现在市场和新市场
2	车展目标	（1）扩大目标客户群体范围及产品市场占有率 （2）量化增加销售额度或者订单，以盈利为目的 （3）新产品或服务在车展上宣传
3	展出项目	是否需要展出新产品，体现企业文化等
4	目标顾客	（1）潜在客户是否需要更深层次交流 （2）是否能吸引更多目标新客户到车展，进行市场开发，潜客积累
5	参展预算	各项参展花费

（6）车展营销流程

为了保证汽车 4S 店参展后能取得良好的活动效果，达到参展目标，汽车 4S 店管理者需要对是否参展进行慎重的考察和调研。车展营销流程如图 2-2 所示

① 展前准备。展前准备包括人员准备、资料准备、客户邀约、试乘试驾路线勘测、内训师培训等。

◆ 人员准备的要求：各展团、参展单位在展览期间，应保持展台清洁、卫生，展台工作人员应服装整洁、美观，注意仪容仪表。展团和展台工作人员的服装旨在宣传本品牌，费用由各单位自理；参加人员要懂专业、技术，业务熟练、遵守外事纪律；要坚守岗位，对客户及参观者热情接待、有问必答、周到服务；遵守主办方和会展中心的各项规章制度，服从大会的统一安排。

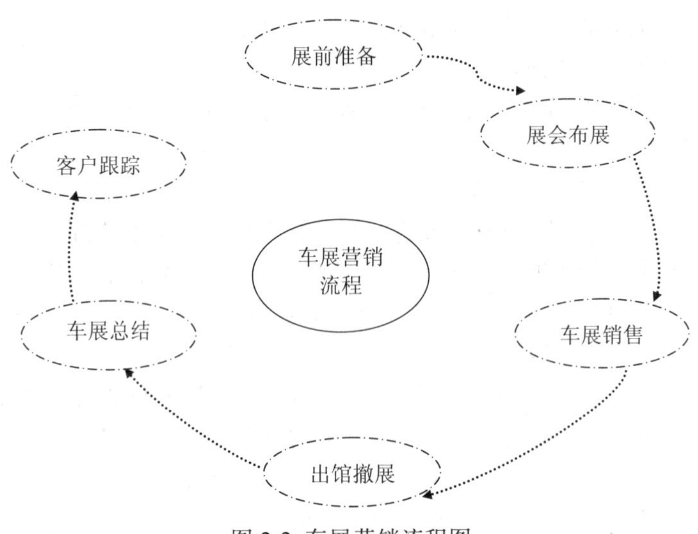

图 2-2 车展营销流程图

◆ 资料准备要求：将汽车 4S 店设计的平面图、效果图、宣传彩页等传给展会主办方；将公司的简介及详细信息传给展会主办方；根据展会广告要求，提高汽车 4S 店的广告菲林和打样稿；仔细阅读参展手册，并将需要填写和盖章的相关资料传真给展会主办方。另外，还要准备车型目录和销售资料及合同、按揭名片、记事本、预算单、潜在客户邀约等资料。

◆ 客户邀约：针对在店的集客量进行电话、短信、微信等方式邀约。

◆ 试乘试驾路线勘测：如果客户在展会上要求试乘试驾，店内应该做好试乘试驾的勘测路线，一般都是和展厅的试乘试驾路线一样。

◆ 针对参展人员在车展上的要求，内训师应该对销售顾问进行礼仪、专业知识、相关技术、销售技巧等方面的培训。

② 展会布展。

◆ 展台内布置：展台有标准展台和非标准展台。

标准展台的展架由展馆负责搭建，需改建展台或租用展具，根据参展手册对展具租用服务项目及价格需要付费，展台内的宣传内容及布展根据展会主办方要求或由主办方解决或由参展单位自行解决。每标准展台为 3m×3m 即 $9m^2$，由 9 块展板组成三面墙（两面开口展位，展板共 6 块）。每块展板为 6250 像素×2400 像素，展台内由主办单位提供一套基本设施，包括带公司名称的楣板，一张洽谈桌，两把椅子，两个射灯，一个 220V（500W）电源插座，一个纸篓。

非标准展台的布展（即光地展位），根据主办方规定时间，将展台布线图、设计图、电路图及电箱位置图、装修材料、用电量及相关资料报相关单位，审批同意后，将由参展单位自行或委托有关单位布展。

◆ 布展及布展注意事项。

◇ 各参展单位布展开始前必须在规定时间内向相关部门办理施工手续,并交纳施工管理费用和清洁安全押金后即可入场布展。

◇ 各展台内布局，均由参展单位自行或委托设计、布展，所有布展内容均应事先制作好。图片、灯箱、图板、司徽、厂标一律不准使用铁钉，不得损坏展架及展览场地的公用设施。油漆或墙纸绝对禁止应用于隔板上。

◇ 整车布展在规定的范围内整齐排放,进展台前擦洗干净,整个展期不得污损地面及地毯。具体要求：每辆展车前后之间应留 2m 间距，左右之间应有 1.8m 间距，不得占用公共通道；车辆在进展台前应将油箱燃油大部分抽空，只留少量油料维持进出展位即可；车辆就位后，应将电瓶线拆开；整车展品除特许外，展览期间一律不得起动发动机。

◇ 标准展架不得擅自加高，各单位的展台设计不要遮挡友邻展台，不要搭建实体墙面。

◇ 在展区支搭临时建筑，须使用非燃或阻燃材料，遇有消防栓应留有 1.5m 距离；当展台遇有地埋消防栓时应留出可以随时打开的活口，并在活口上标注出“地埋消防栓”字样。

◇ 不得在展区内使用易燃品如汽油、酒精等进行清洗作业，不准存放、使用充压的压力容器；严禁在未做防火处理或未做隔离保护的易燃物体上安装灯具等用电设备，展位内安装的射灯，其灯头与装饰物距离要符合消防安全要求，且须采用安全可靠的保护措施；标准展位之间的电源连接线不允许跨通道敷设，特殊情况跨过通道时，安装高度必须超过 3m 以上，且有铝柱或铝条作为依托；电缆线穿过公共通道必须加盖防护板、贴上警示胶带。

◇ 展台附近禁止使用碘钨灯、高压汞灯等高温灯具，使用各种灯具一律有罩，一般灯不超过 100W，特殊灯具不超过 300W；展馆内不得使用电焊、电锯、电刨等加工作业工具。

◇ 展区内禁止使用明火，电气设备安装应符合《电气工程安装标准》和有关技术规范的要求，电源线应使用双层绝缘护套线，并与可燃结构、装饰材料和展品有安全距离或设非燃隔离层；沙盘、模型、图表的电源变压器的二次侧分路，均须有保护装置，并铺设整齐，线束直径不得超过 2cm，变压器须安置于非燃支架或台板上；展板和馆内配电箱的距离不少于 1m。

◇ 各单位在展厅内不得设置展品仓库，人行通道、防火间距、出入口处等必须保持畅通，消火栓须暴露，不得压、堵或损坏消防设施。

③ 车展销售。

◆ 明确参展目的。汽车 4S 店首先要明确参展的目的是什么？昔日可以喊出车展“做品牌、做形象”的口号，但是今天瞬息万变的世界里，如果只是一味地做品牌、做形象，不会同时抓住销售的机会，面对耗费巨资、观众数万的车展不积累订单，那可能就会在竞争中处于不利之地，因此车展的目的第一是卖车、第二是卖车、第三还是卖车。

特别提示

车展销售与展厅销售不同：客户与观众混合，走马观花，不易辨认谁是潜在客户；车展问的多，买的少；观众多，注重概念车、车模、表演，客户少，不知道自己到底买哪款车。因此，要多积累车展销售经验。车展上的观众分为四大类型：专家型、游览型、采购型和陪宾型。

◆ 车展销售经验。车展由于问的多，买的少，所以如果如同展厅销售的话，客户还惦记去其他品牌车展观看，没有耐心听销售人员细致入微的讲解，因此车展销售经验总结起来就 3 个字：快、准、狠。

◇ 快，就是销售人员从观众眼神游离、移动路线、停留时间、赏车位置等方面出发，快速筛选客户。

◇ 准，就是准确辨别客户是否打算在车展买车，什么价位的车，要在三言两语中摸清客户，对没有意向购买自己品牌车的客户不要过多纠缠。

◇ 狠，就是逼客户下订单，只有车让客户心动，感觉价格便宜，机不可失，客户才会下订单。销售人员要有效排除竞争者，结合第一位下订单者为幸运者，具有纪念价值等手法，让客户相信“只有今天，只此优惠”。

◆ 车展销售流程。车展流程与展厅销售流程不同，前者在流程中更多的关注的是价值的建立，如厂家、经销商、品牌、产品及销售顾问价值的建立，所以在流程中体现更多的是卖车和价值的传递，但是车展的目的就是卖车，因此其流程为：确认需求→直切亮点→有力报价→转移抗拒。

◆ 车展销售技巧。

◇ 顺势再探询。回答客户问题后销售顾问应顺势再探询，如回答客户车型配置后顺势询问配置需求，回答发动机马力后顺势询问驾驶需求。

◇ 运用反问法。客户常询问赠送什么？销售顾问可以反问：“说说看，您需要什么？”客户提出让利、赠送精品等问题，销售顾问以“如果/是否”反问句型引导客户承诺。

◇ 报价时预留伏笔。车展报价一定要预留伏笔，第一次报价以铁价定调容易丧失决赛权。

◇ 追踪策略活化。H 级（7 天内有订车可能）客户要把握 4 小时原则，A 级（15 天内有订车可能）客户接触要用短信、微信、QQ、邮件、电话、试车等不同手法，销售顾问追踪时不能用相同的话术。

◇ 场外法。外场由于噪声小，便于与客户进行洽谈，便于客户进入舒适区，可以让客户回店里做试乘试驾。

◆ 车展客户类型判断及应对技巧。车展人流攒动，判断客户类型很重要，运用成熟技巧及时应对是提高车展活动效果的利剑之一。客户类型、特征及应对技巧如表 2-2 所示。

表 2-2　　客户类型、特征及应对技巧

序号	类型	特征	应对技巧
1	走马观花型	凑热闹，引擎盖打开即围过来	先拿目录给他看，比较后再商谈（然后把引擎盖关上）
2	有意炫耀型	目前已有车，有意无意炫耀其车	赞美一下，请其推荐客户
3	索取赠品型	无意愿购车、专门索取赠品	委婉告知，因赠品有限，请其至公司索取
4	主动询问型	询问油耗，问性能及后续保养	有意愿但不见得立即购买，应探寻其购买时间并留存资料做后续跟踪
5	被动撩拨型	观察许久，因个性保守，不好意思询问	勿直接探询其意愿，找关系，拉近与销售顾问之间关系，不直接谈车
6	三心二意型	即将做最后决定，但不知买何种车	用试乘试驾，诱导其决定，探询其中意车型
7	欲走还留型	对我们的车非常喜欢，碍于预算或家人反对，多看几眼以满足一下内心需求	若是预算问题，说明分析利益点；若是家人因素，请其带家人来店亲访再加说明
8	蓄意抬杠型	收集资料、目录，专门问机械常识，争执问题、固执己见	自认为懂很多，请其至公司，由专门技术人员为他做更详细的说明

◆ 车展异议处理方法。

◇ 异议处理四原则：站在客户立场思考问题，重复客户所言重点，客观简要响应问题，态度轻松不急促；

◇ 正确面对客户善意批评，转达改善意见；

◇ 蓄意挑衅者请现场经理或者主管协作处理。

◆ 车展销售法则。取得客户信赖，瞄准客户需求，价值大于价格，利益引导决策。

④ 出馆撤展。

◆ 展览期间所有展品展具，除特许外，一律不准携带出馆。

◆ 展览会闭幕前，参展单位应将所有展品展具开列清单（展品登记表），到登录处办理出馆手续。待撤展时交由各馆负责人，清点后准予出馆。

◆ 展览会闭幕后，参展单位及时清理展品及自建展台，由大会统一指挥按“先外后内”的原则顺序撤出展览场地。

◆ 在撤展过程中，应注意爱护展馆设施，不得损坏公共展架、展板、地毯等。

⑤ 车展总结。车展活动结束后可以用幻灯片的形式进行总结。总结内容主要包括如下几部分：活动背景、活动概述、主办单位、预热宣传、配套活动、前期准备、活动费用估算、活动效果评估等；也可以用表格的形式，简单列出（见表 2-3）。

⑥ 客户跟踪。车展现场订购机会不多，后续跟踪为成交关键：当天晚上整理全部收集资料，建立客户数据卡；依据客户资料分级，H 级、A 级客户建立联络、确认，B 级（30 天内有订车可能）客户两天内确认，约定寄送数据立即寄送，依据客户管理原则定期追踪，针对车展客户做统计分析，再次筛选重新分级，把握两周内最高热度促成成交。

表 2-3 ××汽车 4S 店车展活动总结

车展活动总结

汽车 4S 店名称： 活动名称：

活动地点： 活动时间：

活动概述：

<table>
<tr><td rowspan="2">总体评价</td><td colspan="6">成功之处：</td></tr>
<tr><td colspan="6">不足之处：</td></tr>
<tr><td rowspan="5">活动效果评估</td><td rowspan="2">活动一</td><td colspan="5">成功点：</td></tr>
<tr><td colspan="5">不足：</td></tr>
<tr><td rowspan="2">活动二</td><td colspan="5">成功点：</td></tr>
<tr><td colspan="5">不足：</td></tr>
<tr><td>……</td><td></td><td></td><td></td><td></td><td></td></tr>
</table>

氛围营造费用：

项目	数量	单价	金额	备注

费用小计：

媒体宣传费用：

发布媒体	发布时间	发布形式	发布内容	发布规格	价格	备注

费用小计：

活动问题分析：

活动问题解决方案：

活动现场照片：（至少 5 张，加配解说文字）

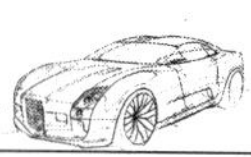

特别提示

不轻易放弃远程客户。

3. 巡展营销

现如今汽车市场硝烟弥漫、充满变数，各经销商都在为自己进行汽车市场的深度挖掘。那么如何走出去，“深入社区、服务大众”全方位宣传汽车 4S 店，提升品牌形象，最大限度地挖掘潜在消费市场，尽可能提供多重的选择空间，满足不同消费需求，扩大消费市场、发展汽车经济就成了汽车 4S 店的重要问题之一，由此应运而生了“巡展营销”。

（1）巡展的含义

巡展是指在某个区域内巡回展出，是汽车商家为了提高品牌知名度，扩大品牌影响力和提高市场占有率而进行的“点”式宣传。巡展是展览的一种形式，是通过时间、地点或目标市场的转换来达到展览目的的行为。巡展是营销效果相对较好的一种展览营销模式，通常以某一展览主办机构为主体或企业自发的营销展示活动为单位。巡展一般以地点的变换为展览名称的前注概念，包括静态展示、扫街派发、现场服务、试乘试驾、产品功能演示或互动游戏等活动。

（2）巡展分类

汽车 4S 店巡展可以分为如表 2-4 所示的几类。

表 2-4　　汽车 4S 店巡展分类

序号	类型	表现形式
1	展示促销类	社区展示、大型商场展示、大型广场展示等
2	试乘试驾类	驾校类、二手车车主类、潜在消费者类、汽车俱乐部活动等
3	联合促销类	大型卖场展示及抽奖活动
4	媒体合作类	联合媒体报道（相当于营业推广的一种）、赞助媒体小组组织的活动，如媒体组织的车展等

（3）巡展营销流程

巡展营销有很多优势，比如实现品牌效应，介绍新产品、展示新技术，提高知名度等。下面详细介绍巡展营销流程（见图 2-3）。

① 展前准备。

◆ 巡展的目标策划和巡展计划制订。巡展是一个持续性、系统性的市场活动，活动前，汽车商家要进行 SWOT 分析，用来确定企业自身的竞争优势（Strengths）、竞争劣势（Weaknesses）、机会（Opportunities）和威胁（Threats），从而将公司的战略与公司内部资源、外部环境有机地结合起来，制订自己的巡展目标，规划巡展的地点，并排出执行计划。

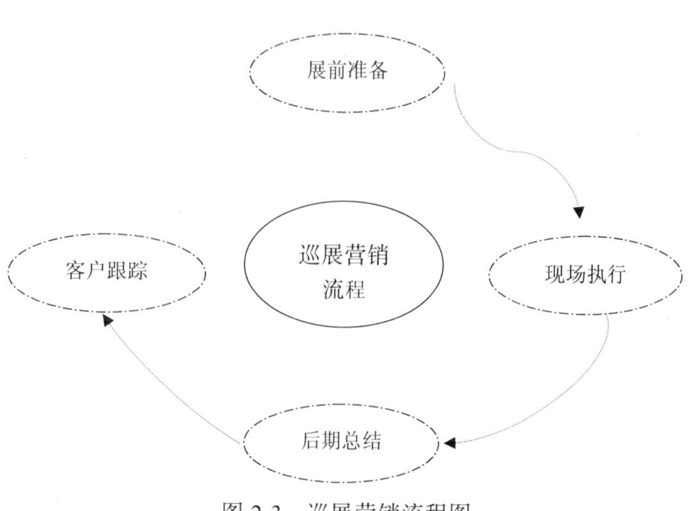

图 2-3　巡展营销流程图

巡展计划制订：确定巡展活动

对象（针对什么样的准客户）、活动时间、活动地点、活动目的（提高某品牌知名度和美誉度、收集更多意向客户信息等）；确定主办方和承办方，确定宣传推广方式，设计巡展现场活动政策（购车好礼相赠或者优惠力度等）。设计工作流程、物料准备及巡展路线等（从什么地点出发、经过哪些地方，到哪里结束回到公司）。一般计划以月编排，明确目标。

◆ 巡展场地的选择。在弱势市场中，我们的整体策略是进攻，所以在活动地点规划上应该重点选择：产品需求量大的市场、竞争品牌集中的区域。

◆ 培训。好的方案需要良好的执行，培训有利于执行，通过培训让活动人员明确各自的工作职责和工作内容。明确活动目的有利于提高活动效果。

培训重点：活动地点市场分析；活动目的、策略；活动的流程；工作内容、分工与职责；针对弱势地区用户特征有目的的销售话术讨论和提炼；巡展前三天完成培训。

◆ 物料准备。通过物料在活动现场的应用可以增加活动气氛，积累更多的人气。在准备物料的时候需要注意：列出清单，检查制作与到位；分配专人负责；考虑摆放和悬挂的难度并提前采取应对措施；活动所需物料必须保持规范整洁；按时间节点检查物料准备进度。

◆ 客户邀约。邀约对象是老用户、潜在用户、竞品用户。邀约方式有电话、当面、扫街。

◆ 信息发布。

◇ 通过报纸、网络、广播等形式。

◇ 活动的前一天对活动区域扫街和活动邀约。

② 现场执行。

◆ 现场布置（物料）及人员安排。现场要规范、合理，体现活动的专业；区域划分明确，有明显标识。现场人员要统一着装，坚守岗位，主动热情；要求人员有较强的语言表达能力和沟通能力。

◆ 信息收集。信息收集是巡展中最重要的部分，通过信息的跟踪促进销售的达成。

◇ 针对老客户：要重视老客户，把老客户看作“一座金山”，他们可以带来人气，通过对他们的礼品赠送和车辆检测，增加忠诚度，活动过程中尽量让老客户感受到作为老客户的优越性。

◇ 针对潜在客户：到现场来看车，或者在扫街过程中接触到的客户，都要进行详细记录，后期进行总结跟踪，并根据购买意向，决定跟踪频率。

◇ 针对购买竞争对手产品意向较强的客户：销售顾问或者服务人员要对该类客户进行礼品发放和帮助其进行车辆检测，并介绍品牌的优势，进而影响其再次购车时考虑本品牌。

◇ 针对陌生客户：如果条件允许的话，可以对到活动现场的观众进行问卷调查（调查问卷设计的要简短，能说明问题，避免引起客户反感）。

◆ 扫街派发。扫街，最好是在活动的前一天开展，如果不能提前则应安排在活动中进行扫街。

特别提示

扫街人员在扫街结束后统计资料发放数量，统计咨询或者有意向购买车的用户，并将信息整理出来，作为潜在客户的登记名册，安排销售人员定期进行回访。

◆ 产品功能的演示或互动游戏。

◇ 产品功能演示分为静态和动态，前者指销售顾问根据客户的简单需求给客户展示产品的卖点，介绍产品的功能、优势和给客户带来的利益；后者指试乘试驾，这是提升产品认知度的最直接、最有效手段，通过试乘试驾，让客户真正感知产品给客户带来的愉悦和刺激感，进一

步增强客户的购买欲望。

特别提示

注意对试乘试驾人员的资格确认，要复印驾照和签订试乘试驾协议。

◇ 活动游戏互动：该环节是针对人气不足的时候结合礼品派发而开展的，如有奖竞猜、产品知识问答、抽奖等。

◆ 销售话术。关于销售话术可以从以下几个方面准备：

◇ 品牌价值传递方面，包括品牌理念、品牌形象、品牌认知；

◇ 产品价值传递方面，主要是主流产品与竞品的比较，外观、功能、性能等；

◇ 价格优惠方面，包括价格优惠方式、力度；

◇ 服务品质及经销商价值传递方面，包括服务或者经销商独特之处，吸引客户；

◇ 销售顾问人员价值传递方面，向消费者传递销售顾问自身价值，有多少客户，能帮助做什么等。

③ 后期总结。活动结束后，需要进行客户信息整理、活动中的不足及改进、进行下次活动的相关准备。具体总结方式可参见表2-3。

④ 客户跟踪。

巡展过程中收集到的客户信息，在活动结束后进行整理、总结、分析，将客户进行分级后决定回访频率和回访话术，购买意向强的客户跟踪频率要快，抓住客户促使其尽快做出购买决定。

4. 网络营销

随着汽车由卖方市场向买方市场转化，传统的汽车营销模式受到了由互联网带来的无障碍沟通方式的空前严重的挑战。单单依靠传统的销售方法已经不能适应日趋激烈的汽车市场竞争的需要，为此，作为一种全新的销售模式——汽车网络营销应运而生。

（1）汽车网络营销的含义

网络营销是企业整体营销战略的一个组成部分，是建立在互联网基础之上，借助于互联网特性来实现一定营销目标的一种营销手段。从广义上来说，凡是以互联网为主要手段进行的，为达到一定营销目标的营销活动，都可以称之为网络营销。也就是说，网络营销贯穿于企业开展网上经营的整个过程，包括信息发布、信息收集，直到开展网上交易为主的电子商务阶段，网络营销一直都是一项重要的内容。

（2）汽车网络营销的特点

① 网络营销是直复营销。根据美国直复营销协会（ADMA）为直复营销下的定义，直复营销是一种为了在任何地方产生可度量的反应和（或）达成交易而使用一种或多种广告媒体的相互作用的市场营销体系。

网络作为一种交互式的、可以双向沟通的渠道和媒体，它可以很方便地为企业与顾客之间架起桥梁，顾客可以直接通过网络订货和付款，企业可以通过网络接收定单、安排生产，直接将产品送给顾客。基于互联网的直复营销将更加吻合直复营销的理念。

② 网络营销是软营销。网络营销是一种“软营销”，这是网络营销中有关消费者心理的一个理论基础。“软营销”是指企业以强化与顾客的感情和文化交流为内容，以淡化商业活动的盈利意图为手段，间接服务于企业经营目标的一种营销模式，它强调企业进行市场营销活动的同时必须尊重消费者的感受和体验，让消费者能舒服地主动接收企业的营销活动。

在互联网上，由于信息交流是自由、平等、开放和交互的，强调的是相互尊重和沟通，网上使用者比较注重个人体验和隐私保护。互联网自有它的“网络礼仪”，其最重要的基本原则就是：“不请自到的信息不受欢迎”。因此，传统促销方式的广告造势、硬性推销等策略在网络上会适得其反。网络软营销恰好是从消费者的体验和需求出发，采取拉式策略吸引消费者关注企业来达到营销效果。在互联网上开展网络营销活动，特别是促销活动，要遵循一定的网络虚拟社区形成的规则，网络软营销的特征就是在遵循网络礼仪规则的基础上通过对网络礼仪的巧妙运用达到一种微妙的营销效果。

（3）网络营销是整合营销

传统营销管理的经济学理论基础是厂商理论，即企业利润最大化，实际的决策过程是市场调研——营销战略——营销策略——反向营销控制这样一个单向链，没有把顾客整合到整个营销决策过程中去。它实质是将厂商利润凌驾于满足消费者需求之上，这种理论在大规模工业化大生产的卖方市场上是可行的。但网络营销面对的是买方市场，营销主动权在消费者手中，仍采取厂商理论的观点是注定要失败的。网络即时互动的特点使顾客参与到营销管理全程成为可能；而个性消费的复归使其主动性大大地增强。这就迫使企业必须贯彻以消费者需求为出发点的现代营销思想，将顾客整合到营销过程中来，因此说，网络营销具有整合营销特征，是一种整合营销。

（4）汽车网络营销职能

① 信息搜索功能。信息的搜索功能是网络营销进击能力的一种反映。在网络营销中， 将利用多种搜索方法，主动地、积极地获取有用的信息和商机；将主动地进行价格比较，将主动地了解对手的竞争态势，将主动地通过搜索获取商业情报，进行决策研究。搜索功能已经成为了营销主体能动性的一种表现，一种提升网络经营能力的进击手段和竞争手段。

② 信息发布功能。发布信息是网络营销的主要方法之一，也是网络营销的一种基本职能。无论哪种营销方式，都要将一定的信息传递给目标人群。网络营销可以把信息发布到全球任何一个地点，既可以实现信息的广覆盖，又可以形成地毯式的信息发布链。既可以创造信息的轰动效应，又可以发布隐含信息。信息的扩散范围、停留时间、表现形式、延伸效果、公关能力、穿透能力，都是最佳的。更加值得提出的是，在网络营销中，网上信息发布以后，可以能动地进行跟踪，获得回复，可以进行回复后的再交流和再沟通。因此，信息发布的效果明显。

③ 商情调查功能。网络营销中的商情调查具有重要的商业价值。对市场和商情的准确把握，是网络营销中一种不可或缺的方法和手段，是现代商战中对市场态热和竞争对手情况的一种电子侦察。在激烈的市场竞争条件下，主动了解商情，研究趋势，分析顾客心理，窥探竞争对手动态是确定竞争战略的基础和前提。通过在线调查或者电子询问调查表等方式，不仅可以省去了大量的人力、物力，而且可以在线生成网上市场调研的分析报告、趋势分析图表和综合调查报告。其效率之高、成本之低、节奏之快、范围之大，都是以往其他任何调查形式所不及的。这就为广大商家，提供了一种市场的快速反应能力，为企业的网络营销奠定了坚实的基础。

④ 销售渠道开拓功能。网络具有极强的进击力和穿透力。传统经济时代的经济壁垒，地区封锁、人为屏障、交通阻隔、资金限制、语言障碍、信息封闭等，都阻挡不住网络营销信息的传播和扩散。新技术的诱惑力，新产品的展示力，图文并茂，声像具显的昭示力，网上路演的亲和力，地毯式发布和爆炸式增长的覆盖力，将整合为一种综合的信息进击能力。网络能够快速疏通种种渠道，打开进击的路线，实现和完成市场的开拓使命。

⑤ 品牌价值扩展和延伸功能。美国广告专家莱利预言：未来的营销是品牌的战争。拥有市场比拥有工厂更重要。拥有市场的唯一办法，就是拥有占市场主导地位的品牌。随着互联网的出现，不仅给品牌带来了新的生机和活力，而且推动和促进了品牌的拓展和扩散。实践证明：互联网不仅拥有品牌、承认品牌，而且对于重塑品牌形象，提升品牌的核心竞争力，打造品牌

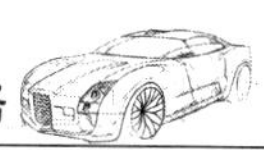

资产，具有其他媒体不可替代的效果和作用。

⑥ 特色服务功能。网络营销所具有和提供的是一种特色服务功能。服务的内涵和外延都得到了扩展和延伸。顾客不仅可以获得形式最简单的常见问题、邮件列表，以及 BBS、聊天室等各种即时信息服务，还可以获取在线收听、收视、订购、交款等选择性服务。从信息跟踪、信息定制到智能化的信息转移、手机接听服务及网上选购、送货到家的上门服务等，这种服务以及服务之后的跟踪延伸，将极大地提高顾客的满意度，使以顾客为中心的原则得以实现，而且客户成为了商家的一种重要的战略资源。

⑦ 顾客关系管理功能。客户关系管理源于以客户为中心的管理思想，是一种旨在改善企业与客户之间关系的新型管理模式，是网络营销取得成效的必要条件，是企业的重要资源。在网络营销中，通过客户关系管理，将集客户资源管理、销售管理、市场管理、服务管理、决策管理于一体，将原本疏于管理、各自为战的销售、市场、售前和售后服务与业务统筹协调起来。既可跟踪订单，帮助企业有序地监控订单的执行过程；规范销售行为，了解新、老客户的需求，提高客户资源的整体价值；又可以避免销售隔阂，帮助企业调整营销策略，收集、整理、分析客户反馈信息，全面提升企业的核心竞争能力。客户关系管理系统还具有强大的统计分析功能，可以为企业提供"决策建议书"，以避免决策的失误，为企业带来可观的经济效益。

⑧ 经济效益增值功能。网络营销将极大地提高营销者的获利能力，使营销主体提高或获取增值效益。这种增值效益的获得，不仅由于网络营销效率的提高，营销成本的下降，商业机会的增多，更由于在网络营销中，新信息量的累加，会使原有信息量的价值实现增值，或提升其价值。这种无形资产促成价值增值的观念和效果，既是前瞻的，又是明显的，是为多数人尚不认识、不理解、没想到的一种增值效应。

（5）汽车网络营销模式

"你以为你的汽车都是从销售店卖出去的吗？事实上每个消费者在走进你店里的时候他或许已经用鼠标想好了一切。"这句话已被汽车网络营销人员广为引用。网络成为汽车营销的新宠儿不仅在于它是信息传播和广告发布的主要渠道，更表现为它已经日益成为汽车厂家和经销商的一个全新营销平台。这个平台整合了各种优势资源，具有信息传播、品牌构建、企业公关、广告发布、消费者沟通互动、电子商务等多重功能，从而将厂家、经销商和消费者更加紧密地联系在一起，通过他们之间卓有成效的互动、沟通，最终促进销售，并形成稳定长久的合作关系。但是，正是由于中国互联网市场的发展迅速，并没有给过多的时间让汽车营销界深入思考如何建立适合中国市场的汽车网络营销新模式。不光是汽车行业，几乎所有的行业都还处于探索之中。但是随着互联网市场的完善与厂家尝试创新的形式增多，互联网在营销上的价值将逐渐体现出来。

目前，基于互联网而开展的汽车营销主要有两种形式：第一种是把互联网当作一种媒体，在上面发布汽车品牌、经销商广告，并开展媒体公关。这种方式已经被绝大多数的汽车厂家所认同，并有了一定的经验累积。第二种形式是利用互联网的互动型强、受众面广、信息量大等特点，开展市场推广活动，进行网络销售。以下介绍几个有代表意义的汽车网络营销模式。

① 网络广告。这里谈论的网络广告是传统意义上的网络广告，主要包括几种形式：横幅式广告、旗帜广告、按钮式广告、文字链接、弹出式广告、图标广告、浮动广告、关键字广告等。2000 年，福特汽车在新浪网投下了第一笔金额为 100 万元的广告，这成为中国互联网发展史上的第一个汽车广告。之后的几年，汽车厂商网络广告投放额度不断加大。根据 iResearch（艾瑞咨询）的统计数据，中国汽车行业网络广告支出从 2002 年的 2827 万元增长到 2008 年的 13.8 亿元。网络广告成为汽车厂家、经销商开展网络营销的主要方式，但由于网络广告传播范围广，

价格低廉，导致网络广告泛滥，造成网民的反感。在2005年CNNIC发布的数据中显示，网民最反感的九类问题当中，弹出式广告和窗口高居第二位。因此，许多企业和广告公司开始改进网络广告的质量和效果，尝试一些新的网络广告形式。

② 病毒营销。病毒性营销（Viral Marketing）是一种常用的网络营销方法，它利用用户口碑传播的原理，常用于进行网站推广、品牌推广等。汽车企业进行病毒营销，不仅可以让受众自愿为其传播信息，而且可通过正确的引导，树立企业及品牌形象。病毒营销是与汽车营销各种形式相结合的有力武器。它需要汽车厂家和广告公司对传播过程进行有效的引导，包括制造传播话题、找准低免疫力人群和对话题进行更新，必要的时候进行适当的炒作。在汽车网络营销中最成功的病毒营销案例应该数几个国外汽车厂家通过“网络短片”进行病毒营销。进行病毒营销必须注意的两点：首先，广告信息必须有趣、有创意，制作精良，让网友心甘情愿地成为“病毒”的传播载体；另外，信息内容应该往正面方向引导，若是汽车厂家为了吸引受众眼球而制造一些怪异或者有悖社会道德的信息，那么传播的速度越快，对品牌形象危害越大。

③ 互动营销。中国汽车网络互动营销平台以充分利用网络的互动性为手段，以多种互动形式吸引网友注册进入平台参与活动，从而达到提升汽车企业形象、促进产品销售等营销目的。网络互动营销适应信息时代的社会消费潮流，为中国汽车网络营销开拓充满生机的崭新领域，成为“汽车营销最后一公里”的发力点。由于汽车行业的特殊性，汽车厂家与消费者之间的距离较大，因此必须要通过汽车网络媒体提供良好的平台支持才能取得预期的效果。相比传统汽车营销形式，汽车的网络互动营销平台由于本身具有的参与性、分众性、趣味性和奖励性，所以汽车的网络互动营销平台更准确、更有效地发挥了网络媒体互动的独特优势。如今国内汽车企业常用的网络互动营销形式主要有网络选秀、网络征名、网络征文、征集网络DV视频、网络游戏等，主要是提供对网友有吸引力、有价值的奖品或特权，让参与活动的网民创作生成含品牌元素的内容。通过这种互动营销，不仅让用户变被动接受为主动参与，加深用户对品牌和产品内涵的理解，更有助于汽车企业品牌推广和品牌形象树立。

案例

2008年东风日产“TIIDA漂流瓶”活动来进一步理解汽车网络互动营销的模式。2008年9月开始，在许多汽车门户网站上都出现了“TIIDA漂流瓶”活动的广告。活动内容是网友注册并创建自己的个性漂流瓶BLOG，提供与TIIDA有关的图片、音乐、视频和文章，再由东风日产厂家通过在各大门户网站投放活动广告让“漂流瓶”在各大网站漂流，然后通过网友投票和积分的方式选出幸运的网友。活动设置多重丰厚奖项，从TIIDA车到明星歌友会入场券，从游戏机到IPOD。活动持续3个月，吸引了众多热情的网民参与，同时也为TIIDA当年的销量做出了贡献。

④ 博客营销。博客营销较早被奥迪、通用等著名汽车企业应用，随着国内的奇瑞、大众等汽车企业进入企业博客行列，汽车行业的博客营销由此热闹起来。汽车业通过博客进行营销的模式主要有以下3种。

◆ 汽车企业与博客网或门户网站连手进行某一专项的推广营销活动。博客大赛是当前汽车企业博客营销的主要形式，不仅可以提升企业的关注度和品牌形象，也有助于汽车企业建立自己的车主社区，增强品牌忠诚度。

举例

2006 年 4 月 19 日，长安福特汽车在新浪网举行了“福克斯拍档博客评选活动”，由此成为国内借助博客概念进行营销的第一个吃螃蟹者。这次博客营销不仅为福克斯聚集了线上线下的人气，促进了销量，网民们更是通过博客这个平台，自发组织了福克斯车迷团，扩大了福克斯的品牌影响力。

◆ 汽车企业开设的企业博客，或企业高管人员开设自己的博客。通用汽车的 Fast Lane 博客是企业博客的典范，由汽车业传奇人物、通用汽车副总裁鲍勃·鲁茨（Bob Lutz）主笔，话题集中在汽车设计、新产品、企业战略等方面，博客日浏览量近 5000 人。从 2005 年开始，新浪网重点建设名人博客，吸引了数位汽车公司老总在上面建立了自己的博客，更是成就了像华普汽车老总徐刚的博客、吉利汽车董事长李书福的博客这类企业老总名博。汽车企业高管人员通过博客这种形式，一方面拉近了与消费者的心理距离，向外界显示企业倾听社会意见的意愿，对品牌形象的提升起到了推动作用，另一方面也通过关心公众意见，为潜在的公关危机做好准备。

◆ 汽车相关从业者的个人博客。目前知名汽车记者和专业评论家开放的专业博客越来越多，由于观点的独立性和独特性，成为消费者获取汽车信息、评论的一个重要渠道，而受到网民的追捧，有许多文章也被国内各大汽车媒体转载。2006 年 6 月，新浪汽车诞生了首个点击量突破百万的专业汽车博客：知名车评人士“莫言清风”的博客。至今仍然以接近两千万的点击率位于新浪汽车博客首位。他作为国内某汽车生产企业的市场营销总监，将自己对汽车市场的感悟、评论写入自己的博客，以对汽车市场突发事件的快速点评见长，立场中立，很好地扮演了独立车评人的角色，成为汽车行业的意见领袖。

⑤ 互联网网站——网络媒体。前面我们谈到由于汽车行业的特殊性和网络营销的独特性，在汽车网络营销中，汽车网络媒体这一平台的作用是相当强大的。从一般意义上来说，汽车网络媒体是指借助互联网发布汽车新闻和进行汽车信息服务的传播平台。目前我国的汽车网络媒体种类很多，具体如表 2-5 所示。

表 2-5　互联网媒体类别及划分

序号	类别	主流媒体
1	门户类	新浪、搜狐、腾讯、凤凰网
2	搜索引擎类	百度、谷歌
3	微博类	新浪微博、搜狐微博、腾讯微博
4	垂直类	汽车之家、易车、爱卡
5	新闻类	新华网、人民网
6	视频类	优酷土豆、搜狐视频、酷六、乐视
7	论坛 BBS	汽车之家论坛、爱卡论坛、易车论坛
8	社区 SNS	人人网、开心网
9	电子商务	淘宝、阿里巴巴

（6）汽车网络营销存在的问题

由于中国汽车营销以及网络营销仅仅是这几年才受到重视，所以中国的汽车网络营销仍然处于实践的阶段，汽车网络营销的问题依然明显存在。

① 汽车网络营销人员专业化程度较低。汽车网络营销既要求营销人员懂汽车知识，又需要

懂 IT 技术，还要有营销经验。然而这样的高专业化复合型人才在我国还相当匮乏。许多营销人员不能集以上 3 个方面的知识于一身，所以当顾客遇到各种各样的问题时，他们并不能及时解决，有的员工甚至无法解答顾客的疑问，从而降低了服务的质量，满足不了顾客的需求。

② 现实营销与网络营销的互动功能不强。目前专业汽车网站的主要功能还是发布广告、信息查询等，互动功能很少，网络的应用还只是停留在初级阶段，从而大大降低了网络的使用效率和网站的功能。互动功能应是未来汽车专业网站要发展和开拓的主要功能方向。网络是一个虚拟的社会空间，在网上开展市场营销，最终还是要体现在现实的购买行为。有些车型在网上炒得热火朝天，但现实中的销售不尽如人意，表明“现实营销”与“网络营销”存在严重的脱节。

③ 网络营销赖以生存的品牌基础较差。网络经营者面对的首要问题时如何把自己的品牌打出去，扩大自己站点的知名度。网站的知名度提高了，便会有网络用户光顾站点，自然也会吸引不少的广告客户。我国汽车网站目前很注重培养推销产品的品牌，却很少注重打造自己的品牌；客户往往是寻找知名的产品，却不知道有哪个网站能更全面、更准确地找到。目前客户信任度较高的多数还是门户网站的汽车频道，而专业的品牌则较少。

④ 支付安全性问题。从中国金融目前发展的角度来看，首先，中国的个人信用体系还非常不健全，通过网络支付为数不小的车款的可能性很小，如果通过电子银行或信用卡付款，一旦密码被人截获，消费者损失将会很大，这也是网络购物发展所必须解决的大难题。其次，对于汽车这种商品，中国消费者更愿意在 4S 店现场支付。

（7）汽车网络营销发展对策

针对上述问题做好如下应对策略。

① 努力培养汽车网络营销人才。汽车网络营销能否取得成功，在很大程度上离不开汽车企业所拥有的既懂汽车技术又懂网络营销管理的高素质的人才，因此汽车企业应着力培养出一批汽车网络营销精英人才，并借助于这批素质高、能力强、业务精的专业人才，依靠他们的努力，才能有效推进汽车网络营销的不断发展。

② 实现“现实营销”与“网络营销”的有机整合。汽车厂家在制订营销方案时，不能简单地把互联网和传统的媒体割裂开来，必须把两者通盘加以考虑。在实施营销方案时，要将“线上活动”（互联网）与“线下活动”（展厅、卖场）有机结合起来，形成良性的互动。

③ 认真研究发展汽车网络营销的具体策略。汽车企业应抓住当前 IT 产业蓬勃发展、网络技术日趋成熟的有利时机，认真做好本企业汽车网络营销的发展规划，拟定具体的发展目标与措施，在企业内、外广泛开展汽车网络营销研究，不断开发适合自己的汽车网络营销新手段，抢占汽车网络营销手段的制高点，培养品牌效应。

④ 提高网上交易安全性。网上交易安全问题对汽车网络营销尤为重要。这一方面源自技术层面，另一方面源自商务层面。前者需要技术部门研究和完善电子签名、用户认证、银行加密、资金划账等技术措施，加快电子货币的研究，尽快实现网上安全支付。

目前，具有无形市场特征的汽车网络营销、汽车电子商务的发展，对有形汽车销售市场具有一定的挑战性。但近期内，我国的汽车网络营销还无法完全代替有形汽车销售市场的功能。今后汽车有形市场和汽车网络营销将会有机地结合相辅相成地向前发展，促进汽车销售行业的蓬勃发展。

5．广告营销

随着经济全球化和市场经济的迅速发展，在企业营销战略中广告营销活动发挥着越来越重要的作用，是企业营销组合中的一个重要组成部分。

汽车广告（Automotive Advertising）的立足点是企业。做广告是企业向广大消费者宣传其

产品用途、产品质量，展示企业形象的商业手段。在这种商业手段的运营中，企业和消费者都将受益。企业靠广告推销产品，消费者靠广告指导自己的购买行为。不论是传统媒介，还是网络传播，带给人们的广告信息为人们提供了非常方便的购物指南。

（1）广告营销的含义

广告营销是指企业通过广告对产品展开宣传推广，促成消费者的直接购买，扩大产品的销售，提高企业的知名度、美誉度和影响力的活动。汽车 4S 店其目的是通过这种手段，提升客户来店量，增加经销商的集客量，促进销售。

（2）广告媒体选择

广告策划要根据不同媒体，安排不同的求诉内容和创意手段。汽车较之其他商品具有高附加值的特性。广告牌可以突出整车独有的高档商品非凡之气势；电视可以表现其与众不同的车型和动力性能；报纸、期刊则能够详细介绍车辆的油耗、发动机排量和相关配置。

汽车企业在做广告策划的同时，也是研究消费者购买心理和购买行为的过程。汽车广告策划的原则是让消费者“喜闻乐见，明白可亲或悬念难忘”。消费者认可了产品，汽车企业才会有广阔的发展前景。

（3）广告媒体种类及特点

汽车广告媒体一般分为两大类，一类为大众熟知其他行业也用的营销手段，还有一类为汽车 4S 店独创的非常规媒体。前者的特点及优缺点如表 2-6 所示。

表 2-6　广告媒体种类及优缺点

媒体名称	优点	缺点
电视	1. 视听相结合，生动形象 2. 渗透能力强，效果显著 3. 吸引力大，感染力强 4. 注意率高，影响面广	1. 制作技术复杂，广告成本费用高 2. 媒体受众的被动性 3. 传播效果的瞬间性
广播	1. 覆盖面广，受众多 2. 以声代像，亲切动听 3. 制作容易，传播迅速 4. 经济实惠，收听方便	1. 缺乏视觉，收听率下降 2. 时效较短，容易被忽视
报纸	1. 覆盖面广，发行量大，读者广泛而稳定 2. 具有特殊的版面空间 3. 阅读方式灵活，易于保存 4. 选择性强，时效性强，文字表现力强 5. 传播范围广、传播速度快、传播信息详尽 6. 费用相对较低	1. 有效时间短 2. 阅读注意度低 3. 印刷不够精致 4. 感染力差
杂志	1. 保存周期长，有利于广告长时间地发挥作用 2. 发行量稳定，可确保信息到达率，传阅率高 3. 客户可自行决定阅读习惯和阅读内容 4. 客户阅读比较专注	1. 价格高 2. 如果广告多，容易引起客户反感 3. 更新慢，不能适应形势变化
户外	1. 面积大、色彩鲜艳、主体鲜明、设计新颖，具有形象生动、简单明快等特点 2. 容易吸引行人的注意力，并且容易记忆	1. 宣传区域小，不适合承载复杂信息 2. 传递时间短 3. 信息更新相对滞后

续表

媒体名称	优点	缺点
户外	3. 不经意间给受众以视觉刺激，容易被认知和接受 4. 发布期限较长，能造成印象的累积效果	4. 受众多是运动状态，驻留时间短 5. 高度、朝向、天气等会影响传播效果
网络	1. 传播范围广，受众群体庞大 2. 及时性、互动性 3. 能展示试听综合效果 4. 可利用形式较多，如首页或频道标题、博客、微信、QQ、论坛等	1. 发布随意，严谨性和权威性受到质疑 2. 传播内容广泛，但缺乏深刻性

后者汽车 4S 店自创、自行开发运用的媒体形式，一般成本可控，尽量发挥其宣传效用，其具体形式有：牌照框、车贴、车身；印刷品、如名片、单页、信函、日历等；礼品本身印制品牌 Logo，如雨伞、笔、水杯等；公司的网站和网页；合作单位的信息发布渠道。

6. 假日促销

由于中国人的假日越来越多，比如“情人节”“母亲节”“父亲节”“圣诞节”等，再加上“元宵节”“妇女节”“劳动节”“中秋节”“国庆节”“春节”等，可谓“节连不断”，假日促销可以利用这些特殊时机发掘假日的价值。

（1）假日促销的意义

“假日促销”不论是从中国的传统节日还是从国外“引进”的一些节日，无不显示出假日消费效应。因此，节假期间如何才能吸引消费者有限的注意力，做大做活节假日市场，已成为各大汽车 4S 店任务的重中之重。如果能够真正把握节假日消费市场的热点和需求变化趋势，做出符合目标市场的策划方案，必能获得可观的回报。

（2）假日促销名目

以“情人节”促销活动为例。春节购车热潮的余波还没有消散，商家们又紧紧盯上了情人节汽车促销的时机，纷纷开始紧张的为情人节汽车促销做着准备。做，要想做的到位，产品与节日就要有很好的契合点，才能把企业、产品的促销目的更好地表现出来。很多营销人打出了情人节与汽车的情感牌，抓住情人节情人之间的微妙情感关系，充分的、巧妙地与汽车相关联，从而达到双赢。

案例

2014 年情人节，一汽-大众就打出了感情营销牌——大众汽车“浪漫满车”大赛。大众汽车“浪漫满车”装饰大赛是一个富有创意的装扮爱车的视频征集活动，通过精心装扮你的大众汽车永远成为众人瞩目的焦点，无论晒晒自己的爱车装扮，还是抓拍到别人富有创意的汽车装饰，从外观到内饰，通通可以上传到土豆网大众汽车 VW 视界与网友们一起分享别具一格的汽车装饰成果。为了吸引更多的网友参与，大赛特设了三项诱人的给力大奖，提升了关注度。

上海荣威情人节汽车促销：上汽荣威宣布，“情人节”期间购买荣威任何一款车型，都将享受“金色情人节套餐”——这是荣威自春节以来首次大规模促销活动。以情人节的名义，荣威掀起了一场风暴，这对购车者来说无疑是一个意外惊喜。

广州 mazda 情人汽车促销：推出“浪漫情人节驭达有约——爱我所爱”情人节活动。情侣到店赏车并试驾可赠送情人节特别礼物；当天凡购买并赠送给情侣的车型可享受情人节特别优惠价；当天成功购买指定车型的情侣额外可赠送“双人烛光晚餐券”。

（3）假日促销流程

汽车属于耐用品，又是大宗物件，因此购买汽车在大多数家庭中是一件大事，需要全家人一起参考和商量，因此，大部分人会选在节假日去经销店选购汽车。同时，消费者已经形成思维惯性，认为经销店在节假日才会推出更多优惠政策，因此，节假日促销是经销店销售促进的大好机会，必须紧紧把握住，具体操作流程如图 2-4 所示。

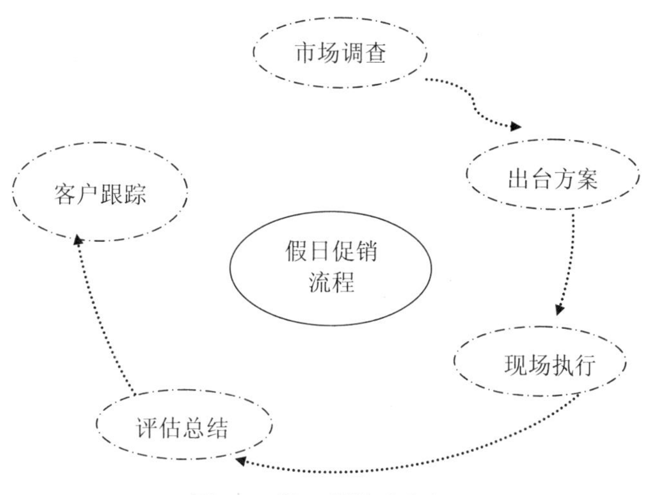

图 2-4　假日促销活动流程

① 市场调查。过调查确定活动主题、活动内容、活动时间、活动地点，准确把握市场动态和消费者心理。

◆ 确定活动主题：通过活动加深目标人群对汽车 4S 店其商品的理解及记忆。

◆ 确定活动内容：活动内容根据主题而定，活动成功的前提是内容要有吸引力，如进店有礼品赠送、打折、送工时券、免费 PDI 检测等。

◆ 确定活动时间：根据经验，选择公众节假日。如果是大型活动的话最好选择在五一、十一、春节等放假时间，活动历时时间长，效果好。

◆ 确定活动地点：大多选在汽车 4S 店卖场或者周边社区内，主要现场要有足够的活动空间。

② 出台方案。

◆ 活动前准备工作：在报纸、电视、电台、网络上进行消息发布。

◆ 活动现场布置：车辆展示、横幅披挂、气球或者拱门拉起、桌牌摆放、海报张贴、宣传单摆放、布置咨询台、赠品发放台、销售台等。

◆ 活动人员安排：足够数量的服务促销人员，要求佩戴工作卡或绶带，便于识别和引导服务；安排一定数量的秩序维持人员；咨询人员和服务促销人员分工明确，经过培训上岗；保安和应急人员安排有序。

③ 现场执行。

◆ 工作人员第一个到达现场，各就各位。

◆ 宣传人员派发传单，介绍活动和产品，引导顾客到销售台。

◆ 掌握好活动节奏，维持好现场秩序，防止发生意外。

◆ 赠品在规定时间发放，不宜太早或太晚，发放时登记个人资料并签字。

◆ 主持人宣布活动结束，现场暂时保留至可能时间，销售台继续销售。

◆ 现场清理，保留可循环物品以备后用。

④ 评估总结（活动业绩）。评估活动业绩最好的办法就是看活动前、活动中、活动后的销量，一般会出现 3 种情况：一种是促销成功，销量明显增加（见图 2-5），促销活动投入费用值得，活动中销量大增，活动结束后销售依然超过活动前；另一种是促销一般，销量与促销前持平或者促销活动中增加但活动结束后一段时间又回到促销前水平（见图 2-6 和图 2-7），促销活动投入不值，活动结束后没有带来长期收益；最后一种是促销失败，销量不如促销前（见图 2-8），活动投入后可能没有收益反倒销量下跌。

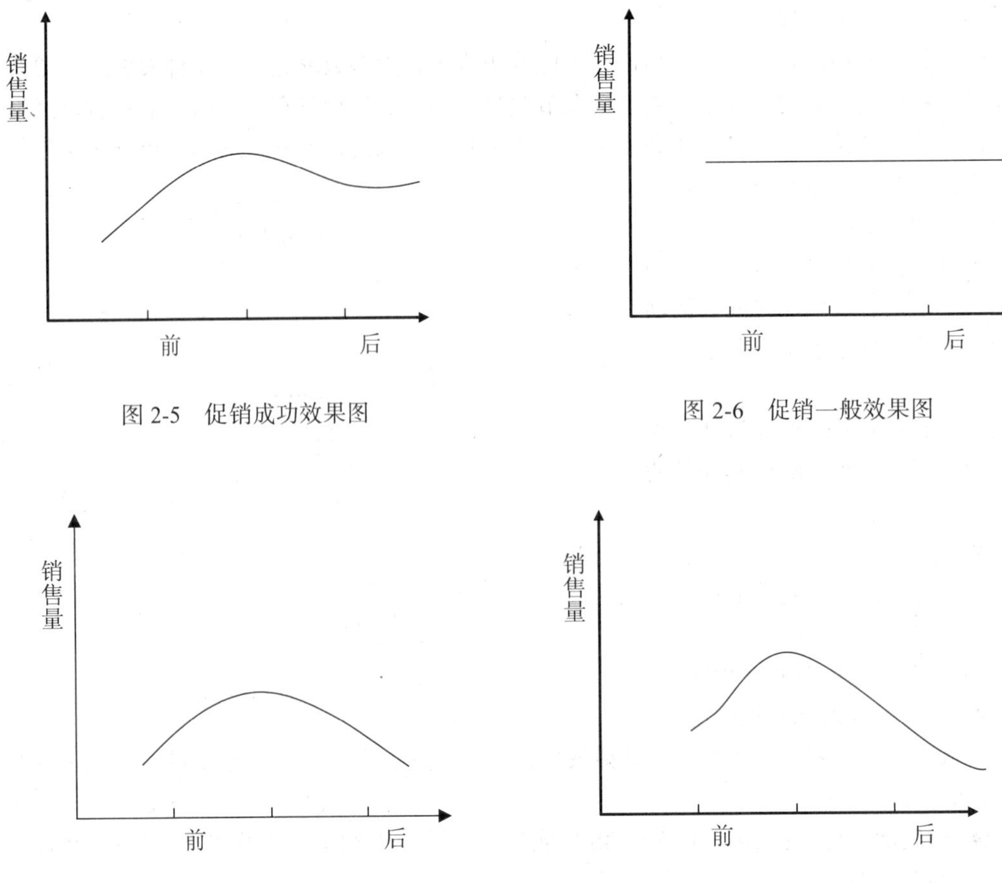

图 2-5　促销成功效果图

图 2-6　促销一般效果图

图 2-7　促销一般效果图

图 2-8　促销失败效果图

汽车 4S 店通过上述对比进行评估，也可以通过问卷调查，看有多少消费者因促销活动购买汽车产品，其对促销活动的评价；还可以通过观察消费者对促销的反应，如消费者在限时折扣活动中的参与程度、优惠　的回报度及参与有奖问答或抽奖人数等方面对促进业绩进行评估总结，分析活动成功之处和吸取的经验教训，为下次促销活动奠定基础。

⑤ 客户跟踪。对于促销活动中可能收集到的客户信息，进行统计分级，再决定跟踪频率和跟踪方式。

7. 跨界营销

企业面向市场的信息传播，将企业效率的来源从点效率调整到线效率、面效率。随着市场竞争的日益加剧，行业与行业的相互渗透相互融会，已经很难对一个企业或者一个品牌清楚地界定它的“属性”，跨界现在已经成为国际最潮流的字眼，从传统到现代，从东方到西方，跨界的风潮愈演愈烈，汽车行业也追赶潮流，运用这种模式，让更多的人了解自己的产品。

（1）跨界营销的含义

跨界营销指的是某一品牌或某一产品在营销时借助于其他非本行业品牌、产品或消费群体的影响力而实现销售的一种手段。

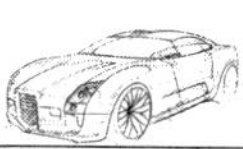

（2）跨界营销的启示

跨界营销意味着需要打破传统的营销思维模式，避免单独作战，寻求非业内的合作伙伴，发挥不同类别品牌的协同效应。跨界营销的实质，是实现多个品牌从不同角度诠释同一个用户特征。

需要注意的是，当品牌成为目标消费者个性体现的一部分的时候，这一特性同样需要和目标消费者身上的其他特性相协调，避免重新注入的元素和消费者的其他特性产生冲突，造成品牌印象的混乱。

（3）跨界营销的意义

越来越多的著名品牌，开始借助"跨界"营销，寻求强强联合的品牌协同效应。

跨界营销基于用户体验的互补关系，在营销思维模式上实现了由产品中心向用户中心的转移，真正确保了用户为中心的营销理念。

（4）跨界营销原则

① 资源相互匹配。所谓资源相互匹配指的是两个不同品牌的企业在进行跨界营销时，两个企业在品牌、实力、营销思路和能力、企业战略、消费群体、市场地位等方面应该有共性和对等性，只有具备这种共性和对等性跨界营销才能发挥协同效应，寻求强强联合才能使跨界营销1+1>2，获得双赢。

② 品牌效应叠加。品牌效应叠加就是说两个品牌在优劣势上进行相互补充，将各自已经确立的市场人气和品牌内蕴互相转移到对方品牌身上或者传播效应互相累加，从而丰富品牌的内涵和提升品牌整体影响力。

③ 消费群体一致性。每个品牌都有一定的消费群体，每个品牌都在准确的定位目标消费群体的特征，作为跨界营销的实施品牌或合作企业由于所处行业的不同、品牌的不同、产品的不同，要想使跨界营销得以实施，就要求双方企业或者品牌必须具备一致或者重复消费群体。例如，著名汽车品牌东风雪铁龙 C2 与意大利知名时尚运动品牌 Kappa 的合作，就是基于 C2 这个品牌本来是象征一种时尚，或者是比较活跃、前卫的一种生活方式。当然这些消费群体的一致性也可以表现在消费特性、消费理念上等的相同。

④ 品牌非竞争性。跨界营销的目的在于通过合作丰富各自产品或品牌的内涵，实现双方在品牌或在产品销售上提升，达到双赢的结果，即参与跨界营销的企业或品牌应是互惠互利、互相借势增长的共生关系而不是此消彼长的竞争关系，因此这就需要进行合作的企业在品牌上不具备竞争性，只有具备不竞争性这样不同企业才有合作的可能，否则跨界营销就成为行业联盟了。

⑤ 非产品功能互补性。非产品功能互补是指进行跨界相互合作的企业，在产品属性上两者要具备相对独立性，合作不是对各自产品在功能上进行相互的补充，而是产品能够本身相互独立存在，各取所需，是基于一种共性和共同的特质。例如，基于产品本身以外的互补，如渠道、品牌内涵、产品人气或者消费群体。

⑥ 品牌理念一致性。品牌作为一种文化的载体，其代表特定的消费群体，体现着消费群体的文化等诸多方面的特征，品牌理念的一致性就是指双方的品牌在内涵上有着一致或者相似的诉求点或代表有相同的消费群体、特征，只有品牌理念保持一致，才能在跨界营销的实施过程中产生由 A 品牌联想到 B 品牌的作用，实现两个品牌的相关联或者在两个品牌之间在特定的时候画上等号。

⑦ 用户为中心。从 4C 到 4P，现代营销的工作中心出现了一个巨大的转变，企业的一切营销行为都从过去围绕企业和企业产品为中心向以消费者为中心转变，从过去关注自身向关注消费者转移，解决销售只是一种手段，而关注消费者需求，提供消费者所需才是企业真正的目的。

企业更多强调消费者的体验和感受，因此对于跨界营销来讲只有将所有的工作基于这一点才会发挥其作用。

（5）跨界营销模式

跨界营销模式如表 2-7 所示。

表 2-7　　跨界营销模式

序号	模式类型	解释说明
1	水平跨界营销	指不同行业、不同品类产品之间，根据目标一致性，实现优势互补，创造竞争优势的营销手段。这种营销模式，越来越成为竞争中的常规武器，而且发挥出与众不同的作用力。它的形式多种多样，不同行业间的产品开发，不同行业间的推广传播，不同行业间的联合促销，不同行业间的渠道协同开发以及不同品类产品之间的产品延伸等
2	纵向跨界营销	指厂家与商家两个不同的个体连成一线，共同投入市场、共同建设渠道、共同服务消费者，实现利益共享，实现合力打天下，实现厂商之间的战略联盟。这种营销模式酒水行业用的比较广泛
3	交叉跨界营销	指企业、合作单位、消费者之间形成三位一体的联动式关系，企业、合作对象、消费者共同享受到各自所需的价值与利益。这种营销模式主要角色是消费者，而企业、合作对象只是规则的制定者、操作者，但在整个营销过程中三者却是融为一体的共赢者

案例

◆ 案例一：2003 年，奔驰 CLK 与阿玛尼。

奔驰请乔治·阿玛尼设计并赋予了个性化特色的高级特别版 CLK 敞篷跑车。新车融合了阿玛尼的少即是多、注重舒适的设计哲学，而且在色彩、细节上融入了阿玛尼的设计风格，散发出豪华、动感和阳刚的气度。在阿玛尼的设计下，奔驰 CLK 敞篷跑车车身色彩的精致处理以及细节的特殊设计，传达了高雅、精致、不容易过时的品牌个性。品牌背景：阿玛尼是一个诞生于意大利的服装品牌，经过 30 年的发展，现已成为世界顶级服装品牌，于 1981 年在服装界首开了品牌延伸之风，把品牌拓展到了手表、化妆品、珠宝等众多领域。而奔驰从制造了第一辆世界公认的汽车后，经历了一百多年历史。如今已成为了高质量、高档次、高地位的象征。跨界动机：尊贵与奢华是二者的共同特性，这使得它们的结合在客户眼中并不突兀。乔治·阿玛尼的服装设计理念是强调前卫和创新，而奔驰汽车的 CLK 品牌，也是希望通过跑车的模式，来吸引那些富有创新精神，并且愿意尝试新事物的年轻人士。

◆ 案例二：2008 年 11 月，售楼与售车。

成都汽车经销商建国汽车与房地产开发商蓝光地产合作，开展“10 万元车房一体化生活”活动，汽车经销商在楼盘进行巡展，购车的消费者可以组团前往合作方的楼盘享受一定折扣的购房优惠。而汽车经销商针对楼盘业主开放岁末最高优惠，并且提供多项增值服务。

品牌背景：该经销商有成都“汽车小舰母”之称，旗下经营 23 个汽车品牌；而合作方是成都知名的房地产开发商，拥有坐落于郊区的数个楼盘。

跨界动机：买车和买房的客户群有很大一部分是交叉的，当更多的“80 后”开始将目光聚集到城郊居家，但不甚完善的公交让出行又成为一大障碍，买车成为在郊区买房的必备条件，“10 万元车房一体化生活”实现有房有车一步到位。

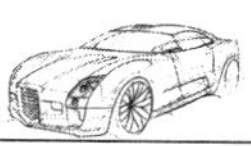

跨界目标：借助双方目标消费群的相关性，满足客户共同需求，达到销售目标。

◆ 案例三：2013 年 12 月，吉利汽车抢驻苏宁官方旗舰店。

吉利汽车与苏宁合作，首先借“双 12”网购热潮，携旗下帝豪 EC7、吉利 GX7、吉利 GX2 和英仑 SC3 等热门车型，为消费者带来“抢购得苹果 5C”“购车送美孚机油”“低价线上购车”等实惠的“年终巨献”。消费者不仅有机会获得赠礼，还可以享受万元幅度的优惠。

吉利汽车借助苏宁 1600 多家门店，通过设置汽车试驾专区，完成每座 CBD 中心地域数亿人次主流人群的全面覆盖，实现品牌与潜在客户之间的零距离互动。同时，苏宁拥有的过亿会员大部分都具有高学历、高收入、高消费能力，是吉利汽车潜在的部门消费人群，吉利这种跨界营销大大降低了获取新客户成本。

◆ 案例四：2013 年 5 月 8 日，北京现代携手万豪酒店。

北京现代与酒店管理巨头万豪国际酒店集团签署了战略合作协议，以全新胜达为载体，开启了汽车业与酒店业跨界联合的新序幕。北京现代销售本部本部长权赫东表示，这是因为产品和企业理念上的契合得以联姻，北京现代“引领潮流，品位睿智”的品牌定位，全新胜达倡导的“胜者达观”的人生态度，本质上与万豪酒店秉承的“以人为本、追求卓越、勇于变革、正直处事、服务世界”的口号不谋而合，因此才造就了此次跨界合作。根据协议，北京现代与万豪酒店将开展全方位的合作。双方将推出全新胜达-万豪酒店会员卡，凡 2013 年购买全新胜达的车主均可获得会员卡一张，并凭此卡在全国万豪酒店享受住宿 8 折、用餐 85 折的尊崇优惠。此外，在北京、上海、广州等 8 个城市的万豪系列酒店，也将展出全新胜达。合作期间，万豪酒店还将定制以全新胜达为主题、代表美国新墨西哥小镇 SANTA FE（全新胜达的英文名称来源）风格的墨西哥特色餐饮，以及专属的全新胜达餐单。与此同时，北京现代还将在八大城市开展线下抽奖活动，让广大消费者徜徉在墨西哥小镇与全新胜达所营造的精致、悠闲生活之中。

◆ 案例五：2014 年 5 月，长安汽车赞助《出彩中国人》栏目。

2014 年 5 月 7 日结束的《出彩中国人》的赞助商长安汽车，可以说是一次较为成功的品牌赞助活动，很好的实现了长安汽车的品牌跨越提升。

长安汽车的企业内涵与《出彩中国人》节目内容有着高度的契合性。

《出彩中国人》针对的是普通的中国老百姓，是为每一个勇敢追求梦想的普通中国人搭建的励志舞台。同样，作为中国品牌的长安汽车，也是一个为实现中国汽车工业梦而努力奋进的企业。长安汽车旗下的逸动、致尚 XT、悦翔等车型，在上市之后的短短几年时间，就在中国乘用车市场取得了令人瞩目的成绩。今年的第一季度，在自主品牌乘用车市场销量和市场占有率双双下滑的大背景下，长安汽车逆势而上，乘用车销量累计 19 万辆，同比增长 37%。

在《出彩中国人》节目中，几位选手的表现让观众印象深刻。“摇滚老爸”秦勇，在自己事业的巅峰时刻为了家庭急流勇退，体现了一个男人对家庭的责任和应有的担当。一个好男人，就要给自己的家庭提供安全感，在他们最需要保护的时候给予他们充足的保护。正如长安汽车旗下的主力车型逸动，在 C-NCAP 碰撞实验中，逸动以良好的表现成为了国内在售车型中首款获得新五星评价的自主车型，随时随地给用户提供最安全的保障。

通过与《出彩中国人》的合作，长安汽车公益励志的形象也获得消费者和业界各方声音的认可。通过这种新型跨界营销的模式，长安汽车品牌与节目联合，成就了独一无二的“出彩”梦。

8. 大客户营销

大客户营销，就是针对大客户的一系列营销组合。大客户是相对于一般消费者而言的，一般指的是企业客户或者渠道商，其价值相对比较大，需要一对一地进行客户管理与营销战略实施。

（1）大客户的含义

大客户（Key Account，KA，又被称为重点客户、主要客户、关键客户、优质客户等）有两个方面的含义，其一指客户范围大，客户不仅包括普通的消费者，还包括企业的分销商、经销商、批发商和代理商；其二指客户的价值大小，不同的客户对企业的利润贡献差异很大，20%的大客户贡献了企业 80%的利润，因此，企业必须要高度重视高价值客户以及具有高价值潜力的客户。在大客户营销战略中的大客户是指后者，是指公司所辖地域内使用产品量大或单位性质特殊的客户，主要包括经济大客户、重要客户、集团客户与战略客户等。其中经济大客户是指产品使用量大，使用频率高的客户。重要客户是指满足党政军、公检法、文教卫生、新闻等国家重要部门的客户。集团客户是指与本企业在产业链或价值链中具有密切联系、使用本企业产品的客户。战略客户是指经市场调查、预测、分析，具有发展潜力，会成为竞争对手的突破对象的客户。

（2）大客户分类

大客户分类如表 2-8 所示。

表 2-8　大客户分类

序号	类型	诠释说明
1	驾校类	各类驾校培训学校、考试中心
2	出租车类	各类正规出租车公司及有营运资质的个体经营者
3	集团类	公务用车的企业事业单位或同一单位车改，员工购车
4	租赁类	有租赁资质的各类正规租赁汽车公司

（3）大客户市场分类

大客户市场指的是由大客户购成的有购车意向的群体，依据评判标准（见表 2-9），大客户市场可分为直接用户市场、政府采购市场、系统采购市场、团购市场。

表 2-9　大客户评定标准

序号	具体特征	评定类型
1	◆ 有持续购车实力，工作中有大量购车需求 ◆ 确认合同、销售发票开具的客户名称与行驶证户主是否一致	直接用户
2	◆ 经销商与采购中心签订的采购协议或合同 ◆ 采取招标的形式，需提供中标通知书，不进行招标的提供采购清单 ◆ 提供销售发票复印件	政府采购
3	◆采取直接拜访形式，确认用户的需求 ◆确认统一购买合同和采购清单 ◆通过客户发票确认下属各使用单位名称是否为下属单位使用，并校对行驶证（针对石油、银行等非国家重要机关的系统用户）	系统采购

续表

序号	具体特征	评定类型
4	◆ 确认用户车改优惠政策 ◆ 单位出具《员工证明》或《公务员证明》 ◆ 确认购车协议单位名称是否相符 ◆ 购车后提供发票复印件及行驶证复印件	团 购

（4）大客户购车参与者的角色、需求及应对策略

大客户购车参与者往往比较复杂，我们只有快速识别购车角色，才能很好地了解他们各自需求，进而采取合适的营销策略。具体分析如表 2-10 所示。

表 2-10 大客户购车参与角色、需求及应对策略

参与者	角色分析	需求	策略
使用者	使用产品或服务的人，即使是处于组织最下层的人，他们的意见也可能会给最终是否采购带来一定的影响，所以我们要特别关注和重视	他们关注车的使用性能、操控性能、灵活性能、经济性能、安全性能或者虚荣层面的需求	充分了解后讲解车辆的操控、油耗、主、被动安全装备和设计理念、舒适性和高档之处
影响者	指有影响购买决策的人，如助理、司机、副手、秘书等	显示自身的能力、正确的建议、关注其职位	提供方案评价的情报信息、合理化建议、充分尊重影响着
推荐者	对购买决定做正式推荐或建议的人，如财务专家或技术专家在相关方面有否决权	财务人员：符合预算和财务流程 技术人员：技术资料符合技术人员要求	首先不要介绍产品，要了解预算、财务流程 在与技术人员的沟通中，不需要说太多，重要的是给他大量相关的技术资料，让他从中发现支持购买行为的理由
采购者	对决策最重要的影响者之一，利用推荐和否决权来影响决策者	关心性价比、货比三家，可能使用竞争对手做杠杆	强调整体价值、使用成本、性价比、差异化优势
决策者	握有购买的财务决策权力，当其他人都赞成时，他有可能否决，往往这个人居于高地位，难以掌控	关注是否符合其购买标准，如是否符合商务用车、是否中规中矩等	充分了解需求后，进一步针对决策者的标准和使用者的标准互相贴合，争取意见一致，促成销售
守门人	资格审查人（项目组成员），是控制信息流给他人的成员	他们的需求就是得到销售人员的尊敬、同时他们也可能有一些小恩小惠的需求，如小礼品等	礼貌、友好，尽量满足他们受尊重的需求、恰当运用一些小礼品有时可以发挥非常大的作用

（5）大客户采购过程的 8 个阶段及营销行为

大客户采购和普通个体消费者采购一样，都有购买过程。销售人员只有了解购买过程每一个阶段的购买行为，才能恰当运用适合该阶段的营销行为，这样有利于销售的成功。大客户的购买过程及销售人员采取的营销行为如图 2-9 所示。

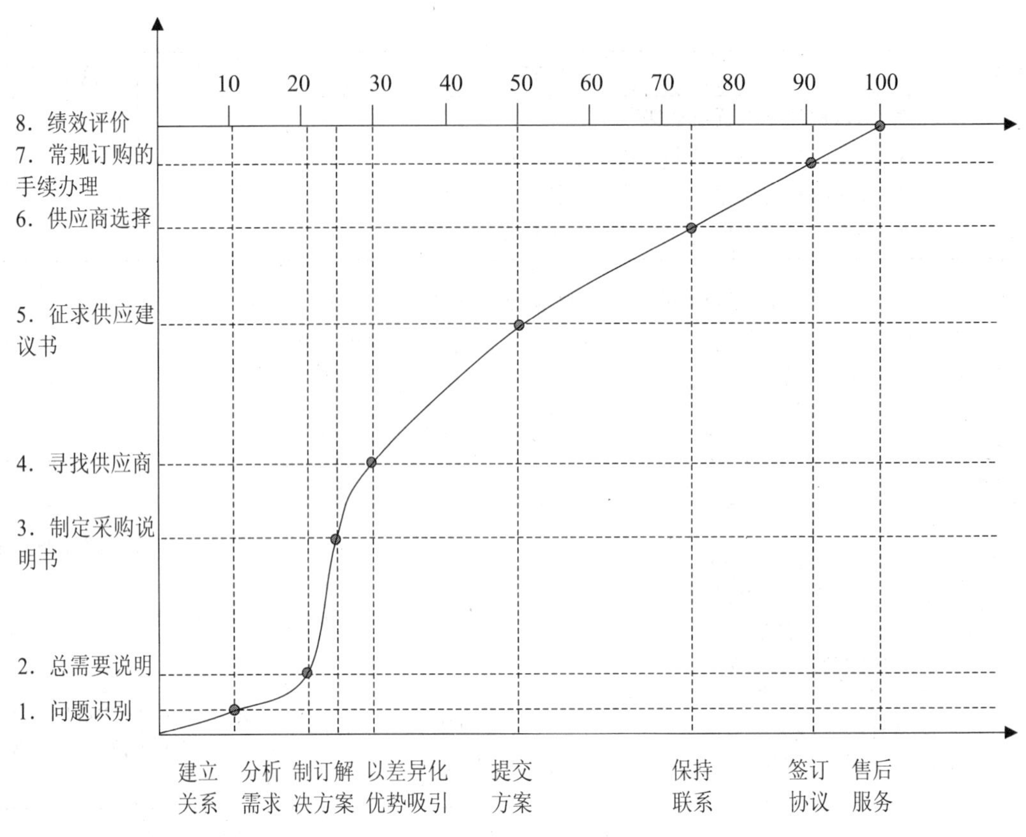

图 2-9　大客户采购过程的 8 个阶段及营销行为

（6）大客户销售 SPIN 模式（详见下篇）

在对大客户的销售中，大多数购买行为的发生都是买主的不满达到真正严重的地步，并且足以平衡解决问题的对策所付出的成本时才会发生。这就要求你发现并理解买方的隐含需求——难题和不满，并进一步放大澄清，并转为明确需求——一种清晰的、强烈的对对策的欲望或愿望，而你的产品或服务正可以满足它。这一过程的不同阶段会对买主购买过程的心理变化产生潜在的影响。SPIN 提问模式犹如销售人员手中的一幅交通图，为销售人员开发客户的需求指明方向，步步接近目标，直到目的地——明确需求。因此，SPIN 模式的根本意义在于：通过一系列提问启发准客户的潜在需求，使其认识到购买此产品能够为他带来多少价值。

（7）大客户销售技巧

① 客户开发，无处不在。客户开发是销售工作中的起点。很多销售公司总结成功经验时普遍认为，数量决定质量，客户开发如果达不到一定的数量，就很难形成有效销售。而客户开发对于成功的销售员来说是，除了传统中各式各样的开发方法外，信息技术的发展也将为客户开发带来新的思路，比如网络汽车论坛，一般来说，想要购车的顾客先会浏览汽车论坛，了解汽车性能等相关信息，这对寻找汽车用户非常有帮助。另外 QQ 群、电子商务网站也是寻找潜在客户的好途径。特别需要提到的乔·吉拉德所用到的连锁介绍法，即任何人向他介绍顾客买车，他都会向介绍人支付一笔佣金，如果拒不接受佣金，也将会得到同等价值的礼物。而乔· 吉拉德还会优先和银行贷款员、汽车修理人员、处理汽车赔损的保险公司职员频繁接触，因为上述从业者将有机会接触大量潜在购买者。

当然，在咨询业已经比较发达的今天，直接购买客户资料也是不错的方法。此外，经典的

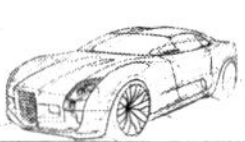

方法还有通过报纸杂志、俱乐部活动、电话拜访、参加聚会等结识客户。

② 规划流程，精准出击。成功的客户开发总的来说需要经历 8 大流程（见图 2-9），每一个阶段都很重要，必须自始至终坚持以专家的意见充分地对接客户的需求，深刻剖析客户面临的问题，准确有效地阐述解决方案，在交易阶段必须确认付款方法，避免引起不必要的纠纷。

③ 沟通为王，增值服务。销售的本质在于沟通和服务，而要做好沟通和服务，首先必须明确客户类型。总的来说，分为 4 类，即分析型、支配型、和蔼型和表象型。不同类型的客户有不同的应对方法（见表 2-11），只有准确把握客户秉性，才能和客户打成一片，为最终成交做出贡献。

表 2-11　　客户类型及应对策略

序号	类型	特征	应对策略
1	分析型	善于分析、重思考、注重细节、关注事实数据	拿出资料、事实数据证明自己
2	支配型	发号施令、独立果断、自尊自大、权威感强	干脆利落、回答直接、掌握状况、赞美
3	和蔼型	善于倾听、维持现状、犹豫不决	提出保证且尽量不改变、态度好、服务周到
4	表象型	善于交际、活泼乐观、热情好动	讲信用、给予声望、认同客户、赞美客户

④ 客户管理，终生增值。目前，各大公司都非常重视客户管理，建立了相应的 CRM 客户关系管理系统。更为先进的甚至建立了 CEM（Client Experience Management），以强调客户体验的管理系统，既实现了客户开发增值，又为客户提供了卓越的体验。更为重要的是通过 CRM 管理，牢靠建立客户忠诚度，让客户终生伴随公司成长，同时让公司对客户需求的变化做出灵敏反应，使公司健康持续的制定按需而变的增长策略。

（二）整车销售管理制度

1. 销售管理制度

（1）销售部人员必须遵守公司的管理制度，不得以任何理由违反公司制度。

（2）销售部人员必须爱护公司财物，对公司配发的办公用品设备应爱惜使用，损坏赔偿。

（3）销售部人员必须随时无条件接受公司对其办公设施的检查。

（4）销售部人员不得在业务过程中损害公司利益，如经发现，公司将给予罚款、警告、解聘，直至追究法律责任的处罚。

（5）市场部销售管理。

① 销售部人员在销售中，不得在未经授权的情况下，擅自越权下浮销售价格或恶意上浮销售价格，一旦发生，如经核实，公司有权给予经办人员严处直至开除。

② 销售提成办法。

◆ 原则上按市场部人员的销售额比例进行提成。

◆ 销售部人员对外销售价格管理。

◆ 销售部人员在销售中，超出公司规定销售价格销售部分，公司按超出部分额度的 30%（含税）给予奖励。

◆ 销售部人员按年度签订销售定额。市场部人员完成订额或超额完成订额，年终核算后由公司总经理给予红包奖励。市场部人员未完成销售订额，公司将视情况，给予扣罚一定比例的提成或直至解聘。

◆ 销售部人员领取销售提成的办法，按销售合同总额，回款率达到销售总金额的 8%时，市场部人员可领取应提成金额的 30%，回款率达到销售总金额的 100%时，市场部人员可领取应提成金额的 60%，余额 10%到年终核算后领取。

特别提示

各汽车 4S 店根据店内具体情况，销售部具体管理制度有所不同。

2. 销售部客户投诉处理制度

销售部客户投诉处理流程图如图 2-10 所示。

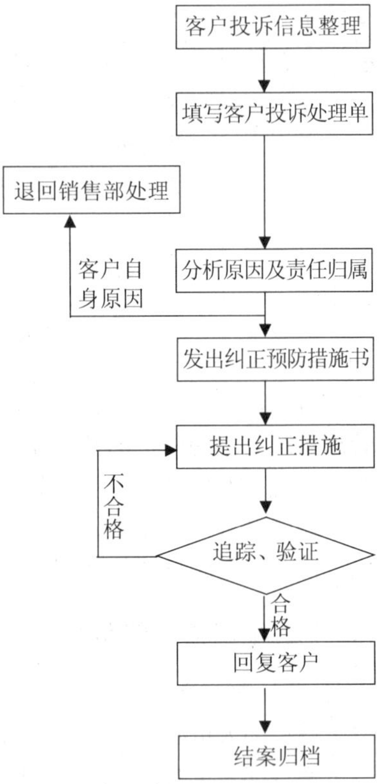

客户投诉信息整理
填写客户投诉处理单
分析原因及责任归属
客户自身原因
退回销售部处理
发出纠正预防措施书
提出纠正措施
追踪、验证
不合格
合格
回复客户
结案归档

图 2-10 客户投诉处理流程图

3. 销售部库存合格车管理制度

（1）经总检合格交付销售部门的合格车辆应递交接车手续。

（2）生产部门凭竣工验收合格通知书随车交销售部门并同时生产，销售部门双方均做好登记。

（3）对生产部门交付给销售部门的合格车辆，该两部门的人员应对车辆逐项进行复检，对复核不合格的车辆应及时返还生产部门复修，直到合格。

（4）验收合格的车辆，应停放在指定位置，关闭总电源，关、锁好所有车门、窗及发动机和行李仓。

（5）未经领导批准，任何人不得动用库存合格车。

（6）对未销售的库存合格车应定期清洗、发动，一定时间内以保证车容、车貌的整洁和车况的完好。

（7）对库存合格车辆应指定专人保管。

4. 销售部退换货物管理制度

（1）分析顾客要求退换货原因。

（2）如问题出在公司方，都应无条件满足，并且详细记录下整个事情的过程。

（3）如问题出在客户方，应向客户解释清楚原因直至客户满意为止。

（4）根据客户退换货的具体情况，按规定分别进行退换货。

二、汽车 4S 店售后服务业务

售后服务是现代汽车维修企业服务的重要组成部分。做好售后服务，不仅关系到本公司产品的质量、完整性，更关系到客户能否得到真正的、完全的满意。

（一）汽车 4S 店售后服务业务认知

1. 汽车售后服务含义

汽车售后服务是指汽车作为商品销售出去以后，有制造商、销售商、维修商、配件商等服务商为客户及其拥有的汽车提供的全过程、全方位的服务。它包括汽车金融服务、汽车保险服务、汽车维修服务、汽车配件服务、汽车美容装饰服务、旧车交易服务，以及汽车租赁、汽车

停车、汽车信息等服务。直接服务的对象是客户，间接服务的对象为汽车，提供服务的主体是制造商、销售商、维修商、配件商等服务商，每一个主体都在自己的经营范围提供相应的服务。汽车售后服务贯穿汽车的整个生命周期。

2. 汽车售后服务的经营方式

汽车售后服务主要分为两种经营方式：一种是汽车销售与服务一体化的方式，以汽车特约销售服务站即汽车 4S 店为主体，集整车销售、维修服务、配件供应、信息反馈为一体的经营方式；另一种是汽车销售与服务相分离的方式，如汽车城的汽车品牌专卖店及其指定的特约维修厂。还有按多种车型相同服务内容划分出来的方便、快捷、专业化的连锁经营模式，如汽车快修连锁店、汽车专项维修店、汽车换油中心、汽车美容店。

3. 汽车售后服务特点

① 无形性。无形性是成品与服务之间最本质的区别。服务的无形性给我们带来了许多新的挑战：

◆ 服务无法储存，因此，我们很难协调服务需求的波动性；

◆ 服务不能申请专利，竞争者常能轻易地盗用新的服务理念；

◆ 服务在购买之前无法向消费者展示其成效，因此消费者也就很难在付款之前评价质量。

② 差异性。差异性是指服务的构成成分及质量水平经常变化，很难统一界定。由于服务是一种由人来执行的行为，会受人员自身因素的影响和制约。因此，服务提供者的能力对服务质量的影响非常大。事实上，即使服务是由同一个人提供的，也可能因一些不可避免的因素（如心理因素等），而难以保证有完全一致的服务水准。另外，消费者本身的素质（如知识、兴趣、态度等）也会直接影响服务的质量和效果。

③ 易消失性。易消失性是指服务不能被储存，不能重复出售，也不能退还的特点。例如，一位修理人员将汽车修坏了或一位接待员对客户不礼貌，这些都是不成功的服务产品，相当于次品或废品，不可能退货，也不可能转售给其他的客户。

④ 复杂性。复杂性表现在：

◆ 汽车的车型种类繁多，每一次的故障也不一样；

◆ 汽车的车主是有着复杂感情和不同需求的客户，他们参与了整个服务过程，每天的心情，每一次的需求都会不一样；

◆ 汽车售后服务是由企业的员工表现出来的一系列行为，没有两种服务会完全一样，员工的服务行为每天甚至每小时都会有区别；

◆ 汽车售后服务的服务过程极其复杂，就拿汽车维修来说，有接车、诊断、估价、派工、维修、配件、检验、结算、出厂、跟踪等多个环节。哪一个环节出了问题，都会带来车主的不满意，产品就可能是次品或废品。

⑤ 生产与消费的不可分离性。有形产品往往先生产、再销售、最后消费，它们在时间上是有间隔的，从生产到消费要经过一系列的中间环节。而服务产品的生产和消费是同时进行的，不可分离。也就是说，服务人员提供服务给客户时，也正是客户消费服务的时刻。这通常意味着在服务的生产过程中，消费者必须在场，他们可以看见甚至要加入到整个生产过程中去。生产与消费的同时性会引发下列几个问题。

◆ 由于在服务的过程中，客户之间相互沟通或相互作用，因而一个客户的意见或行为会影响到他人对服务的满意程度。另一个问题是服务人员（服务的生产者）与客户之间的相互作用也影响着服务的质量及企业和客户的关系。

◆ 由于服务要按客户要求及时生产出来，不同客户的要求又存在很大的差异，因此，负责提供服务的第一线员工是否具有足够的应变能力以确保服务，能否达到每一个客户所期望的质量水平，就显得极为重要。

◆ 由于服务产品生产和消费的统一性，使得大规模生产变得非常困难。服务的质量和客户的满意度主要信赖于实际的服务过程，包括服务人员的行为和服务人员与客户的相互作用，以及客户之间的相互作用。因而服务无法通过集约化生产达到规模经营。

从对上述的5个特点的分析可以看出，无形性是服务的最基本特点，其他特点都是从这一特点派生出来的。实际上，正是因为服务的无形性，它才不可分离。而差异性、易消失性、复杂性在很大程度上又是由无形性和不可分离性这两大特点所决定的。

4. 汽车售后服务的新理念

① 客户满意的经营理念。客户是企业最大的投资者，坚持客户第一的原则，这是市场经济本质的要求。汽车售后服务的经营目的是为社会大众服务，为客户服务，不断满足各个层次车主的需求。

②“客户总是对的”理念。树立“客户总是对的”理念，是建立良好客户关系的关键所在，在处理客户抱怨时，这是必须遵循的黄金准则。“没有客户的错，只有自己的错”尽管不一定符合客观实际，然而在企业与客户这种特定的关系中，只要客户的错不会构成企业的重大经济损失，就要将“对”让给客户，得理也让人。“客户总是对的”并不意味着事实上客户的绝对正确，而是意味着客户得到了绝对的尊重。

◆ 站在客户角度考虑问题。

◆ 应设法消除客户的抱怨和不满，不应把对产品或服务有意见的客户看成讨厌的人。

◆ 切忌同客户发生任何争吵，企业绝不会是胜利者，只会是失败者。因为失去客户，也就意味着失去信誉和利润。

③“员工也是上帝”的理念。客户的满意必须要有满意的员工来服务，只有满意的员工才能创造客户的满意，只有做到员工至上，才能做到把客户放到第一位。企业善待员工，关心爱护员工，调动积极性，激发奉献精神，满足员工自尊心，使员工真正成为创造客户满意的生力军。

④ 全新的人才理念。企业竞争，人才是关键。现代汽车服务企业需要一大批“汽车医生”“汽车护士”、职业经纪人和职业经理。

⑤ 全新的培训理念。培训是提高人才素质的重要途径，将员工送出去学习，将专家请进来授艺，以及企业内部不间断地培训是人才快速提高的主要形式。传统单一的以师带徒的授艺模式不利于人才的快速成长。

⑥ 全新的资讯理念。现代汽车技术含量的提高，使得资讯的重要性日益突出。资讯图书、光盘（电子图书）和互联网查询三大类，特别是电子图书和互联网，具有信息容量大、交换过程快、费用低等一系列传统图书无法比拟的优点，充分利用资讯对增强企业竞争力尤为重要。

⑦ 全新的资源整合理念。现代汽车服务企业是一个由人流、物流、信息流、资金流组成的复杂系统。将各种资源有效、合理、科学地配置和整合，提高资源的利用效率，挽救资源的损失和浪费是现代企业经营管理的又一新理念。

⑧ 全新的信息管理理念。信息对任何企业来说都是至关重要的，全新的信息管理观念对于汽车销售售后服务来说尤其重要，如何管理售后信息和收集信息是企业发展的关键，如维修保养信息管理，配件供求信息，信息反馈信息，汽车维修技术信息，客户基本信息等。通过良好的信息管理，主动联系客户，率先带来了主动提醒/问候、一对一顾

问式服务，利用信息的优胜，提供最优质的服务，满足客户的需要，使企业获得最大的利润。

（二）汽车 4S 店售后服务业务流程

汽车 4S 店售后服务业务流程又被称为"服务七步法"，通过该种方法跟进关怀客户，确保持续的客户满意度，进而实现销量和利润的增加。具体流程如图 2-11 所示。

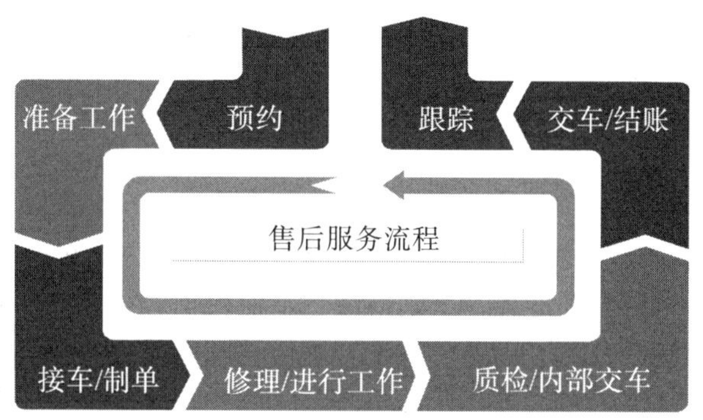

图 2-11　售后服务流程图

1. 预约

（1）预约业务流程

接听客户预约电话并详细记录相关信息→通过电话进行诊断或指定解决方案→和客户约定维修时间→按照预约客户要求进行准备工作（委托书、备件、专家、技工和工位、设备及工具、相关资料等）

（2）预约需要的设施

预约需要的设施有：预约专线电话；内部联网计算机；内部通信设备；记录表；预约看板；DMS 特约商管理系统（查询客户档案，利用系统中的保养提醒主动预约客户）。

特别提示

预约专线电话保持畅通，否则客户会对我们的预约服务产生质疑，进而影响工作的开展。

（3）预约分类

维修预约可以分为主动预约和被动预约。

① 主动预约。主动预约是指现在有很多车主不懂得车的知识，他不知道什么时候应该做保养，更不知道车有没有故障。这时候你就可以根据掌握的客户档案，打电话给客户，了解他的车的运行状况，为车主制订一套保养计划；然后在应该保养的时候提前通知他，即进行预约；同时参考车间的维修量、工作负荷对客户进行合理的安排，这就是主动预约客户。

② 被动预约。被动预约是指有些客户在开车的时候发现车的故障；或者他自己看车主手册，觉得应该到保养时间了，这时候他为了节省时间，不想排队，就会打电话预约一个时间，以便维修中心能够在他到来之前准备好必要的工具、配件和工位，使他一来就能够马上为他的车辆服务，这就是被动预约。

（4）预约的步骤

① 关键步骤：查阅客户维修档案→进行分析和确定机会→电话预约。

② 电话预约的步骤：查看客户跟踪服务档案→首先表明身份→感谢客户上次光临本店→询问客户使用情况→询问客户车辆保养里程并与客户确认里程→主动预约进厂→说明正确保养的重要性→确定预约时间→重复确认预约时间→填写预约单并登记电脑档案→打印预约表→将预约表交给客户服务主管→客户达到1小时前与客户确认。

特别提示

提高电话预约成功率秘籍：在预约前跟进客户，尽可能将预约放在空闲时间，使预约时间错开，防止重叠。与安全有关的返修客户及投诉客户的预约应优先安排。

2. 准备工作

（1）准备工作内容

预约后客户到来前，维修接待员必须开始准备工作，把客户档案调出来，包括客户的信息、资料、维修档案都应准备好。要准备一个欢迎牌，上面根据客户要求写其姓名或者某先生某女士、预约时间、车牌号码、工位、设备、备件、维修技师等，在第二天上班前摆在显眼处，这样客户满意度会高。

另外还要提前电话或者短信提醒客户不要忘记预约时间，到了预约时间前还要打电话问客户是否按时赶到，如果有事不能来，就应该与客户再预约一个时间。

（2）准备工作步骤

准备工作步骤如图2-12所示。

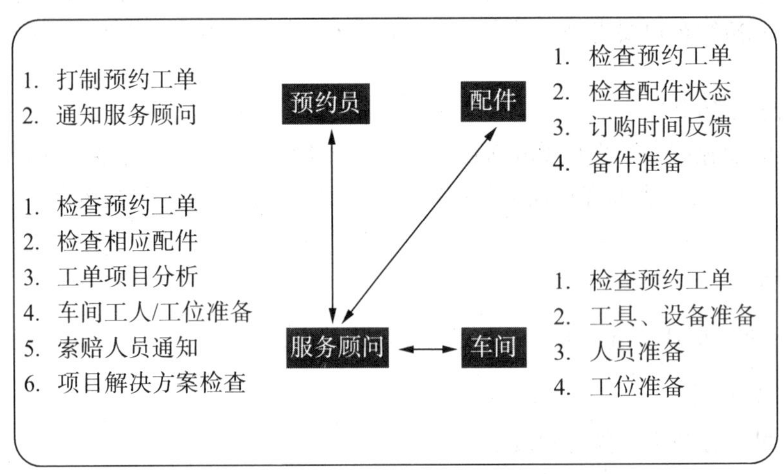

图2-12　预约准备工作步骤

（3）准备工作环节行动要点

准备工作环节行动要点：为客户到来做准备；全面计划定单（备件、替代车、工具、人员等）；服务顾问负责完成工作订单，或使用已经开好的订单，或制定一个新的定单；收集必要信息（车辆、上次维修、户外活动等）；通知所有相关同事（备件、车间）投入工作；保证所有的承诺和各种检查是有效的；与车间约定时间；准备替换车及所有的文件（协议、文件、租用车钥匙、安装指南）；如果出现问题，告知客户（备件短缺、承诺的替换车不能兑现）。

3. 接车/制单

（1）接车制单目的

① 以专业的素养，热情友好的态度传达对客户的关怀及服务理念。

② 正确诊断维修项目，取得客户信任，以迅速确认服务内容。

（2）接车的准备工作

接车准备工作：工单的准备；三件套的准备；个人外表/状态的调整；接车场地的准备。

（3）接车/制单的步骤

准时接车，做好准备工作→迎接客户，确认客户维修要求→与客户一起进行环车检查并记录（包括随车物品）→确认（与客户）检查结果及维修项目→估算交车时间及费用→制作工单，检查客户相应手续→解释工单并确认客户签字，询问付款方式→安排客户休息区等待→安排车间接车。

特别提示

遵守接车时的安排；预约时的服务顾问要在场；遵守承诺的维修时间；有替换车时应该燃油充足、整洁、准备好投入使用；服务顾问在接车时应该总结已同意的安排，客户签字；进一步明确额外的服务、客户取车时间、价格、付款方式、联系电话号码。

4. 修理/进行工作

（1）修理/进行工作的准备

修理进行工作的准备：维修项目了解清楚。客户车辆故障情况了解清楚。相关维修资料。相关工具。配件及附件的领取。对故障有正确的诊断步骤。工作场地的准备。

（2）修理/进行工作的步骤

维修/进行工作的步骤：安排接车，维修准备→安排人员、打卡→车辆进入工位→维修→其他项目检查→工单填写→维修交车内部检验→工位设备复原。

特别提示

禁忌维修专家不使用服务检查表格、维修手册、装配说明等技术资料，凭记忆进行服务/维修工作；维修过程中如果出现意外情况或者增项服务必须得到客户认可后方可进行。

5. 内部质检/交车

（1）内部质检/交车的目的

确保客户期望的所有工作都已经高品质地完成。

（2）内部质检/交车的准备

①了解清楚车辆故障的情况。

② 检查车辆的维修状况。

③ 检查车辆的维修项目。

（3）内部质检/交车的步骤

检查维修工单→车辆试车→确认车辆修理完全→检查工单的填写→转交下一环节。

特别提示

在客户接车前适时进行质量控制；检查工作订单是否按时完成；路试后检查车辆是否清洁、记录车辆停放位置准备交车；服务顾问最终填写工作订单并准备发票。切记没有经过路试随意认定检查合格。

6. 交车/结账

（1）交车/结账的目的

① 确保客户期望的所有工作都已经高品质地完成。

② 确保交车过程中的客户满意度。

（2）交车/结账的准备

确认车辆的准备；确认停车位置；准备车辆文件；明确下次维修保养的时间及事项；及时通知客户并告知相应费用。

（3）交车/结账的步骤

检查车辆完备状态→通知客户，确认交车时间→准备交车项目单→迎接客户（车前交车）→解释工单及收费项目（附加项目）→引导客户付款→送客户。

特别提示

一定要保证交车时间，避免让客户等待；解释发票及做了哪些工作和订单之外的工作；禁忌超出报价没有事先通知客户；更换下来的旧件一定给客户查看。另外还要告知客户店内会进行电话回访；明确停车具体位置。

7. 跟踪/回访

（1）跟踪/回访的目的

① 体现汽车 4S 店的高品质服务。

② 延续客户对品牌的热情度。

（2）跟踪/回访的准备

① 电脑系统的准备。

② 电话回访的时间安排。

③ 客户信息的了解。

④ 回访登记表。

（3）跟踪/回访的步骤

安排回访时间→电话回访→记录客户意见→询问客户其他要求→安排相关人员解决问题→确定问题解决→感谢客户进行维修。

特别提示

一周内进行电话回访，询问客户是否满意；客户如有抱怨立即解决并 24 小时内给予回复；对于不满意客户要有重要责任人如服务经理等进行亲自电话回访，尽量采取措施、减少问题。

（三）汽车 4S 店售后服务管理

1. 维修车间管理规定

① 接到任务委托书后先核对委托书上的车辆号牌是否与所修车辆号牌相符。

② 简要询问车辆故障，并核对维修项目，如有差错及时报告。

③ 保证完全、正确、及时地进行任务订单上的所有修理项目，确保对顾客的车辆进行快速、正确的修理。

④ 把任务订单上没有写明的故障记录下来，及时通报前台。

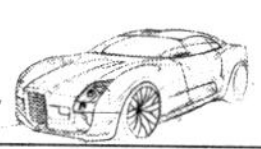

⑤ 未经同意不得随便增、减修理项目；维修过程中发现增加项目应及时上报前台，必须得到前台的认可才能进行维修。

⑥ 更换零配件时，不匹配的零配件不允许安装。备件发放实行以坏换新，丢失、故意损坏要照价赔偿或自行购置补充。

⑦ 竣工后，应详细的对所维修项目进行质量自检，然后及时将任务委托书交与组长或下一工序人员，全部维修完工的竣工车辆应交检验员检验。

⑧ 爱护各种仪表、设备、工具，由于未按规定使用损坏的照价赔偿。每次收工后，要将设备、工具擦拭干净。

⑨ 护车用品、抹布等要整齐折好摆放在工具推车内，每个星期要清洗一次，平时要随脏随洗。

⑩ 每天上班之前要清扫卫生责任区地面，每天下午下班前要清扫卫生责任区地面及擦拭各种设备、设施、工具、管道、线路、窗台，每周五要清扫墙面、擦净窗户，并随时清扫纸屑及其它脏物。平时要时刻保持地面、墙面、窗台、窗户及各种设备、设施、管道、线路等无积水、无油污、无灰尘、无垃圾、干净整洁。下班时，要关、锁好门窗，整理工具推车，切断电源。

⑪ 准时参加服务部的各种培训及会议。

2. 作业现场规范

① 作业人员必须正确使用劳动保护用品。

② 作业平台、支垫、支架等必须牢固，承受物品不得超重。

③ 拆卸下来的总成和大件要清洗干净，原则上放置在大托盘中，不准直接放在地面上。放置时间较长的要予以遮盖，防止落上灰尘。

④ 拆卸油箱及存油存水部位时，要用油盆水盆接漏，防止油、水落在地面上或地沟内。

⑤ 起重吊装作业，必须有专人监护，以防止事故发生。

⑥ 车外作业时，必须正确使用护车布，而且不得进入车内。

⑦ 车内作业时，要正确使用座套、脚垫、方向盘把套。

⑧ 严禁在厂区内吸烟、随地吐痰、食用带皮壳的食物。

特别提示

对于售后服务人员管理的规定及考核，因汽车 4S 店经营者不同、理念不同，具体的管理制度也不一样，要因店而异，所以这里没有赘述。

三、汽车 4S 店配件业务

汽车 4S 店经营范围中，整车销售、配件销售、维修 3 个方面可以说是店内主要的利润来源，而配件销售和汽车维修两个环节都离不开配件供应。配件能否及时供应直接关系着汽车 4S 店的服务质量，关系着客户的满意度，体现汽车 4S 店的服务能力。

（一）汽车配件业务认知

1. 保证做好零配件需求的预测

汽车 4S 店的零配件需求具有时间、种类、数量上的不确定性，而且这种不确定性有时还非常大，因此做好预测才能保证订货的准确性，提高订单的质量，降低库存水平和成本，提高经济效益，满足客户需求。

2. 常备配件的库存

为了保证常备配件的库存，避免紧急订单购买常规配件的情况，要求配件管理人员对常备配件的最低库存量进行监控。在实施过程中的控制要领如下。

（1）配件计划

配件计划员应该对厂家下发的“常规配件清单”进行仔细研究，并对清单中的配件在领料程序中进行特殊标记。

（2）配件收发

配件收发人员在打领料单及发料时应重点关注常规配件的库存量，同时，在下发清单的基础上，结合实践对最低库存量进行调整，平时在规定的最小安全库存量基础上增加备货，将备货库存增加到一个月的销售量，确保常规配件的备货充足。

（3）配件登记

每天对于低于规定库存量的配件进行登记，月底进行汇总，以便统计每月常备配件中低于规定库存量的配件品种，对备货量进行动态调整。

（4）与其他汽车 4S 店的配合

保持与其他汽车 4S 店的良好合作关系，当特殊情况有缺货现象时，相互间可以进行当地借调。

3. 杜绝配件缺货

配件供货率是配件服务质量好坏的直接体现。对此，需要配件部门制定一系列流程和控制来保障。

（1）配件应急制度

① 配件部每天清晨将常规缺货清单交给每一位业务接待和车间管理，便于第一时间解决问题。

② 当缺货发生时，配件部采用首问负责制，及时与业务接待和客户联系，制定是否调拨或订货的解决措施。

③ 当需要订货时，填写“配件订购申请单”，反馈给配件计划员，然后由配件计划员根据要求进行订购。在到货后，及时通知业务接待和客户，由车间优先安排此维修事项。

（2）缺货保障制度

① 配件计划员上岗前进行技术和专业知识的考核，考核合格后方能上岗。

② 在发料窗口，配件收发员对即将缺货的配件进行登记，反馈到配件计划员手中。

（3）预约配件制度

① 配件部设立预约配件看板。

② 当预约配件到货后上预约货架，并由配件计划员告诉业务接待通知客户前来维修。

③ 对所有预约配件按规定贴上预约标签，并定期对预约货架上的配件进行整理。

（4）沟通制度

① 配件部每月组织召开车间、业务交流会，对以后的维修情况进行预计，较好地解决一些有规律的维修项目备货。

② 当公司举办活动时，首先告诉配件计划员，由其进行订货微调。

4. 配件仓库管理

（1）库房分配

汽车 4S 店在存储配件时可以划分专区：发动机配件区、底盘配件区、电器配件区、易耗品区、危险品区、配件收发货区等，其中危险品区如空调制冷剂要相对独立存放，避免太阳直射，注意防止渗漏。

（2）货位划分

零配件在库房的存储过程中决定了零配件质量的完好程度、仓库作业效率高低、作业的准确性、库存盘点是否容易等。因此，在零配件的存储过程中应该做好货位的设置，货位设置要能保证每一种配件都有固定的存储位置，以提高物品出库的效率。

货位的分配方法有以下 3 种。

① 按周转率的快慢来排列：将周转率快的靠近出口，周转率慢的远离出口。

② 按相关性和同一性原则来分配，经常被同时取走的物品放置在一起以缩短时间。

③ 按重量来划分储位，将重的物品保管在地面上或货架的下层，重量轻的物品保管在货架上层。

（3）货位编号

为实施有效管理，要对货位进行编号，编号的方法如图 2-13 所示。

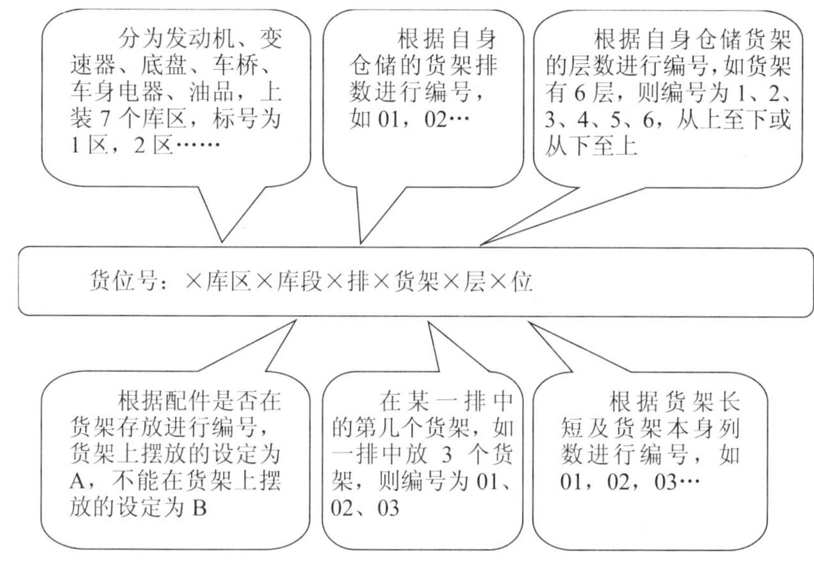

图 2-13 货位编号方法示意图

货位号举例：

① 发动机库区（1 区）在货架摆放的配件第 2 排第 3 个货架上第 3 层第 5 个货位，系统编码为 1A0203305；

② 发动机库区（1 区）不在货架摆放的配件第 5 个位置的货位，系统编码为 1B0000005。

（4）仓库定置定位作业

① 货架的每一个货位必须全部带有货位码，并且与系统货位码一一准确对应，货位要正。

② 货架上每种配件实物与系统货位码显示配件信息必须相符，且数量一致。

③ 实施 5S 管理，清理与仓储无关的物资，分为配库段、货位的物资留出有效的空间，库房内不得堆放非配件的物资。

④ 体积大的配件如不能上架，可在仓库内临时编制货位落地存放，但必须使用托盘或托架等设备，保证配件不与地面直接接触。

⑤ 对配件必须进行日常维护，码放时保护好包装、条形码、防伪标签。

5. 仓库盘点

为了及时掌握库存配件变化情况，避免配件短缺、丢失或者超储积压，必须每周定期对配件进行盘点。

（1）盘点内容

查明实际库存的数量与账、卡上的数字是否相符，检查配件收发是否有错，查明有无超储积压、损坏、变质等情况发生。

（2）盘点形式

盘点主要有永续盘点、循环盘点、定期盘点和重点盘点等形式。

① 永续盘点：是指配件保管员每天对有收发动态的配件盘点一次，以便及时发现收发差错。

② 循环盘点：是指配件保管员对自己所管物品分为轻重缓急，做每月重点日盘点计划，并按计划日进行盘点。

③ 定期盘点：是指在月、季、年度组织清仓盘点小组，全面进行库存清查，并造出库存清册。

④ 重点盘点：是指根据季节变化或工作需要，或因为某种特定目的而对仓库物资进行的盘点和检查。

（3）盘点中出现问题处理

对于盘点中出现的盈亏、损耗、规格串混、丢失等情况，应组织复查落实，分析产生的原因，并及时给予处理。

6. 库存管理

（1）库存的意义

库存是解决时空矛盾所必需的，既然存在时间和空间的差异，就必须有库存。“零库存”是指库存沉淀为零，即备件的采购、配送、销售等一个或者多个经营环节中，不以仓库存储的形式存在，而均为处于周转状态，这是不现实的一种说法。有库存，可以维持服务与销售的稳定，应付市场的变化和用户的需求。

（2）库存管理

配件库存管理不仅是对配件进、出、存的业务管理，更是以支持售后服务，提供优质客户服务为目的的存储、收发与控制。

库存投资成本必须同客户所期望的服务水平或缺货成本保持平衡。

① 一年以上销量为零的配件：死库存，应报废或者折价处理。

② 半年以上销量为零的配件：积压件，应通过兄弟单位之间资源共享或者向总部申请折价调剂解决。

③ 3个月以上销量为零的配件：滞销件，一方面通过调整订货和服务营销手段来减少库存，另一方面在网点之间进行调剂。

（3）库存控制策略

由于配件种类和数量繁多、周转快慢不一、资金占用情况不同，采取有效的库存控制策略、实现分类管理是比较可行的一种科学途径。一般汽车4S店都采用ABC分类法，根据分析结果采用相应的策略。A类产品因为资金占用量大，需求量也大，周转快，严格管理，采用定量订货策略，当库存降到安全库存就发出订单，避免因缺货而影响企业主要生产的正常接近。B类零配件因为数量消耗小，周转慢，但资金占用多，有的单件产品就上千元甚至更多，所以应重点管理，保持较低库存，宜采用定量订货法，价值特别大的零配件可以允许缺货。对于C类零配件，采用一般管理、定期订货法、保持较高的安全库存。按照ABC分类法对零配件的分析结果及采取的策略如表2-12所示。

表 2-12 应用ABC法对配件分析结果及库存控制策略

分类	占用资金	占用数量	分析结果	库存控制策略
A	76%	15%	ABS控制单元、车门总成、转向器、大修包、进气格总成、节气门总成、前风挡玻璃、冷凝器、前组合灯总成、消声器总成、发动机罩总成、蓄电池、压缩机总成、车门玻璃升降控制器	严格管理、定量订货，保证安全库存
B	19%	25%	车轮盖、车速传感、防冻液、分离轴承、副水箱总成、火花塞组建、进气门、喇叭、转速传感器、制动液、排气门、前轮毂轴承、摇臂、正时齿带	重点管理、定量订货，尽量减少库存
C	5%	60%	除A类和B类外的其他产品	一般管理，大量库存

7. 呆滞件的控制和处理

呆滞件是指在备件仓库运作一年以上再没有流量的备件。通常一年内的呆滞件库存占总库存的5%以下属正常值或者说良性值，超过则为异常库存。

（1）呆滞件预防

① 从源头抓起，如对每个配件结合上季度或者年度流量及流向（这里所谓的流向，是指关注特殊件的特殊用途，如多用于事故、索赔）设定相应的安全库存。

② 对订单配件（非索赔类及安全库存类）应向客户适当收取定金。

③ 单一配件的增加、单一配件库存的增加、单一配件安全周期的增加报备件经理审批。

④ 事故车非常用件缺件备货，需由备件经理以报价单形式，通知签字确认，并且要求服务顾问签字。

（2）已经产生呆滞件的处理

① 以书面的形式将呆滞件清单交给车间主任或技术经理，在事故车报料时，尽可能添加进去。普通小修时，也可以适时关注客户车辆。

② 以书面的形式将呆滞件清单交给服务总监，针对可以打包或者促销的配件，予以打包或者降价促销，对服务顾问给予相应的激励政策，加大对呆滞件的销售力度。

③ 与供应商沟通，让他们帮忙消化，或以货换货。

④ 与同品牌其他汽车4S专营店沟通，尽可能让自己的呆滞件库存信息共享。譬如将呆滞件库存信息通过自己的配件QQ群发布。尽可能地让全国的4S店共享你的呆滞库存信息。通过这样的网络将自己呆滞件信息发布到网上，对有需要的其他服务站，可以给予成本价销售。

⑤ 建议集团产业搭建属于自己的网络平台，网络平台上划分各品牌区域，各品牌可在该平台上更新自己的呆滞件库存信息，让信息流向市场，拓展呆滞件处理和销售市场。

（二）汽车配件业务管理制度

（1）配件库保管员在办理入库手续时，必须认真清点核对所购物品与《配件采购申请单》

中所列物品是否相符，以及有关人员的技术鉴定意见，并根据填制入库单，计入库存材料台账。

（2）配件部门负责人或配件库保管员要对所购进零配件的规格、名称、产地、价格等进行全面验收，并确认合格后，方能在入库验收记录上签字。

（3）配件库保管员对验收合格的配件要及时办理入库手续。

① 对办理入库手续的配件要及时作账，作账以正式收发凭证为依据。

② 入库配件要及时制办配件专用卡，清楚入库配件的名称、型号、规格、级别、储备额和实际储存量。

③ 配件入库后要统一登记，一物一档，统一编号，便于查询。

（4）配件保管员要注意处理好配件的库存保管事宜，要对配件进行合理的分区、分架、分层管理，以便于电脑查询和出库，节省配件仓库的使用空间。

（5）配件库保管员要努力做到安全库存：对于不常用的配件不宜储存过多，对于易变形、易损坏的配件要谨慎存放，处理好配件仓库的安全防火事宜，定期清仓、盘点，掌握配件变动情况，避免配件的积压、损坏或丢失，保证账、卡、物相符。

（6）要与维修车间密切配合，认真做好旧配件的回收管理工作。

（7）为了及时掌握库存配件的变化情况，避免配件的短缺、丢失或超储积压，必须每周定期对配件进行盘点。

（8）积压配件处理办法如下：

① 要查清楚积压配件的型号、名称、规格、数量和市场价格；

② 在维修过程中尽量使用积压的配件，并参考市场价格；

③ 对积压配件适当削价处理；

④ 积极与配件供应商协商，争取以货换货；

⑤ 对于已经淘汰的车型配件，作为废件处理。

（9）旧配件管理办法如下：

① 维修车间修车所换下的旧配件，应以旧换新，由配件部门集中存放；

② 车辆维修完工后，将旧配件进行清点，做好清洁、打好包，并填写清单，如车牌、车型、旧零配件名称、数量等；

③ 如果车主要求带走的，便将旧配件放到客户车辆的尾箱里。如果车主不带走的可利用旧配件，则存入旧配件库，不能利用的则作为废品处理；

④ 对可利用旧配件要造册登记，进行统一分类管理。

（10）特约维修的旧配件处理办法如下：

① 特约维修的索赔配件应由该车型的特约维修负责人向本企业交代清楚，维修车间换下的索赔旧配件应做好卫生清洁、打好包，填写好清单，交有关人员进行索赔处理；

② 本企业应指定专人作为索赔车型的协作人，以便于及时与厂方联系，争取得到较好的处理结果。如不能及时结案，该协作人应即时将索赔配件交配件部门保管；

③ 配件部门所收的索赔旧配件应分类保管，用专用记录本详尽登记每次索赔旧配件的业务明细，以备日后查验；

④ 如违反本办法所规定的操作程序而造成旧配件遗失的，由违规者照价赔偿；

⑤ 凡属索赔的配件必须经过有关人员的检验和有关负责人的确认，否则不予索赔；

⑥ 任何人不得以配件索赔的名义向客户索取财物，任何人不得以非本企业的更换件冒充本企业的更换件；

⑦ 要认真执行配件索赔前的检验规定，不够索赔要求的一律不予索赔。

（11）废旧物品管理办法如下：

① 执行以旧换新制度，积极加强废旧物品的管理；

② 对于更换下来的废旧配件能够进行修理的，一定要进行修理；同时检验其安全性和可靠性，检验合格的作为储备配件，降价处理（必须事先与客户讲清情况）；

③ 对于没有修理价值的废旧物品，可以集中报废处理。

（三）汽车配件入库管理制度

1. 备件到货验收

备件到货验收包括清点备件数量、核对单证和检查备件质量。

（1）清点备件数量主要是核对备件的到货数量与到货清单上的数量是否一致，如果不一致必须认真做好登记，及时和供货商沟通，查明原因解决问题。

（2）核对单证包括核对计划单、订单与到货清单、发票等计量单位、数量、金额是否准确无误，发现问题必须及时查明原因并解决。

（3）检验备件质量主要是检验是否有损坏的零件，如果有损坏必须及时做到：

① 填写《不合格品记录表》《供方评价记录表》，对检验发现有损坏的备件单独放置在“不合格区”；

② 与供货商（包括承运商、供应商）取得联系，对该批零件进行索赔。

2. 备件记录

备件清点的同时，应做好相关记录工作。

（1）在备件外包装上标注入库日期，以便在发货时做到“先进先出”。

（2）对于安全件，认真填写《安全数据表》《安全件清单》。

3. 办理入库手续

清点验收无误立刻办理配件入库手续，在配件入库时必须做到以下几点：

（1）入库操作时务必认真核对供货商名称、配件编码、配件名称、计量单位、入库数量和金额，确保与到货清单、采购发票等完全一致；

（2）办理备件入库时，必须认真核对备件对应的仓位，对于没有仓位的备件应及时合理地设置仓位；

（3）外采购零件入库时，其备件编码确定为以该零件原厂编码加后缀的形式确定；对于没有原厂编码的配件，用该配件名称的汉语拼音码代替，同时必须注明该配件的使用车型、年款等配件属性；

（4）将零件按仓位正确摆放在货架上，同时在对应的《进销存卡》上进行登记；

（5）打印《备件采购入库单》后，再次核对实物、发票（或到货清单）、存放仓位等是否一致；

（6）完成入库操作后，应将计划单、备件订单、到货清单、《备件采购入库单》装订在一起妥善保存，作为财务报销凭证；

（7）所有备件到货必须立即办理验收入库，未办理入库前一律不允许出库；

（8）属备件部管理的所有配件、材料、辅料等，均必须在售后系统中办理入库，仓库不得出现任何系统之外的账外物资。

① 对于集团内部调拨入库的配件，应以经审批有效的《零件内部调拨申请单》和调出单位的出库单为凭证，办理入库手续。

② 对于暂无发票，无法确定配件价格而生产急需的配件，应根据到货单或其他相关单证所注明的价格（或当前厂家配件供货价格或历史采购价格），采用暂估入库方式办理入库，待取得

发票明确价格后，及时做调账处理。暂估入库及调账涉及的单证必须单独存放保管，及时交本单位财务会计。

③ 对于从同品牌其他网点临时借用的配件，应以经审批的《网点间零件借用表》为凭证，按对应的当前厂家供货价格或历史采购价格办理借用入库，借件凭证于当天交财务保管，归还时办理借用退库手续。

④ 对于厂家提供的“以旧换新”不收取费用的配件（例如：召回维修用、促销活动用零件、材料等），应单独建立账册，独立进行进销存管理，所有相关凭证必须装订完整妥善保管。

⑤ 对于车间回收的可再利用的零件，经财务主管确认、服务经理批准，与旧件管理员办理交接手续后，以零成本或修复到可再利用状况所花费用成本办理入库。

⑥ 外协加工件验收，加工质量由质检员负责检验并签名确认，并及时在《对外包方的评估记录表》中记载质量、服务信息，其他按上述相关规定办理。

（9）配件入库后，及时做好备件损坏情况、订货缺件情况和备件价格变化情况统计、核对并通报备件计划员、备件主管。

（10）配件办理入库后，备件部必须及时更新订货看板，及时将到货信息有效通知到订货部门、订货人员，确保及时通知用户或待料班组。

（11）入库过程中对于厂家更新编码的零件，必须在电脑系统中、备件进销存卡上明确注明替代关系等信息，为日后准确发货创造条件。

4. 奖惩规定

（1）违反本规定，对配件入库不认真，导致库存误差的，一经发现对主要责任人罚款。

（2）配件入库不及时录入系统、不及时登记进销存卡，一经发现处以一定罚款。

（3）配件到货入库后，不及时更新订货看板，不及时将到货信息有效通知到订货部门、订货人员超过半个工作日，对仓管员、备件计划员和备件主管各处以一定罚款。

（4）所有配件入库、验收等单证，必须由经办人员签名，凡抽查发现未签名单证，对相关经办人应给予罚款，由此导致损失的，由责任人按进货价全额赔偿。

（5）发现到货存在的数量、质量、包装等问题，不及时处理或记录不符合规定，导致索赔失败的，由责任人按进货价全额赔偿。

（6）对配件编码发生变化，不按本规定详细记录配件属性的，每发现一例，给予责任人 100 元罚款。

（7）坚持原则，拒绝、制止、举报违规行为的，视情形给予奖励。

（四）汽车配件出库管理制度

1. 零件报价

（1）备件部应主动了解厂家备件供应情况，动态掌握配件销售价格变化情况，及时更新配件价格表。

（2）常用配件价格应在接待区域醒目位置予以公布。

（3）备件部报价人员必须对所报出的价格负责；受理前台接待人员、车间维修人员及客户询价时，必须严格按统一规定的价格表报价，不得随意报价。

（4）配件报价单只作为报价工具，不得作为出库依据。

2. 备件出库

（1）备件领料分为客户付费维修领料、厂家索赔维修领料和保险理赔维修领料 3 种情况。配件出仓前必须确认领料单证的有效性。

① 客户付费维修领料时，备件出库应按 S/A 签字确认的内容打印配件出仓单。

② 厂家索赔维修领料时，备件出库应按索赔员签字确认的内容打印配件出仓单；使用厂家无偿提供的用于招回维修的配件时，应在该配件专项进销存账目中办理出库，不得与仓库账混淆。

③ 保险理赔维修领料时，单台维修车辆配件总需求小于等于 1000 元的，由前台主管确认，超出 1000 元的由售后服务经理确认。备件出库应按上述责任人签字确认的内容打印出仓单。

（2）在备件对外销售时，配件销售员打印《配件销售单》，顾客凭《配件销售单》到前台结算付款。备件出库应按经结算员确认收到款项的《配件销售单》打印出仓单进行发料。

① 打印出仓单前，必须认真核对，确认相关仓位码、配件编码、名称、适用车型等信息与需求配件完全一致，杜绝出库配件名实不符。

② 对于应该交旧领新的配件，仓库管理员在确认旧件已回收后，根据出仓单上的内容进行发货。

③ 发货时必须先通过系统打印出仓单，再由发货人和领料人共同验货、清点，确认名实相符、数量正确、质量合格后在出仓单上签字确认。不允许先发出配件，事后补办领料手续。

（3）出库物资必须准确计量。包装量大于单次使用需求量的材料，应按实际需求量拆零出库，并做到拆零计量准确、成本核算到单台维修车辆；不得按包装量整批出库。

（4）仓库管理员发货时，应根据入库日期按照先进先出原则进行操作。

（5）配件出仓后因误领、误发等原因需要退回仓库的，经验收确认没有损坏的，可办理领用退库，并应及时录入系统，打印退库单，由领料退库人、收货签字确认后，单证交结算员做结算相关处理。

（6）仓管员每收发一项配件都必须及时准确录入售后服务系统，及时在进销存卡上准确记录收发时间和数量；进销存卡必须对应仓位、配件名称、配件编码，不可乱放乱记。

3. 备件借用及调拨业务

（1）本单位维修车间因外出救援或判断疑难故障而借用零件时，借件人应填写《零件借用申请表》，经服务经理签字确认后方可借用，并确保当日、整洁、完好地归还。

（2）仓管员应主动跟进，及时收回借出的配件，备件主管必须在每天下班前，检查所借出的配件是否收回。

（3）借件当天配件丢失的，由借件人全额赔偿；借件次日以后发现丢失的由备件主管和仓管员共同全额赔偿。

（4）集团公司内部各不同品牌经营单位之间调拨备件时，需要填写《零件内部调拨申请单》，经售后服务部审批后，以该备件的销售价（最终用户价）的九折进行调拨；集团内同品牌经营单位间调拨配件，由双方直接联系，不必通过售后服务部审批。

（5）仓库处理集团内部调拨备件，必须录入售后服务系统，调出单位按出库录入，调入单位按入库录入。必须在办理调拨出库的一周内将出库单上交给财务会计，由会计与对方单位核对无误后办理开发票手续。

（6）集团外同品牌特约网点之间借用备件时，必须经过服务经理审批。

（7）借出配件，仓库根据售后服务部批示处理集团外备件借用时，必须填写《网点间零件借用表》，经借用单位加盖法人公章后生效。《网点间零件借用表》必须妥善保管，备件主管必须定期检查，跟进，直至完好归还。

（8）借入配件，仓库必须及时以借用入库方式录入系统，归还该零件时以借用退库方式在系统中做出库处理，打印的退库必须单应于当日上缴本单位财务，并确保与借用入库时上缴的借件凭证对应。

（9）借入、借出配件，必须严格履行报批手续，规范装订、妥善保管凭证，设置备查账及时有效跟进督促归还，否则，由此造成的损失，由备件主管、仓管员共同全额赔偿。

4. 奖惩规定

（1）仓库工作人员，不认真确认领料凭证的有效性，盲目发出配件，导致损失的，由有关责任人进货价全额赔偿损失。

（2）所有配件销售单、配件出库单必须由经办人员签名，凡抽查发现未签名单证，对相关经办人应给予一定罚款，由此导致损失的，由责任人按进货价全额赔偿。

（3）违反借用配件规定，导致配件出库漏结、盘亏的，由责任人全额赔偿；借用零件归还时发现损坏、严重污损的由借用人按销售价赔偿80%，事后发现的由备件部按销售价赔偿80%。

（4）发货经办人未经认真核对实物和单证，导致错发配件的，处以一定罚款；领料双方未确认名实相符且导致损失的，按配件进货价由双方各赔偿50%。

（5）配件出库不及时录入系统、不及时登记进销存卡，一经发现处以一定罚款。

（6）坚持原则，拒绝、制止、举报违规行为的，视情形给予现金奖励。

四、汽车4S店金融业务

近年来，汽车产业已经成为我国经济增长的支柱性产业之一。金融作为现代经济的核心，必然成为支持汽车产业发展的重要力量，同时，汽车产业的发展也对金融业提出了新的要求。从国外的经验看，发展汽车金融服务业是促进我国汽车业和金融业良性互动的最有效的途径。

另外，汽车金融业务开展的好，可以提高销售人员的利益；让客户节省更多的成本用于其他创造利益的用途；对经销商来说还可以培养更多的忠实客户、获取更多收益，从而获得持续发展。

1. 汽车金融的含义

汽车金融主要指与汽车产业相关的金融服务，是在汽车研发设计、生产、流通、消费等各个环节中所涉及的资金融通的方式、路径或者说是一个资金融通的基本框架，即资金在汽车领域是如何流动的，从资金供给者到资金需求者的资金流通渠道。

2. 汽车金融的分类

目前，中国的汽车金融渗透率不到20%，不仅远低于美国、日本，甚至低于巴西、印度、俄罗斯。而在欧美发达国家，通过信贷和租赁买车，是汽车销售的主要方式，平均比例达到70%～80%，甚至更高。未来几年，我国乘用车销售市场将以每年超过7%的增长率增长，而二手车市场的年均增长率将会超过15%。目前汽车金融分类如表2-13所示。

表2-13 汽车金融分类

序号 \ 名称	保险	贷款/融资	租赁
1	新车保险	汽车贷款	经营性租赁
2	续保	信用卡分期	融资性租赁
3	延修保险	经销商存货融资	
4	品牌车险		

（1）保险。

① 汽车保险的分类及含义。

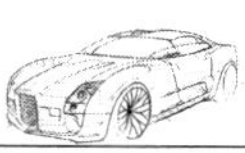

◆ 汽车保险的分类如图 2-14 所示。

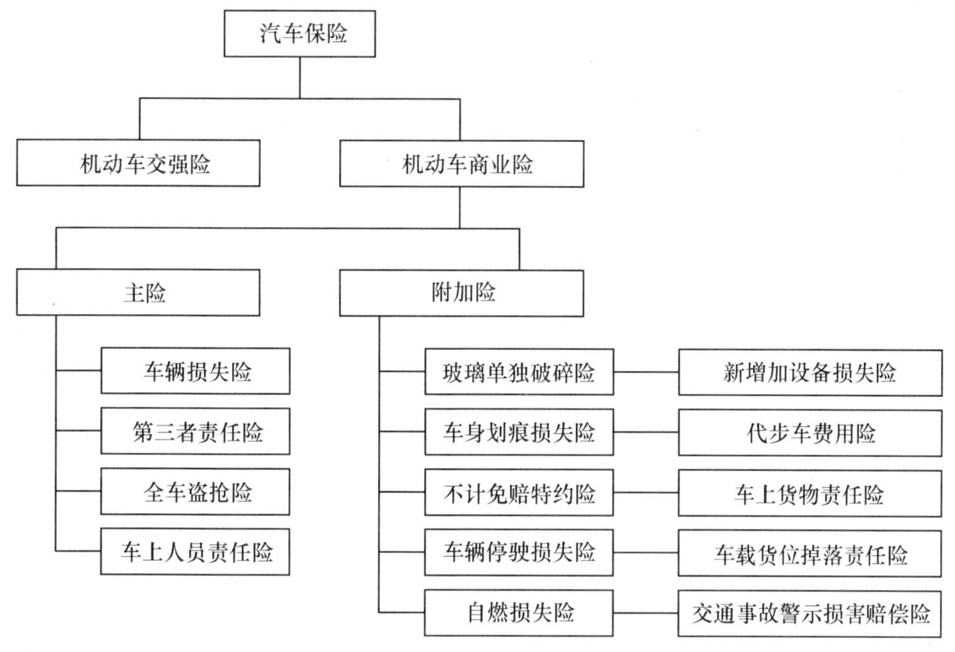

图 2-14 汽车保险分类图

◆ 汽车保险的含义及特点。

我国机动车保险分为两大类：交强险和商业险。其含义和特点如表 2-14 所示。

表 2-14 机动车保险分类含义及特点

分类	含义	特点
机动车交强险	全称“机动车交通事故责任强制保险”，是我国首个由国家立法规定施行的强制保险制度；指由保险公司对被保险机动车发生道路交通事故造成本车人员、被保险人以外的受害人的人身伤亡、财产损失，在责任限额内予以赔偿的强制性责任保险	强制投保，所有上路行驶的机动车车主或管理人必须投保“无责赔付” ，但凡发生交通事故，要造成人身伤亡、财产损失，保险公司就要先行赔付。驾驶员无责赔偿范围几乎涵盖所有道路交通责任风险统一的保险条款和基础费率，分项责任限额保险期限为 1 年，每辆车只需投保一份，最高责任限额为 12.2 万元
机动车商业险	若投保人需要除了交强险外更高的责任保障，则可选购商业车险分为主险和附加险。主险：构成保险合同的主题，可以单独购买附加险：必须随附在主险上的品种	自由选择投保“有责赔付”，根据投保人或被保险人在交通事故中应负的责任来确定赔偿责任不同程度地规定有免赔额、免赔率或责任免除事项保险期限为 1 年

交强险制度有利于道路交通事故受害人获得及时的经济赔付和医疗救治，有利于减轻交通事故肇事方的经济负担，化解经济赔偿纠纷。

交强险是依据《中华人民共和国道路交通安全法》《中华人民共和国保险法》《机动车交通事故责任强制保险条例》而设立的。责任限额指被保险机动车发生交通事故，保险人对每次保险事故所有受害人的人身伤亡、医疗费用和财产损失所分别承担的最高赔偿金额。责任限额分为：死亡伤残赔偿限额、医疗费用赔偿限额、财产损失赔偿限额以及被保险人在道路交通事故事无责任的赔偿限额。

◇ 死亡伤残赔偿：死亡伤残费用包括丧葬费、死亡补偿费、受害人亲属办理丧葬事宜支出的交通费用、残疾赔偿金、残疾辅助器具费、护理费、康复费、交通费、被抚养人生活费、住宿费、误工费，被保险人依照法院判决或者调解承担的精神损害抚慰金。

◇ 医疗费用赔偿：医疗费用包括医药费、诊疗费、住院费、住院伙食补助费，必要的、合理的后续治疗费、整容费、营养费。

◇ 财产损失赔偿：基础保费×（1+与道路交通事故相联系的浮动比率）×（1+与交通安全违法行为相联系的浮动比率）。

具体赔偿金额如表 2-15 所示。

表 2-15　有无责任赔偿金额

限额数额	被保险人有责任	被保险人没有责任
死亡伤残赔偿限额	110000 元	11000 元
医疗费用赔偿限额	10000 元	1000 元
财产损失赔偿限额	2000 元	100 元

机动车商业险又分为主险和附加险。

各主险种类、含义及保险限额如表 2-16 所示。

表 2-16　机动车主险种类、含义及保险限额

主险种类	含义	保险限额
车辆损失险	简称“车损险”，指保险期间内，被保险人或其允许的合法驾驶人在使用被保险机动车过程中，因自然灾害或意外事故造成被保险车辆的损失 这是汽车保险中最主要的险种。若不投保这个险种，车辆碰撞后的修理费保险公司不负责赔偿，全部均由自己承担。有些车是可以考虑不投保车辆损失险的，如快要报废的破车，修理费很便宜，撞坏后自己修也花不了多少钱。如果想投保不计免赔责任险，就一定要投保车辆损失险。因为它是后者的附加险，必须投保了车辆损失险后才能投保不计免赔责任险	保险金额由投保人和保险人从下列 3 种方式中选择确定 1. 按投保时被保险机动车的新车购置价确定（现款购车价格×1.2%） 2. 按投保时被保险机动车的实际价值确定 3. 按投保时被保险机动车的新车购置价内协商确定
第三者责任险	被保险人或其允许的合法驾驶人在使用被保险机动车过程中发生意外事故，致使第三者遭受人身伤亡或财产直接毁损，依法应当由被保险人承担的损害赔偿责任。主要实行“有责赔付”第三者责任险是最有价值的险种，也是国	责任限额，由投保人和保险人在签订本保险合同时按保险监管部门批准的限额档次协商确定，分为 5 万元、10 万元、15 万元、20 万元、30 万元、50 万元、100 万元等

续表

主险种类	含义	保险限额
第三者责任险	家规定的必保项目。开车时最怕的就是撞车或撞人了，自己车受损失不算，还要花大笔的钱来赔偿别人的损失。尤其撞人是最可怕的，一旦把人撞残或撞死了，恐怕把车卖了都不够赔的。投保了这个险种后，赔给别人的钱大部分会由保险公司来支付 注：第三者是指除投保人、被保险人、保险人以外的人	责任限额，由投保人和保险人在签订本保险合同时按保险监管部门批准的限额档次协商确定，分为 5 万元、10 万元、15 万元、20 万元、30 万元、50 万元、100 万元等
全车盗抢险	指保险期间内，因下列原因造成保险车辆的损失或发生的合理费用，保险人按照本保险合同的规定在保险金额内负责赔偿 1. 全车被盗窃、抢劫、抢夺，经出险当地县级以上公安刑侦部门立案侦查，满两个月未查明下落 2. 全车被盗窃、抢劫、抢夺后受到损坏或车上零部件、附属设备丢失需要修复的合理费用 3. 全车被抢劫、抢夺过程中，受到损坏需要修复的合理费用	保险金额由投保人和保险人在投保时被保险机动车的实际价值内协商确定（新车购置价 × 1.0%）
车上人员责任险（司机乘客意外伤害险）	指在保险期间内，被保险人或其允许的合法驾驶人在使用被保险机动车过程中发生意外事故，致使车上乘客遭受人身伤亡，依法应当由被保险人承担的损害赔偿责任，保险公司按照合同约定负责赔偿 保险车辆发生交通事故，导致车上的驾驶员或乘客人员伤亡造成的费用损失，以及为减少损失而支付的必要合理的施救、保护费用，由保险公司承担赔偿责任。如果由单位投保了团体人身意外伤害保险或在个人寿险中投保了人身意外伤害保险，也可以不投保这个险种	车上人员每次事故每人限额和投保座位数由投保人和保险人在投保时协商确定，投保座位数以被保险机动车的核定载客数为限

附加险依附于主险，其种类及保障范围如表 2-17 所示。

表 2-17　附加险分类及保障范围

序号	附加险种类	保障范围
1	不计免赔率特约条款	赔偿对应投保险种应由被保险人承担的免赔金额［（车辆损失险+第三者责任险）×20%］
2	车身划痕损失险	赔偿无明显碰撞痕迹的车身表面油漆单独划痕损失（2000/400，5000/570，1 万/760，2 万/1140

续表

序号	附加险种类	保障范围
3	玻璃单独破碎险	赔偿风挡玻璃或车窗玻璃单独破碎损失（新车购置价×0.15%）
4	车辆停驶损失险	赔偿因保险事故造成保险车辆停驶的损失
5	自燃损失险	赔偿因本车电器等系统发生故障及运载货物自身原因起火造成保险车辆的损失（新车购置价×0.15%）
6	新增加设备损失险	赔偿因保险事故造成车上新增加设备的直接损毁
7	代步车费用险	赔偿因保险事故造成车辆修理期间被保险人需租用代步车发生的费用
8	车上货物责任险	赔偿因意外事故致使车载货物遭受的直接损毁
9	车载货物掉落责任险	赔偿所载货物从车上掉落致使第三者遭受人身伤亡或财产的直接损毁
10	交通事故精神损害赔偿险	赔偿因发生交通事故致使第三者或车上人员伤残、死亡或怀孕妇女意外流产的精神损害

② 汽车保险的合作伙伴。

◆ 汽车 4S 店和各保险公司签订合作协议，为客户承保，汽车合作伙伴举例如图 2-15 所示。

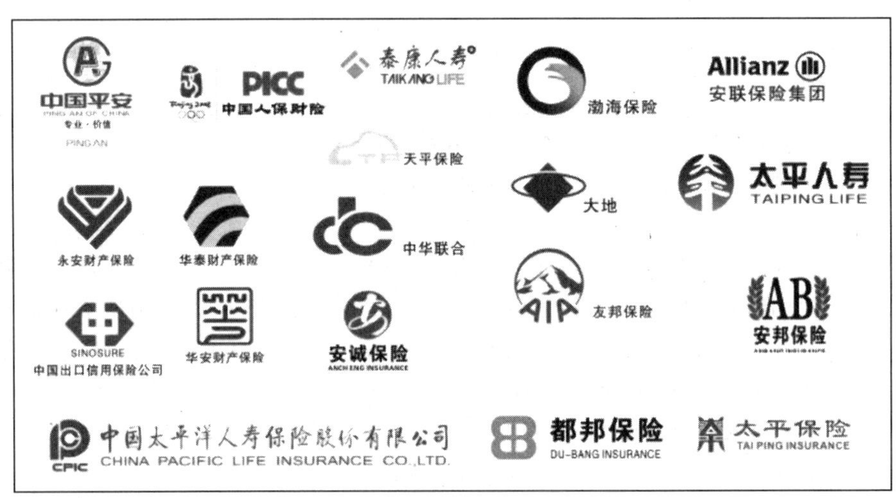

图 2-15　汽车保险合作伙伴图

◆ 汽车保险合作伙伴对比。

大保险公司：口碑、信誉好，风险控制能力、赔付能力强。

小保险公司：操作灵活、配合度高、经销商有话语权。

汽车 4S 店平台上合作伙伴的优势在于有较好的客户积累、运营稳定。平台合作伙伴经过厂家的精挑细选，且与厂家签订战略合作协议，最能够保证服务及经销商收益。

③ 汽车 4S 店投保（经销商）与社会采购保险、电话车险对比。

汽车 4S 店投保（经销商）与社会采购保险、电话车险的优势与不足对比如表 2-18 所示。

表 2-18　　汽车 4S 店投保、社会采购保险、电话车险优势与不足对比

汽车 4S 店投保（经销商）		社会采购保险		电话车险	
优势	不足	优势	不足	优势	不足
是理赔最为便捷的一种投保方式。由汽车销售店内的专业服务人员提供服务，投保一步到位，出险后还可享受定损理赔一条龙服务，将出险车直接送店维修即可。而且，如果可以全额赔款，车主也不需要垫付维修费，直接在修理费用清单上签字即可。另外，如果在同一家店内购车和上保险，销售员会相应给予一定车价或保费折扣	价格稍贵	价格便宜	1. 定损不准：定损员对我们的车不够了解他们的原则是能小修绝不大修，能修绝不换 2. 配件有假：例如，机器盖蹶起来了，到非 4S 店，要求换新的，他们会推荐换副厂件（假的），不如原厂配件厚度，容易产生了两大变化：一是钢板薄了容易与发动机产生共振，噪声增加；二是会破坏原有的前后质量比，稳定性下降 3. 残值受损：二手车置换时候价格受影响） 4. 厂商拒赔 5. 维修较差 6. 配件被换……	1. 价格便宜 2. 上门出单 3. 部分实现 4S 店维修	1. 投保和理赔分离，电话沟通不充分 2. 电销坐席不了解当地市场，无法办理保险直赔 3. 指定部分品牌部分 4S 店，给客户带来很多理赔局限性和烦扰

从表 2-13 中可看到汽车 4S 店保险业务主要由新车保险、续保、延修保险和品牌车险几部分构成。

④ 汽车 4S 店保险业务——新车保险。

◆ 新车保险销售流程：新车保险的销售主要有销售顾问和金融保险经理负责，具体流程如图 2-16 所示。

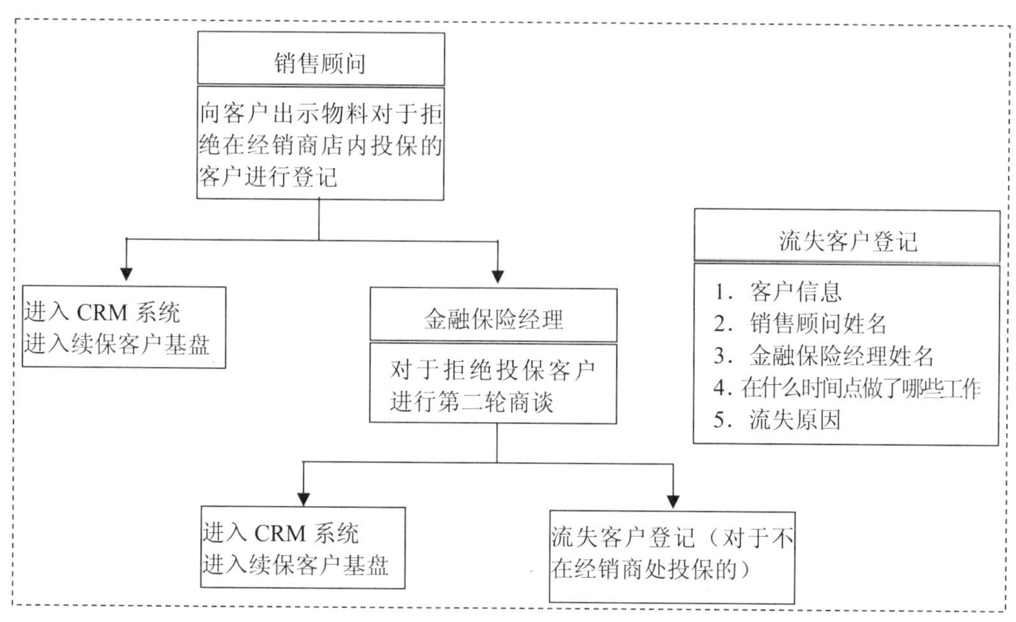

图 2-16　新车保险销售流程图

◆ 新车保险销售分工：新车保险销售的具体分工如表 2-19 所示。

表 2-19 新车保险销售分工

销售环节	岗位	具体分工
销售前	市场总监	市场宣传中加入保险信息、展厅物料
销售中	销售顾问	保险产品的销售、客户信息的留存
	金融保险经理	拒绝投保客户的二次营销、话术的整理与分享
	新保专员	客户信息的录入及出单
销售后	续保专员	客户关系维护

◆ 全款客户新车保险销售流程：随着汽车金融业的发展，客户购车全款交付，一般销售顾问也会建议客户在店内进行承保，这样既可以为经销商创造价值，也可以提高客户的满意度，对客户日后用车提供保障，避免出现事故后使客户因理赔问题产生烦恼。全款客户新车保险的销售流程如图 2-17 所示。

◆ 新车保险产品差异化：在保险条款日渐同质化的今天，如何使自己的营销差异化是从众多投保途径中脱颖而出的关键。常见的险种组合范例如下。

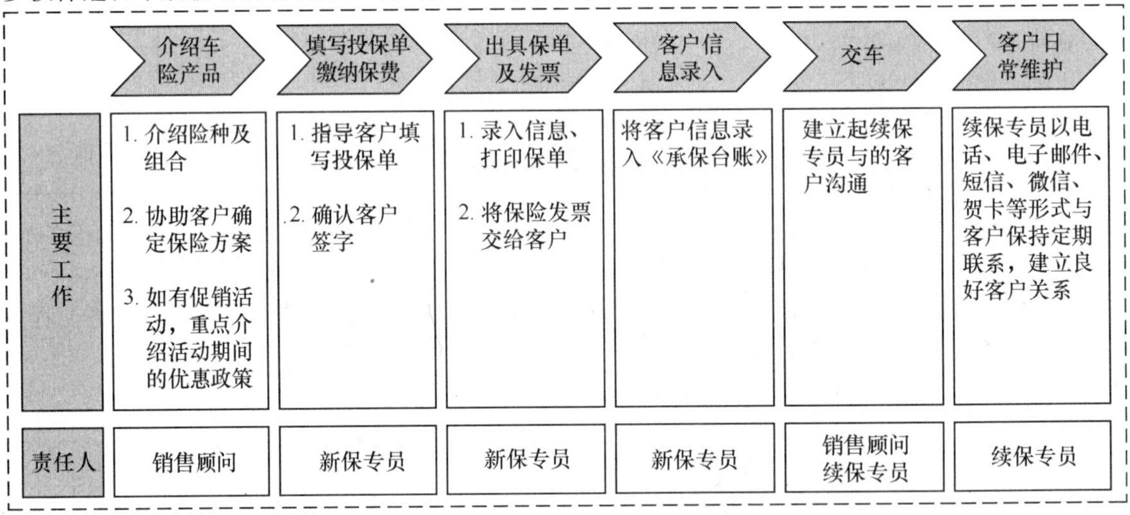

	介绍车险产品	填写投保单缴纳保费	出具保单及发票	客户信息录入	交车	客户日常维护
主要工作	1. 介绍险种及组合 2. 协助客户确定保险方案 3. 如有促销活动，重点介绍活动期间的优惠政策	1. 指导客户填写投保单 2. 确认客户签字	1. 录入信息、打印保单 2. 将保险发票交给客户	将客户信息录入《承保台账》	建立起续保专员与的客户沟通	续保专员以电话、电子邮件、短信、微信、贺卡等形式与客户保持定期联系，建立良好客户关系
责任人	销售顾问	新保专员	新保专员	新保专员	销售顾问 续保专员	续保专员

图 2-17 全款客户新车保险销售流程图

◇ 最低型保障方案：交强险+车辆损失险+第三者责任险（10 万）。

◇ 经济型保障方案：交强险+车辆损失险+第三者责任险（10 万）+车上人员责任险（1 万）+玻璃单独破碎险+全车盗抢险+不计免赔特约险。

◇ 尊贵型保障方案：交强险 + 车辆损失险+第三者责任险（20 万）+车上人员责任险（1 万）+玻璃单独破碎险+全车盗抢险+车身划痕险（赔偿限额 5000 元）+自燃损失险+不计免赔特约险。

◇ 旗舰型保障方案：交强险 + 车辆损失险+第三者责任险（50 万）+车上人员责任险（2 万）+玻璃单独破碎险+全车盗抢险+车身划痕险（赔偿限额 10000 元）+自燃损失险+不计免赔特约险。

在制订投保方案的时候要遵循"因车制宜、因人而异、一对一设计"的原则。另外，还可以设计自己店的标识或名称，让保险产品更突出本店的特色；根据客户投保额及投保年数赠送一些服务、代金券、精品等体现对客户的关怀，提高客户的满意度和忠诚度。

⑤ 汽车 4S 店保险业务——续保。

汽车 4S 店续保业务对于提升销售人员和经销商利益将有很大帮助，所以销售人员通过给

客户续保后的利益，如备件、工时优惠，赠送免费保养项目等来提高续保率。

◆ 续保销售分工：续保销售分工如表 2-20 所示。

表 2-20　　续保销售分工

销售环节	岗位	具体分工
销售前	金融保险经理	客户分析、客户筛选分类、指定活动方案、指标分配
销售中	续保专员	以电话/短信/E-mail 的形式邀约客户来店
	服务顾问	对于不在保、但来店维修的客户进行转化
	呼叫中心（外包）	对保险到期客户进行电话营销
销售后	续保专员	持续的沟通与关怀

◆ 续保准备工作：要做好续保工作，就要在平时做好以下工作。

◇ 熟悉车辆保险业务。很多 4S 店车险续保人员往往没接受培训就上岗，甚至不知道交强险和商业险是怎么回事，那么在和客户沟通中肯定不能让客户放心代理其业务。因此续保人员一定要学习车辆保险条款，了解保险责任和各险种的名称，知道如何和客户解释车险业务。

◇ 了解投保流程。客户有投保意向的时候要告知客户投保所需要资料以及要求。这一条看似简单，但在实际操作中会出现很多问题，例如车辆行驶证附页年审条的要求在一些公司中交强险和商业险要求是不一样，投保前很多公司都要求投保商业险前车辆年审合格。

◇ 掌握保费计算方法：这就需要续保人员学习车险的费率规章以及各种费率因子的使用要求，不要求计算的保费和保险公司系统一致，但是最起码能够告知客户大体的保费数额。

要做好续保工作，就要做好客户信息档案整理。

◇ 从系统中筛选客户信息至少提前一个月从系统中提取上年度客户信息，了解客户上年投保险种、保费数额、保险到期日，以便设计承保方案，通知客户。

◇ 及时记录与客户联系情况，也就是说做好日常的工作日志，将与客户的联系情况及时记录，便于跟踪客户，促进达成率。

◇ 保持与客户的沟通联系，4S 店平时的一些优惠活动要及时通知客户，加强与客户的联系。

要做好续保工作，还要掌握话术技巧：很多人不重视话术的练习，在和客户沟通中就无法与客户畅通的沟通下去，很多 4S 店往往是通过电话联系客户的，这样的话客户是不会选择 4S 店代理汽车险业务的。

◆ 续保业务流程：续保业务流程如图 2-18 所示。

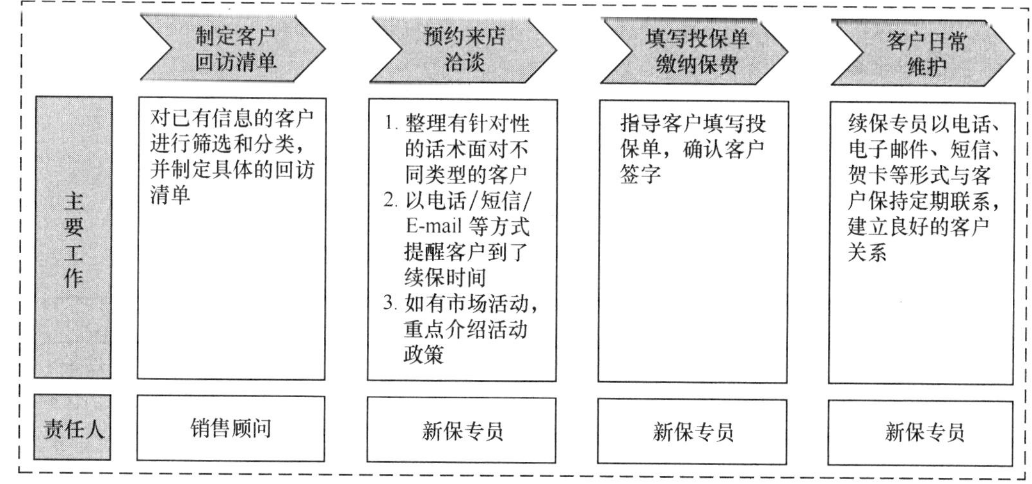

图 2-18　续保业务流程图

◆ 续保差异化服务：为了提高客户续保率，销售人员会提供更多的差异化服务来吸引客户。

◇ 1 对 1 理赔顾问。保单有效期内出险咨询、查勘定损协助、事故车维系、索赔、回款等服务由一个顾问全程跟进。

◇ 出险直陪。与合作伙伴深度合作，成为其指定定损中心。

◇ 上门服务。带 POS 机，客户直接刷卡；取送理赔资料、事故车。

◇ 维修绿色通道。1000 元以下免出现场；VIP 客户预约修车不需要等待。

⑥ 汽车 4S 店保险业务——延修保险。

◆ 延长保修的含义。延长保修又被称为延保。所谓延保，是指消费者所购买的产品，在制造商提供的质保期满后，通过销售对产品维修费用所作的补偿服务。

◆ 延保与普通保险产品对比。

相同点：全国通赔、新车/二手车均可以购买。

不同点：普通车险保障客户使用中的风险，而延保保障车辆在保质期以外，非人为的故障。

◆ 延保业务价值。销售延长保修可获得销售支持及佣金；延保车辆返店保养，增加零配件销量和工时费收入；厂家为客户购买银质保障，促进二手车的销售；提供此增值服务，以金融方式促销提升销售收入。

◆ 延保范围。机械与电气故障（例如：发动机、燃油系统、传动轴、离合器、变速箱、方向机、音响系统、安全系统）。

◆ 延保业务对经销商的价值。

案例

某品牌 B 级车上市 3 个月，销量一直不佳。经调研发现客户对该品牌产品质量没有信心，因此利用该问题展开营销：厂家推出延保活动——发动机、变速箱 15 万公里 5 年延长保修。

质保前提：5 年期间回本店续保、定期回厂日常保养；与此活动相配合，将现金优惠 5000 元转变为现金 3000 元+保养工时券 2000 元。

期待目标：在消费者心中建立对该品牌 B 级车质量的信心；给客户建立定时保养习惯。

两年后 9 次保养成功使客户放弃了原保养成本。

经过上述延保活动，直接导致该车型销量一跃成为同级别销量第一位。

以上即为延保业务对经销商的价值。

⑦ 保险的注意事项。

◆ 投保前的提醒。投保前要提醒客户的重要内容如下。

◇ 新车为何要上全险。

◇ 保险的费用明细。

◇ 全险不能理赔的 13 种情况（见表 2-21）。

表 2-21　全险不能理赔的 13 种情况

序号	具体情况
1	酒后驾车、无照驾驶，行驶证、驾照没年检的不赔：以上这些情形中，司机并不具备上路行驶的资格，严重违反交通法。此外，驾驶员与准驾车型不符、实习期上高速等情形，保险公司也会拒绝赔付
2	地震不赔：遵循了大部分财产保险都不保地震责任的惯例，由于缺少数据和经验，保险监管

续表

序号	具体情况
2	部门也不鼓励保险公司承保
3	精神损失不赔：大部分保险条款会有类似的规定，“因保险事故引起的任何有关精神赔偿视为责任免除”
4	修车期间的损失不赔：修理厂有责任妥善保管维修车辆，因此，如果车辆在送修期间发生了任何碰撞、被盗等损失，保险公司都会拒赔
5	发动机进水后导致的发动机损坏不赔：保险公司认为该损失是由于操作不当造成的，当车辆行驶到水深处时，发动机熄火后，驾驶员又强行打火才造成损坏
6	爆胎不赔：未发生车辆其他部位的损坏，只是车轮单独损坏的情况不赔。当然，由于轮胎爆裂而引起的碰撞、翻车等事故，造成车辆其他部位的损失，保险公司依然负责赔偿
7	被车上物品撞坏不赔：如果车辆被车厢内或车顶装载的物品击伤，保险公司不负责赔偿
8	未经定损直接修车的不赔：如果车辆在外地出险，也要先定损再修车，否则保险公司会因为无法确定损失金额而拒绝赔偿
9	把负全责的肇事人放跑了不赔：当与其他车辆发生碰撞时，责任在对方，如果放弃向第三方追偿的权利，也就放弃了向保险公司要求赔偿的权利
10	车没丢，轮胎丢了不赔：如果不是全车被盗，只是零部件如轮胎、音响设备等被盗，保险公司不负责赔偿
11	拖着没保险的车撞车不赔：如果因为开车拖带一辆没有投保第三者责任险的车辆上路，与其他车辆相撞并负全责，保险公司不会对此做任何赔偿
12	撞到自家人不赔：所谓第一者、第二者是指保险人、被保险人（驾驶员视同于被保险人）。除这些人以外的，都被视为第三者。而在保险条款中，将被保险人或驾驶员的家庭成员排除在“第三者”的范畴之外。如果自家人被撞，保险公司视为免责。同理，被同一单位名下的车辆碰撞也不能通过第三者责任险得到赔偿
13	自己加装的设备不赔：车主自己加装的音响、电台、冰箱、尾翼、行李架等，若无对此单独投保，一旦撞了造成损失，保险公司不会对此赔偿

◇保险理赔流程。汽车的碰撞事故分为很多种，通常为单方事故和双方事故。一般碰撞静止的物体叫单方事故（例如，墙壁、电线杆）；一般和机动车碰撞的叫双方事故，具体理赔流程如图 2-19 所示。

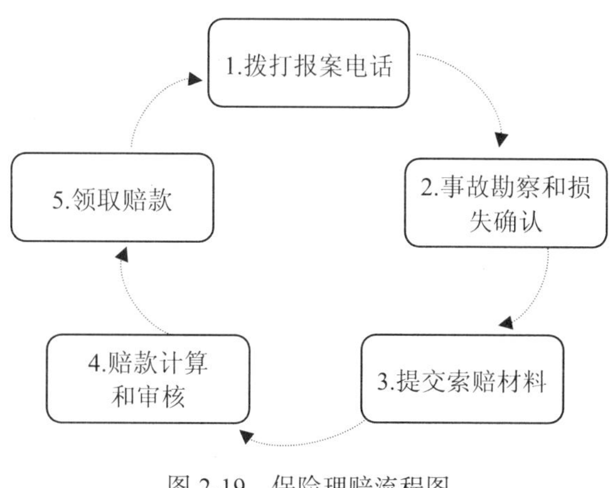

图 2-19　保险理赔流程图

拨打报案电话：请立即拨打保险公司报案电话（如：95518 或有条件的情况下通过传真等方式向保险公司报案），保险公司理赔服务人员将向您询问出险情况，协助安排救助，告知后续理赔处理流程并指导您拨打报警电话，紧急情况下请您先拨打报警电话。

事故勘察和损失确认：在客户的协助下，保险公司理赔人员或委托的公估机构、技术鉴定机构、海外代理人到事故现场勘察事故经过，了解涉及的损失情况，查阅和初步收集与事故性质、原因和损失情况等有关的证据和资料，确认事故是否属于保险责任，必要时委托专门的技术鉴定部门或科研机构提供专业技术支持。保险公司将指导客户填写出险通知书（索赔申请书），向客户出具索赔须知。与客户共同对保险财产的损失范围、损失数量、损失程度、损失金额等损失内容、涉及的人身伤亡损害赔偿内容、施救和其他相关费用进行确认，确定受损财产的修复方式和费用，必要时委托具备资质的第三方损失鉴定评估机构提供专业技术支持。

提交索赔材料：根据保险公司书面告知客户的索赔须知内容提交索赔所需的全部材料，保险公司及时对客户提交的索赔材料的真实性和完备性进行审核确认，索赔材料不完整的情况下保险公司将及时通知您补充提供有关材料，对索赔材料真实性存在疑问的情况下保险公司将及时进行调查核实。

赔款计算和审核：在客户提交的索赔材料真实齐全的情况下，保险公司根据保险合同的约定和相关的法律法规进行保险赔款的准确计算和赔案的内部审核工作，并与客户达成最终的赔偿协议。

领取赔款：保险公司根据与客户商定的赔款支付方式和保险合同的约定向客户支付赔款。补充说明：因第三者对保险标的的损害而造成保险事故的，在保险公司根据保险合同的约定和相关的法律法规向客户支付赔款后请客户签署权益转让书并协助保险公司向第三方进行追偿工作。

◇ 保单文件要保存好，以备后续出问题作为凭证。

◇ 提醒客户续保的时间限制。

（2）汽车消费贷款。

① 汽车消费信贷内涵。信贷是指以借款人的信誉发放的贷款；消费信贷是指银行金融机构和国家金融监管部门认可的非银行机构向消费者发放的主要用于购买最终有形商品的贷款，是一种刺激消费，扩大商品销售为目的，用特定商品为贷款标的信贷行为；而汽车消费信贷指的则是金融机构向申请购买汽车的用户发放人民币担保贷款，由购车人分期对金融机构归还本息的一种消费信贷业务。

② 汽车消费信贷方式。汽车消费信贷一般有 3 种方式：以车供车贷款、住房抵押汽车消费贷款、有价证券质押汽车消费贷款。其中住房抵押汽车消费信贷是目前汽车 4S 店采用的最普遍的一种方式。

◆ 以车供车贷款：申请者如不愿或不能采取房屋抵押、有价证券质押的形式申请汽车消费贷款，并向保险公司购买履约保险，收到保险公司出具的履约保证保险承保确认书，便可到银行申请的消费贷款。

◆ 住房抵押汽车消费贷款：以出契证的自由产权住房做抵押，提交有关申请材料，交齐首期款并办妥房产抵押登记手续，便可获得的汽车消费贷款。

◆ 有价证券质押汽车消费贷款：以银行开具的定期本、外币存单和银行承销的国库券或其他有价证券等做质押，可以申请的汽车消费贷款。

③ 汽车消费信贷的发展历程。国际上看：1919 年美国通用汽车设立的通用汽车票据承兑公司是世界上最早的汽车消费信贷服务机构。1930 年，德国大众汽车公司推出了针对自己旗下产品——甲壳虫轿车的未来消费者募集资金的业务，此举首开了汽车金融服务面向社会融资的先河！

我国汽车信贷起较晚，分为以下 4 个阶段。

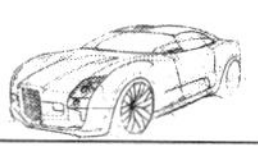

◆ 起始阶段（1995 年—1998 年 9 月）：中国汽车消费信贷市场的起步在 1995 年，当美国福特汽车财务公司派专人来到中国进行汽车信贷市场研究的时候，中国才刚刚开展了汽车消费信贷理论上的探讨和业务上的初步实践。这一阶段，恰逢国内汽车消费处于一个相对低迷的时期，为了刺激汽车消费需求的有效增长，一些汽车生产厂商联合部分国有商业银行，在一定范围和规模之内，尝试性地开展了汽车消费信贷业务，但由于缺少相应经验和有效的风险控制手段，逐渐暴露和产生出一些问题，以致中国人民银行于 1996 年 9 月，下令停办汽车信贷业务。这一阶段一直延续到 1998 年 9 月，中国人民银行出台《汽车消费贷款管理办法》为止。

◆ 发展阶段（1998 年 10 月—2001 年底）：我国央行继 1998 年 9 月出台《汽车消费贷款管理办法》之后，1999 年 4 月又出台了《关于开展个人消费信贷的指导意见》，至此，汽车信贷业务已成为国有商业银行改善信贷结构，优化信贷资产质量的重要途径，与此同时，国内私人汽车消费逐步升温，北京、广州、成都、杭州等城市，私人购车比例已超过 50%。面对日益增长的汽车消费信贷市场需求，保险公司出于扩大自身市场份额的考虑，适时推出了汽车消费贷款信用（保证）保险。银行、保险公司、汽车经销商三方合作的模式，成为推动汽车消费信贷高速发展的主流做法。

◆ 竞争阶段（2002 年以后）：进入 2002 年，中国汽车信贷市场开始进入竞争阶段，其最明显的表现为：汽车消费信贷市场已经由汽车经销商之间的竞争、保险公司之间的竞争，上升为银行之间的竞争，各商业银行开始重新划分市场份额，银行的经营观念发生了深刻的变革，由过去片面强调资金的绝对安全，转变为追求基于总体规模效益之下的相对资金安全。一些在汽车消费信贷市场起步较晚的银行，迫于竞争压力，不得已采取“直客模式”另辟蹊径。

◆ 成熟阶段（2003 年或 2004 年以后）：目前，整个中国汽车信贷市场，正在由竞争阶段向成熟阶段发展，我们认为，衡量中国汽车信贷市场是否进入成熟阶段，其标准应该包括：

◇ 汽车信贷市场实现分工分业，专业经营，专业汽车金融公司和汽车信贷服务企业已成为整个市场发展的主导者和资源整合者。银行和保险公司成为上游资金提供者和风险控制保障者。汽车经销商和汽车厂商成为产品及服务的提供者；

◇ 产业趋于成熟，平均年增长率稳定为 5% ~ 8%；

◇ 产品设计更具有市场适应，风险率控制在一个较低的水平；

④ 汽车消费信贷的意义。汽车消费信贷的意义存在于两大方面：一是客户方面，如表 2-22 所示。

表 2-22　　汽车消费信贷对客户的意义

客户分类	现状	期望	意义
长期攒钱准备全款购车的客户	1.家庭财政相对稳定，有一定的存款 2.每月有稳定的余钱 3.对贷款所产生的利息很敏感	正在存款，不愿因攒钱购车而影响家庭生活质量。可以接受用低息贷款来支付部分车款	消费贷款可使远期消费在当前实现，满足了消费欲望，提高了生活质量
中小业主	1.资金流动快，灵活并且量大 2.对大笔资金的投入（支出）很敏感	收入波动性大业务不稳定，银行不愿贷款希望多渠道筹措资金，利用财务杠杆减少对业务的冲击，愿意支付利息，对利率不敏感	帮助消费者解决燃眉之急
个人投资客户	1.现金收入稳定 2.当前现金正投资于股票、房产或其他投资渠道中	对自己的投资回报有信心希望购车消费不会对投资造成冲击，愿意贷款消费，对利率不敏感	汽车消费贷款可以作为一种理财方式

另外一方面就是对经销商。汽车消费信贷具有激活功能，一笔消费信贷，可以让客户 3 年内在购车的汽车 4S 店内进行投保业务，激活了保险的增值份额；还可以让客户吸引客户 3 年内在购车的汽车 4S 店进行持续的维修保养、理赔，从而激活了售后及理赔带来的利润增值；此外对经销商而言，培养了一个长期的忠实客户，经销商还可以对该类客户进行二手车的跟进，激活了二手车业务的增值功能。

⑤ 汽车消费信贷的基本要素及相关知识点。

◆ 汽车消费信贷的基本要素如图 2-20 所示。

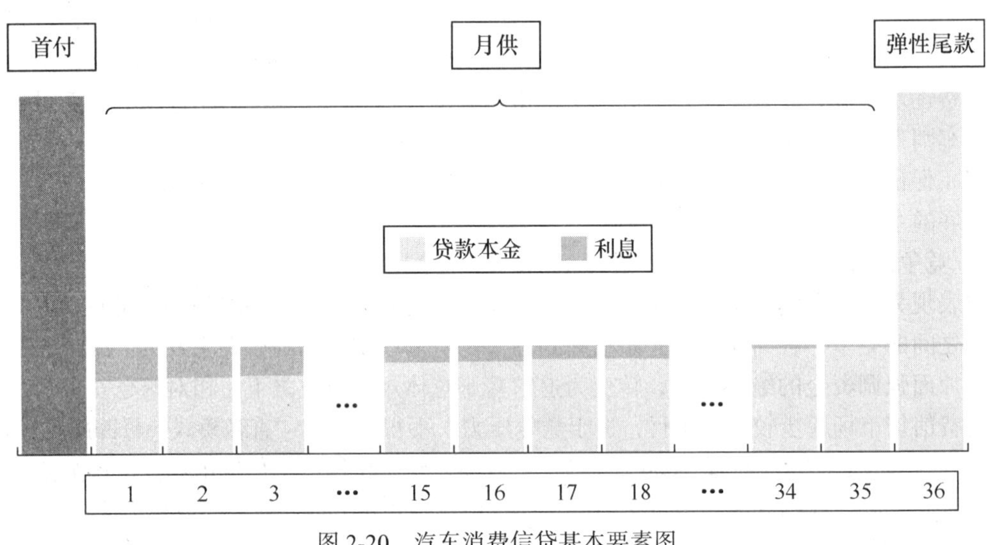

图 2-20　汽车消费信贷基本要素图

◆ 车贷产品模型如图 2-21 所示。

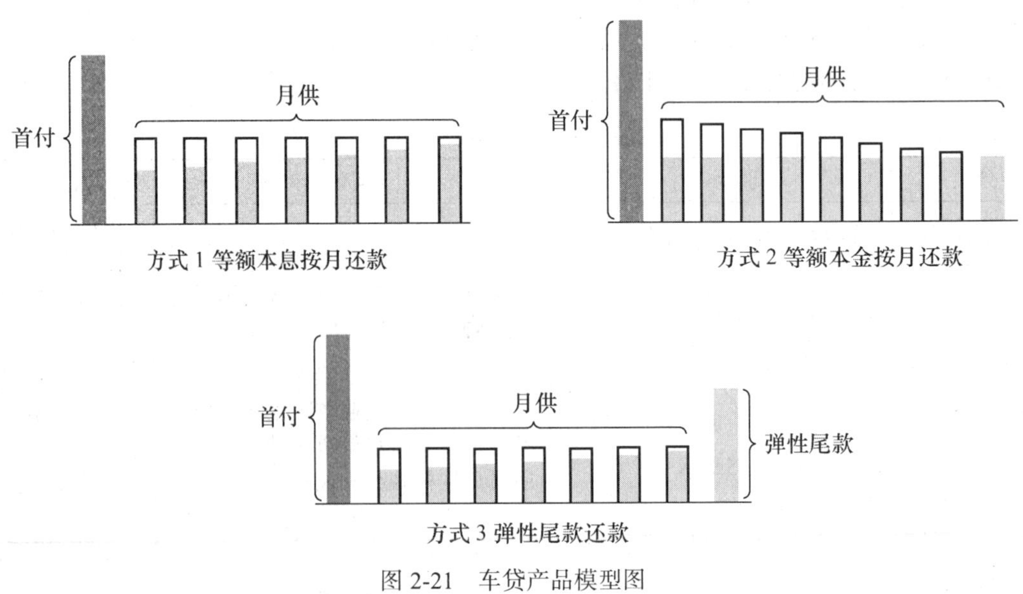

图 2-21　车贷产品模型图

◆ 汽车消费信贷基本要素及相关知识点如图 2-22 所示。

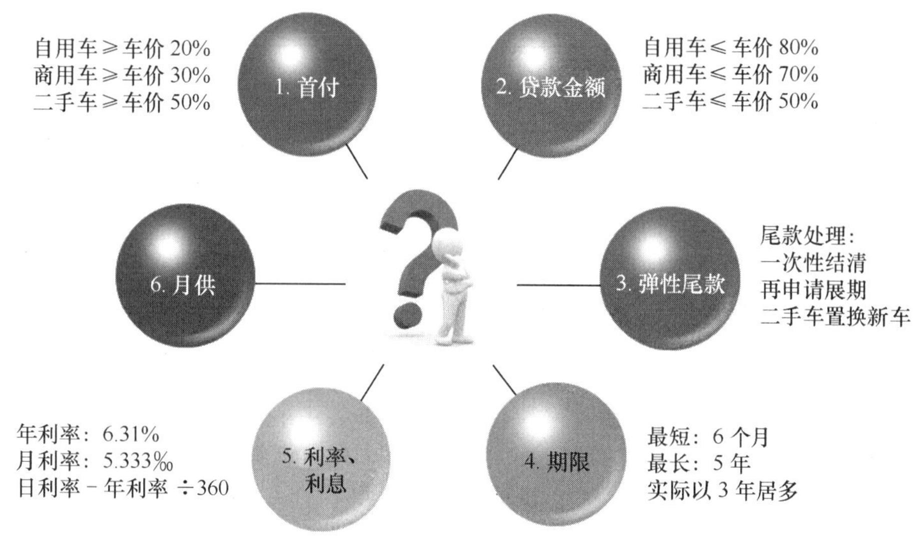

图 2-22　汽车消费信贷基本要素及相关知识点图

关于汽车消费信贷基本要素的含义及相关知识点的解释如表 2-23 所示。

表 2-23　汽车消费信贷基本要素的含义、对消费者的意义、与其他要素关系及限制条件

基本要素	含义	对消费者意义	与其他要素关系	限制条件
首付	首付是指使用贷款购车时，在确定交易后首先支付的一笔款项。接下来将由分期贷款的形式完成其余部分支付	较高的首付意味着相对较低的贷款金额，因此在其他要素不变的情况下，月供的压力也相对较小	在其他要素不变的情况下，首付越高则贷款金额越低，支付的总利息越低	车辆最终的购买价格与贷款金额的差额一般占全款的30%左右。《汽车贷款管理办法》中规定，“第二十二条 贷款人发放自用车贷款的金额不得超过借款人所购汽车价格的 80%；发放商用车贷款的金额不得超过借款人所购汽车价格的 70%；发放二手车贷款的金额不得超过借款人所购汽车价格的 50%
贷款金额	贷款金额是金融机构每笔贷款向借款人提供的授信额度。贷款金额由借款人在申请贷款时提出，金融机构根据情况核定	一般而言，贷款金额高低由消费者选择的汽车的价格以及他所能支付的首付有关，同时也和他对未来收入的预期有关	在其他要素不变的情况下，首付越低则贷款金额越高	《汽车贷款管理办法》中第二十二条规定“贷款人发放自用车贷款的金额不得超过借款人所购汽车价格的 80%；发放商用车贷款的金额不得超过借款人所购汽车价格的 70%；发放二手车贷款的金额不得超过借款人所购汽车价格的 50%
弹性尾款	弹性尾款是为了减轻贷款用户月供压力，在贷款金额中预留一部分，该部分贷款金额无须在贷款期间进行	一般而言，弹性尾款金额的高低对贷款客户的月供有较大影响，贷款用户可根据月	在其他要素不变的情况下，弹性尾款越高	通常弹性尾款比例不超过贷款金额的 25%

续表

基本要素	含义	对消费者意义	与其他要素关系	限制条件
弹性尾款	还付，而是保留在贷款月供的最后一个月一次性交付即可	还款能力以及未来一次性收入情况选择	则月供越低，支付的总利息越高	通常弹性尾款比例不超过贷款金额的 25%
期限	贷款期限是指从贷款合同生效之日起，到最后一笔贷款本金或利息支付日止的这段时间，一般按照期数（年或月）计	贷款期限一般由借款人提出，经与金融机构协商后确定，并载于贷款合同中	在其他要素不变时，贷款期限越长则月供越低，但所需支付的利息总量也越高	虽然按照法律规定，车贷最长的贷款期限可达 5 年，在实际操作中，以 3 年居多。因此车贷通常属于短期或中期贷款，而常见的房贷则多属于长期贷款
利息利率	利息是借款者为取得货币资金的使用权而支付给贷款者的一定代价，利息作为借入货币的代价或借出货币的报酬，实际上，就是借贷资金的“价格”。利息水平的高低是通过利息率表示出来的；利率的全称是利息率，是指一定时期内利息额与借贷货币额或储蓄存款额之间的比率	利息越少、利率越低，对消费者更有利；反之对消费者不利	当其他要素不变时，利率越高，消费者所需支付的利息就越高	年利率：按本金的百分比（%）表示 月利率：月利率按千分比（‰）表示；月利率 = 年利率÷12 日利率：日利率按万分比（‰）表示；日利率 = 年利率÷360
月供	月供指每月偿还的金额，包括本金和未还贷款金额产生的利息。月供可以固定也可以浮动，随着所选择的还贷方式的不同而变化	月供越高，则每月对消费者的经济压力越大	贷款金额不变时，贷款期限越短，则月供越高	本金一定的情况下，受常用利率限制：利息越高，利率越高的情况下，月供就多，反之月供就少

⑥ 汽车消费信贷的具体要求如下。

◆ 贷款条件。

对个人：年满 18 周岁具有完全民事行为能力在中国境内有固定住所的中国公民；具有稳定的职业和经济收入，能保证按期偿还贷款本息；在贷款银行开立储蓄存款户，并存入不少于规定数额的购车首期款；能为购车贷款提供贷款银行认可的担保措施；愿意接受贷款银行规定的其他条件。

对法人：具有偿还贷款能力；能为购车贷款提供贷款银行认可的担保措施；在贷款银行开立结算账户，并存入不低于规定数额的购车首期款；愿意接受贷款银行规定的其他条件。

◆ 贷款额度。借款人以国库券、金融债券、国家重点建设债券、本行出具个人存单质押的，或银行、保险公司提供连带责任保证的，首期付款额不得少于购车款的20%，借款额不得超过购车款的80%。以借款人或第三方不动产抵押申请贷款的，首期付款不得少于购车款的30%，借款额不得超过购车款的 70%。以第三方保证方式申请贷款的（银行、保险公司除外），首期付款不得少于购车款的40%，借款额不得超过购车款的60%。

◆ 贷款期限。最长不超过5年（含5年）。

◆ 贷款利率：贷款利率执行中国人民银行规定的同期贷款利率，并随利率调整一年一定。如遇国家在年度中调整利率，新签订的《汽车消费借款合同》按中国人民银行公布的利率水平执行。

◆ 贷款程序：客户咨询与资格初审；资格复审与银行初审；签定购车合同书；经销商与客户办理抵押登记手续及各类保险、公证；银行综审；车辆申领牌照与交付使用；档案管理。

（3）汽车租赁。

① 汽车租赁含义。汽车租赁是指出租人将租赁标的物交给承租人使用，并收取租金费用的经营活动。

② 汽车租赁方式。汽车租赁主要分为融资租赁和经营性租赁两种方式。对于在租赁期间收益及租赁期满后标的物（即车辆）所有权问题，两种租赁方式有相同的地方，也有不同之处，具体如图2-23所示。

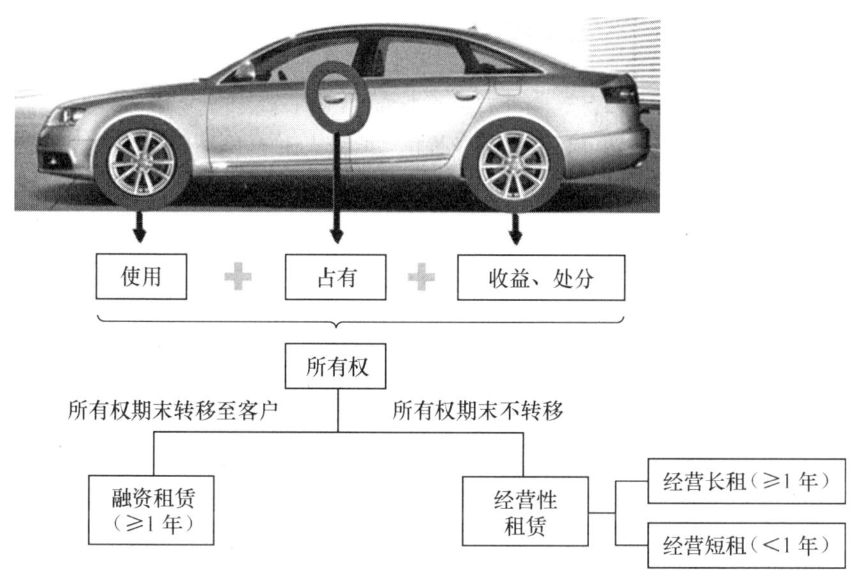

图2-23 融资租赁与经营性租赁异同图

融资租赁：租赁资产所有权租期结束转移，或实质上转移租期一般较长出租人进行一次资产出租就能收回成本并取得盈利资产由承租人选择，由出租人向供货商进行采购。

经营性租赁：租赁资产所有权租期结束不转移，租期一般较短，出租人要进行多次出租资产，才能收回成本并取得盈利，资产由出租人选择。

③ 汽车租赁产品。致力于满足客户用车需求，现在很多品牌经销商不仅仅停留在贷款服务，更为机构客户提供租赁服务。针对有购买新车需求的机构客户，经销商一般提供了租购通及易租通两款产品。

◆ 租购通：租购通属融资租赁产品，客户按租赁合同约定支付租金即可使用车辆，租期届满时客户取得车辆所有权。该产品可以帮助客户降低购车时的一次性资金投入，利于资金周转又不影响银行信贷。

◆ 易租通：易租通属经营性租赁产品，客户按用车需求时限选择租期，租期届满时将车辆退回或依照需求选择续租甚至更换车型。该产品灵活满足客户用车需求，免于增加固定资产，在不影响财务指标的情况下轻松用车。

④ 汽车租赁交易模式。终端客户租赁的交易模式如图 2-24 所示。

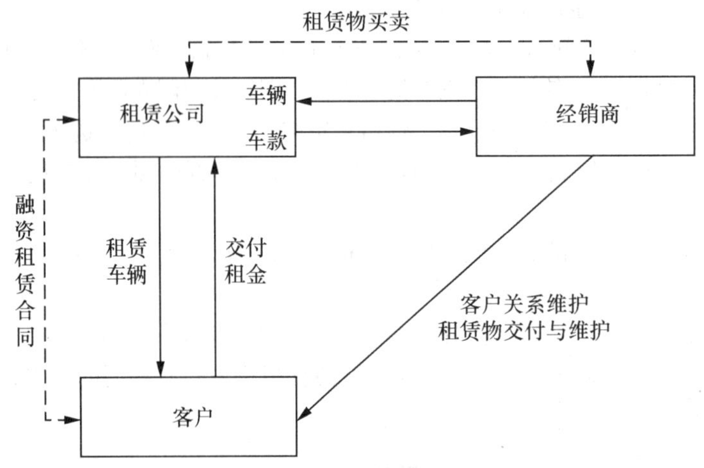

图 2-24 终端客户租赁交易模式图

其中客户隶属于经销商管理，至少含有一个标的物（汽车）；交易中体现两类合同（买卖合同、租赁合同），三方当事人（出租人—租赁公司、承租人—客户、出卖人—经销商）。

（4）二手车置换。

① 置换的含义。置换是指用手头的二手车来置换新车，就是将卖旧车和买新车两个过程合并成了一个过程。

② 置换服务流程。具体置换流程如图 2-25 所示。

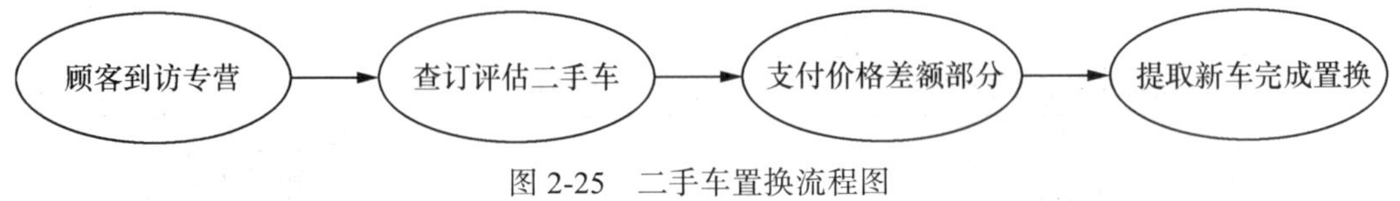

图 2-25 二手车置换流程图

③ 置换服务特点。

◆ 周期短、时间快：车主只需将旧车开到 4S 店，现场评估师 20min 左右就能对旧车评估出价格，车主选好心仪的新车后，只要缴纳中间的差价即可完成置换手续，剩下的所有手续都由 4S 店代为办理，并且免代办费，大概 1 周左右就完成了新车置换。

◆ 4S 店二手车置换品质有保证，风险小：4S 店按照厂家要求收购顾客的二手车，收购对象涵盖所有品牌及车型。对于消费者而言，4S 店所提的车都是汽车厂商直供销售的，没有任何中间商，车况、车质让车主安心，消除了不懂车不知道怎么挑车的疑虑。

◆ 有利于净化市场，增强市场竞争力：消费者对 4S 店的信任，会让一大批违规操作的组织或个人在这个领域没有立足之地。以汽车厂商为主导的品牌二手车置换模式，将打破二手车市场“自由散漫”的传统，重新构建全国二手车交易新的游戏规则。

◆ 汽车厂商的多重促销手段，让车主受益：随着汽车国产化技术的成熟，以及限购政策的制约，汽车厂商把二手车置换作为角逐的主战场，并配合国家出台的政策补贴，纷纷在打出降

价的同时，又推出了“原价”置换，置换送高额补贴，再送礼品或免费活动等4重优惠活动，这是打动众多车主换车冲动的根源。

◆ 4S店借助电商平台精准有效推广：互联网是目前信息传导最快，最有效，性价比最高的新媒体，很多汽车厂商都把它作为推广的主发布地

④ 二手车金融服务。二手车金融服务包括两方面业务，一是二手车贷款业务，二是二手车品鉴业务。前者的贷款审批流程和新车贷款方式相同，这里以流程图（见图2-26）的形式表示。

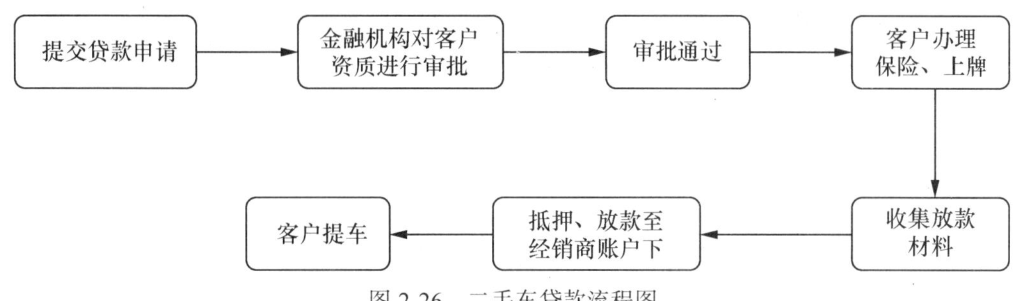

图2-26 二手车贷款流程图

二手车品鉴业务，喻示深谙鉴赏之道，同时“品荐”也含有“推荐”之意，是二手车服务平台和服务内容的体现。这方面的发展预示着中国二手车业务的全面升级。该业务的开展拓宽了更加广泛的业务领域，形成了新的业务增长点，扩展客户资源，提升客户忠诚度、构筑更加稳定的收益模式、保证新车销售目标的长期实现。

五、汽车4S店其他业务

目前随着消费者需求的不断增加，汽车4S店的业务范围越来越广泛，伴随新车销售，精品销售、装饰装潢等业务也成了汽车4S店的主营业务。

（一）精品销售

汽车精品销售在汽车销售过程中占据一个重要的位置，而随着车市的激烈竞争，汽车精品销售越发成为企业盈利的一个纽带，也成为维系客户情感的纽带。

1. 精品的选择

4S店该选择什么样的汽车精品？对4S店来说，这是一个至关重要的环节，选择好的精品4S店才会获得成功营销的第一步保障。一个产品“好”与“不好”的区别在哪里？如何定义一个产品就是好产品？对于4S店来说，能让他们挣钱的产品，也就是高利润的产品才是好产品。品牌好是厂家的，客户满意是消费者的，只有利润是自己的。

好的产品选择要注意以下3个要点：

① 注意产品的安全性。4S店的产品与其他汽车后市场店面的产品不一样，例如，与汽车美容店最大的不同就是4S店的产品是和车一起卖的，即汽车一旦装上4S店的产品，可能一辈子都要受这个产品的限制，不能随便乱动，如果去改动，甚至可能会给汽车造成无法挽回的损害，所以说安全性是至关重要的环节；

② 注意产品的差异性。也就是说要注意4S店所销售的产品有没有独特卖点、与车主的车是否匹配，跟4S店外面的产品有什么不同等。4S店要的是肯定的东西，只有当4S店的产品拥有了“差异性”，才有可能在竞争对手中脱颖而出。汽车精品，卖的往往就是差异性；

③ 注意产品的可比性，通常也叫作不可比性，卖点就是与众不同甚至是独一无二的东西。其实若用“可比性”来形容似乎不太恰当，反过来用不可比性就好理解了。产品越可比则越不

好，越不可比才越好，最好就是独我一家，其他 4S 店没有这样的产品。自然不可比就成了重点中的重点。因此选产品就是要选安全性好、差异大以及不可比的产品。

2. 精品选择的原则

4S 店精品经营的产值来自何处？一般主要来自于汽车 AV 产品、防爆膜、安防、底盘装甲等精品，这几类精品是创造精品利润最重要的产品。所以选择汽车精品的时候，一定要考虑以下两个原则。

第一个原则是：要少，不要多。精品项目做得好的 4S 企业都是精品种类卖得少的，而不是精品种类做得多的。

第二个原则是：所销售的产品一定要带上施工服务。没有施工、没有售后服务的产品是不值钱的，就是因为有了施工、有了售后服务顾客才愿意进店。

3. 精品的销售方式及消费形式

汽车精品的销售与一般产品的销售不同，它有独特的 3 种销售方式。

第一种方式就是随车赠送大礼包。

第二种销售方式叫独立销售，即车销售出去以后再单独销售精品。在 4S 店内设一个精品经理，设一些推销人员，专门推广销售精品，这也是一种非常可取的销售方式。

第三种方式就是把精品安装在新车上和整车一起销售，也可称之为前装，是前装销售的一种。当然这个前装是指 4S 店的前装，不是主机厂的前装。

汽车精品的消费形式也分为两种，一种叫一次性消费，一种叫重复性消费。一次性消费产品有防爆膜、汽车音响、安防系统、底盘装甲等；车蜡、车掸子等则属于重复性消费产品。

4. 精品的销售技巧

（1）用客户听得懂的语言去介绍产品。

许多销售员在向顾客介绍产品时，喜欢用自己的专业术语去介绍，但消费者根本弄不懂（如 EBB、ABB）。所以一定要直观地告诉消费者这是什么产品，用简单的语言阐述复杂的东西。例如，销售员这样告诉消费者：做镀膜就等于在车的表面镀上一层像钻石一样硬的东西。这样消费者就容易懂了。再告诉消费者因为它是纳米材料做的，它是直接浸透到汽车的表面形成一层坚不可摧的东西，销售员再直接拿笔在镀了膜的车上面划一下做演示，消费者一下子就明白了。

（2）运用 FABE 法则去介绍产品。

FABE（Features Advantage Benefit & Evidence）法则就是指运用产品的特征、优点、利益和证据来向消费者介绍产品。笔者所举的上个例子就是使用了 FABE 法则向消费者介绍该产品，所以能让消费者迅速了解产品。一一分解便是：“它是高科技产品”——特征，“它能够将你的汽车表面覆盖成一层高分子的强度，像钻石一样硬”——优点，“这样就不用怕你的车被划花了”——利益，“我们的产品是美国进口的，有进口证明”——证据，这就叫 FABE 法则。销售员在运用这个法则的时候一定要多多演练，将它一分为三，即特征、优点、利益，最后拿出证据：很多人都装这个产品，很多人都订这个车，不信你看，这是客户的名字和联系方式……很多产品都是在这种方式下成功交易的。

（3）关注客户的价值体验。

① 要把产品价值说出来。产品都是由两个部分组成的，即产品的本身和产品的价值，也就是我们通常所说的物有所值。如果花一块钱买了一块钱的材料回来，就叫作物有所值。同时也有一句话叫作物超所值，那是靠什么得来的？通常是靠销售员的语言提炼等很多因素累积在价值上得来的。

案例

一套西装穿在平常人身上，一般大家认为它价值1000元；如果说这西装是进口的，那大家觉得它就可能值2000元了；如果说是在法国旅游时买的，大家又可能认为它值5000元了；如果说它是在香榭丽大道有名的一个时装秀上买的，那大家会想：这套西装的价值在8000~10000元；再说这套西服是限量版的，那大家会惊叹地说：哇，这套西装最少也值2万了。

为什么不同的说法会让同一套西服的价值从1000元升到2万元？就是因为不断地增加它的价值，价值一说价格就上来了。价值就是顾客所体验的，告诉顾客买了这产品将会得到怎样的利益。这些都是商家赋予产品的增加值，说出来的价值。

② 使用正确的方法增加产品的价值。用语言去增加产品的价值时，一定要使用正确的方法，用说得过去的理由去说明价值，最好同时制造一些证据去辅助你的说法，否则就是口说无凭，别人不会信服的。

案例

在某4S店，底盘装甲使用的材料不同价格不一样，但施工环节相同。该店老板将施工环节讲解得很细、很到位，强调了施工的技巧和重要性，告诉消费者：底盘装甲标准施工需要用8罐漆，否则就起不了作用。底盘装甲是一个很复杂的过程，并不只是单纯喷上去就行了，它要先做底漆，再经过五六道工序才能完成。底盘装甲的费用因防锈漆的品牌不同而有所区别，让消费者感受到不管用什么品牌的防锈漆，工序都是一样的，这样可以避免客户因底盘装甲价格不等而产生抱怨。

③ 为增值的产品取恰当的名字。如：底盘装甲防锈漆，使客户通过名字就了解其作用。给底盘包装能够达到吸声的作用；避免路上的小石头将底盘打坏；避免底盘生锈。给客户带来的好处客户能真切体验感受，提供物超所值的服务，客户愿意接受。

④ 向顾客介绍产品价值所在。如做封釉项目，打完一次釉后把它推到烤房里面烤上15min，再打一次，又烤15min，如此重复烤三四次才能硬化。我们能做到别人没做到的，能提供给消费者物超所值的产品或服务。

（4）掌握与客户有效沟通的四法则。

销售员在学会怎样介绍产品后，还要学会如何与顾客沟通，我们称之为沟通四法则，即通过观察、提问、倾听和确认来实现有效沟通。

观察，就是看顾客的外表，比如通过穿着来判断这个人的品位。

提问，就是通过问的方式和客户进行交流。在顾客购买新车的过程中，销售员要抓住时机，适时提问。例如，销售员可以这样提问："先生，这车是您开还是您太太开？"如果对方回答"太太也开"，则可以接着问："您太太什么时候拿驾照的？"答案若是"刚刚拿到的"，就建议顾客装个倒车雷达，告诉对方可以方便倒车。通过这样一个倾听方式的提问，在这种多问、多了解式闲聊的过程中，了解顾客的一些用车状况，给予顾客最能接受的建议。如果顾客表示经常去越野、经常去自驾游，建议装DVD导航系统；如果顾客表示自己的女朋友怕晒，就建议装个防爆膜。销售员根据了解的情况再向顾客针对性的介绍产品，往往容易获得成交。

倾听，与前面的提问是紧紧连在一起的，倾听不仅体现一种对顾客的尊重，更是理解和剖析顾客需求的直接方式，其目的，就是为了有针对性的介绍精品，以提高成交率。此外，对顾客主动提出一些诉求或疑问，销售员要懂得听弦外之音，也是顾客所说的话的真正诉求点是什么，比如销售员在介绍产品的时候顾客说："我在 X 店见过这个产品。"那顾客的意思是他对这个产品有所了解，知道价格，那么销售员的话语就要慎重了，不要继续再介绍产品，而是确认自己的猜测："那你已经了解这个产品使用功能了，是吗？""他那边卖多少钱？"这也就是最后一个沟通原则——确认。

（5）善于利用工具来介绍产品。

这里所说的工具，并不是指修车扳手之类的工具，而是指销售的工具。例如，产品宣传资料、说明书、POP、数据统计资料、市场调查报告、专家内行证词、权威机构评价、生产许可证、获奖证书、经营部门的专营证书、鉴定书和报纸剪贴等。像汽车精品，通常就有安装表格、卡片、产品的目录介绍、效果图、推销的标准化术语等，这些都销售员能看得到而顾客看不到的。对于顾客所提出的问题，销售员可以回答道；"我查一下、看一看""我过一会儿回答你，行不行？"这些是标准化术语。一个准备好销售工具的销售员，能对顾客提出的各种问题给予满意的回答，顾客也会因此而信任并放心购买。

（6）充分挖掘客户的消费需求。

客户对精品的消费需求无非是两个时间段，新车落地时和新车使用后。新车落地时是装饰及环境精品销售的最佳时间，除了将精品装进新车与新车打包销售外，4S 店也要考虑到，客户在拿到新车时也会自主挑选一些精品，希望自己的"宝贝"更加完美。这时防爆膜、大包围、座垫、座套、头枕、脚垫、香水等装饰及环境类精品最能获得客户的青睐。如果 4S 店能针对客户需求，多搞一些促销活动，或者将客户最需要的几样打包优惠销售，相信很多新车主都会买单。此外，4S 店还要关注一些客户回店消费的产品，也就是新车使用后需要的精品。4S 店汽车销售做了那么多年，卖出去的车不计其数，通过一些促销活动，能使得一些持续性消费的汽车精品经营得有声有色，特别是汽车护理、美容、漆面翻新、真皮翻新等这些项目，经营得十分好。

（7）加强培训，达到全员销售。

汽车精品销售业绩的攀升，一部分的原因是产品的性能得到消费者的认可，更大一部分的原因是 4S 店员工专业化的服务深得人心。对于精品销售业务来说，加强对销售人员的培训是至关重要的。4S 店要制订培训计划和实施方案，定期进行精品专题培训，由精品主管组织，设定课题，制作材料，并在进行培训后考核。

（二）汽车美容装饰

1. 汽车 4S 店经营汽车美容装饰业务的优势

（1）客户对汽车 4S 店的信任。

所有的汽车 4S 店都有系统的客户投诉、意见、索赔的管理体系。这给车主留下了很好的印象。如果汽车 4S 店经营美容装饰业务，这里将是大多数车主为自己的爱车作美容装饰的第一选择。

（2）技术施工专业方面。

由于汽车 4S 店只针对一个品牌的系列车型进行美容装饰施工。因而对车的性能、技术参数等许多方面的了解都比较专业，具有"专而精"的施工优势。所以在实施一些需要技术支持和售后服务的产品和项目上，汽车 4S 店有较大的优势

（3）人性化服务方面。

汽车 4S 店有客户休息室，客户休息区可以看杂志、书刊、报纸或者上网、看电视等，并且

在休息区有专门的服务人员为车主提供服务，而 95%的汽车美容装饰店都不提供这方面的服务。

（4）方便客户方面。

客户在定好车型，签订合同，交完定金之后，可以与汽车 4S 店约定需要增加哪些作业项目和产品。这样，客户在提车之时，汽车 4S 店就可以将已经装饰完毕的汽车交付客户，而客户不必专门再为车辆做装饰花费时间和精力，给客户提供了极大的方便。

2. 汽车 4S 店如何经营汽车美容装饰业务

（1）根据汽车 4S 店的实际情况选择适合自身的运作模式。就目前现状而言，大致有 3 种模式：一是汽车 4S 店设立独立的装饰部门，独立运作；二是汽车 4S 店设立装饰车间，但将业务外包，对利润进行合理分配；三是汽车 4S 店不设立美容装饰车间，如果有装饰施工项目，外请施工人员现场施工，支付施工费用。以上 3 种模式各有特点，每家汽车 4S 店可以根据各自的实际情况，以及决策层对于美容装饰的重视程度，选择一种适合自己的运作模式。随着汽车后市场的繁荣与发展，汽车 4S 店经营美容装饰业务将是一个发展趋势。

（2）汽车 4S 店可设立专门的精品展示间和专业的施工车间。各汽车 4S 店，可以在售后服务区开设专门的精品展示间，用于产品的陈列，以便客户选择；同时设立专门的施工车间，特别是汽车隔热膜的施工，需要在无尘车间进行施工。另外，底盘装甲施工也需要相对封闭的工位进行作业。

（3）根据汽车品牌的定位和特点选择适当匹配品牌的产品和项目。选择美容装饰产品时，至少要有一种知名品牌的产品，同时附加一个主推的品牌产品。知名品牌的产品客户需求量较大，但由于市场价格透明度高，利润较低。因此，对于任何一个产品和项目都可以选择适当匹配的品牌重点推荐给客户，以获取相对较高的利润。

（4）汽车 4S 店经营汽车美容装饰业务需采用适当的管理模式和激励方法。先期规划好精品陈列区和施工车间。同时选择好产品和项目之后，接下来就是汽车 4S 店如何进行内部的管理和运作的问题。首先，美容装饰部可作为一个独立的部门存在，不属于销售，也不属于售后，可设立美容装饰主管，直接对总经理负责。第二，对于新车销售专员可根据实际情况设立美容装饰的销售目标，并以平均单车美容装饰的贡献进行奖励。第三，如果客户购车时需要赠送美容装饰，最好不直接赠送给客户产品和项目，而是送客户代金券，由客户自行选择喜欢的产品。

任务专项实训

实训项目

汽车 4S 店主营业务综合实训。

实训目的

通过本实训项目，能够充分了解汽车 4S 店主营业务种类；掌握主营业务应该具备相关知识，明确主营业务流程及管理制度，熟练掌握汽车行业的销售和售后技能，为以后的就业打下良好基础。

实训内容

选择一家（或者几家）某品牌汽车 4S 店，了解店内的主营业务种类；根据所学完成一种主营业务流程介绍，并阐述该种主营业务的管理制度。

☞实训步骤

◎将学生进行分组，4～5人一组。

◎根据汽车4S店的岗位设置情况，每个岗位分配一组学生，由汽车4S店的相关岗位人员当师傅，进行指导和讲解。根据具体情况可以岗位轮换。

◎学生立足于汽车4S店的岗位人员，亲自执行店内相关主营业务，学习你所在岗位的业务知识和必要的业务管理制度；实践操作完整的业务流程。

☞实训评价

◎以组为单位进行PPT汇报。

内容包括：实习单位名称、实训单位地址、店内实习指导教师、实习时间、实习单位主营业务种类概述、实习过程及内容、实习体会及心得。

◎完成一份《汽车4S店主营业务综合实训》报告。

中篇

汽车营销理论

任务三　汽车市场分析

任务四　汽车市场营销战略分析

任务五　汽车市场营销策略分析

任务三 汽车市场分析

知识目标

1. 了解汽车市场营销的核心概念及汽车市场营销观念的演变过程
2. 认识汽车市场营销环境构成及环境对企业营销的影响
3. 掌握汽车市场中个人消费者购买行为特点、过程及影响个人购买行为的因素
4. 掌握汽车市场整体分析内容、方法及步骤；理解汽车市场预测的意义及预测的方法和步骤

能力目标

1. 能够帮助企业树立正确的汽车市场营销观念
2. 能够为企业分析汽车市场营销环境，并根据企业状况进行营销策略调整
3. 能够为企业分析个人消费者购买行为，并有针对性地应对各环节购买行为
4. 能够设计调查问卷进行市场调研，撰写调研报告

任务导入

请结合下面的资料，分析汽车市场营销观念、汽车市场营销环境及个人消费者购买行为过程。

2000年汽车销售政策放开后，老百姓对私家车都有了购买的梦想，随着经济的发展，家庭收入的增加，老百姓的需求越来越多，适合老百姓需求的车型不断翻新，老百姓的购车梦想渐渐变成了现实。

长春一客户——张艳，年龄31岁，已婚，小两口都是济南市一家商业银行的职员，家距上班地点有七八公里。看到这些年身边许多亲朋好友纷纷跻身有车一族，心中也不禁怦然而动。2010年，国家对部分小排量车实施补贴政策，小两口考虑孩子也渐渐长大，想要攒钱买一辆汽车，解决孩子的上学问题和夫妻出行问题。这位漂亮的银行女职员说“近几年的收入提高了，有了一些经济条件，我们两口子月收入五千多元，买一辆家庭轿车并养活它，基本可以承受。”于是，利用春节放假的机会，张艳小两口一早从家里来到位于离家不远的大众 4S 店看车。一见到有顾客，销售人员马上迎上来，热情主动地询问了二位的兴趣、爱好、职业、购车用途等信息，向他们介绍各种车型。张艳则认认真真地询问大众车型的状况，从色彩、价格、燃油节省、安全性、舒适性一直问到车辆的内饰以及美观性。由于自己对汽车的专业知识不懂，又害怕被欺骗，于是张艳又去了其他中意的几个汽车品牌 4S 店，货比三家，想好好研究一下，适合工薪阶层的车型，对比价格、优惠力度等，再做购买决定。

分析：

上述材料中我们能看到汽车市场营销观念的痕迹、营销环境及消费者个人购买行为等要素，如果想对汽车市场做出更好的分析，需要通过市场调研，对结果进行分析，才能为企业的发展出谋划策，同时还必须要掌握更多营销理念、营销环境因素、个人消费者购车行为及影响购车行为的因素等，才能有针对性地为企业服务。

课程导航

1. 汽车市场营销观念分析
2. 汽车市场营销环境分析
3. 汽车市场消费者分析
4. 汽车市场整体分析

知识解读

一、汽车市场营销观念分析

对汽车市场营销观念的认识离不开对市场、汽车市场及与汽车市场营销相关知识点的理解和把握，而市场、汽车市场、汽车市场营销等又是怎样一个概念呢？

（一）汽车市场营销的核心概念

20 世纪 50 年代以后，随着营销实战的发展，不断出现一些新的概念，促进了营销理论的发展。市场营销不仅涉及满足消费者需求，还涉及如何才能满足消费者需求。由此可见，汽车市场营销的核心概念包括市场和汽车市场、市场营销和汽车市场营销及如何满足消费者需求的相关概念。

1. 市场及汽车市场的含义

市场是社会分工和生产的产物，哪里有社会分工和商品交换，哪里就有市场。市场与汽车市场有外延和内涵之别。古往今来，市场的概念推陈出新，内涵不断拓宽，下面的总结代表着不同时期人们对市场的几种理解。

（1）市场是商品交换的场所。

经济尚未发达之时，市场的概念伴随时空概念而存在。我国古代《易经·系辞下》记载的“日中为市，致天下之民，聚天下之货，交易而退，各得其所。”就是对这种时空概念的描述。此时，市场被看作是商品交换的场所，至今仍是一种普遍认识，只不过商品交换的等价物发生了变化，古代是物与物的交换，现如今多为货币交换。

（2）市场是商品交换关系的总和。

近现代社会，商品交换关系渗透到生活中的方方面面，交换的商品品种和范围日益扩大，交易方式也日渐复杂，特别是交通、通信、金融业的发展，交换不再受时空限制，市场也就不再只是交换场所。经济学家从经济学角度给市场下了个定义：市场是各种交换关系的总和。

（3）市场是人口、购买力、购买欲望和交换的总和。

现代市场，有人口多少之分、购买能力大小之别，正如美国的市场营销学大师菲利普·科特勒（Philip Kotler）所说：“市场由一切具有特定需求和欲望，并且愿意和可能从事交换，来使需求和欲望得到满足的潜在顾客所组成。”这是从市场大小角度看，市容量大必然人口多、需求量大，同时还要有强大的购买力买得起消费者需求的产品。由此也可以判断市场大小取决于 3 个主要因素：对产品有某种需要的人、满足这种需要的购买力和购买欲望。市场的三要素如图 3-1 所示，这 3 个要素相互制约但又缺一不可，最终决定市场的规模和容量。

市场 = 人口 + 购买力 + 购买欲望

图 3-1 市场的三要素图

汽车市场（Automobile Market）是将汽车作为商品进行交换的场所，起点是汽车的生产商，终点是消费者或终端用户。汽车市场有狭义和广义之分。

狭义的汽车市场泛指大型汽车交易市场，它具有规模大、销售汽车品牌多、交易额大等特点，主要有汽车城、汽车大道、地区性交易市场 3 种形式。

① 汽车城。汽车城集众多的汽车经销商和汽车品牌于同一场地，形成了集中的多样化交易场所。其品种丰富多样，购车方便，选择范围广，服务便捷，管理规范，是集咨询、选车、贷款、保险、上牌、售后服务于一体的汽车营销新模式。

② 汽车大道。汽车大道是指在方便顾客进入的快速路两侧，建立若干品牌的三位一体、四位一体（即汽车 4S 店）的专卖店，在独立自主经营的基础上形成的汽车专卖店集群。它集汽车交易、服务、信息、文化等多功能于一体，具有规模大、环境美、效益好、交易额大等特点，是目前最先进的汽车营销模式，体现了汽车营销由单一专卖店向集约化、趋同化方向的发展趋势。

③ 地区性交易市场。一般由地区的工商局主办，吸收当地主要汽车经销商参加，也吸收外地汽车经销商，集中经营展销形成规模优势。它方便顾客买车、选车，提供售后服务。地区性汽车市场特点如下：

◆ 大市场格局。有面积较大的存车广场，存放各种各样待售车辆，品种规格多，便于选择，各营销单位集中展销，办理业务；

◆ 具有完善的售后服务机构。交易市场里提供代办工商验证，发放临时牌照、移动证，上保险、交养路费，甚至可以提供加油、冲洗车、接送车等服务；

◆ 收费低廉。一般免费存放展销车辆，每成交一辆汽车由买卖双方交纳管理费 1% ~ 5%。

广义的汽车市场为网络市场，如全国性汽车连销市场。它是以汽车主要产地、集散地建立的批发市场为龙头，带动周边汽车零售市场，以市场价格机制为纽带形成的网络市场。组建中国汽车连锁市场是为了促进横向经济联合和协作，并向纵深层次发展，以加速开发短线资源，实现保供促销，提高企业经济效益和管理水平，促进汽车工业和汽车市场健康发展。市场面向各类用户，为拓宽汽车销售渠道，促进购车联网服务创造条件，从而推动汽车商品流通现代化。这种市场主要是由汽车流通企业在平等自愿基础上形成的联合，必要时也吸收国内、外有影响的汽车生产厂商参加，把不同经营规模、不同地区汽车市场联合起来，开展联购联销、联购分销以及分购联销业务，逐步与国际汽车市场接轨。在经营过程中，通过各单位参股投资建立产销联营企业，通过合同与汽车企业建立代销关系，建立信息中心，提供信息服务；组建调度中心，协同供销业务和融资；发行汽车报刊，进行宣传和交流。汽车联销市场由各参加单位法人代表组成理事会，推选常务理事以及理事长，建立完善的内部组织结构。

2. 市场营销及汽车市场营销的含义

（1）市场营销。

关于市场营销的含义，在不同的历史阶段，不同的市场环境下，不同的学者从不同角度做出了各种解释和界定。为了对市场营销这一概念有比较全面的了解和认识，下面将对营销理论

发展过程中比较有影响的定义进行理解和分析。

1960 年：美国市场营销学会（AMA）定义：“市场营销是将货物和劳务从生产者流转到消费者过程中的企业活动。”从这一定义所表述的意思来看，是侧重于从商品流通的角度来界定市场营销作为一种企业活动的主要职能和内容。按此定义，营销主要集中于销售环节，是企业在产品生产出来后，为了实现产品的销售所做的各种努力。

1985 年：美国市场营销学会（AMA）定义：“市场营销是指通过对货物、劳务和计谋的构想、定价、分销、促销等方面的计划和实施，以实现个人和组织的预期目标和交换过程。”根据这一定义，市场营销活动已超越了流通过程，进入了组织的运营和管理层面，从而成为以分析、计划、执行和控制为主线的系统管理过程。

1994 年：菲利普·科特勒指出：“市场营销是个人和集体通过创造，提供出售，并同他人交换产品和价值，以获得其所需之物的一种社会的管理过程。”对于企业来说，营销不仅仅是营销部门的职能，也是企业领导者的职能：企业在营销活动中，不仅要向市场提供产品，更要使消费者获得更大的价值。

2004 年：美国市场营销学会又将市场定义为“市场营销既是一种组织职能，也是为了组织自身及利益相关者的利益而创造、沟通、传递客户价值，管理客户关系的一系列过程。”此定义根据 20 世纪末以来关系营销理论的发展，从企业的社会价值、客户价值以及经济运行发展规律的高度，对市场营销在组织运营活动中的地位和职能进行了更为本质的解析，对营销活动的性质和内容进行了更为广泛和全面的概括。充分体现了现代市场营销的思想和理念，对企业经营、组织活动的开展具有指导意义。

经过上述分析，本书对市场营销下如此定义：市场营销就是一种从市场需要出发的管理过程。其核心思想是交换，是一种买卖双方互利的交换，即卖方按买方的需要提供产品或者服务，使得买方得到消费需求的满足，而买方则付出相应的报酬，使得卖方得到回报并实现企业经营目标，实现双赢。

（2）汽车市场营销。

汽车市场营销就是汽车企业为了满足汽车购买者对汽车产品现实和潜在的需求及实现企业目标，是通过汽车市场达成交易所开展的汽车产品的综合性商务管理活动过程。其目的是通过调研和预测，了解消费者对汽车产品的需求，并将需求信息反馈给汽车生产企业，汽车生产企业再根据需求进行设计研发，生产出产品投放到市场，通过 4P 营销组合策略，进行适销对路的销售，最终满足消费需求，实现企业经营目标。

3. 需要、欲望、需求

需要（Demand）：是指人们因为缺乏某种事物而没有得到某种满足时的心理状态。这些需要不是营销人员创造的，而是人们所固有的，如衣、食、住、行。

欲望（Desire）：是指想得到某种具体的东西以满足或部分满足某种需要的愿望。它受社会文化和人们个性的限制，是由满足需要的东西表现出来的，如在夏天我们渴了，想喝冰冻饮料。

需求（Need）：是指对有能力购买并且愿意购买的某个具体产品的欲望，当具有购买能力时，欲望就转变为需求。

有效需求是由 3 个要素构成的，即：有效需求=购买欲望+购买力+产品（或者服务），也就是消费者先要有某种缺乏的状态即需要，接下来才想什么产品或者服务能满足这种缺乏状态即欲望，最后根据购买力的强弱选择不同品质产品或服务，达到实现欲望的目的及满足需求。

4. 产品、效用和价值

产品（Product）：是指企业向市场提供的，能满足消费者某种需求或欲望的任何有形物品和无形服务，包括实物、服务、场所、思想、主意、策划等。有形产品可触摸，如汽车、桌子、椅子等，无形产品可感受如理发服务，其中部分有形产品是无形产品或服务的载体，如理发店理发，理发店这个场所提供了理发这种无形服务。

效用和价值（Utility and Value）：效用是指消费者对满足其需求的产品的全部效能的估价，主要指产品满足人们欲望的能力。效用实际上是人的一种自我心理感受，它来自人的主观评价。价值是指顾客选择所需的产品除效用因素外，产品价格高低也是因素之一。价值是消费者的付出与收获效用即利益之间的比例。营销者可以通过多种途径来提高消费者的价值，如增加产品效用，即产品所带来的利益，降低购买成本（货币成本、时间成本、精力成本等），使消费者达到利益最大化。

5. 交易、交换

交换（Exchange）：人们对某种产品有了需求，企业亦将产品生产出来，还不能解释为市场营销，产品只有通过交换才使市场营销产生。人们通过自给自足或自我生产方式，或通过偷抢方式，或通过乞求方式获得产品都不是市场营销，只有通过等价交换，买卖双方彼此获得所需的产品，才产生市场营销。可见，交换是市场营销的核心概念。

交易（Transactions）：交换是一个过程，而不是一种事件。如果双方正在洽谈并逐渐达成协议，称为在交换中。如果双方通过谈判并达成协议，交易便发生了。交易是交换的基本组成部分。交易是指买卖双方价值的交换，它是以货币为媒介的，而交换不一定以货币为媒介，它可以是物物交换。交易涉及几个方面，即两件有价值的物品，双方同意的条件、时间、地点，以及来维护和迫使双方执行承诺的法律制度。

6. 市场营销者

市场营销者是指有计划、并有能力提供某种有价之物作为交换，满足别人需要并从那里取得资源的组织或个人。营销者可以是卖主，也可以买主。谁更积极、主动寻求交换，谁就是营销者。在买方市场中，营销者通常是卖主，但假如有几个人同时想买正在市场上出售的某种奇缺产品，每个准备购买的人都尽力使自己被卖主选中，这些购买者就都在进行营销活动。在另一种场合，买卖双方都在积极寻求交换，那么，我们就把双方都称为营销者，并把这种情况称为相互营销。

（二）汽车市场营销观念的演变

企业的营销活动总是受一定的营销观念支配。所谓营销观念是企业开展营销活动的基本指导思想，是企业对市场的根本态度和看法，即营销主体开展营销活动的价值观和信念，西方称之为“经商哲学”。企业的市场营销活动是在特定的营销观念指导下进行的。它是企业营销活动的出发点，对营销的成败具有决定性的影响。一定的营销观念是一定的社会经济运行的产物，它不是一成不变的，会随着经济的发展而不断演变。纵观西方发达国家的市场营销历史，可以发现市场营销观念的演进可大致分为6个阶段：生产观念、产品观念、推销观念、市场营销观念、社会市场营销观念及大市场营销观念。

1. 生产观念

生产观念产生于19世纪末。工业革命之前，西方的市场营销观念主要为生产观念，社会的需求及企业的发展均以工业发展程度为指导方向；在中国主要体现在封建社会阶段。

生产观念是一种传统的经营思想，在供给相对不足、卖方竞争有限的条件下一直支配着企业的生产经营活动。其核心是以生产者为中心，企业以顾客买得到和买得起产品为假设的出发点，因此，企业的主要任务是扩大生产经营规模，增加供给并努力降低成本和售价，强调以生产者为中心，任何经济活动都是围绕生产进行。其主要特点如下：

（1）企业主要精力放在产品的生产上。追求高效率、大批量、低成本；产品品种单一，生

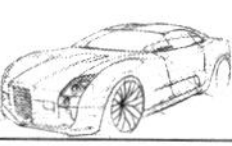

命周期长；

（2）企业对市场的关心，主要表现在关心市场上产品的有无和产品的多少，而不是市场上消费者的需求；

（3）企业管理中以生产部门作为主要部门。企业认为消费者会喜欢那些价格低的和随处可买得到的产品，因此企业应致力于提高生产效率和扩大配销范围。企业生产经营的核心在生产环节。适用生产观念的情况一是物资短缺，市场商品供不应求；二是由于产品成本过高而导致产品的市场价格居高不下。从 19 世纪 60 年代至 20 世纪 20 年代，一直运用生产观念指导企业的经营，如美国汽车大王亨利福特曾傲慢地宣称："不管顾客需要什么颜色的汽车，我只有一种黑色的。"这就是最典型的表现。

2. 产品观念

产品观念产生于 20 世纪 20 年代。当工业发展到达一定时期后，产品的品种及生产力已经达到一定的发达程度，社会的需求及企业对产品的开发研究均有了选择的方向。但这个时候，市场没有形成竞争，还是以产品作为指导。随着供不应求的市场现象在西方社会得到缓和，产品观念应运而生。产品观念认为，消费者最喜欢高质量、多功能和具有某种特色的产品，企业应致力于生产高值产品，并不断加以改进。此时企业最容易导致"市场营销近视"，即过多把注意力放在产品上，而不是放在市场需要上，在市场营销管理中缺乏远见，只看到自己的产品质量好，看不到市场需求在变化，致使企业经营陷入困境。例如，在我国有一段时间铁路管理部门认为顾客要火车而不是运输，从而忽略了航空、公共汽车、卡车、轿车日益增长的竞争，这就是典型的产品观念带来的危害。

案例

美国一钟表公司自 1869 年创立到 20 世纪 50 年代，一直被公认为是美国最好的钟表制造商之一。该公司在市场营销管理中强调生产优质产品，并通过由著名珠宝商店、大百货公司等构成的市场营销网络分销产品。1958 年之前，公司销售额始终呈上升趋势。但此后其销售额和市场占有率开始下降。造成这种状况的主要原因是市场形势发生了变化：这一时期的许多消费者对名贵手表已经不感兴趣，而趋于购买那些经济、方便、新颖的手表；而且，许多制造商迎合消费者需要，已经开始生产低档产品，并通过廉价商店、超级市场等大众分销渠道积极推销，从而夺得了该钟表公司的大部分市场份额。该钟表公司竟没有注意到市场形势的变化，依然迷恋于生产精美的传统样式手表，仍旧借助传统渠道销售，认为自己的产品质量好，顾客必然会找上门。结果，致使企业经营遭受重大挫折。

3. 推销观念

推销观念产生于第二次世界大战之前，推销观念也称销售观念。由于科技进步和科学管理，生产大规模发展，产量迅速增加，从卖方市场向买方市场过渡，逐渐出现某些产品供过于求。该观念以销售为中心，企业的重心在于推销工作，用尽各种推销手段和工具，通过提高销售量而获利，不管产品是否符合消费者的需要。

销售观念认为：消费者通常表现出一种购买惰性或抗衡心理，如果听其自然的话，消费者一般不会足量购买某一企业产品。因此，企业必须积极推销和大力促销，以刺激消费者大量购买本企业产品。推销观念在现代市场经济条件下被大量用于那些非可求物品，即购买者一般不会想到要去购买的产品或服务。许多企业在产品过剩时，也常常奉行销售观念。

4. 市场营销观念

市场营销观念产生于第二次世界大战之后，市场营销观念的指导思想是“以消费者需求为中心，以市场为出发点”，是企业进行经营决策，组织管理市场营销活动的经营哲学。它是一种观念，一种态度，或一种企业思维方式。市场营销观念认为，实现组织者目标的关键在于正确确定目标市场的需要与欲望，并比竞争对手更有效、更有利地传送目标市场所期望满足的东西。企业的市场营销观念决定了企业如何看待顾客和社会利益，如何处理企业、社会和顾客三方的利益协调。企业的市场营销观念经历了从最初的生产观念、产品观念、推销观念到市场营销观念和社会市场营销观念的发展和演变过程。真正的营销观念形成于第四个阶段的市场营销观念，这是市场营销观念演变进程中的一次重大飞跃。其特点如下：

（1）以消费者需求为中心，实行目标市场营销；

（2）运用市场营销组合手段，全面满足消费者的需求；

（3）树立整体产品概念，刺激新产品开发，满足消费者整体需求；

（4）通过满足消费者需求而实现企业获取利润的目标；

（5）市场营销部门成为指挥和协调企业整个生产经营活动的中心。

市场营销观念和销售观念有着极大的区别。销售观念是以企业为起点，通过各种手段来最大量地销售现有产品，从而获得最大利润，它考虑的是卖方需要。市场营销观念是以市场上的消费者为起点，尽量生产出满足消费者需求的产品，通过多种营销手段，最大程度满足用户和消费者需求，以获得长期利润，它考虑的是买方需要。

5. 社会市场营销观念

社会市场营销观念产生于20世纪70年代，又被称为现代市场营销观念。社会市场营销观念认为，随着全球环境破坏、资源短缺、人口增长等问题日益严重，企业要顾及消费者的整体与长远利益即社会利益。市场营销学界提出了一系列的新观念，如人类观念、理智消费观念、生态准则观念等，其共同点认为企业生产经营不仅要考虑消费者需要，而且要考虑消费者和整个社会的长远利益。

与市场营销观念相比，社会市场营销观念有以下特点：在继续坚持通过满足消费者和用户需求及欲望而获取利润的同时，更加合理地兼顾消费者和用户的眼前利益与长远利益，更加周密地考虑如何解决满足消费者和用户需求与社会公众利益之间的矛盾，将把保护环境和改善环境纳入正式议程，重视社会利益，注重对地球生态环境的保护。

6. 大市场营销观念

大市场营销观念产生于20世纪80年代，是由美国的菲利普·科特勒教授首先提出的。该观念认为，市场营销活动中除了产品策略、价格策略、销售渠道策略和促销策略之外，还必须使用一定的政治手段和公共关系。

二、汽车市场营销环境分析

汽车市场需求和发展前景是汽车企业赖以生存的基础，汽车市场营销环境则是汽车企业在发展中利用和适应的重要因素。汽车产业飞速发展的今天，竞争日趋激烈，使得汽车企业面临更多的机遇和风险，如何结合自身情况抓住机遇规避市场风险，是所有汽车企业都必须面对的问题。

（一）汽车市场营销环境认知

1. 汽车市场营销环境的含义

市场营销环境是企业生存和发展的条件，是指影响企业营销活动和营销目标实现并与企业

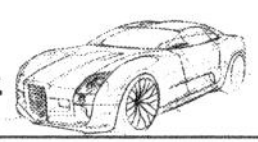

营销活动有关系的各种因素和条件总和。菲利普·科特勒认为“企业的营销环境是由企业营销管理职能外部的因素和力量组成的，这些因素和力量影响营销管理者成功地保持和发展其目标市场顾客交换的能力”。也就是说市场营销环境是指与企业有潜在关系的所有外部力量与机构的体系，包括影响汽车企业经营销售的所有内、外部因素。现代营销学认为，企业经营成败的关键，就在于企业能否适应不断变化着的市场营销环境。

2. 汽车市场营销环境构成

汽车市场营销环境主要分为两大方面：一方面是宏观环境（Macro-environment）即企业外部因素，也称宏观因素；另一方面为微观环境（Micro-environment），既包括企业外部也包括企业内部因素，也称微观因素。具体要素构成如图 3-2 和图 3-3 所示。

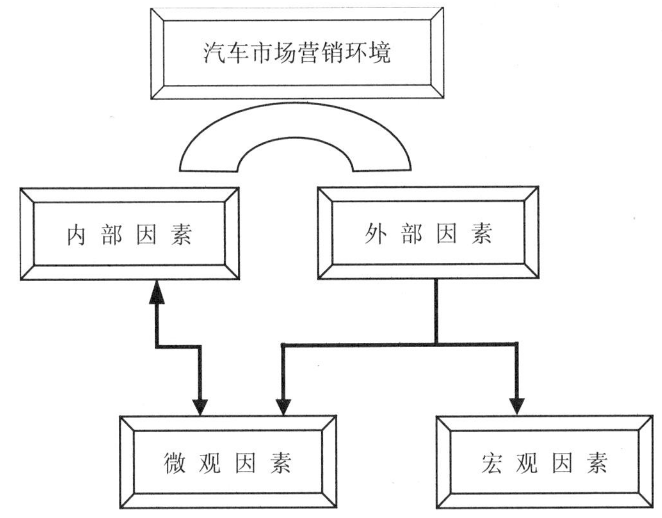

图 3-2　汽车市场营销环境内、外部因素与宏、微观因素的关系

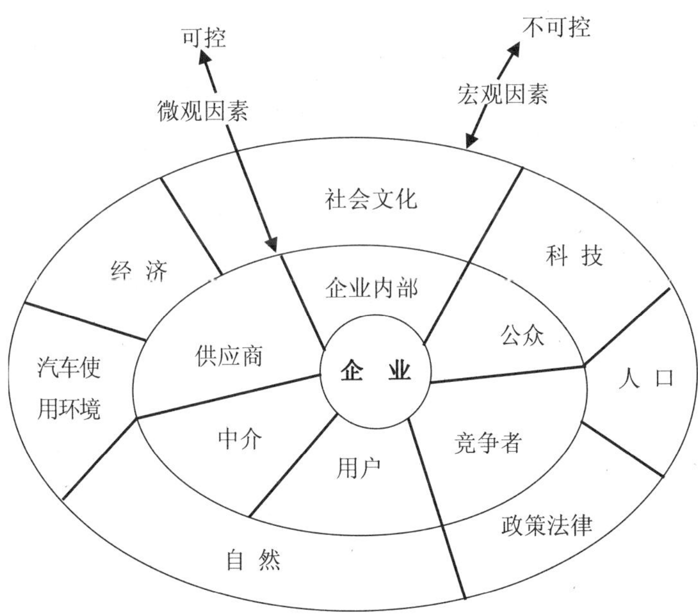

图 3-3　宏、微观环境构成要素及特点

3. 汽车市场营销环境的特点

（1）关联性。

构成汽车市场营销环境的各种因素和力量是相互联系、相互依赖的。例如，经济因素不能脱离政治因素而单独存在；同样，政治因素也要通过经济因素来体现。

（2）层次性。

从空间上看，汽车市场营销环境因素是个多层次的集合。第一层次是企业所在的地区环境，如当地的市场条件和地理位置。第二层次是整个国家的政策法规、社会经济因素，包括国情特点、全国性市场条件等。第三层次是国际环境因素。这几个层次的外界环境因素与企业发生联系的紧密程度是不相同的。

（3）差异性。

汽车市场营销环境的差异主要因为企业所处的地理环境、生产经营的性质、政府管理制度等方面存在差异，不仅表现在不同企业受不同环境的影响，而且同样一种环境对不同企业的影响也不尽相同。

（4）动态多变性。

外界环境随着时间的推移经常处于变化之中。例如，外界环境利益主体的行为变化和人均收入的提高均会引起购买行为的变化，影响企业营销活动的内容；外部环境各种因素结合方式的不同也会影响和制约企业营销活动的内容和形式。因此，企业必须用动态的观点去研究市场营销环境的影响，把握其变化趋势，从中发现和挖掘有利的市场机会。

（5）不可控性。

影响汽车市场营销环境的因素是多方面的，也是复杂的，并表现出企业不可控性。例如，一个国家的政治法律制度、人口增长及一些社会文化习俗等，企业不可能随意改变。企业管理者的主要任务就是要以企业可控制的营销组合因素去适应不可控的外部环境，满足目标顾客的需要，实现企业目标。

（6）可利用性。

企业可以根据环境因素的变化来主动调整市场营销战略，或料事于未萌，或避危于未发，甚至可以通过众多的联合力量去冲破环境制约。

4. 分析汽车市场营销环境的意义

环境对企业的影响可以是积极的，即有利于汽车市场营销因素，我们称之为机遇；也有可能是消极的，即不利于汽车市场营销因素，我们称之为风险。分析环境就是要抓住机遇和避免风险，这对企业的营销活动有极大帮助。

（1）汽车市场营销环境分析为汽车企业进行营销决策和管理提供科学依据。

汽车企业的营销受到很多因素的制约，准确把握市场信息和科学决策对于一个企业进行营销活动是至关重要的。企业要充分了解自己的优势与缺陷、市场环境的有利因素和不利因素，以便于企业从营销活动中取得较好的经济效益。

（2）汽车市场营销环境分析有利于汽车企业及时把握市场机会。

社会在不断发展，汽车市场变幻莫测。较好的营销环境分析可以使企业迅速地发现市场上潜在的机会，并进行及时的营销策划。

（3）汽车市场营销环境分析，有助于企业准备进行市场定位，满足不同消费群的差异化需求。

在买方市场的今天，个性化产品已经成为社会的主流趋势。因此，汽车企业需要对市场环境的变化进行详细分析，进行正确的市场定位。在营销理念上要敢于创新，奉行与用

户在心灵上沟通的差异化服务，即针对不同消费者的不同需求，提供不同的服务，这样才会收到更好的效果。

（二）汽车市场营销宏观环境

汽车市场营销的宏观环境指能够影响企业营销活动的广泛性因素，通常指一个国家的政策法律、人口环境、社会文化环境、经济环境、汽车使用环境、自然环境、科技环境等因素。宏观环境一般有较强的不确定性和不可控性等特点。企业可以通过调整营销策略和控制内部管理等手段来适应宏观环境的变化。具体宏观因素包括如下内容。

1. 政治法律环境

政治法律环境是影响企业营销的重要宏观环境因素，包括政治环境和法律环境。政治环境引导着企业营销活动的方向，法律环境则为企业规定经营活动的行为准则。政治与法律相互联系，共同对企业的市场营销活动产生影响和发挥作用。

（1）政治环境分析。

政治环境是指企业市场营销活动的外部政治形势。一个国家的政局稳定与否，会给企业营销活动带来重大的影响。如果政局稳定，人民安居乐业，就会给企业营销造成良好的环境。相反，政局不稳，社会矛盾尖锐，秩序混乱，就会影响经济发展和市场的稳定。企业在市场营销中，特别是在对外贸易活动中，一定要考虑东道国政局变动和社会稳定情况可能造成的影响。政治环境对企业营销活动的影响主要表现为国家政府所制定的方针政策，如人口政策、能源政策、物价政策、财政政策、货币政策等，都会对企业营销活动带来影响。例如，国家通过降低利率来刺激消费的增长；通过征收个人收入所得税调节消费者收入的差异，从而影响人们的购买；增加产品税，对香烟、酒等商品增税来抑制人们的消费需求。在国际贸易中，不同的国家也会制定一些相应的政策来干预外国企业在本国的营销活动，主要措施有进口限制、税收政策、价格管制、外汇管制等政策。

（2）法律环境分析。

法律环境是指国家或地方政府所颁布的各项法规、法令和条例等，它是企业营销活动的准则，企业只有依法进行各种营销活动，才能受到国家法律的有效保护。经过改革开放以来的发展，我国陆续制定和颁布了一系列法律法规，如《中华人民共和国产品质量法》《企业法》《经济合同法》《涉外经济合同法》《商标法》《专利法》《广告法》《食品卫生法》《环境保护法》《反不正当竞争法》《消费者权益保护法》《进出口商品检验条例》等。企业的营销管理者必须熟知有关的法律条文，才能保证企业经营的合法性，运用法律武器来保护企业与消费者的合法权益。对从事国际营销活动的企业来说，不仅要遵守本国的法律制度，还要了解和遵守国外的法律制度和有关的国际法规、惯例和准则。例如，日本政府规定，任何外国公司进入日本市场，必须要找一个日本公司同它合伙，以此来限制外国资本的进入。只有了解掌握了这些国家的有关贸易政策，才能制定有效的营销对策，在国际营销中争取主动。

2. 人口环境

人口是市场的第一要素。人口数量直接决定市场规模和潜在容量，人口的性别、年龄、民族、婚姻状况、职业、居住分布等也对市场格局产生着深刻影响，从而影响着企业的营销活动。企业应重视对人口环境的研究，密切关注人口特性及其发展动向，及时地调整营销策略以适应人口环境的变化。

（1）人口数量分析。

人口数量是决定市场规模的一个基本要素。如果收入水平不变，人口越多，对食物、衣着、日用品的需要量也越多，市场也就越大。企业营销首先要关注所在国家或地区的人口数量及其变化，尤其对人们生活必需品的需求内容和数量影响很大。

（2）人口结构分析。

① 年龄结构。不同年龄的消费者对商品和服务的需求是不一样的。不同年龄结构就形成了具有年龄特色的市场。企业了解不同年龄结构所具有的需求特点，就可以决定企业产品的投向，寻找目标市场。例如，传统观念里人们把汽车看成是中青年的大玩具，因此中青年人市场就很活跃，如此定位，汽车市场的容量就非常有限，为了扩大市场容量，汽车生产厂家必须就目标市场向前或者向后延伸。

向前延伸意味着占领少年汽车市场，生产出适合少年消费者需求的汽车。德国宝马汽车公司就曾经为1～3岁的小驾驶员设计生产“婴儿赛车”。该车全身为白色，点缀黑色斑点，形状如小狗，可爱至极。

向后延伸意味着占领老年人汽车市场，生产出适合老年消费者需求的汽车。美国福特汽车公司就率先生产出“福特老人”系列轿车。该类车专门为60岁老人生产设计，门槛较低，配备了助动型驾驶座和放大的仪表盘及后视镜等方便老人用车的装备。

② 性别结构。现代社会，随着职业女性的增加和经济地位的提高以及独立自主意识增强，已经有越来越多的女性成为现实和潜在的汽车消费者，改变了原来汽车驾驶员是男性专利的观念。汽车厂家和商家越来越重视女性消费者，生产设计出颜色款式各异的适合女性消费者的车。

③ 家庭结构。家庭是汽车商品购买和消费的基本单位。一个国家或地区的家庭单位的多少以及家庭平均人员的多少，可以直接影响到汽车消费品的需求样式和种类。同时，不同类型的家庭往往有不同的消费需求。

案例

一客户，带着7岁女儿进店购买奥迪车，当天两次分别试驾了Q7和A6，女儿坐在后排，结果试驾后女儿不喜欢，没有购买，过了一周销售人员进行邀约，到店试驾了A8，该车后排车窗能降到底，小女孩儿坐在后排手放在上面看窗外感觉很舒服。于是就购买了该车。这就是家庭结构中的家庭成员对购车的影响。

（3）人口分布分析。

人口有地理分布上的区别，人口在不同地区密集程度是不同的。各地人口的密度不同，则市场大小不同、消费需求特性不同。企业营销应关注消费需求的变化，应该提供更多适销对路产品满足消费者需求。

3. 社会文化环境

社会文化环境是指在一种社会形态下已经形成价值观念、风俗习惯、道德规范等的总和。它包括核心文化和亚文化。核心文化指人们持久不变的核心信仰和价值观，它可以世代相传。亚文化是指按照民族、经济、年龄、职业、性别及受教育程度等因素划分的特定群体所具有的文化现象，它植根于核心文化。任何企业都处于一定的社会文化环境中，企业营销活动必然受到所在社会文化环境的影响和制约。为此，企业应了解和分析社会文化环境，针对不同的文化环境制定不同的营销策略，组织不同的营销活动。

（1）企业营销对社会文化环境的研究一般从以下几个方面入手。

① 教育状况分析。受教育程度的高低，影响到消费者对产品性能、款式和服务要求的差异

性。通常文化教育水平高的国家或地区的消费者要求产品外观看起来典雅华贵，对附加功能也有一定的要求。因此，企业营销开展的市场开发、产品定价和促销等活动都要考虑到消费者所受教育程度的高低，采取不同的策略。

② 价值观念分析。价值观念是指人们对社会生活中各种事物的态度和看法。不同文化背景下，人们的价值观念往往有着很大的差异，消费者对产品的色彩、样式以及促销方式都有自己不同的意见和态度。企业营销必须根据消费者不同的价值观念设计产品，提供服务。

③ 消费习俗分析。消费习俗是指人们在长期经济与社会活动中所形成的一种消费方式与习惯。研究消费习俗，不但有利于组织好消费产品的生产与销售，而且有利于正确、主动地引导健康的消费。了解目标市场消费者的禁忌、习惯、避讳等是企业进行市场营销的重要前提。

（2）文化环境对汽车市场营销会产生一定影响。

① 文化环境影响人们对汽车的态度。人们对待汽车的态度无疑与经济条件相关，但不是绝对的，很多时候会受到文化环境的影响。例如，美国人豪迈奔放，驾车兜风带来的畅快感觉是其他任何物质或精神的东西不能替代的，他们把汽车当成是浪漫的伴侣。而在我国，随着汽车文化的兴起，很多人都有自己的私家车，没有私家车的也会选择替代性的汽车消费，如打车上班、租车旅游、婚丧嫁娶以车摆阔等已经成为时尚。

② 文化环境影响人们对汽车的选择。不同的文化环境对汽车的理解是不一样的。西方发达国家把车看成是代步工具，但是在过去中国人的眼里，车就是“轿子”，就是身份和地位的象征。这种文化传统严重影响了人们的购车。例如，2000 年初，大多数中国人在购车的时候考虑的是三厢车，觉得三厢车才有面子、够气派，所以两厢车在中国市场销路不是很好。但是现在随着国际化观念的不断深入，中国人的购车观念也有所改变，觉得两厢车经济实用，方便停靠。

③ 文化环境影响人们对汽车的消费方式。消费方式是消费者价值观念的直接反映。西方发达国家，流行消费者“共享汽车”，即汽车共用、费用共担。

此外，文化环境还影响汽车消费时尚。例如，德国推出的“甲壳虫”这款车，就是追捧“复古风”的具有代表性的“复古车”，将现代高科技装进传统的“甲壳虫”里，上市后在欧美形成了“甲壳虫”热。

亚文化群体对汽车市场营销也会产生重要影响。不同国家和地区，因为职业、经济地位及受教育程度不同等因素，也会使得人们的消费观念和方式不同。具有共同特征的群体，即一个亚文化群。他们的生活方式、消费习惯以及爱好等与其他亚文化群不同，因此就有不同的购车理念。例如，城市里收入较高或者以富二代为代表的青年人，他们购车更多的是选择 SUV，而经济收入相对低一些，可能就考虑买个经济型轿车或者 A、B 级轿车，作为代步工具。这两类人就是两个亚文化群，他们的购买类型就存在差别。

4. 经济环境

经济环境是影响汽车企业营销活动的主要环境因素，它包括收入因素、消费支出、产业结构、经济增长率、货币供应量、银行利率、政府支出等因素，其中收入因素、消费结构对汽车企业营销活动影响较大。

（1）消费者收入分析。

收入因素是构成市场的重要因素，因为市场规模的大小，归根结底取决于消费者的购买力大小，而消费者的购买力取决于他们收入的多少。汽车企业必须从市场营销的角度来研究消费者收入，通常从以下几个方面进行分析。

① 国民生产总值。它是衡量一个国家经济实力与购买力的重要指标。国民生产总值增长越快，对商品的需求和购买力就越大，反之就越小。汽车市场需求同样适用。

② 人均国民收入是国民收入总量除以总人口的比值。这个指标大体反映了一个国家人民生活水平的高低，也在一定程度上决定商品需求的构成。一般来说，人均收入增长，对商品的需求和购买力就大，反之就小。

③ 个人可支配收入指在个人收入中扣除消费者个人缴纳的各种税款和交给政府的非商业性开支后剩余的部分，可用于消费或储蓄的那部分个人收入，它构成实际购买力。个人可支配收入是影响消费者购买生活必需品的决定性因素。

④ 个人可任意支配收入指在个人可支配收入中减去消费者用于购买生活必需品的费用支出（如房租、水电、食物、衣着等项开支）后剩余的部分。这部分收入是消费需求变化中最活跃的因素，也是企业开展营销活动时所要考虑的主要对象。这部分收入一般用于购买高档耐用消费品、娱乐、教育、旅游等。

⑤ 家庭收入。家庭收入的高低会影响很多产品的市场需求。一般来讲，家庭收入高，对消费品需求大，购买力也大；反之，需求小，购买力也小。

综上我们发现，经济收入对汽车市场营销会产生以下影响。

① 经济收入决定汽车的拥有程度。汽车拥有程度可以分两个方面，一方面是千人汽车拥有量，另一方面是每平方千米（公里）汽车拥有量。韩国环境和韩国汽车工业协会提供了一份资料足以说明该问题。该协会于1997年发表了一个《关于世界上有关国家“千人汽车拥有量”和“每平方千米汽车密度”的统计报告》，报告显示，“千人汽车拥有量”高低与该国国民收入有关。其中，美国的汽车千人拥有量为750/1000人，加拿大为649/1000人，意大利为570/1000人，英国478/1000人；在亚洲，日本为520/1000人，韩国为210/1000人，新加坡为161/1000人，泰国为54/1000人，中国为6/1000人。

每平方千米汽车密度与人口密度和国土面积都有关系，新加坡最高，为每平方千米772辆，日本为172辆，德国为120辆，英国为113辆，韩国为95.5辆，美国为19.9辆，泰国为5.9辆，中国为0.7辆。当然了，随着经济的发展，目前的数据一定会发生很大的变化，这就更说明，经济收入会影响汽车的拥有程度。

② 经济收入决定汽车的更新速度。西方发达国家消费者汽车更新频繁，如德国，部分消费者两个月的工资就能购买一台汽车。而我国消费者则不然，尽管现在很多家庭都能够购车，但是大多数老百姓由于家庭经济收入有限，他们还是潜在消费者，因此各个国家汽车生产企业都把中国看成很有发展前景的汽车市场。

③ 经济收入决定车型选择。市场营销学家们在谈到大众轿车的定位时，曾经提出了一个为社会公认的“购买能力系数”分析理论，该理论认为，只有当轿车的销售价格与人均国民收入之比为1.4左右时，相应型号的轿车才能进入家庭。例如，假若你想买9万元的车，你的月收入必须在5800元以上；假若你想买16万元的轿车，你的月收入就必须迈万元，依此类推。这样买车者可以找到适合自己的车型，卖车者，特别是汽车生产厂家，也可以找到自己的消费者群，从而进行很好的定位。

④ 经济收入决定汽车的付款方式。在购车付款方面，发达国家都比较重视信用消费，而发展中国家比较重视现金消费。但随着人们观念的更新和改变，中国消费者信用消费和分期付款在逐渐增多，企业也推出各种优惠政策，鼓励消费者进行信贷消费。对于富有者贷款或者分期付款的购车条件比较宽松，对于贫穷者就相对严格，这也是我们经常听到的“马太效应”。另外经济发达地区和经济不发达地区，付款方式也不同。

（2）消费者支出分析。

随着消费者收入的变化，消费者支出会发生相应变化，继而使一个国家或地区的消费结构也会发生变化。德国统计学家恩斯特·恩格尔于 1857 年发现了消费者收入变化与支出模式，即消费结构变化之间的规律性。恩格尔所揭示的这种消费结构的变化通常用恩格尔系数来表示，即：恩格尔系数=食品支出金额/家庭消费支出总金额，恩格尔系数越小，食品支出所占比重越小，表明生活富裕，生活质量高；恩格尔系数越大，食品支出所占比重越高，表明生活贫困，生活质量低。恩格尔系数是衡量一个国家、地区、城市、家庭生活水平高低的重要参数。企业从恩格尔系数可以了解当前市场的消费水平，也可以推知今后消费变化的趋势及对企业营销活动的影响。

（3）消费者储蓄分析。

消费者的储蓄行为直接制约着市场消费量购买的大小。当收入一定时，如果储蓄增多，现实购买量就减少；反之，如果用于储蓄的收入减少，现实购买量就增加。居民储蓄倾向是受到利率、物价等因素变化所致。人们储蓄目的也是不同的，有的是为了养老，有的是为未来的购买而积累，当然储蓄的最终目的主要也是为了消费。企业应关注消费者储蓄的增减变化，了解他们储蓄的不同动机，制定相应的营销策略，获取更多的汽车销售机会。

（4）消费者信贷分析。

消费者信贷，也称信用消费，指消费者凭信用先取得汽车产品的使用权，然后按期归还贷款，完成汽车商品购买的一种方式。 信用消费允许人们购买超过自己现实购买力的商品，创造了更多的消费需求。随着我国商品经济的日益发达，人们的消费观念大为改变，信贷消费方式在我国逐步流行起来，目前主要有分期付款、信用卡信贷这两种方式。西方发达国家还比较盛行短期赊销和购买昂贵的消费品分期贷款两种方式。以上这几种信贷方式，都可以刺激需求，给消费者提供更多的购买机会。

5. 汽车使用环境

（1）公路交通。

公路交通指一个国家或地区公路运输能力、各级公路的里程及比例、公路质量、公路交通量及公路网布局，还包括公路的附属设施，如停车场、加油站及公路沿线设施等。良好的公路交通条件有利于提高汽车运输在交通运输体系中的地位及工作效率，提高汽车使用的经济性，同时也有利于汽车的普及。另外，汽车的普及反过来还可以促进公路交通条件的改善，从而促进汽车销售量的提升。

（2）城市道路交通。

城市道路交通包括道路占城市面积的比例、城市交通体系结构、道路质量、立体交通及车道密度等。城市道路交通对汽车市场营销的影响如公路交通一致。但就我国目前的城市道路交通状况看，由于人们对汽车交通工具的选择急剧上升，使得城市道路交通建设面临较大的压力，从而制约了汽车市场营销的发展。

（3）车用燃油。

车用燃油包括汽油和柴油，由于二者皆为不可再生资源，因此对汽车市场营销活动产生很大影响，具体表现如下。

① 由于世界石油资源不断减少，因此对传统燃油汽车的发展产生制约作用。

② 车用燃油中汽油和柴油的供给比例，影响了汽车产品的结构。柴油短缺也就对柴油车的发展起到了限制和约束作用。

③ 燃油品质提升，会提高汽车产品的燃油经济性，因此会对汽车企业的产品决策产生

影响。

车用燃油的短缺，是汽车企业早应该洞察的一个要素，为此汽车企业应该及早进行营销策略的改变。例如，20 世纪 70 年代，日本汽车企业在应对石油危机中屹立而生并取得主动权，生产小型、轻型及经济型轿车，奠定了其成为世界汽车工业强国的根基。

（4）气候和地理环境。

有些国家地域跨度大，气候多变；国家与国家之间，气候不同。因此在同一国家或者国家之间对汽车的需求种类有所不同。这就要求汽车性能要与本地域气候相适应。例如，寒冷的环境和炎热的环境对汽车的使用性能都有不同的要求。

另外，一个国家的地容地貌对汽车市场营销活动会产生影响。山区和平原，汽车的销售类型有着明显的区别，至少在山区应该销售离地间隙比较大的汽车，保证其通过性；而平原的汽车销售种类相对来说要多。为此就会对汽车企业的营销活动产生影响，企业应该根据实际情况调整营销组合策略。

6. 自然环境

自然环境是指自然界提供给人类各种形式的物质资料，如阳光、空气、水、森林、土地等。随着人类社会进步和科学技术发展，世界各国都加速了工业化进程，这一方面创造了丰富的物质财富，满足了人们日益增长的需求；另一方面，面临着资源短缺、环境污染等问题。从 20 世纪 60 年代起，世界各国开始关注经济发展对自然环境的影响，成立了许多环境保护组织，促使国家政府加强环境保护的立法。这些问题都是对企业营销的挑战。对营销管理者来说，应该关注自然环境变化的趋势，并从中分析企业营销的机会和威胁，制定相应的对策。

（1）自然资源。

自然资源可分为两类：一类为可再生资源，如森林、农作物等，这类资源是有限的，可以被再次生产出来，但必须防止过度采伐森林和侵占耕地；另一类资源是不可再生资源，如石油、煤炭、银、锡、铀等，这种资源蕴藏量有限，随着人类的大量地开采，有的矿产已近处于枯竭的边缘。自然资源短缺，使许多企业将面临原材料价格大涨、生产成本大幅度上升的威胁，但另一方面又迫使企业研究更合理地利用资源的方法，开发新的资源和代用品，这些又为企业提供了新的资源和营销机会。

（2）环境污染。

工业化、城镇化的发展对自然环境造成了很大的影响，尤其是环境污染问题日趋严重，许多地区的污染已经严重影响到人们的身体健康和自然生态平衡。环境污染问题已引起各国政府和公众的密切关注，这对企业的发展是一种压力和约束，要求企业为治理环境污染付出一定的代价，但同时也为企业提供了新的营销机会，促使企业研究控制污染技术，兴建绿色工程，生产绿色产品，开发环保包装。

（3）政府干预。

自然资源短缺和环境污染加重的问题，使各国政府加强了对环境保护的干预，颁布了一系列有关环保的政策法规，这将制约一些企业的营销活动。有些企业由于治理污染需要投资，影响扩大再生产，但企业必须以大局为重，要对社会负责，对子孙后代负责，加强环保意识，在营销过程中自觉遵守环保法令，担负起环境保护的社会责任。同时，企业也要制定有效的营销策略，既要消化环境保护所支付的必要成本，还要在营销活动中挖掘潜力，保证营销目标的实现。

对于汽车企业来说，应该如何应对上述自然环境因素至关重要。企业应该发展新材料，提高原材料的综合利用率；开发汽车新产品，加强对汽车节能、排放技术的研究；开发新型动力

和能源车辆。

7. 科技环境

科学技术是社会生产力中最活跃的因素，它影响着人类社会的历史进程和社会生活的方方面面，对企业营销活动的影响更是显而易见。现代科学技术突飞猛进，特别是对汽车企业来说，每一款产品的更新换代都是科技进步的一种体现。科技发展对汽车企业营销活动影响作用表现在以下几个方面。

（1）科技发展促进产品结构的调整。

每一种新技术的发现、推广都会给企业带来新的市场机会，导致新产品的出现。例如，近几年来，新能源技术在汽车生产中的应用，出现了新能源车和电动车等，未来新能源汽车就将会成为汽车产品中的主流之一。

（2）科技发展促使消费者购买行为的改变。

随着多媒体和网络技术的发展，出现了“电视购物”“网上购物”等新型购买方式。人们还可以在家中通过“网络系统”进行购车活动。随着新技术革命的进展，“在家便捷购买、享受服务”的方式还会继续发展。

（3）科技发展影响企业营销组合策略的创新。

科技发展使新产品不断涌现，产品寿命周期明显缩短，要求企业必须关注新产品的开发，加速产品的更新换代。科技手段的运用降低了产品成本，使产品价格下降，并能快速掌握价格信息，要求企业及时做好价格调整工作。例如，手工打造汽车的价格和实现了流水线生产后单车的价格，就会形成鲜明对比。科技发展使广告媒体的多样化，信息传播的快速化，市场范围的广阔性，促销方式的灵活性。为此，要求企业不断分析科技新发展，创新营销组合策略，适应市场营销的新变化。

（4）科技发展促进企业营销管理的现代化。

科技发展为企业营销管理现代化提供了必要的装备，如电脑、传真机、电子扫描装置、光纤通信等设备的广泛运用，对改善企业营销管理，实现现代化起了重要的作用。同时，科技发展对企业营销管理人员也提出了更高要求。

（三）汽车市场营销微观环境

汽车市场营销的微观环境通常指能够影响企业营销决策活动、能够直接影响企业为目标市场提供服务能力的各种因素，通常指企业内部环境因素和企业外部环境等因素，而企业外部因素又包括竞争者、供应商、营销中介、社会公众及消费者。具体微观因素包括如下内容。

1. 汽车企业内部环境因素

任何企业在自身的发展过程中都存在着积极和消极的因素，而且也只能在某些职能领域方面具有优势和劣势。所以内部环境因素分析的目的就是要找出优势与劣势，而战略管理的目的就是要利用和提升优势，克服和解决劣势。

企业战略目标的制定及选择不但要知彼，即客观的分析企业的外部环境，而且要知己，即对企业内部资源、能力及核心竞争力进行争取估计。企业内部环境因素是企业经营的基础、制定战略的出发点、依据和条件，是竞争取胜的根本，从而创造超额利润。为了实现经营目标，企业会通过设立组织机构（见图 3-4）的方式和手段对资源（人、财、物力、技术、市场、环境等）、管理（计划、组织、控制、人事、激励和企业文化等）、能力（财务能力、生产能力、营销能力、科研开发能力等）进行整合利用，协调发展，保证企业正常运行，提高企业的经济实力、经营能力、竞争能力和市场营销的效果。企业内部各职能部门的工作及其相互之间的协调关系，直接影响企业的整个营销活动。营销部门与企业其他部门之间既有多方面的合作，也经常与生产、技术、财务等部门发生矛盾。由于各部门各自的工作重点不同，有些矛盾往往难以协调，如生产部门关注的是长期生产的定型产品，要求品种规格少、批量大、标准订单、较稳定的质量管理，而营销部门注重的是能适应市场变化、满足目标消费者需求的“短、平、快”产品，则要求多品种规格、少批量、个性化订单、特殊的质量管理。所以，企业在制订营销计划，开展营销活动时，必须协调和处理好各部门之间的矛盾和关系，营造良好的企业环境，更好地实现营销目标。

为了塑造良好的企业形象，高层管理者（董事会、总裁等）更应该关注的是以人为本的精神文化、以制度为载体的制度文化和以企业生产资料及各种硬件设施等为载体的物质文化，这是企业文化建设的 3 种形态。通过企业文化建设，提升企业精神风貌，树立企业在消费者心目中的良好口碑。

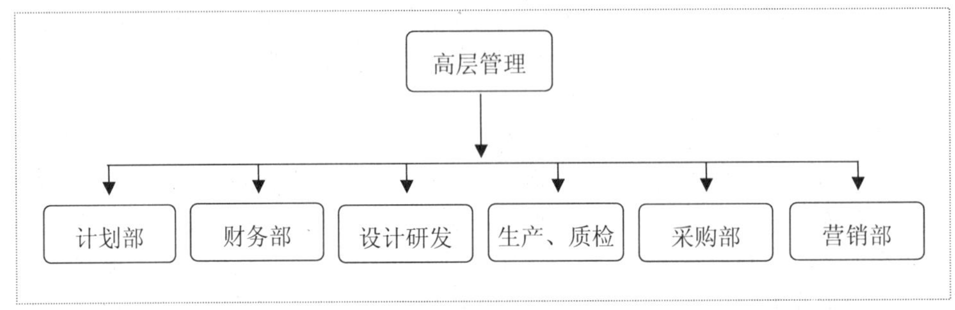

图 3-4　汽车企业组织机构

2. 汽车企业外部环境因素

汽车企业外部环境因素如图 3-5 所示，企业与外部环境之间的联系是广泛而复杂的。

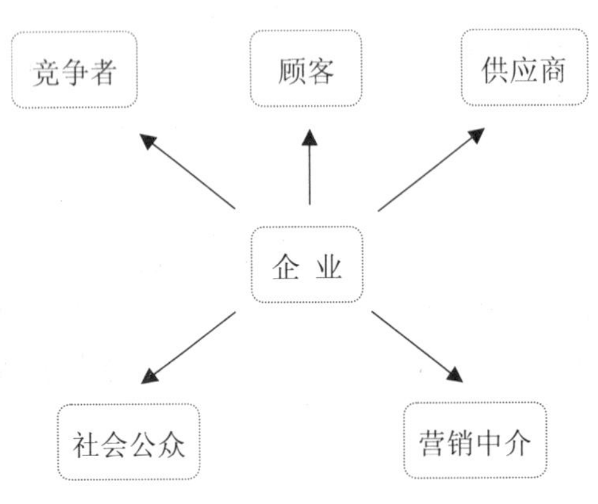

图 3-5　汽车企业外部环境因素

（1）顾客。

顾客就是公司服务的对象，是公司的目标市场。顾客是公司直接营销环境中最重要的因素，是企业赖以生存和发展的根本。企业市场营销的起点和终点都是满足顾客的需要，汽车企业必须充分研究各种汽车用户的需要及其变化。顾客是公司产品的直接购买者，顾客的变化意味着公司市场的获得或丧失。顾客市场可划分为消费者市场、企业市场、经销商市场、政府市场和国际市场。消费者市场是由个人和家庭组成，他们仅为自身消费而购买商品和服务。企业市场购买产品和服务是为了进一步深加工，或在生产过程中使用。经销商市场购买产品和服务是为了再次销售，以获取利润。政府市场由政府机构构成，购买产品和服务用以服务公众，或作为救济转移支付。国际市场则是由其他国家的购买者构成，包括消费者、生产商、经销商和政府。

（2）竞争者。

企业在经营过程中会面对许多竞争者。企业要想成功，就必须充分了解自己的竞争者，努力做到较其竞争者更好地满足市场的需要。从购买者的角度来观察，每个企业在其营销活动中，都面临如下几种类型的竞争者。

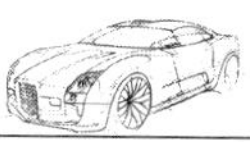

① 愿望竞争者：指满足购买者当前存在的各种愿望的竞争者。

② 平行竞争者：指能满足同一需要的各种产品的竞争，如满足交通工具的需要可买汽车、两轮摩托车、三轮摩托车等，它们之间是平行的竞争者。

③ 产品形式竞争者：指满足同一需要的同类产品不同形式间的竞争，如汽车有各种型号、式样，其功能各有不同特点。

④ 品牌竞争者：指满足同一需要的同种形式产品的各种品牌之间的竞争，如汽车有“奔驰”“丰田”“福特”等品牌，这种品牌之间的竞争，即同行业者之间的竞争是要着重研究的。每个企业都应当充分了解：目标市场上谁是自己的竞争者；竞争者的策略是什么；自己同竞争者的力量对比，以及在市场上的竞争地位和反应类型等。但是，一个企业如果仅仅注意品牌竞争，仅仅致力于在一定的市场上争夺较大的占有率，而忽略了抓住有利时机开辟新的市场或防止其产品的衰退，那就犯了“营销近视症”。

企业在目标市场进行营销活动时，不可避免地会遇到竞争对手的挑战。竞争对手的营销战略及营销活动的变化会直接影响到企业的营销，比如最为明显的是竞争对手的价格、广告宣传、促销手段的变化、新产品的开发、售前售后服务的加强等都将直接对企业造成威胁，企业必须密切注视竞争者的任何细微的变化，并做出相应的对策与措施。

（3）供应商。

供应商是指向企业及其竞争者提供生产上所需要的资源的企业和个人，包括提供原材料、设备、能源、劳务和资金等。企业要选择在质量、价格以及在运输、信贷、承担风险等方面条件最好的供应商。供应商这一环境因素对企业营销的影响很大，所提供资源的价格和数量，直接影响企业产品的价格、销量和利润。供应短缺或其他事故，都可影响企业按期完成交货任务。从短期来看，这些事件会导致销售额的损失；从长期来看，则会损害企业在顾客中的信誉。如果企业过分倚重于单一的供应者，往往容易受其控制。并且若单一供应者遇到意外情况而致使其供应能力受到影响，也会直接波及企业的生产和销售。因此，企业应尽量从多方面获得供应，以降低供应风险。

（4）营销中介。

营销中介是指在促销、分销以及把产品送到最终购买者方面给企业以帮助的那些机构，包括中间商、实体分配机构、营销服务机构（调研公司、广告公司、咨询公司等）、金融中间人（银行、信托公司、保险公司等）。这些都是市场营销不可缺少的中间环节，大多数企业的营销活动，都需要有它们的协助才能顺利进行。例如，生产集中和消费分散的矛盾，必须通过中间商的分销来解决；资金周转不灵，则须求助于银行或信托公司。商品经济越发达，社会分工越细，这些中介机构的作用越大。企业在营销过程中，必须处理好同这些中介机构的合作关系。

（5）社会公众。

公众是指对一个组织实现其目标的能力，具有实际或潜在利害关系和影响力的一切团体和个人。企业面临如下几种公众类型。

① 金融公众：指关心并可能影响企业获得资金的能力的团体，如银行、投资公司、证券交易所和保险公司等。

② 媒体公众：主要是指报社、杂志社、广播电台和电视台等大众传播媒体。这些组织对企业的声誉具有举足轻重的作用。

③ 政府公众：指有关的政府部门。营销管理者在制订营销计划时必须充分考虑政府的政策。企业必须向律师咨询有关产品安全卫生、广告真实性、商人权利等方面可能出现的问题，以便

同有关政府部门搞好关系。

④ 群众团体：指消费者组织、环境保护组织及其他群众团体，如玩具公司可能遇到关心子女安全的家长对产品安全性的质询。20 世纪 60 年代以来国际上日益盛行的消费者保护运动，是不可忽视的力量。

⑤ 当地公众：指企业所在地附近的居民和社区组织。企业在它的营销活动中，要避免与周围公众利益发生冲突，应指派专人负责处理这方面的问题，同时还应注意对公益事业做出贡献。

⑥ 一般公众：指社会上的一般公众。企业需要了解一般公众对它的产品和活动的态度。企业形象，即在一般公众心目中的形象的好坏，对企业的经营和发展有重要意义，要力争在一般公众心目中建立良好的企业形象。

⑦ 内部公众：指企业内部的公众，包括董事会、经理、“白领”员工、“蓝领”员工等。

近几年，许多公司提出了“内部营销”这一新概念，这是营销理论在企业内部的运用。内部营销观念强调企业内每一员工都有其内部供应者和内部客户，每一员工都要通过自身的努力与内部供应者搞好关系，协调运作；同时尽力满足内部客户的各种需要，共同实现企业的战略目标。大企业通常发行内部通讯，对员工起沟通和激励作用，以加强内部交流，提高工作效率。内部公众的态度还会影响企业与外部公众的关系。所有以上这些公众，都与企业的营销活动有直接或间接的关系。现代企业是一个开放的系统，在经营活动中必然与各方面发生联系，处理好与各方面公众的关系，是企业管理中一项极其重要的任务。因此，当代许多公司都设有“公共关系部门”，专门负责处理与公众的关系，这也是现代商品经济高度发展的一个产物。

企业必须注意公众的舆论导向，树立和维护企业良好的公众形象，从而为企业的营销活动营造宽松的社会空间。

（四）汽车市场营销环境分析方法及应对策略

通过对企业的宏观、微观环境的研究与分析，在此基础上，还应对企业市场营销环境进行综合分析，以便对营销环境做出总体评价，为营销战略的制订提供可靠的依据。市场营销环境的综合分析也称为机会和威胁分析。

1. 汽车企业分析机会和威胁的目的

汽车企业研究市场营销环境的目的在于分清营销机会和环境威胁，积极主动地“趋利避害”，以保证企业各项目标的顺利实现。营销机会是企业能取得竞争优势和差别利益的市场机会，也被称为“市场上为满足的需求”。而环境威胁，就是营销环境中对企业营销不利的趋势，对此如无适当应变措施，则可能导致某个品牌、某种产品甚至整个企业的衰退或被淘汰。在现实生活中，机会和威胁往往同时并存。营销管理者的任务就在于，善于抓住机会，克服威胁，以有力措施迎接市场上的挑战。营销环境的变化不断造成新的机会和新的威胁，这种变化有些是缓慢的，可预测的；有些则是急剧的，难以预测的。

现代营销学认为，企业营销活动成败的关键，就在于企业能否适应不断变化着的市场营销环境。例如，在 20 世纪 70 年代以前美国没有一家石油公司曾料想到油价会猛涨，也没有多少有关公司的管理人员预见到婴儿出生率会大幅度下降，而恰恰是这些变化对企业的经营活动产生了巨大影响和冲击。当年，美国的汽车公司正是由于对环境预测不及时、应变不力，致使日本小型轿车大量打入美国市场，占有了将近一半的市场份额。因此，企业必须时时注意对营销环境进行调查、预测和分析，然后据以确定营销战略和策略，并相应地调整企业的组织结构和管理体制，使之与变化了的环境相适应。

2. 汽车企业分析机会和威胁的方法和应对策略

要具体分析环境威胁是什么，有哪些表现；环境机遇是什么，有哪些表现；哪个是主要的，哪个是次要的；是威胁大于机遇还是机遇大于威胁，或是机遇与威胁等同。只有全面分析市场营销环境因素，才能对企业营销所处的市场营销环境做出准确的判断。

（1）环境扫描。

环境扫描是从汽车市场环境中辨别出对企业经营有影响的、反映环境因素变化的某些事件。汽车市场环境是动态变化的，每时每刻都在出现不同的事件，但并不是所有事件的发生都会对企业产生影响，即使对企业产生影响的事件也会由于本身性质而对企业产生影响的程度或迫切性有所不同，需要通过环境扫描对其进行识别。因此，环境扫描是汽车企业进行环境分析的第一步。环境扫描工作通常由企业的高层领导召集和聘请企业内外熟悉市场环境的管理人员和专家组成分析小组，通过科学系统的调查研究、预测分析，将所有可能影响企业经营的环境因素变化引发的事件一一罗列，然后加以讨论，逐一评审所有列为有关的环境事件的依据是否充分，从中筛选出分析小组一致认定的对企业经营将有不同程度影响的事件。

（2）环境评价。

经过环境扫描，甄别出环境中对汽车企业产生影响的各种市场因素后，需要对这些影响因素的影响程度与影响方式进行评价。常用的评价方法有列表评价法、SWOT 分析法、劣势或优势分析法 3 种，下面主要介绍 SWOT 分析法。

SWOT 分别是：优势—Strengths、弱势—Weaknesses、机会—Opportunities、威胁—Threats 4 个英文单词的第一个字母的缩写。SWOT 分析法又被称为态势分析法，也称波士顿矩阵。它是由旧金山大学的管理学教授于 20 世纪 80 年代初提出来的，是一种能够客观而准确地分析和研究一个单位现实情况的方法。通过 SWOT 分析，可以结合环境对企业的内部能力和素质进行评价，弄清楚企业相对于其他竞争者所处的相对优势和劣势，帮助企业制订竞争战略。

① 企业优势和劣势。汽车企业优势和劣势分析实质上就是汽车企业内部经营条件分析，或称企业实力分析。优势是指汽车企业相对于竞争对手而言所具有的优势人力资源、技术、产品以及其他特殊实力。充足的资金来源、高超的经营技巧、良好的企业形象、完善的服务体系、先进的工艺设备、与买方和供应商长期稳定的合作关系、融洽的雇员关系、成本优势等，都可以形成企业优势。劣势是指影响汽车企业经营效率和效果的不利因素和特征，它们使汽车企业在竞争中处于劣势地位。一个汽车企业潜在的弱点主要表现在以下几方面：缺乏明确的战略导向、设备陈旧、盈利较少甚至亏损、缺乏管理和知识、缺少某些关键的技能、内部管理混乱、研究和开发工作落后、企业形象较差、销售渠道不畅、营销工作不得力、产品质量不高、成本过高等。

② 环境机会和威胁。汽车企业的机会与威胁均存在于市场环境中，因此，机会与威胁分析实质上就是对汽车企业外部环境因素变化的分析。市场环境的变化或给企业带来机会或给企业造成威胁。环境因素的变化对某一企业是不可多得的机会，但对另外一家企业则可能意味着阻碍。环境提供的机会能否被企业利用，同时，环境变化产生的威胁能否有效化解，取决于企业对市场变化反应的灵敏程度和实力。市场机会为企业带来收益的多少，不利因素给企业造成的负面影响的程度，一方面取决于这一环境因素本身性质，另一方面取决于企业优势与劣势的结合状况。最理想的市场机会是那些与企业优势达到高度匹配的机会，而恰好与企业弱点结合的不利因素将不可避免地消耗企业大量

资源。在对企业环境因素进行评价时，一个有意义的方法便是将企业优势、劣势和市场机会、威胁的结合分析。

一般来说，运用 SWOT 分析法研究企业营销决策时，根据优势和劣势、机会和威胁，强调寻找 4 个方面中与企业营销决策密切相关的主要因素（见表 3-1）。

表 3-1　　SWOT 分析矩阵

内部环境 / 外部环境	优势 S	劣势 W
机会 O	SO 战略	WO 战略
威胁 T	ST 战略	WT 战略

◆ SO 战略（优势机会战略）：将组织内部的优势和外部环境的机会相匹配，通过发挥组织内部优势与利用外部环境机会达到战略目标。

◆ WO 战略（劣势机会战略）：利用外部环境的机会来弥补组织内部优势，通过对外部环境机会的利用来实现组织内部的更新和发展。

◆ ST 战略（优势威胁战略）：利用组织内部的优势来减轻外部环境威胁的影响，通过发挥组织内部的优势以达到克服或减少外部环境不利影响的目的。

◆ WT 战略（优势威胁战略）：主要是在减少组织内部劣势的同时设法回避外部环境威胁并通过这种方法达到扭转不利局面的效果。

利用上述方法分析、评价营销环境，根据机会与威胁程度的高低，可以把企业划分为 4 种类型，如图 3-6 所示。

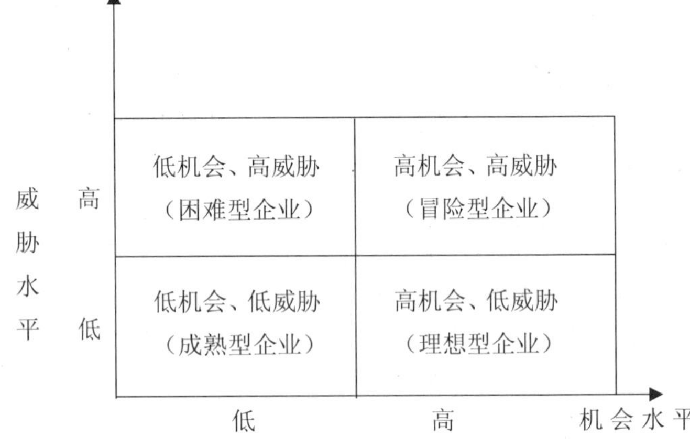

图 3-6　机会-威胁环境分析划分企业类型图

困难型企业。这类企业面临较大的环境威胁，而营销机会也很少，这种企业如果不能减少环境威胁将陷入经营困难的境地。例如，说在绿色经济的呼声中，新能源车将立于不败之地，而不符合环保要求的汽车企业就很可能成为困难企业。

成熟型企业。这类企业机会和威胁水平低，说明企业发展的机会已经很少，自身发展潜力也很低，企业应该研究环境营造的新机会，进一步开拓，否则，将影响企业的生存。这样的企业有很大一部分集中在大企业身上，如我国的一汽集团、上汽集团等，都已经形成了比较完备的格局了，一般情况下，不会面临很大的威胁和机会。

理想型企业。这类企业机会水平高，威胁水平低，说明企业有非常好的发展前景，这样的企业是很少的。

冒险型企业。这类企业机会水平和威胁水平低。也就是说在环境中机会与挑战并存，成功和风险同在。因此，这类企业应抓住机会充分利用，同时制定避免风险的对策。

（3）汽车企业采取的营销对策。

汽车市场营销环境变化给汽车企业营销带来的影响是多样的、复杂的。汽车企业应持全面、具体的评价原则，运用环境扫描法、SWOT“威胁—机会”矩阵图法，对影响企业营销的相关环境图案及其权重做出准确估析，并在环境分析与评价的基础上，企业对威胁与机会水平不等的各种营销业务，要分别采取不同的对策。

◆ 对困难业务，要么努力改变环境，走出困境或减轻威胁；要么立即转移，摆脱无法扭转的困境。

◆ 对成熟业务，机会与威胁处于最低水平，可作为企业的常规业务，可以维持企业的正常运转，并为开展理想业务和冒险业务准备必要的条件。

◆ 对理想业务，应看到机会难得，甚至转瞬即逝，必须抓住机遇，迅速行动；否则，丧失战机，将后悔莫及。

◆ 对冒险业务，面对高利润与高风险，既不宜盲目冒进，也不应迟疑不决而坐失良机，应全面分析自身的优势与劣势，扬长避短，创造条件，争取突破性的发展。

分析评价市场营销环境，目的是为了制定应变对策。由于各个企业的具体情况不同，在同样的市场营销环境变化中，应变对策也不能一样，因此很难确定一种固定模式。这里仅根据威胁与机遇两种情况，为企业适应环境变化，选择合理的对策提供两种思路。

① 把握市场机会的对策。

◆ 准确把握时机。如果看准了市场环境趋势，就应当机立断，尽早做出决策。

◆ 慎重行事、等待时机。小心地评价市场营销机会，机会决策必须准确地预测市场需要和估价企业的能力，不然，从表象出发，难免导致决策失误。

◆ 逐步到位。实施决策应分步骤，边试验、边总结，以进一步摸清市场环境，然后全面实施。

◆ 果断放弃。对于和企业目标资源有背离的状况出现，尽管市场很有吸引力，但是不能加以利用的话，还是果断采取措施，寻找新的机会。

② 应付环境威胁的对策。

◆ 对抗策略。对抗策略也被称为是抗争策略或者促变策略。对抗策略是指企业采取措施抑制或扭转不利因素的发展。一般采用这种策略的企业，都是比较有规模的，能够和国家或者整个行业抗衡的汽车企业。例如，大型汽车企业可以通过各种方式与有关权威组织达成某种协议，努力促使某项政策或协议的形成来抵消不利因素的影响。

◆ 减轻策略。减轻策略也被称为削弱策略。减轻策略是指企业主动调整营销计划，改变经营战略，去适应市场环境变化，减轻环境威胁对企业造成负面影响的严重程度。例如，日系车曾经在美国有过艰难销售的历史，但是日本汽车企业为了减轻这种负面影响，在广告宣传方面，只谈日系车“节能、环保、舒适、经济”，符合美国人的购车需求，而闭口不提“节能、环保、舒适、经济”是日本的造车理念，这样就弱化了美国人对日本人不友好的印象。

◆ 转移策略。转移策略也被称为转变策略或回避策略。转移策略是指企业通过改变自己被威胁的产品的现有市场，或收缩目标市场、或变成几个甚至一个目标市场进行原产品的销售，再或者进行转向经营，如原来从事汽车行业，现转为房地产业，以此手段来避免环境变化给自己带来的威胁。

三、汽车市场消费者分析

汽车作为结实耐用的昂贵奢侈品，具有消费品和生产品的双重特性，因此，汽车市场上的消费者既可以是以消费为目的的个人、家庭或组织集团，也可以是以生产为目的购买原材料的企业或其他经济组织。这里主要研究以消费为目的的汽车市场消费者。

（一）汽车市场消费者购买行为认知

1. 消费者购买行为的含义

消费者购买行为是指消费者为满足其个人或家庭生活而发生的购买商品的决策过程。消费者购买行为是复杂的，其购买行为的产生是受到其内在因素和外在因素的相互促进交互影响的。企业营销通过对消费者购买的研究，来掌握其购买行为的规律，从而制定有效的市场营销策略，实现企业营销目标。

2. 消费者购买行为研究的意义

目前家用汽车日趋成为消费热点的大背景下，对我国汽车消费者行为进行研究分析显得十分重要和必要，无论是对我国制定产业政策、发展国民经济，还是对人民群众的日常生活都有深远的意义。

（1）指导设计新产品和改进现有产品。

从营销角度看，市场机会就是未被满足的消费者需要。要了解汽车消费者哪些需要没有满足或没有完全满足，就需要对汽车消费者的相关情况进行研究分析。比如，通过分析消费者的生活方式或消费者收入水平的变化，可以揭示消费者有哪些新的需要和欲望未被满足。在此基础上，作为汽车的生产厂家，可以针对消费者的需要开发新产品或改进现有产品。这样，无论顾客什么时候买车，在哪里买车，都能够买到自己喜欢的汽车。

（2）有效地指导汽车经销商制定营销策略。

汽车企业要了解消费者哪些需要没有满足或没有完全满足，通常涉及对市场条件和市场趋势的分析，其目的是为了找到适合自己进入的目标市场，并根据目标市场的需求特点，制订有针对性的营销方案，使目标市场的消费者的独特需要得到更充分的满足。从目前市场情况来看，随着消费者收入的不断提高以及企业逐渐减少对雇员交通工具的提供，私有车市场规模仍将扩大并且对整个汽车市场产生强劲的推动作用。汽车经销商需要更多关注潜在购买私有车的消费者，他们的购买行为已经成为汽车经销及生产厂家关注的焦点。只有针对这一消费群的需要制订市场策略，才能更好地了解市场走势。

（3）为政府部门制定保护消费者利益的政策和法律提供科学依据。

随着经济的发展和各种损害消费者权益的商业行为不断增多，消费者权益保护已成为全社会关注的话题。汽车消费者作为社会的一员，拥有自由选择产品与服务，获得安全的产品、正确的信息等一系列权利。汽车消费者的这些权利，也是构成市场经济的基础。政府有责任和义务来禁止欺诈、垄断、不守信用等损害消费者权益的行为发生，也有责任通过宣传、教育等手段提高消费者自我保护的意识和能力。在私人购买家用汽车方面，消费者所关注的停车空间问题、道路建设问题以及贷款申请问题等，政府应当制定什么样的法律，采取何种手段保护消费者权益，政府的保护措施在实施过程中能否达到预期的目的，很大程度上也需要借助于对汽车消费者行为研究所提供的信息来了解。

（4）有助于消费者识别欺骗性销售手段。

汽车的销售和购买对一般的居民来说是件大事，其中涉及的范围和相关知识较多。对自身需求和一般性消费群体行为的了解，有助于提高购买家用汽车的满意度。

3. 汽车消费者购买行为模式

汽车消费者购买行为模式如图3-7所示。消费者首先受到两方面刺激，一是来自于大气候也就是宏观环境的刺激，如政治的稳定、经济的发展可以刺激消费者产生正常消费需求，

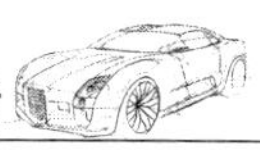

社会文化、人口、环境等可以限制和影响刺激消费者产生与之相吻合的消费需求；二是来自于小环境的影响，如产品层次、产品定价及价格变动、产品销售渠道等的变动都可以对消费者产生不同程度的刺激。二者结合起来，对消费者产生的购买影响结果或者是现在购买、或者是将来购买，总之会产生购买意向。但是消费者考虑到哪些因素产生购买决定与否，作为销售人员不得而知，因此我们称消费者为“神秘使者”，需要销售人员通过观察、体验和交流来揭开其神秘面纱，增加消费者的购买动机，动机越强烈，购买的可能性就越大，从而产生购买行为。

4. 消费者购买行为类型

消费者购买行为的类型，有多种多样的划分方法，其中最具有典型意义的有两种，一是根据消费者的购买行为的复杂程度和产品品牌差异程度加以区分，二是根据消费者的性格进行划分。

（1）根据消费者购买行为的复杂程度和所购产品品牌的差异程度划分。

① 复杂型购买行为是指消费者在购买差异性很大的消费品、价格昂贵介入程度高时所发生的购买行为。

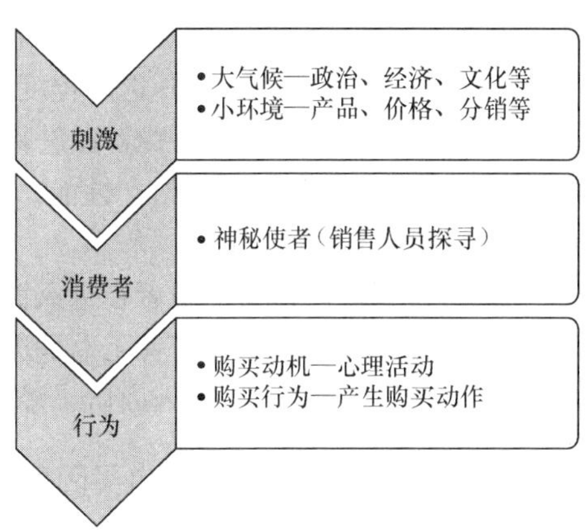

图 3-7 汽车消费者购买行为模式

购买这类商品时，通常要经过一个较长的考虑过程。购买者首先要广泛搜集各种相关信息，对可供选择的产品进行全面评估，在此基础上建立起自己对该品牌的信念，形成自己对各个品牌的态度，最后慎重地做出购买决策。所以销售人员要了解消费者需求，有针对性进行推介，才能赢得消费者信赖。

② 减少失调购买行为是指消费者购买产品时，品牌差异性不大、介入程度高时所发生的一种购买行为。

由于各个品牌之间没有显著差异，但是产品价格较高，消费者一般会花很多心思在上面，但是也不一定能分清各个品牌之间的优劣，所以购买了之后心里感觉也不是十分踏实。

③ 习惯型购买行为是指消费者对所选购的产品和品牌比较了解，品牌差异也不大，介入程度低，已经有了相应的选择标准，主要依据过去的知识和经验习惯性地做出购买决定。所以销售人员就应该积极进行推销和宣传，引起消费者的注意，从而增加改变购买行为的可能性。

④ 多样化购买行为。消费者购买的产品差异度大，但是价格不是很高，因此介入程度低。一般消费者了解现有各品牌和品种之间的明显差异，在购买产品时并不深入收集信息和评估比较就决定购买某一品牌，购买时随意性较大，只在消费时才加以评估，但是在下次购买时又会转换其他品牌。所以销售人员也应该加大宣传力度，吸引客户眼球。

（2）根据消费者购买态度与要求划分。

① 习惯型。消费者是某一种或某几种品牌的忠诚顾客，消费习惯和偏好相对固定，购买时心中有数，目标明确。

② 慎重型。做出购买决策前对不同品牌加以仔细比较和考虑，相信自己判断，不容易被他人打动，不轻易做出决定，决定后也不轻易反悔。

③ 冲动型。易受产品外观、广告宣传或相关群体的影响，决定轻率，缺乏主见，易于动摇

和反悔。营销者在促销过程中争取到这类消费者并不困难，但要想使他们转变为忠诚的顾客就不太容易了。

④ 经济型/价格型。对价格特别敏感，一心寻求经济合算的商品，对产品是否物美价廉特别看重。

⑤ 情感型。对产品的象征意义特别重视，联想力较丰富。例如，有些客户在汽车号牌选购时，重视带“8”的数字。

⑥ 不定型。此类消费者往往比较年轻，独立购物的经历不多，消费习惯和消费心理尚不稳定，没有固定偏好，易于接受新的东西。

（3）根据消费者购买目标选定程度划分。

① 全确定性型。这类消费者在进入商店、发生购买行为之前已有明确的购买目标，对所要购买商品的种类、品牌、价格、性能、规格、数量等均有具体的要求，一旦商品合意，便会毫不犹豫地果断购买。

② 半确定型。这类消费者在进入商店购买之前，已有大致的购买意向和目标。

③ 不确定型。这类消费者无论是进店前还是进店后，没有任何明确的购买目标，他们只是由于顺路、散步等情况下进入商店，漫无目的地观察、浏览商品。

（二）汽车市场消费者购买因素分析

1. 汽车市场消费者需求特点

汽车消费者市场需求具有如下特点。

（1）汽车市场需求具有多样性。

众多的汽车消费者，其收入水平、文化素质、兴趣爱好、生活习惯、年龄性别、职业特点、地理位置甚至民族传统、宗教信仰等方面存在着不同程度的差异，因而在消费需求上也表现出不同的需求特性，例如，年轻人喜爱运动型的车辆，而老年人喜爱舒适型的车辆。经常在道路条件较差的地域活动的人，所选择的车辆主要是要求通过性要好（如越野车）；而主要是在城市范围道路条件较好地区活动的人，所选择的车辆主要是要求舒适性要好（如轿车等）。总之，人们对汽车的需求是多种多样的，从而表现出多样性特点。

（2）汽车市场需求具有层次性。

汽车市场上消费者的需求受其货币支付能力和其他条件制约，在各类条件一定的情况下，他们对各类消费资料的需求有缓有急，有强有弱，有低有高，呈现出层次性。消费者由于在社会上所处地位的不同，对汽车所需求的层次也就不同。一般的普通老百姓购买汽车的目的主要是作为代步工具，所选购的汽车大多为经济型的，而某些私企老板或其他社会地位较高的人购买的汽车必须体现其身份和地位，所选购的车型大多为豪华型的，社会阶层的存在，使得汽车的消费需求表现出层次性。

（3）汽车市场需求具有伸缩性。

汽车消费者市场的需求量，是由多种因素决定的。从外因来说，包括商品供应数量的多少、价格的高低、广告宣传的程度、销售服务的优劣等；内因则包括消费者取得该商品或服务的迫切性和自己的货币支付能力。因此，只要上述因素发生了变化，就会引起消费者市场需求的相应改变。这种改变既可能变多，也可能变少，从而表现出市场需求的伸缩性。这种伸缩性主要从两个方面来考虑：一方面，汽车作为一种高档耐用商品具有较强的价格弹性，即汽车的定价对汽车的个人需求有较大的影响；另一方面，这种需求的结构是可变的。当客观条件限制了这

种需求时，它可以被抑制，或转化为其他需求，或最终被抛弃；反过来，当条件允许时，个人消费需求不仅会得以实现，甚至会发展成为流行消费。

（4）汽车市场消费需求具有可诱导性。

对于大多数私人消费者而言，由于他们缺乏足够的汽车知识，在购买时要经历一个了解情况的过程，只要某种产品宣传得多，知名度高，即使质量与其他商品相同也会有人争购，这就决定了消费者市场需求的可诱导性，消费者往往会受到周围环境、消费风尚、人际关系、宣传报道等因素的影响，对某种车型产生较为强烈的需求。例如，某学校中，由于最初有人购买了某款轿车，使用后感到该款轿车具有价低、油耗低、质量好、方便灵活，是很实用的代步工具，受其影响，后来这个学校先后有十多人购买了该款轿车。

（5）汽车市场消费需求具有可替代性。

私人购买汽车在面临多种选择时一般都要进行反复的比较、鉴别，也就是俗语所说的“货比三家”，只有那些对私人消费者吸引力强、各种服务较好的商家的汽车产品才会导致消费者最终购买。也就是说，同时能够满足消费者需要的不同品牌或不同商家之间存在竞争性，消费者需求表现出可替代性。

（6）汽车市场消费需求具有发展性。

消费者的市场需求不会静止在一个水平上，随着经济的发展和时代的进步，人们的生活水平不断提高，消费者对市场商品和服务需求也不断发展变化，在原有的需求满足以后，又会产生新的消费者市场需求的发展性，总的说来是由简单到复杂、由低级到高级、由数量的满足到要求质量充实的方向前进的。因此汽车私人消费需求也是永无止境的，在不过分增加购买负担的前提下，消费者对汽车的安全、节能、舒适、功能以及豪华程度等方面的要求总是越来越高。

（7）汽车市场消费需求具有集中性和广泛性。

由于汽车消费与个人经济条件息息相关，所以经济比较发达的地区，比如一线城市，消费者经济实力强的人就多，自然购车量或购买高档车的人数就多，体现集中性。另外，随着经济的发展，二线和三线城市及城镇和农村经济实力强的人也会出现，他们也会购买相当数量不同价位的车，包括高档豪华车的购买，因此，汽车消费需求在地域上体现了广泛性。

2. 汽车消费者购买行为影响因素

由于汽车购买行为属于复杂性购买，所以会收到诸多因素影响，具体如图 3-8 所示。

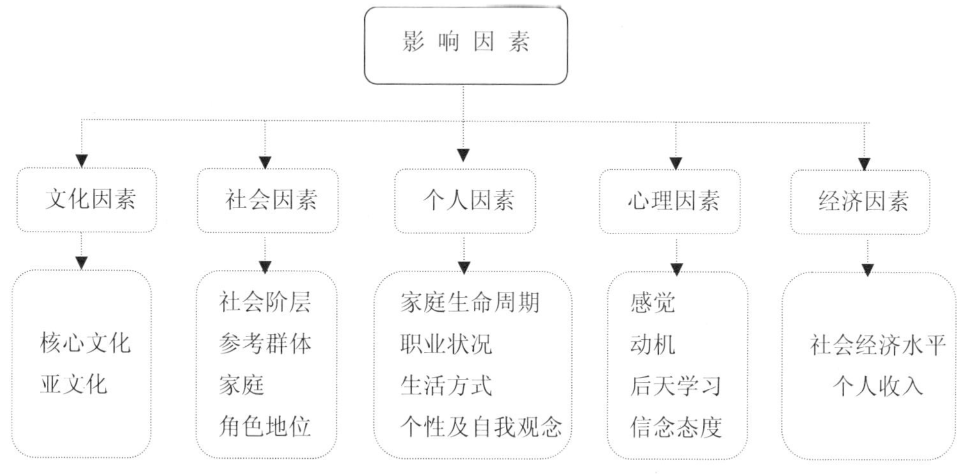

图 3-8　影响消费者购买行为影响因素

（1）文化因素。

文化因素对个人需求和购买行为的影响较为广阔，其中最主要的是核心文化和亚文化。

① 核心文化。核心文化也可称之为社会文化。不同民族、不同社会，其文化内涵的差别很大。例如，美国人希望得到个人最大限度的自由，追求超前享受，人们在购买住房、汽车等时，既可分期付款，也可向银行贷款支付。而在我国，人们则习惯攒钱买东西，人们购买商品往往局限于货币支付能力的范围内。再有在中国人眼里，传统节日或者喜庆的日子里，红颜色比较吉利，所以购买商品会受到传统文化的影响，购买红颜色的汽车。

② 亚文化。“亚文化又被视作”文化中的文化，亚文化群体的成员不仅具有与主流文化共同的价值观念，还具有自己独特的生活方式和行为规范。就汽车消费者购买行为而言，亚文化的影响更为直接和重要，有时甚至是根深蒂固的。

（2）社会因素。

消费者的购买行为还会受到社会因素的影响，这些社会因素主要有社会阶层、参考群体、家庭、角色地位。

① 社会阶层。一个人的社会地位不同，其价值取向、行为、举止也是不同的。同一阶层的成员，行为举止大体一样。社会阶层不只由某一因素所决定，而是由职业、收入、教育、价值观念等综合因素决定；人作为个体，可能晋升到更高阶层，也可能下降到较低阶层，不同阶层的人在购买行为和购买种类上具有明显的差异性。因此，汽车生产者会依据上述因素进行市场细分，找准所生产产品的市场定位。

② 参考群体。参考群体是指能够影响一个人的态度、意见和价值观念的一群人，是参照对象的群体的简称，也叫标准群体或榜样群体。这种群体的标准、目标和规范可以成为人们行动的指南，成为人们努力要达到的标准。个人会把自己的行为与这种群体的标准进行对照，如果不符合这些标准，就会改正自己的行为。参考群体可分为仰慕群体和背离群体。

仰慕群体又分为 3 类：亲密群体、松散群体和渴望群体。亲密群体指和消费者本人关系比较亲密，如父母、亲戚、同学、挚友等；松散群体指和消费者本人关系一般，限于认识，能够交流，谈不上交往亲密的一部分人；渴望群体指明星等群体，他们的购买行为会影响消费者，但是消费者是从观察的角度模仿明星的购买行为或者购买明星同款的产品，两者之间没有语言交流。这 3 类群体会不同程度影响消费者的购买行为，从众购买、听从建议购买、模仿购买。

背离群体是指被消费者讨厌、憎恶的一群人，这些人会影响消费者的购买行为，消费者会让自己的购买行为与之大相径庭。

③ 家庭。家庭成员是对消费者购买行为影响最大的主要参考群体，如父母、配偶、子女等，这些人会直接教诲或者潜移默化获得心智倾向和知识，对消费者潜意识的行为有明显的影响，配偶或者子女是其购买的直接参与者。

④ 角色地位。每个人在社会上，都会参加各种群体，一个人在群体中的角色可用身体和地位来确定，消费者往往会考虑自己的身份和社会地位做出购买选择。对于汽车的购买，更是一个人身体和地位的象征，如高层领导的座驾和普通员工的座驾可能会有所不同。

（3）个人因素。

个人因素主要包括家庭生命周期、职业状况、生活方式、个性及自我观念等。

① 年龄与家庭生命周期阶段。消费者的需求和购买能力会随着年龄的增加而发生变化，人们对汽车产品的喜好也会随年龄增大而发生改变。家庭生命周期是指一个以家长为代表的家庭生命的全过程，从青年的独立生活开始，到年老后并入子女的家庭或者死亡时为止，它分为形

成、扩展、稳定、收缩、空巢与解体 6 个阶段。显然，在不同阶段同一消费者及家庭的购买力、兴趣和对商品的偏好会有较大差别。

② 职业状况。不同职业的消费者对汽车的购买目标是不一样的，同时也会影响其消费模式。

③ 生活方式。生活方式是一个人在生活中所表现出来的活动、兴趣和看法的整个模式。不同人追求不同的生活方式，所以人们对产品的喜好和追求也就不同。从经济学的角度看，一个人的生活方式表明它所选择的分配方式以及对闲暇时间的安排，因此决定其购买行为与分配方式和安排闲暇时间活动相匹配。

④ 个性与自我观念。个性不同会导致消费者购买行为的差异，进而影响消费者对汽车产品的品牌和款式的选择。例如，追求时尚和个性化的消费者，对 SUV 概念车或者越野车比较感兴趣，因为它可以更好地展示自我，满足了以休闲旅游为生活方式的消费者的需求。又如，“80 后”有一定的消费能力，而且多数都能得到父母的资金支持或是选择贷款购车，喜欢运动时尚、造型个性的车型，对品牌有一定的忠诚度，更乐于从直观的广告和杂志等途径获取较为直接的车型信息等，这些都是“80 后”消费群体在选车、购车中普遍存在的心理和特性。他们强调个性，追求自我感受，是一种“我买我车，我坐我车”的心态。

在现实社会中，每个人都在追求自我形象塑造，这样无形当中就会使消费者有意无意地寻求与其自我形象观念相一致的产品、品牌，采取与自我形象相一致的消费行为。

（4）心理因素。

① 感觉。所谓感觉，就是人们通过感官对外界的刺激物或情境的反应或印象。随着感觉的深入，各种感觉到的信息在头脑中被联系起来进行初步的分析综合，形成对刺激物或情境的整体反应，就是知觉。知觉对消费者的购买决策、购买行为影响较大。在刺激物或情境相同的情况下，消费者有不同的知觉，他们的购买决策、购买行为就截然不同。因为消费者知觉是一个有选择性的心理过程，即选择性注意、选择性曲解、选择性记忆。

◆ 选择性注意：选择性注意又叫选择性接触，是指人们尽量接触与自己观点相吻合的信息，同时竭力避开相抵触的信息这么一种本能倾向。例如，在汽车市场营销领域中，外观、价格、广告、品牌、性能等都是潜在消费者接受与否的信息。

◆ 选择性曲解：选择性曲解又叫选择性理解，是指受众总要根据自己的价值观念及思维方式而对接触到的信息做出独特的个人解释，使之同受众固有的认识相互协调而不是相互冲突。

◆ 选择性记忆：选择性记忆，就是指人们根据各自的需求，在已被接收和理解的信息中挑选出对自己有用、有利、有价值的信息，然后储存在大脑之中。如果说选择性接触和选择性理解都是有意识的行为的话，那么选择性记忆往往属于无意识的行为。一般来说，人们并非由于某类信息合乎自己的口味，因而将它存入记忆中，而是人们记住某类信息正表明它能投其所好。

分析感觉对消费者购买影响目的是要求企业营销掌握这一规律，充分利用企业营销策略，引起消费者的注意，加深消费者的记忆，正确理解广告，影响其购买行为。

② 动机。消费者的购买动机主要有如下几种。

◆ 求实动机。这是以注重商品或劳务的实际使用价值为主要目的的购买动机。消费者在购买商品或劳务时，特别重视商品的实际效用、功能质量，讲求经济实惠、经久耐用，而对商品的外观造型、色彩、商标、包装装潢等不大重视。在购买时大都比较认真仔细地挑选，也不太受广告宣传的影响。一般而言，消费者在购买基本生活资料、日用品的时候，求实动机比较突出，而在购买享受资料、较高档次的、价值大的消费品时，求实动机不太突出。此外也要看消费者的消费支出能力和消费的价值观念。

◆ 求新动机。这是以注重商品的新颖、奇特和时尚为主要目的的购买动机。消费者在购买商品时，特别重视商品的外观、造型、式样色彩和包装装潢等，追求新奇、时髦和与众不同，而对陈旧落后时代的东西不屑一顾。在购买时受广告宣传、社会环境和潮流导向影响很大。具有这种购买动机的消费者一般来说观念更新较快，容易接受新思想、新观念，生活也较为富裕，追求新的生产方式。

◆ 求美动机。这是以注重商品的欣赏价值和艺术价值为主要目的的购买动机。消费者购买商品时特别重视商品对人体的美化作用、对环境的装饰作用、对其身体的表现作用和对人的精神生活的陶冶作用，追求商品的美感带来的心理享受。购买时受商品的造型、色彩、款式和艺术欣赏价值的影响较大。强调感受，而对商品本身的实用性要求不高。这样的消费者往往文化素质较高。但从现在的情况看，也有这样两个趋势：其一是随着人们生活水平的提高，收入的增加和用于非食物方面开支比重的增大，求美动机越来越强烈了；其二是随着时间的推移，人们休闲时间的增加，注重求美的动机的人也越来越多了。

◆ 求廉动机。这是以注重商品价格低廉，希望付出较少的货币而获得较多的物质利益为主要特征的购买动机。价格敏感是这类消费者的最大特点。在购买时不大看重商品的外观造型等，而是受处理价、优惠价、大特价、清仓价等的影响较大。一般而言，这类消费者收入较低或者经济负担较重，有时也受对商品的认识和价值观的影响。近年来还有一种趋势，就是在目标市场营销中，较低档次的消费者对于较高档次的消费品而言，往往是求廉购买。比如在广州不少的时装专卖店，本来是面向高收入者的，他们讲究时装的质地、款式、时尚与否，服务，购物环境等，普通大众一般的时候是不会光顾的，但在换季时大减价清仓处理，普通的消费者此时出去抢购，就是求廉动机的激发。

◆ 求名动机。这是一种以追求名牌商品或仰慕某种传统的名望为主要特征的购买动机。消费者对商品的商标、商店的牌号等特别重视，喜欢购买名牌产品，在购买时受商品的知名度和广告宣传等影响较大。一般而言，青年人、收入水平较高的人常常具有这种购买动机。

◆ 好胜动机。这是一种以争强好胜或为了与他人攀比并胜过他人为目的的购买动机。消费者购买商品主要不是为了实用而是为了表现比别人强，在购买时主要受广告宣传、他人的购买行为所影响，对于高档、新潮的商品特别感兴趣。

◆ 显耀动机。这是一种显示地位、身份和财富势力为主要目的的购买动机。消费者在购买商品或从事消费活动时，不太重视消费支出的实际效用而格外重视由此表现出来的社会象征意义，通过购买或消费行为体现出有身份、权威或名流的形象。

◆ 求同动机。这是一种以求得大众认可的购买动机。消费者在购买商品时主要以大众化为主，跟上潮流即可，人有我有，不求创新，也不要落后，有时也称为从众动机。在购买时受购买环境和别人的经验、介绍、推荐影响较大。

◆ 便利动机。这是一种以方便购买、便于使用维护为主的购买动机。在购买价值不高的日用品时，消费者常常具有这种购买动机，讲求便利是其主要特征，他们对服务也有一定的要求。

◆ 偏爱动机。这是一种以某种商品、某个商标和某个企业为主的购买动机。消费者由于经常地使用某类商品的某一种，渐渐产生了感情，对这种商品、这个商标的商品或这个企业的商品产生了偏爱，经常指名购买，因此有时也称为惠顾动机。例如，有人喜欢购买日本商品，有人喜欢购买国产商品等都是属于偏爱动机。企业注重服务，善于树立产品形象和企业形象往往有助于培养、建立消费者的偏爱动机。

③ 后天学习。学习是指由于经验引起的个人行为的改变，即消费者在购买和使用商品的实践中，逐步获得和积累经验，并根据经验调整自己购买行为的过程。学习是通过驱策力、刺激物、提示物、反应和强化的相互影响、相互作用而进行的。

“驱策力”是诱发人们行动的内在刺激力量。例如，某消费者重视身份地位，尊重需要就是一种驱策力。这种驱策力被引向某种刺激物——高级名牌西服时，驱策力就变为动机。在动机支配下，消费者需要做出购买名牌西服的反应。但购买行为发生往往取决于周围的“提示物”的刺激。

企业营销要注重消费者购买行为中“学习”这一因素的作用，通过各种途径给消费者提供信息，目的是达到加强诱因，激发驱策力，将人们的驱策力激发到马上行动的地步。同时，企业商品和提供服务要始终保持优质，消费者才有可能通过学习建立起对企业品牌的偏爱，形成其购买本企业商品的习惯。

④ 信念态度。态度通常指个人对事物所持有的喜欢与否的评价、情感上的感受和行动倾向。作为消费者态度对消费者的购买行为有着很大的影响。

消费者态度来源于：与商品的直接接触，受他人直接、间接的影响和家庭教育与本人经历。消费者态度包含信念、情感和意向，它们对购买行为都有各自的影响作用。

◆ 信念指人们认为确定和真实的事物。在实际生活中，消费者不是根据知识，而常常是根据见解和信任作为他们购买的依据。

◆ 情感指商品和服务在消费者情绪上的反应，如对商品或广告喜欢还是厌恶。情感往往受消费者本人的心理特征与社会规范影响。

◆ 意向指消费者采取某种方式行动的倾向，是倾向于采取购买行动，还是倾向于拒绝购买。消费者态度最终落实在购买的意向上。

企业营销人员应该注重对消费者态度的研究，以引导消费用户对企业及产品产生肯定的正方向的态度，这对企业产品的销售是极其有利的。

（5）经济因素。

经济因素主要包括社会经济水平和个人收入两方面。

① 社会经济水平。一个国家社会经济发展水平高低影响该国家人口汽车拥有状况、汽车更新速度及车型的选择等，如西方发达国家和非洲国家相比较而言，西方发达国家对车的拥有程度、更新速度都强于非洲国家。我国自 2009 年以来，经济发展速度较快，国民收入水平提高，所以汽车销量迅猛增加，目前我国还有近亿人口是潜在汽车购买者。

② 个人收入。人们的消费需求是通过利用手中的货币购买消费品来实现的。因此，在价格既定的情况下，收入的多少，就成为影响消费者市场需求的决定性因素。收入越多，对商品的需求量就越大。消费者在购买商品时，主要考虑的是自己的收入、商品的功能和商品的价格，在个人收入、商品功能一定的条件下，商品的价格是推动消费者购买行为的动力。个人的经济状况对其消费选择具有重大影响，它在很大程度上决定着人们可用于消费的收入、对待消费与储蓄的态度及借贷的能力。研究收入对消费者市场需求的影响既要看收入总量，又要看家庭收入，还要看人均水平。家庭收入和人均收入水平则直接影响消费需求的结构。人均收入水平较低时，人们只能购买生活必需品，收入提高后才能买其他产品。尤其是汽车对一般人来说属于一种高档耐用消费品，家庭的经济状况达不到一定程度是不可能购买汽车的，并且经济状况较好的人与经济状况一般的人所选购的汽车是有所差别的。

（三）汽车市场消费者购买行为过程分析

汽车市场消费者的购买行为是由一系列环节、要素构成的完整过程，比较复杂。在这一过程中，购买决策居于核心地位，参与的购买角色多，决策的正确与否直接决定购买行为的发生方式、指向及效用大小。

1. 购买角色分析

对于很多产品来说，识别购买者很容易。但是对于汽车产品而言，由于是复杂购买行为，参与购买的角色会很多，至于谁会在购买中占主导，还需要销售人员观察，在询问中识别。具体在汽车购买行为中，可将购买角色分为如下几种。

① 购买者。购买者是指最终花钱采购的人，通常指家庭中占主导地位的人。

② 决策者。决策者是指在购买中起决定性作用的人。

③ 使用者。使用者是指购车后驾驶的人，还包括乘坐的人。实际购车的人或购买过程中的决策者，都未必是最终的使用者，可能是购车送给爸爸、妈妈、妻子、孩子。

④ 影响者。影响者是指其看法或建议对最终决策者具有一定影响的人。影响者对犹豫型购买者具有很大的影响力，甚至影响者可以占主导，转而成为决策者。所以在销售过程中，销售人员要更多的关注影响者，他不一定能让交易成功，但是他一定能让交易失败。作为成功销售人员，应该识别出影响者，并关注影响者，让影响者起到利于销售的作用。

2. 购买过程分析（包括购买决策内容分析）

汽车购买作为一种复杂型购买行为，其购买决策一般分为引起需求、收集信息、产品评估、购买决策和购后行为 5 个阶段。

（1）引起需求。

缺货、不满意、新需要、相关产品的需要、新产品上市等因素可诱导需求的产生。首先应确认客户产生需求的原因，根据不同的诱因采取相应的措施，刺激客户产生需求。消费者的需要一般由两种刺激引起：一是内部刺激，匮乏状态；二是外部刺激，如广告宣传等。

在这个阶段，销售人员应该了解引起与本企业产品有关的现实需求和潜在需求的驱使力，即是什么原因引起消费者购买本企业汽车产品，从而设计能够引起需求的诱因，促使消费者增强刺激，唤起需要。

（2）收集信息。

为了满足需要，消费者要收集信息。消费者的信息来源主要有个人来源、经验来源、公共来源和商业来源 4 个方面。个人来源是指来自亲朋好友的信息；经验来源是从试乘试驾过程中感受汽车产品性能获得信息；公共来源是从网络、电视等大众传播媒体、社会组织中获取信息；商业来源是指从企业营销中获取信息，如从广告、推销员、展览会等获得的信息。个人来源和经验来源信息对消费者购买行为影响最直接，公共来源和商业来源的影响比较间接，但诱导性强。

这个阶段销售人员应该在调查、分析的基础上，了解不同信息来源对消费者购买行为的影响程度，注意不同文化背景下收集信息的差异性，有针对性设计安排恰当的信息传播途径，采用对目标市场影响最大、信息数量最多的促销组合，以便进一步引导购买行为。

（3）产品评估。

消费者在获取足够的信息之后，要对备选的各品牌汽车进行评估。对产品评估主要涉及以下问题。

① 产品属性。产品属性是指产品能够满足消费者需求的特征，它涉及产品功能、价格、质量、款式等。在价格稳定的情况下，消费者对提供产品属性多的产品感兴趣。由于使用者不同，对产品属性的要求也不同，如消费者对汽车轮胎的安全性要求低于航空公司对飞机轮胎安全性的要求，正是由于安全性能高，因此飞机轮胎价格昂贵。

② 属性权重。属性权重是消费者对各品牌汽车产品有关属性给予的不同权数。例如，买德系车注重安全的考虑，买日系车注重舒适的考虑，关键看购买中哪一个占心理优势。

③ 理想产品。消费者只能在“理想产品”信念下，选择最接近“理想”的品牌。汽车购买

者需要对不同厂家及车型有所了解，知道有什么差别。人们可以根据颜色、款式、质量和服务状况等方面，从可供选择的产品中选择最适合自己的品牌车型。

在这个阶段，销售人员应该了解一个汽车消费者在收集资料后可能初步会确定购买哪家公司的产品，最终消费者买了某品牌车型，销售人员感兴趣的应该是，消费者购买该品牌车型的理由：或是因为品牌知名度、或是因为产品性能、或是因为造车理念恰好符合他的要求或者朋友的影响。销售人员知道这些信息后，就可以改进营销手段和营销策略，考虑是否将相关车型进行改款换代，从而重新进行心理定位，树立新的品牌信念。

（4）购买决策。

购买决策是指通过产品评估，使消费者对备选的某种品牌产品形成偏爱，形成购买意向，引起实际购买行为。消费者的购买决策主要有产品种类决策、产品属性决策、品牌决策、购买时间及地点决策等。

消费者的购买意向是否转化为购买行动受他人态度和意外因素的影响，也受可觉察风险的影响，从而做出现在买还是以后买的购买决定。

在这个阶段，销售人员应该采用各种营销手段或者策略，消除或减少引起可觉察风险的因素，向消费者提供真实可靠的产品信息，增强其购买自信心，使消费者做出现在买的决定。如果以后再买，可能会出现多种情况，如以后经济状况不好了，可能就不会买了；或者现在没有买，又经过一段时间的收集信息、评估选择，可能就会买其他品牌产品，再或者经济实力增强，可能购买更高端的产品；也可能出现汽车产品价格回落，消费者出现持币待购现象，等待更低的价格出现。这都不利于销售预期的实现。

（5）购后感受。

购后感受让消费者产生购后行为。购后行为是指消费者在购买产品以后产生的某种程度的满意或不满意所带来的一系列表现。消费者对产品的期望值越高，不满意的可能性越大，因此企业在采取促销措施时，如果盲目地扩大消费者的期望值，虽然在短期内会扩大产品的销售量，但会引起消费者的心理失衡，退车、投诉增加，从长期来看有损企业形象，影响消费者以后的购买行为。

在这个阶段，销售人员应该通过广告宣传等促销手段，实事求是宣传产品，最好是有所保留，以提高消费者的满意度，采取有效措施减少或消除消费者的购后失调感，及时处理消费者的意见，给消费者提供多种解除不满情绪的渠道，建立与消费者长期沟通机制，加强售后回访，避免不满意状况出现。即使消费者满意，并且出现重购行为，仍然不代表消费者对该产品的每一项内容都满意。例如，消费者可能对产品很满意，但是对服务态度不是很满意，很可能就注定了该消费者不会成为本品牌产品的忠实客户。消费者如果对自己所购的车非常满意，不仅自己可以重购，还可以向熟悉的朋友推荐，从而带来转介绍客户，利于销售人员完成任务，实现企业利润。

研究和了解消费者购买决策过程是企业市场营销成功的基石，是制定正确的目标市场策略的有效保证。

四、汽车市场整体分析

汽车市场营销面对的是不断变化和竞争的市场，为了汽车企业的发展，企业必须通过对市场的调研和预测，掌握市场的走势，并从中寻找营销机会，避开和减少风险。此外，通过对市场容量、货源总量、竞争程度的测算和预测，汽车企业可以提高营销机会的科学性，而且短期市场预测，也是汽车企业安排生产计划的依据。

（一）汽车市场营销调研

市场预测的目的是为汽车企业科学决策提供可靠的依据。市场竞争无处不在，要发现市场、占有市场、开辟市场、制定有效的营销策略，使企业立于不败之地，必须收集大量市场信息，把握市场的变化。信息来源的一个重要方面就是由市场调查而获得的，因此市场调研是汽车企业科学预测与决策的基础。

1. 汽车市场营销调研的概念及作用

汽车市场营销调研就是运用科学的方法，有计划、有目的、有系统地收集、整理和研究分析有关市场营销方面的信息，包括购买对象、购买习惯、为了购买动向和同行业情况等，并提出调研报告，总结有关结论，提出机遇与挑战，以便帮助管理者了解营销环境，发现问题与机会，并为市场预测与营销决策提供依据。汽车市场营销调研又称市场调研、市场调查、市场买卖调查、市场研究等。

营销调研是企业经营的一项经常性工作，是企业增强经营活力的重要基础。它的作用有：

（1）掌握市场的供需状况；

（2）有利于企业顺利进入市场；

（3）有利于发现企业营销活动中的不足，保持同市场的紧密联系和改进营销管理；

（4）有利于提高企业竞争能力；

（5）有利于企业提高经济效益；

（6）有利于企业提高科技和经营管理水平。

2. 汽车企业营销调研的意义

营销调研在下列情况下往往为企业决策者所重视。

第一，决策者需要寻找新的市场机会时。在做出把某一产品投入市场的决策之前，要了解哪些是消费者新的需要和偏好，哪些产品已进入其生命周期（Product Life Cycle）的尽头等。

第二，市场营销管理人员需要寻找某种问题产生的原因时，通过调研可以得到结论。

第三，决策者在制定决策后必须在其实施过程中进行监测、评价和调整。许多情况下，市场营销调研就是针对决策是否有效而进行的，分析一项新的决策是否使市场营销活动向更为有利的方向发展。

第四，预测未来。调研为预测提供资料依据，预测的准确性很大程度上取决于市场营销调研的质量。营销调研与预测是密切联系又有区别的两个概念。

第五，提高营销效率。企业在通过互联网做品牌联播相关的网络营销时，需要在了解自己所在的行业发展行情，以及从企业自身的具体情况下出发，选择相对应的营销方式，这样更能提高营销效率。

3. 汽车市场营销调研的内容

（1）市场需求容量（the Market Needs）调研。

市场需求容量调研主要包括：市场最大和最小需求容量；现有和潜在的需求容量；不同商品的需求特点和需求规模；不同市场空间的营销机会以及企业的和竞争对手的现有市场占有率等情况的调查分析。其具体内容如下：

① 现有市场对某种产品的需求量和销售量，是供不应求还是供过于求；

② 潜在市场需求量有多大，也就是某种产品在市场上可能达到的最大需求量有多少；

③ 不同的市场对某种产品的需求情况，以及各个市场的饱和点及潜在的能力；

④ 本企业的产品在整个市场的占有率，以及不同市场的占有率，哪些市场对企业最有利；

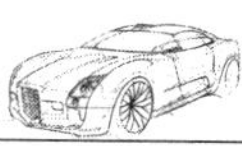

⑤ 分析研究市场的进入策略和时间策略，从中选择和掌握最有利的市场机会；

⑥ 分析研究国内、外市场的变化动态及未来的发展趋势，便于企业制订长期规划；

（2）可控因素（the Controllable Factor）调研。

可控因素调研主要包括对产品、价格、销售渠道和促销方式等因素的调研。

① 产品调研：包括有关产品性能、特征和顾客对产品的意见和要求的调研；产品寿命周期调研，以了解产品所处的寿命期的阶段；产品的包装、名牌、外观等给顾客的印象的调研，以了解这些形式是否与消费者或用户的习俗相适应。

② 价格调研：包括产品价格的需求弹性调研；新产品价格制定或老产品价格调整所产生的效果调研；竞争对手价格变化情况调研；选样实施价格优惠策略的时机和实施这一策略的效果调研。

③ 销售渠道调研：包括企业现有产品分销渠道状况，中间商在分销渠道中的作用及各自实力，用户对中间商尤其是代理商、零售商的印象等项内容的调研。

④ 促销方式调研：主要是对人员推销、广告宣传、公共关系等促销方式的实施效果进行分析、对比。

（3）不可控制因素（the Uncontrollable Factor）调研。

① 政治环境调研：包括对企业产品的主要用户所在国家或地区的政府现行政策、法令及政治形势的稳定程度等方面的调研。

② 经济发展状况调研：主要是调查企业所面对的市场在宏观经济发展中将产生何种变化。调研的内容有各种综合经济指标所达水平和变动程度。

③ 社会文化因素调研：调查一些对市场需求变动产生影响的社会文化因素，诸如文化程度、职业、民族构成，宗教信仰及民风，社会道德与审美意识等方面的调研。

④ 技术发展状况与趋势调研：主要是为了解与本企业生产有关的技术水平状况及趋势，同时还应把握社会相同产品生产企业的技术水平的提高情况。

⑤ 竞争对手调研：在竞争中要保持企业的优势，就必须随时掌握竞争对手的各种动向，在这方面主要是关于竞争对手数量、竞争对手的市场占有率及变动趋势、竞争对手已经并将要采用的营销策略、潜在竞争对手情况等方面的调研。

4. 汽车市场营销调研的程序

营销调研是一项有序的活动，包括准备阶段、实施阶段和总结阶段 3 个部分，如图 3-9 所示。

（1）调研准备阶段。

这一阶段主要是确定调研目的、要求及范围并据此制订调研方案。在这个阶段中包括 3 个步骤。

① 调研问题的提出。营销调研人员根据决策者的要求或由市场营销调研活动中所发现的新情况和新问题，提出需要调研的课题。

② 初步情况分析。根据调查课题，收集有关资料作初步分析研究。许多情况下，营销调研人员对所需调研的问题尚不清楚或者对调研问题的关键和范围不能抓住要点而无法确定调研的内容，这就需要先收集一些有关资料进行分析，找出症结，为进一步调研打下基础，通常称这种调研方式为探测性调研（Exploratory Research）。探测性调研所收集的资料来源有：现有的资料，向专家或有关人员做调查所取得的资料。

③ 制订调研方案。调研方案中确定调研目的、具体的调研对象、调研过程的步骤与时间等，在这个方案中还必须明确规定调查单位的选择方法、调研资料的收集方式和处理方法等问题。

（2）调研实施阶段。

在这一阶段的主要任务是根据调研方案，组织调查人员深入实际收集资料，它又包括以下两个工作步骤。

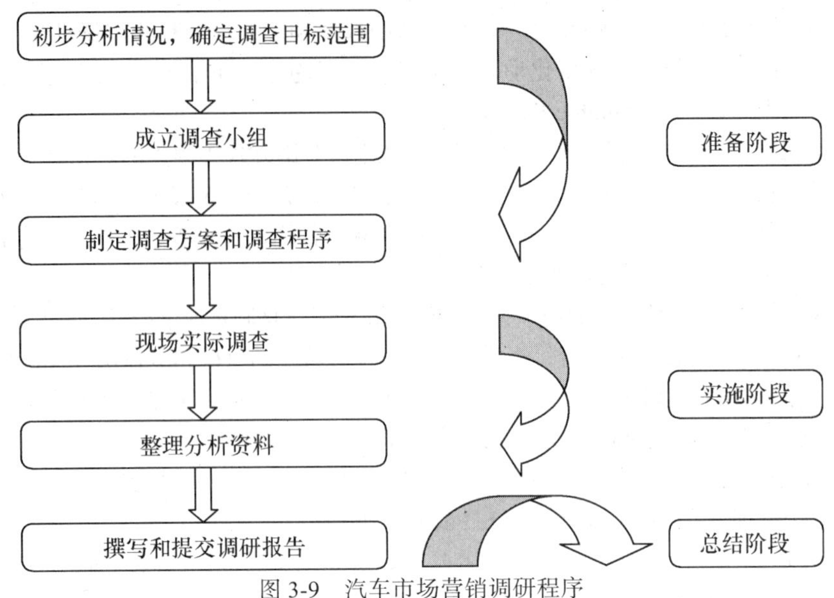

图 3-9 汽车市场营销调研程序

① 组织及培训。企业往往缺乏有经验的调研人员，要开展营销调研首先必须对调研人员进行一定的培训，目的是使他们对调研方案、调研技术、调研目标及与此项调研有关的经济、法律等知识有一明确的了解。

② 收集资料。首先收集的是第二手资料（Secondary Data）也称为次级资料。其来源通常为国家机关、金融服务部门、行业机构、市场调研与信息咨询机构等发表的统计数据，也有些发表于科研机构的研究报告或著作、论文上。对这些资料的收集方法比较容易，而且花费也较少，一般将利用第二手资料来进行的调研称之为案头调研（Desk Research）。其次是通过实地调查来收集第一手资料，即原始资料（Prima-tyData），这时就应根据调研方案中已确定的调查方法和调查方式，确定好的选择调查单位的方法，先一一确定每一被调查者，再利用设计好的调查方法与方式来取得所需的资料。我们将取得第一手资料并利用第一手资料开展的调研工作称为实地调研（Field Research），这类调研活动与前一种调研活动相比，花费虽然较大，但是它是调研所需资料的主要提供者。本任务所讲的营销调研方法、技术等都是针对收集第一手资料而言，也就是介绍如何进行实地调研。

（3）调研总结阶段。

营销调研的作用能否充分发挥，它和做好调研总结的两项具体工作密切相关。

① 整理和分析。通过营销调查取得的资料往往是相当零乱，有些只是反映问题的某个侧面，带有很大的片面性或虚假性，所以对这些资料必须做审核、分类、制表工作。审核即是去伪存真，不仅要审核资料的正确与否，还要审核资料的全面性和可比性。分类是为了便于资料的进一步利用。制表的目的是使各种具有相关关系或因果关系的经济因素更为清晰地显示出来，便于做深入的分析研究。

② 编写调研报告。它是调研活动的结论性意见的书面报告。编写原则应该是客观、公正全面地反映事实，以求最大限度地减少营销活动管理者在决策前的不确定性。调研报告包括的内容有：调研对象的基本情况，对所调研问题的事实所作的分析和说明，调研者的结论和建议。

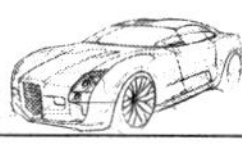

案例

调研报告的写法

从汽车市场调查报告的一般结构来看，一篇完整的汽车市场调查报告应包括以下几个方面的内容：标题、目录、概述、正文、结论和建议。

（一）标题

标题页一般把被调查单位、调查内容明确而具体地表示出来，如《关于深圳家用轿车市场调查报告》。有的调查报告还采用正、副标题的形式。

（二）目录

除了只有几页纸的调查报告之外，一般的调查报告都应该编写目录，以便读者查阅特定内容。目录包含报告所分的章节及其相应的起始页码。通常只编写两个层次的目录。较短的报告也可以只编写第一层次的目录。需要注意的是，报告中的表格和统计图都要在目录中列明。

附目录：

1. 调查设计与组织实施
2. 调查对象构成情况简介
3. 调查的主要统计结果简介
4. 综合分析
5. 数据资料汇总表
6. 附录

如果报告含有图表，那么需要在目录中包含一个图表目录，目的是帮助读者很快找到对一些信息的形象解释。因为图和表是独立的数字编号，因此，在图表目录中，应列出每一图表的名称，并按在报告中出现的次序排列。

（三）概述

概述主要是阐述调查课题的基本情况，是按照汽车配件市场调查课题的顺序将问题展开，并阐述对调查的原始资料的选择、评价、作出结论、提出建议的原则等。概述主要包括3方面内容。

1. 简要说明调查目的，即简要地说明进行调查的原因、目的和调查涉及的中心问题。

2. 简要介绍调查对象和调查内容，包括调查时间、地点、对象、范围、调查要点及调查的具体内容。

3. 简要介绍调查研究的方法。介绍调查研究的方法，有助于使人确信调查结果的可靠性，因此要对所用方法要进行简短叙述，并说明选用方法的原因。例如，是用间接调查法还是直接调查法，是用直接面谈的方法还是邮寄问卷法等。

（四）正文

正文是汽车市场调查分析报告的主体部分。这部分必须准确阐明全部有关论据，包括从问题的提出到得出的结论，论证的全部过程，分析研究问题的方法，全部调查结果和必要的市场信息，以及对这些情况和内容的分析评论。

正文包括引言、研究目的、调查方法、结论、局限性以及建议。

1. 引言

引言对为何开展此项调查作出解释说明。调查的每个问题在正文的某一部分都应提供相应的结论。

2. 调查方法

调查方法部分要阐明以下5个方面的内容。

（1）调查设计。说明所开展的项目是属于探索性调查、描述性调查还是因果性调查，以及为什么适用于这一特定类型调查。

（2）资料采集方法。所采集的是初级资料还是次级资料。结果的取得是通过调查、观察还是实验。所用调查问卷或观察记录表都应编入附录。

（3）抽样方法。总体目标是什么，抽样如何确定，是什么样的样本单位，它们如何被选取出来。对以上问题的回答根据及相应的运算都须在附录中列明。

（4）实地工作。起用了多少名、什么样的实地调查人员；对他们如何进行培训、监督管理；实地工作如何检查。这些方面对于最终结果的准确程度会带来十分重要的影响。

（5）分析方法。说明所使用的方法是定量分析方法还是定性分析方法。

3. 结论和局限性

结论在正文中占有较大篇幅。这部分内容应按一定的逻辑顺序提出紧扣调查目的的一系列结论。在结论中，还可以配合一些总括性的表格和图像加以说明。完美无缺的调查是难以做到的。所以，必须指出调查报告的局限性，诸如作业过程中无法回避的误差和抽样程序存在的问题等。在报告中，将成果加以绝对化，不承认它的局限性和应用前提，不是科学的态度。当然，也没有必要过分强调它的局限性。

4. 建议

建议主要是调查小组根据调查结果给汽车销售企业提出的一些发展意见和思路，建议应该建立在调查结果的基础上，符合实际情况，符合企业的发展目标，而且确实具有可操作性。建议部分应该写得详细、具体、通俗。

（五）附件

附件是指调查报告正文包含不了或没有提及，但与正文有关必须附加说明的部分。它是对正文报告的补充或更详细的说明。附件通常包括的内容有：图表目录、调查提纲、调查问卷和观察记录表、被访问人（机构单位）名单、较为复杂的抽样调查技术的说明、一些次关键数据的计算（关键数据的计算，如果所占篇幅不大，应该编入正文）、较为复杂的统计表和参考文献等。

5. 汽车市场营销调研方法

汽车市场调研方法有很多种，这里只列举了如下几种。

（1）调查法。

调查法就是以询问被调查者问题的方式来收集资料的一种方法。它包括个人访问法、电话调查法、邮寄调查法 3 种主要方式。

① 个人访问法，又称面谈调查法或直接访问法，是指派调查员根据规定的访问程序向所选出的对象当面询问，以取得有关资料的方法。个人访问调查时既可根据事先拟定的问卷上的问题顺序发问，也可以通过自由交谈来获得资料。

个人访问法的特点：可观察性；灵活性；可控制性；面谈费用高。

② 电话调查法就是利用调查问卷由调查者用电话向调查对象询问意见收集资料的方法。电话调查法的特点如下：

◆ 迅速及时地获得事件发生当时的情报。凭借电话作为调查工具，可以在很短的时间内，立即获得调查资料，对于某些极具时效性的资料收集来说，电话调查法是一种最有效的资料收集工具；

◆ 所需要的费用低，仅需付电话费用即可；

◆ 调查者与被调查者不直接接触，避免心理压力；

◆ 调查时按标准问卷发问便于资料整理。

电话调查法具有局限性，调查时间不可太长；无法获得观察资料，无法控制不合作者。

③ 邮寄调查法，就是将设计好问卷邮寄给被调查看，请他填好后寄回。为了提高回收率，采用此法时，一般附有回邮的信封和邮票并可采取赠送纪念品的办法。

邮寄调查法的特点如下：

◆ 调查区域广泛，对样本能作地理上的分配；

◆ 所需要的费用低；

◆ 被调查者有足够时间考虑问题，不会受时间上的限制。

采用这种办法，回收率低；各细分市场的回收率不一致，使设计样本的地理分布产生误差；调查表必须简短，不适于深测个人内在动机；被调查者答复迟缓，无法控制问卷回收时间，往往费时较长。因此，在人文特性或被调查的要件并非十分重要的情况下，邮寄法是一种既经济又有效的调查方法。

（2）观察法。

观察法就是对调查对象作直接观察，在被调查者没有意识到自己受到调查的情况下，观察和记录被调查对象的行为及反应等。观察法用于某些不愿回答或无法回答的情况，这是一种不可缺少的直接收集资料的方法。观察法主要有 3 种不同形式。

① 直接观察法。指调查者直接对调查对象的行为反应、感受等进行观察，记录调查对象的全部实际活动。

② 行为记录法。指在取得被调查者同意之后，用一定装置记录调查对象的某一行为。

③ 实际痕迹测量法。调查员不亲自观察购买者的行为，而是观察行为发生后的痕迹，如设顾客意见簿，用户要求联系簿，或广告附上回答等做法，都属于实际痕迹测量法。

观察法的主要特点是，由于观察对象并未意识到正在被调查，所以调查对象不受外界因素的影响，往往能得到较为真实、自然的结果，搜集的资料具有较高的准确性和可靠性，有目的地调查现场发生的情况。它的不足之处就是通过对调查者的观察，只能了解被调查者的行为，无法掌握被调查者内在的心理变化，无法了解被调查者的思路。在营销的应用上，观察法主要应用在交通流量调查、店内商品摆设调查、顾客购买动作调查、汽车 4S 店位置调查、销售现场巡回调查等方面。

（3）实验法。

实验法起源于自然科学的实验求证。自然科学的实验，是通过实验室，而市场研究的实验，则通过实验市场。上述的调查法与观察法均属于记录性研究，其结果主要说明事物间的关系。而实验法是为了验证某个假设，其目的是为了说明因果关系。所以，实验法是说明因果关系的较好方法。目前测验市场销售策划常用这种方法。例如，测验广告策略中心销售成果，就常使用此法。测验的销售区域越广，所了解的变量越多，所获得的结果也越好。

（二）汽车市场营销预测

汽车市场预测是建立在汽车市场调查的基础上的，根据汽车市场的相关信息，以及汽车市场宏观环境和微观环境的状况，运用科学方法和逻辑推理，对未来发展趋势进行估计和推测，定性或定量估计出汽车市场的发展前景。

1. 汽车市场营销预测概念及意义

预测是对某一事物的未来发展趋势的预计与推测。具体地说，就是根据事物过去和现在的资料，运用一定的科学方法和逻辑推理，对其未来发展趋势进行预计和推测，定性或者定量地估算出事物的发展规律，并对此做出评价，以指导或调节人们未来的行动和方向。

汽车市场预测的意义可以概括为以下 4 个方面。

（1）汽车市场预测对汽车市场未来需求、供给趋势等方面做出判断，有利于适应和满足消费者需求。

汽车生产或者销售企业，通过调查，预测出消费者目前对市场上产品的看法和意见，从而更有针对性的研发和生产满足和符合消费者需求的产品。

（2）汽车市场预测有利于汽车销售企业提高经营管理和决策水平。

通过市场预测，企业可以更有效地了解和掌握市场购买力和消费水平，消费结构，对未来企业购销情况和本行业的竞争状况心中有数，更好地帮助企业做出正确的经营决策，减少失误和盲目性。

（3）汽车市场预测有利于汽车销售企业准确、理性的把握未来的汽车发展趋势。

汽车发展趋势某种程度上是受消费者喜好推动，在原有产品基础上，做某些技术装备的更新换代，如果有调研，就可以更准确的预测出未来消费者的需求状况，这也就意味着汽车的未来发展趋势。

（4）汽车市场预测有利于汽车销售企业提高经济效益。

通过市场预测，企业可将营销目标层层分解到各部门、各岗位及人员，促进企业加强内部管理，改善外部环境，提高经济效益。

预测的意义还可以用图形表达出来，如图 3-10 所示。

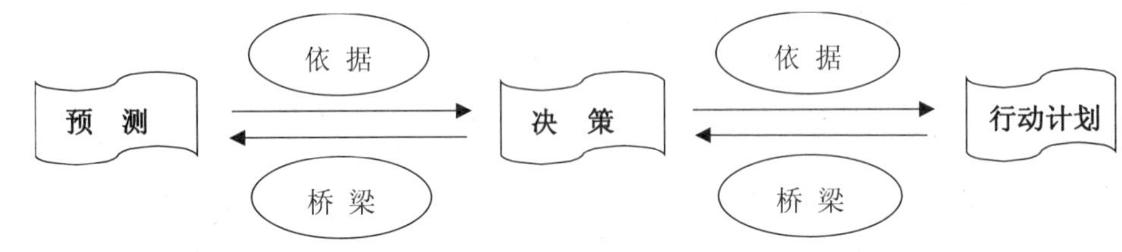

图 3-10 汽车市场预测意义

目前由于我国的汽车产业正处于快速发展的时期，各大汽车公司都在迅速的扩大规模，抢占市场份额，汽车市场运行规律极为复杂，汽车市场经常处在剧烈的波动中。在这样的形势下，汽车企业更加有必要在市场调查的基础上，科学的作好市场预测工作，准确的把握未来汽车市场发展的形势，建立科学的企业发展决策，以使企业能在复杂的汽车环境中生存和发展。

2. 汽车市场营销预测的主要内容

汽车的市场预测主要包括对未来汽车需求的预测、汽车供给预测、汽车产品价格预测、汽车技术发展趋势预测、汽车企业的竞争形势预测、汽车企业本身经营能力的预测等方面。对汽车销售企业而言，最重要的就是汽车市场需求的预测。

根据有关资料对汽车产品为例的需求变化进行细致的分析研究，掌握需求的内在规律，对其发展趋势做出比较正确的估计和判断。市场需求预测根据人口的变化、国民物质文化生活水平提高的程度、社会购买力的增减，以及国民爱好喜欢、消费结构等变化因素，分析市场对汽车产品数量需求、产品质量需求、款式、价格等方面的需求。市场需求预测内容如表 3-2 所示。

表 3-2 市场需求预测内容

需求预测项目	需求预测考虑因素	行动计划
产销趋势中长期预测	企业长期经营方向，影响产销技术因素、市场竞争、资源条件变化	制订企业产品发展规划
产销趋势短期预测	基于本企业产品的原材料来源、成本、价格与同行业产品对比，预测产销影响报告	做出企业应对策略
单品种专项预测	研究分析本企业新产品投入市场后的销售状况及消费者对产品价格、质量、造型等方面的反映	建议改进或者扩大新产品产销

3. 汽车市场营销预测步骤

汽车市场营销预测步骤如图 3-11 所示。

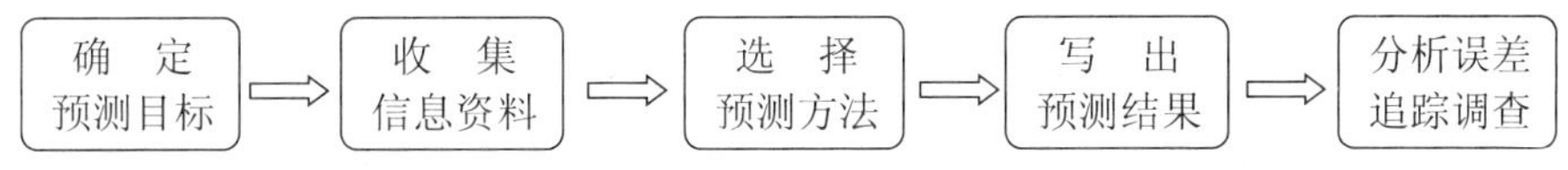

图 3-11　汽车市场预测步骤

（1）确定预测目标。

进行预测首先要明确预测什么，通过预测要解决什么问题，进而明确预测目标。同时还应规定预测的期限和进程，划定预测的范围等。

（2）收集、分析和整理相关数据资料。

预测所需资料包括：与预测对象有关的各种因素的历史统计数据资料和反映市场动态的现实资料。其中，市场调查资料是一个重要的信息来源。收集、分析和整理数据资料是预测工作重要的一环，因为只有正确地、充分地“总结过去”，才能正确地“推测未来”。数据资料收集要注意广泛性、适用性和可靠性。

（3）选择预测方法。

市场预测应根据预测目标和占有的资料，选择适当的预测方法。预测的方法与模型很多，各有其预测对象、范围和条件，应根据预测的问题的性质、占有资料的多少、预测成本的大小，选择一种或几种方法。

（4）进行预测，写出预测结果报告。

运用选定的预测方法进行预测，得出预测结果，并要及时将预测结果写成预测结果报告。报告中，表述预测结果应简单、明确，对结果应做解释性说明和充分论证，包括对预测目标、预测方法、资料来源、预测过程的说明，以及预测检验过程和计算过程。

（5）分析误差。

预测是对未来事件的预计推测，很难与实际情况完全吻合，因而要对预测结果进行判断、评价，要进行误差分析，找出误差原因及判断误差大小，若误差较大，应修改调整预测模型得出的预测数量结果，或考虑其他更适合的预测方法，以得到较准确的预测值。一般误差最好控制在正负 10%～15%。

4. 汽车市场预测方法

预测理论产生了很多预测方法，常用的预测方法大体可分为两大类：一类是定性预测方法，即质的预测方法；另一类是定量预测方法，即量的预测方法。前者容易把握事物的发展方向，对数字要求不高，能节省时间，费用小，便于推广，但往往带有主观片面性，数量不明确；后者则相反。人们在实际预测活动中，往往运用两种方法相结合的方法，即定量预测的结论必须接受定性分析的指导。唯有如此，才能更好地把握汽车市场的变动趋势。

（1）定性预测方法。

定性预测方法又称为判断分析预测法，它是由预测者根据拥有的历史资料和现实资料，

依据个人经验、知识和综合分析能力，对未来的市场发展趋势作出估计和测算。从本质上来它属于质的分析的预测方法。预测者根据主管经验、知识和综合能力，通过对有关资料的分析推断，基于“按发展时间顺序类推”和“由局部类推总体”的相类似原则进行预测。

定性预测的方法有如下几种。

① 德尔菲法。该方法是在 20 世纪 40 年代末期由美国兰德公司（BAND）首创并使用的，在西方发达国家广泛盛行的一种预测方法。至今，这种方法已经成为国内、外广为

应用的预测方法，它可以用于技术预测和经济预测、短期预测和长期预测。尤其是对于缺乏统计数据而又需要对很多相关因素的影响做出判断的领域，以及事物的发展在很大程度上受政策影响的领域，更适应用德尔菲法进行预测。这种方法是按规定的程式，采用背对背的反复函询方式，它的预测过程与营销调查的过程基本一致。首先，由预测主持人将需要预测的问题逐一拟出；然后，分寄给各个专家，请他们对预测问题逐一填写自己的预测看法；最后，将答案寄回主持人。主持人进行分类汇总后，将一些专家意见相差较大的问题再抽出来，并附上几种典型的专家意见请专家进行第二轮预测。如此循环往复，经过几轮预测后，专家的意见便趋向一致，或者更为集中，主持人便以此作为预测结果。由于这种方法使参与预测的专家能够背靠背地充分发表自己的看法，不受权威人士态度的影响，因而保证了预测活动的民主性和科学性。在采用德尔菲法进行预测过程中，选择专家与设计意见征询表是两个最重要环节，他们是德尔菲法成败的关键。德尔菲法的一般预测程序如图 3-12 所示。

② 集合意见法。集合意见法，就是集合企业内部经营人员、业务人员等的意见，凭他们的经验和判断共同讨论市场趋势而进行市场预算的方法。由于经营管理人员、业务人员等对市场的需求和变化较为熟悉，因而他们的判断往往能反映市场的真实趋势。该种方法首先由预测者根据企业经营管理的要求，向研究问题的有关人员提出预测项目和预测期限的要求，并尽可能提供有关资料。然后，有关人员就根据预测的要求及所掌握的资料，凭个人经验和分析判断能力，提出各自的预测方案。接下来，预测的组织者计算有关人员预测方案的方案预测值，并将参与预测的有关人员进行分类，计算各类综合期望值，最后确定最终的预测值。定性预测方法还有社会（用户）调查法（即面向社会公众或用户展开调查）、小组讨论法（会议座谈形式）、单独预测集中法（由预测专家独立提出预测看法，再由预测人员予以综合）、领先指标法（利用与预测对象关系甚密的某个指标变化对预测对象进行预测，如通过对投资规模的监控来预测汽车需求量及需求结构）、主观概率法（预测人员对预测对象未来变化的各种情况作出主观概率估计）等。

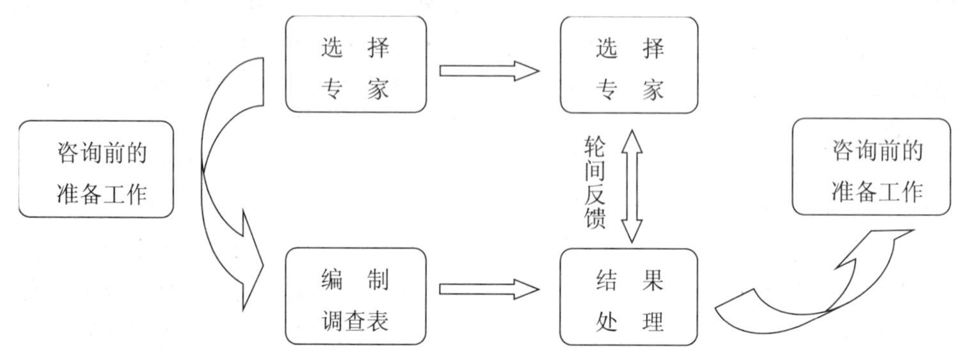

图 3-12　德尔菲法的一般预测程序

总之，随着社会经济及科学技术的发展，预测方法也在不断地发展和完善，汽车市场营销的预测人员应不断加强理论学习，并通过预测，总结出一些实用的方法。

（2）定量预测方法。

定量预测方法是依据必要的统计资料，借助数学方法特别是数理统计方法，通过建立数学模型，对预测对象未来在数量上的表现进行预测等方法的总称。汽车市场定量预测方法一般有以下两种。

① 时间序列预测法。时间序列是指某种社会经济统计指标同一变数的一组观察数值，按时

间先后顺序排列而成的数列。根据时间序列分析社会经济现象发展变化过程的规律性，测定其发展变化的趋势和程度，运用一定的数学方法构建预测模型，并据此确定市场预测值的方法，称为时间序列预测法。它具有以下特点：

◆ 假定事物的过去会同样延续到未来；
◆ 时间序列的数据变动同时存在着规律性和不规律性；
◆ 不考虑市场发展的因果关系。

为确保对经济现象发展过程及其规律性进行动态分析的正确性，保证时间序列中各数值之间具有可比性是十分重要的。因此，在编制时间序列过程中，应尽量做到总体范围、时间单位、指标的经济内容、指标的计算方法和计算单位等一致。这种方法适合于短期或者中期预测，如果时间序列的数据随时间变化波动大，如果市场环境变化大、国家政策变化大，就不适宜采用此种方法。

② 因果分析预测法。因果分析预测法，是从事物变化的因果关系出发，寻找市场发展变化的原因，分析原因与结果之间的联系结构，建立数学模型，据以预测市场未来的发展变化趋势和可能水平。这种方法主要用数学模型来表达预测因素与其他因素之间的关系，比较复杂，理论性强，预测结果比较可靠。

任务专项实训

☞实训项目

调研“某品牌车型市场状况、消费者需求（消费行为和消费心理）和竞争者状况”。

☞实训目的

通过本实训项目，能够充分了解营销环境、消费者购买行为及动机对汽车销售产生的影响，学会汽车市场调研方法和步骤。

☞实训内容

选择某品牌或某车型，通过设计调查问卷的形式，对市场状况、消费者需求、竞争者状况等方面展开调查，撰写调研报告。

☞实训步骤

◎将学生进行分组，4～5人一组，确定调查主题。
◎小组进行调查方案设计，师生共同讨论可行性。
◎各组成员派代表展示方案，以PPT形式进行。
◎各组根据评价意见进行修改，然后上交方案。
◎根据方案展开调查，形成调查报告。

☞实训评价

◎以组为单位进行PPT汇报。
◎完成方案设计及调查报告。

任务四
汽车市场营销战略分析

知识目标

1. 掌握汽车市场细分的含义、作用、前提条件及细分方法
2. 掌握目标市场的含义、选择目标市场策略及范围模式
3. 掌握目标市场定位含义、战略及策略

能力目标

1. 能够帮助企业进行市场细分并选择目标市场
2. 能够帮助企业对汽车产品进行准确市场定位

任务导入

请结合下面的资料，针对汽车产品所处环境，进行有效市场细分，并为资料中的汽车产品选择合适的目标客户群，并进行准确市场定位。

奥迪 A1 定位豪华 A0 级 推行个性化定制

◆ **豪华 A0 级定位**

奥迪 A1 上市前，一汽奥迪销售事业部总经理首次对其定位做出表述：“我认为在 A1 到来之前，中国汽车市场还没有真正意义上的‘高档小型车’，即豪华 A0 级车”。作为面向年轻群体的准豪华车，奥迪 A1 将通过时尚个性化定制以及丰富配置选择来充分满足多样需求。

据了解，对于豪华 A0 级定位，记者通过采访经销商及奥迪相关人士了解到，虽然区分 A 级与 A0 级的主要标准是轴距，不过在豪华车市场来看，这一区分与车型平台也有很大关系。比如奔驰品牌的入门级车型，奔驰 A 级车事实上是与奔驰 B 级车同平台研发，因而属于 A 级车级别，而宝马 1 系同属 A 级车产品，奥迪 A1 的直接竞争对手 MINI COOPER 则是宝马子品牌，本身不是严格意义的豪华品牌。

而在奥迪产品线划分中，同平台的 A3 和 Q3 等被定位为自身的 A 级车产品，其中 A3 与宝马 1 和奔驰 A 形成竞争关系，小一号的 A1 则将开辟一个新的豪华 A0 级市场，从尺寸和轴距来看，A1 长宽高分别为 3950mm、1740mm 和 1420mm，轴距达到 2470mm，略低于 MINI COOPER，略小于奔驰 A 级车。这一独特定位，将使其营销策略及目标客户群更加年轻化。

◆ **全面推行时尚个性定制**

奥迪 A1 在中国推出进取型、舒适型以及豪华型三款 1.4TFSI 车型，并提供包括车内外配

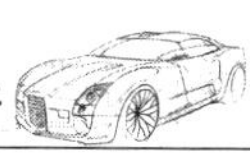

色、轮毂样式以及配置等诸多选择方案，仅车身颜色就有多种，3 种材质的车内饰，4 种颜色的车顶饰条，以及两个尺寸 5 种轮毂样式供消费者自由搭配。

在配置上，奥迪 A1 配备了包括发动机自动启停系统、全景天窗等。在选装配置上，奥迪 A1 提供了 S-Line 坐椅、模拟可视前后泊车辅助等配置选择。

通过此案例分析：（1）奥迪 A1 在汽车市场中的细分；（2）奥迪 A1 所面对的目标客户群体特征；（3）奥迪 A1 的汽车市场定位如何？

分析：

上述材料中我们了解到相关汽车产品的定位，但是要分析该产品的目标客户群体，我们还需要知道市场细分、目标市场的选择及定位。

课程导航

1. 汽车市场细分
2. 汽车目标市场的选择
3. 汽车产品市场定位

知识解读

面对众多消费者不同的需求和欲望，汽车企业要生存发展，必须广泛分布。因为一个市场上，企业本身不可能生产出满足所有用户的所有所需求，因此企业必须结合自己产品的优势，选择适合自己的市场部分，有针对性的进行营销活动，确定自己在市场中的竞争地位，这也是我们所说的汽车市场营销战略。

由于市场营销大致经历了 3 个阶段：大规模营销、产品差异化营销、目标市场营销。所谓目标市场营销，就是选择与本企业营销宗旨最相适应、销售潜力最大、获利最丰的那部分市场作为自己争取的目标，然后采取相应的市场营销手段，打入或占领这个市场，因此市场细分应运而生。市场细分（Market Segmentation）的概念是美国营销学家温德尔·史密斯（Wended Smith） 在 1956 年最早提出的，此后，美国营销学家菲利浦·科特勒进一步发展和完善了温德尔·史密斯的理论并最终形成了成熟的 STP（Segmenting 市场细分、Targeting 目标市场、Positioning 目标市场定位）理论。市场细分、目标市场选择和市场定位是汽车市场营销战略的核心内容。

一、汽车市场细分

（一）汽车市场细分的含义

市场细分也称市场细分化（Marketing Segmentation），是指根据整体市场上顾客需求的差异性，以影响顾客需求和欲望的某些因素为依据，将一个整体市场划分为两个或两个以上的顾客群体，每一个需求特点相类似的顾客群就构成一个细分市场（或子市场）。在各个不同的细分市场，顾客需求有较明显的差异，而在同一细分市场上，消费者具有相同或相近的需求特点。例如，服装市场，可按顾客的性别因素，细分为男士市场、妇女市场；按年龄因素细分为老年市场、中年市场、青年市场、儿童市场；也可按地理因素细分为国外市场、国内市场，或城市市场和乡村市场，或南方市场和北方市场等。汽车市场可以按用户的用途要求分为货车市场、客车市场；按用户的购买力分为高档车、中档车和低档车市场等。以上每个细分市场的需求各不相同，同一细分市场内需求基本相似。

所以市场细分不是通过产品分类来细分市场的，如汽车市场、服装市场、机床市场等。它是按照顾客需求爱好的差别，按消费者的需求点来区分市场，形成若干客户群体。在这若干个细小市场中，选择经营对象和目标市场，以特定的产品功能定位和形象定位满足特定客户群体的消费需求。

（二）汽车市场细分的作用

市场细分对企业市场营销的影响和作用很大，它表现在以下几个方面。

（1）有利于企业发掘新的市场机会，从而选择适合本企业的目标市场。

企业经过市场调查和市场细分后，对各细分市场的需求特征、需求的满足程度和竞争情况将了如指掌，并能从中发现那些需求尚未得到满足或需求尚未充分满足的细分市场，这些市场为企业提供了一个新的极好的市场开拓机会。

（2）有利于小企业开拓市场。

顾客的需求是多变的、各不相同的。即使是大企业，其资源也是有限的，不可能满足整个市场的所有需求，更何况小企业。为求得生存，小企业应善于运用市场细分原理对整体市场进行细分，拾遗补缺，从中找到尚未满足需求的细分市场，采取与目标市场相应的产品、价格、销售渠道、销售促进的市场营销组合策略，从而获得良好的发展机会，取得较大的经济效益。

（3）有助于企业确定目标市场，制定有效的市场营销组合策略。

通过市场细分，有助于企业深入了解顾客需要，结合企业的优势和市场竞争情况，进行分析比较，从细分市场中选择确定企业的目标市场。企业的经营服务对象已定，就能有的放矢，有针对性地制定有效的市场营销组合策略，提高企业经营管理水平，增强市场竞争力。

（4）有利于企业合理配置和使用资源。

企业根据市场细分，确定目标市场的特点，扬长避短，将有限的人力、物力和财力集中用于少数几个或一个细分市场上，可避免分散使用力量，取得事半功倍的经济效果，发挥最大的经济效益。

（5）有利于取得信息反馈以调整营销策略。

就整体市场而言，一般信息反馈比较迟钝，不易敏感地察觉市场变化。而在细分市场中，企业为不同的细分市场提供不同的产品，制定相应的市场营销策略，企业能较易得到市场信息，察觉顾客的反应。这将有利于企业挖掘潜在需求，适时调整营销策略。

（6）有利于企业提高经济效益。

通过市场细分后，企业可以面对自己的目标市场，生产出适销对路的产品，既能满足市场需要，又可增加企业的收入；产品适销对路可以加速商品流转，加大生产批量，降低企业的生产销售成本，提高生产工人的劳动熟练程度，提高产品质量，全面提高企业的经济效益。

（三）汽车市场细分的前提条件

市场细分的结果是否科学合理，可从以下5个方面来进行评判，这5个方面是进行有效市场细分的前提，也是细分应该遵循的原则。

1. 差异性

差异性也称可区分性。汽车市场上确实存在购买和需求差异，在观念上能被区别并对不同的营销组合因素和方案产生不同的反应。

2. 可衡量性

细分标准是用来描述细分市场的特征的，这些标准应该可以明确细分出来，而且描述这些

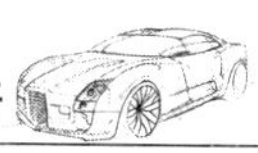

市场特征的资料应该能够获得。例如，消费者的年龄不但可以衡量，而且有相关资料可查，因此它可以作为一个细分标准。相反，标准不易衡量，资料也难以获得，因此不能算作是一个好的细分标准，或者说细分出来的细分市场对营销的意义不大。

3. 可进入性

可进入性是指细分出来的市场必须是企业的营销活动能够到达的市场。市场的细分和选择必须适应企业本身的营销力量和开发能力，必须是企业有可能进入并占有一定份额的市场，否则就没有现实意义。例如，细分的结果发现已有很多竞争者，自己无力与之抗衡，或虽有未满足需求，但因企业缺乏原材料或技术，难以生产经营等，这些细分市场就不宜贸然开拓。只有当地经济状况、人口状况、道路状况等符合企业利益条件，企业方可把其作为目标市场进行营销。

4. 可盈利性

可盈利性是指细分市场的容量能保证企业获得预期的经济效益。也就是说，细分市场的规模必须使企业有利可图，有一定的现实需求和潜在需求。企业选择目标市场的目的，是为其提供适销对路细分标准的产品并获得盈利。这就要求目标市场有适当的规模、容量和购买力，不仅能保证企业在短期内可以盈利，而且能保证企业保持较长时期的收益，使企业有一定的发展潜力。在市场细分时，如果细分市场狭小，潜在购买者很少，就不值得开拓。

5. 实效性

细分市场上的消费者必须有现实的购买力及潜在或者可以转化为潜在购买力的能力。否则企业进入后，长期见不到效益，那就失去了进入细分市场的意义。

6. 稳定性

细分出来的各个子市场，在一定时期内要能保持相对的稳定。细分市场相对稳定，企业营销策略、方案、效益也相对稳定，有利于企业节约人力、物力、财力资源。否则，细分市场变化快，企业营销活动也就难以适应市场需求变化，就会出现经营风险，影响预期利润。

（四）汽车市场细分依据

针对消费者市场细分的依据，通常情况下，企业是组合运用有关变量来细分市场，而不是单一采用某一变量。概括起来，细分消费者市场的变量主要有地理变量、人口变量、心理变量、行为变量这4大类，具体如表4-1所示。以这些变量为依据来细分市场就产生了地理细分、人口细分、心理细分和行为细分4种市场细分的基本形式。

表4-1　消费者市场细分变量

细分依据	细分变量
地理因素	地理位置、城镇大小、地形、地貌（平原、丘陵、山区）、气候、交通状况、人口密集度等
人口因素	年龄、性别、职业、收入、民族、宗教、教育、家庭人口、家庭生命周期等
心理因素	生活方式、性格、购买动机、态度等
行为因素	购买时间、购买数量、购买频率、购买习惯（品牌忠诚度）、对服务、价格、渠道、广告的敏感度等

1. 按地理变量细分市场

即按照消费者所处的地理位置、自然环境来细分市场。例如，根据国家、地区、城市规模、气候、人口密度、地形地貌等方面的差异将整体市场分为不同的小市场。地理变数之所以可作为市场细分的依据，是因为处在不同地理环境下的消费者对于同一类产品往往有不同的需求与偏好，他们对企业采取的营销策略与措施会有不同的反应。

（1）地理位置。可以按照行政区域来进行细分，如在我国可以划分为东北、华北、西北、西南、华东和华南几个地区；也可以按照地理区域来进行细分，如划分为省、自治区，市、县等，或内地、沿海、城市、农村等。在不同地区，消费者的需求显然存在较大差异。

（2）城镇大小。可划分为大城市、中等城市、小城市和乡镇。处在不同规模城镇的消费者，在消费结构方面存在较大差异。

（3）地形和气候。按地形可划分为平原、丘陵、山区、沙漠地带等；按气候可分为热带、亚热带、温带、寒带等。防暑降温、御寒保暖之类的消费品就可按不同的气候带来划分。例如，在我国北方，冬天气候寒冷，耐寒的汽车配件比较畅销；但在江南，则反之。

2. 按人口变量细分市场

即按人口统计变量，如年龄、性别、家庭规模、家庭生命周期、收入、职业、教育程度、宗教、种族、国籍等为基础细分市场。

（1）性别：由于生理上的差别，男性与女性在产品需求与偏好上有很大不同，如选车方面，女性更关注颜色和款式，而男性更关注操控和动力等，这就存在明显的差异性。

（2）年龄：不同年龄的消费者有不同的需求特点，如青年人对汽车的需求与中、老年人的需求就有差异，青年人需要鲜艳、外形和款式新潮，中、老年人则需要中规中矩。

（3）收入：低收入和高收入消费者在产品选择、休闲时间的安排、社会交际与交往等方面都会有所不同。

（4）职业与教育：消费者职业的不同、所受教育的不同也会导致所需产品的不同。受教育程度不同的消费者，在志趣、生活方式、文化素养、价值观念等方面都会有所不同，因而会影响他们的购买种类、购买行为、购买习惯。

（5）家庭生命周期：一个家庭，按年龄、婚姻和子女状况，可分为单身、新婚、满巢、空巢和孤独 5 个阶段。在不同阶段，家庭购买力、家庭成员对商品的兴趣与偏好也会有很大的差别。单身者购车考虑因素和三口之家或者有老人的五口之家考虑的因素不同。

（6）民族：世界上大部分国家都拥有多种民族，我国更是一个多民族的大家庭，除汉族外，还有 55 个少数民族。这些民族都各有自己的传统习俗、生活方式，从而呈现出各种不同的商品需求。

3. 按心理变量细分市场

即根据购买者所处的社会阶层、生活方式、个性特点等心理因素细分市场。

（1）社会阶层：指在某一社会中具有相对同质性和持久性的群体。处于同一阶层的成员具有类似的价值观、兴趣爱好和行为方式，而不同阶层的成员对所需的产品也各不相同。识别不同社会阶层消费者所具有的不同特点，对于汽车产品的市场细分将提供重要依据。

（2）生活方式：人们追求的生活方式的不同也会影响他们对产品的选择。例如，有的追求新潮时尚，有的追求恬静、简朴，有的追求刺激、冒险，有的追求稳定、安逸。汽车市场推出不同颜色、款式、性能等车型，均是依据生活方式细分市场。

（3）个性：指一个人比较稳定的心理倾向与心理特征，它会导致一个人对其所处环境做出相对一致和持续不断的反应。一般地，个性会通过自信、自主、支配、顺从、保守、适应等性格特征表现出来。因此，个性可以按这些性格特征进行分类，从而为企业细分市场提供依据。

4. 按行为变量细分市场

即根据购买者对产品的了解程度、态度、使用情况及反应等将他们划分成不同的群体。很多人认为，行为变数能更直接地反映消费者的需求差异，因而成为市场细分的最佳起点。

（五）汽车市场细分步骤

汽车市场细分程序可通过如下例子看出。

一家航空公司对从未乘过飞机的人很感兴趣（细分标准是顾客的体验）。而从未乘过飞机的人又可以细分为害怕飞机的人，对乘飞机无所谓的人以及对乘飞机持肯定态度的人（细分标准是态度）。在持肯定态度的人中，又包括高收入有能力乘飞机的人（细分标准是经济水平）。于是这家航空公司就把力量集中在开拓那些对乘飞机持肯定态度，只是还没有乘过飞机的高收入群体。

可见，市场细分包括以下步骤。

（1）选定产品市场范围。公司应明确自己在某行业中的产品市场范围，并以此作为制定市场开拓战略的依据。

（2）列举潜在顾客的需求。可从地理、人口、心理等方面列出影响产品市场需求和顾客购买行为的各项变数。

（3）分析潜在顾客的不同需求。公司应对不同的潜在顾客进行抽样调查，并对所列出的需求变数进行评价，了解顾客的共同需求。

（4）制定相应的营销策略。调查、分析、评估各细分市场，最终确定可进入的细分市场，并制定相应的营销策略。

（六）汽车市场细分的程序

市场细分作为一个比较、分类、选择的过程，应该按照一定的程序来进行，通常有以下几个步骤。

（1）正确选择市场范围。

企业根据自身的经营条件和经营能力确定进入市场的范围，如进入哪些区域，提供哪些汽车产品，提供哪些服务。

（2）列出市场范围内所有潜在顾客的需求情况。

根据细分标准，比较全面地列出潜在顾客的基本需求，作为以后深入研究的基本资料和依据。

（3）分析潜在顾客的不同需求，初步划分市场。

企业将所列出的各种需求通过抽样调查进一步搜集有关市场信息与顾客背景资料，然后初步划分出一些差异最大的细分市场，至少从中选出 3 个分市场。

（4）筛选。

根据有效市场细分的条件，对所有细分市场进行分析研究，剔除不合要求、无用的细分市场。

（5）为细分市场定名。

为便于操作，可结合各细分市场上顾客的特点，用形象化、直观化的方法为细分市场定名，如经济型市场、豪华型市场等。

（6）复核。

进一步对细分后选择的子市场进行调查研究，充分认识各细分市场的特点，本企业所开发的细分市场的规模、潜在需求，还需要对哪些特点进一步分析研究等。

（7）决定细分市场规模，选定目标市场。

企业在各子市场中选择与本企业经营优势和特色相一致的市场作为目标市场。经过这一步，就已达到市场细分的目的。

经过以上 7 个步骤，企业便完成了市场细分的工作，然后可以根据自身的实际情况确定目标市场并采取相应的目标市场策略。

（七）汽车市场细分的具体方法

市场细分的方法主要有单一变量法、主导因素排列法、综合因素细分法、系列因素细分法等。

1. 单一变量法

单一变量法是指根据市场营销调研结果，把选择影响消费者或用户需求最主要的因素作为细分变量，从而达到市场细分的目的。这种细分法以公司的经营实践、行业经验和对组织客户的了解为基础，在宏观变量或微观变量间，找到一种能有效区分客户并使公司的营销组合产生有效对应的变量而进行的细分。例如，玩具市场需求量的主要影响因素是年龄，可以针对不同年龄段的儿童设计适合不同需求的玩具，这早就为玩具商所重视。除此之外，性别也常作为市场细分变量而被企业所使用，妇女用品商店、女人街等的出现正反映出性别标准为大家所重视。

2. 主导因素排列法

主导因素排列法即用一个因素对市场进行细分，如按性别细分汽车产品市场，按年龄细分服装市场等。这种方法简便易行，但难以反映复杂多变的顾客需求。

3. 综合因素细分法

综合因素细分法即用影响消费需求的两种或两种以上的因素进行综合细分，如用生活方式、收入水平、年龄 3 个因素可将汽车市场划分为不同的细分市场。

4. 系列因素细分法

当细分市场所涉及的因素是多项的，并且各因素是按一定的顺序逐步进行，可由粗到细、由浅入深，逐步进行细分，这种方法称为系列因素细分法。

二、汽车目标市场的选择

企业在完成市场细分后，必须评价各种细分市场，然后决定为多少个细分市场服务，并根据客观条件选择好目标市场，目的在于不断拓展市场。

目标市场是指企业的目标顾客，也就是企业营销活动所需要满足的市场需求，是企业决定要进入的市场；或者表述为在市场细分的基础上，选择一个或者几个细分部分作为自己的服务对象，这些被选中的细分部分就是目标市场。企业的一切营销活动都是围绕目标市场进行的，选择和确定目标市场，明确企业的具体服务对象，是企业制定营销策略的基本出发点。

目标市场选择是指估计每个细分市场的活动程度，并选择进入一个或多个细分市场。企业选择的目标市场应是那些企业能在其中创造最大价值并能保持一段时间的细分市场。绝大多数企业在进入一个新市场时只服务于一个细分市场，在取得成功之后，才进入其他细分市场，大企业最终会选择完全市场覆盖。正如通用汽车公司所宣称过的，它“要为每一个人的钱包和个性生产汽车”。

（一）评估细分市场

1. 细分市场的规模和发展评估

细分市场的规模和发展评估主要是对目标市场的规模与企业规模和实力相比较进行评估，

以及对市场增长潜力的大小进行评估。

2. 市场吸引力评估

吸引力主要是指企业目标市场上长期获利能力的大小，取决于 5 个群体（因素）：同行业竞争者、潜在的新参加的竞争者、替代产品、顾客、供应商，如图 4-1 所示。

这 5 个群体具有威胁性，需采取相应的措施。

◆ 对供应商：建立良好关系和开拓多种供应渠道。

◆ 对顾客：提供无法拒绝的优质产品。

◆ 对替代产品：需密切注意其价格趋势。

◆ 对同行竞争者：使其不易进入。

◆ 对潜在的新参加的竞争者：增加进入壁垒的难度，使其不易进入。

如果某个市场已有为数众多或实力强大的竞争者，或有可能招致更多的竞争者，或替代产品竞争能力很强，或顾客谈判能力很强且各种苛求又太多，或企业的供应商能够在很大程度上控制企业对该市场产品的供应，那么这个细分市场的吸引力就会下降。企业是否将这样的细分市场作为目标市场就应审慎决策。反之，细分市场的吸引力就会增强。

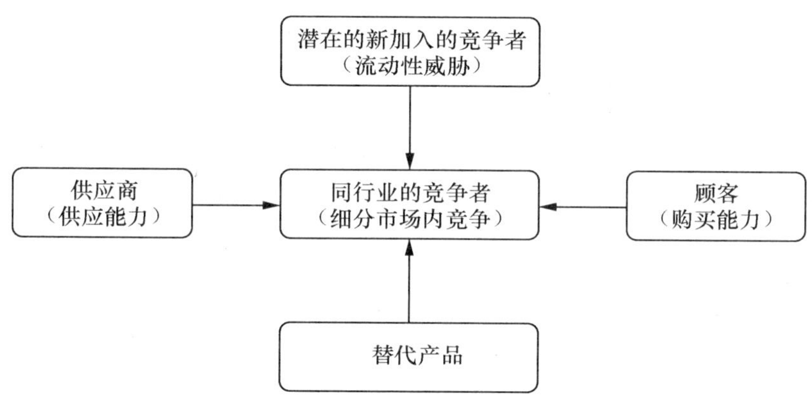

图 4-1　影响细分市场吸引力的 5 个因素及其关系

3. 汽车企业本身的目标和资源评估

汽车企业必须考虑对市场的投资和资源是否相一致，如某个市场具有一定规模和发展特征，其组织结构也具有吸引力，但若不符合企业的长远目标，就得放弃；即使该市场符合企业的目标，还要考虑企业是否具备获胜能力以及是否具备获胜所需的技术和资源。

（二）目标市场的选择原则

在选择目标区域市场时，营销人员需要把握一定的原则和方法。

1. 市场分类原则

营销人员应该将现有市场进行分类，并进行比较，通常可以分为如下几类。

投入期市场：在企业的市场开拓安排前提下，产品已开始导入区域市场。

成长期市场：产品导入市场后，销售已经启动，产品在该市场的需求量稳步上升。

成熟期市场：市场基本饱和，需求基本稳定，市场上的产品流通通畅无阻。

衰退期市场：市场需求开始下降，出现供大于求的状态，预计销售与实际销售的差距逐渐增大。

钉子市场：企业虽然投入了很多营销资源，付出很大努力，但是仍不见成效的市场。

重点市场：也许目前的市场销量并不大，但从长远看，市场具有战略意义。

零点市场：由于某些原因，企业尚未开拓的市场。

2. 目标市场选择的原则

汽车企业在选择目标市场时，要结合企业、产品、市场等各个方面因素，综合考虑，选择时一般采取“四化”原则。

（1）营销资源投入最小化。

以最小的营销资源投入，获得最大的市场收益，这是企业最理想的目标。

（2）达到营销目标时间最短化。

任何一目标市场，从开拓到达到规模盈余都需要一段时间，这段时间越短，企业见效越快，成本回收期越短。

（3）达到营销目标管理最简化。

企业在不同的目标市场都要设定一定的经营目标，也就是将来欲实现的期望值。为了实现经营目标，投入的管理成本越小越好，管理越简单越好。

（4）规模盈余最大化。

达到目标市场的预期营销目标后，能够实现的盈余规模越大越好。

上述“四化”指标，往往不可能同时实现，甚至有时某些指标之间相互冲突，这就要求营销人员在进行市场选择时，根据企业的经营状况以及在各区域市场的营销策略，有针对性地进行考虑。

（三）目标市场选择的范围模式

企业可以进入的目标市场模式有5种，分别是：产品—市场集中化，产品专业化，市场专业化，选择性专业化和全面覆盖策略，具体如图4-2所示。

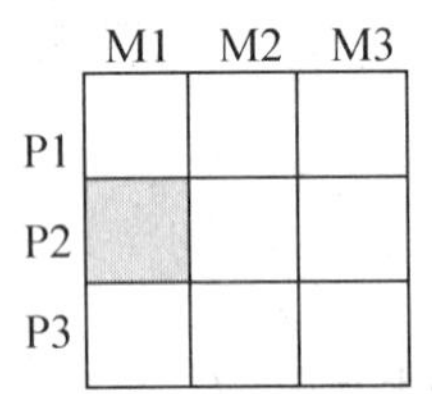

（1）产品—市场集中

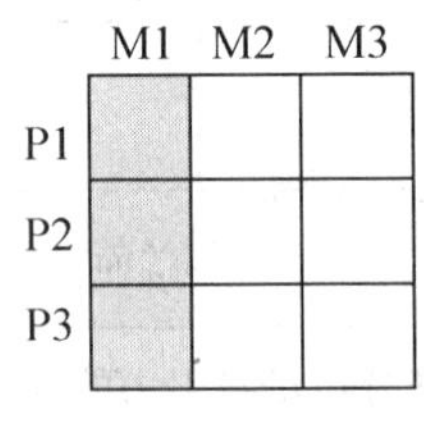

（2）产品专业化

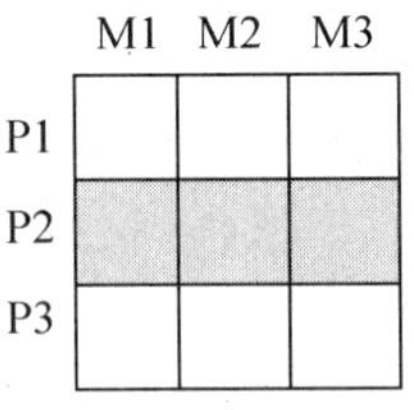

（3）市场专业化

（4）选择性专业化

（5）全面覆盖

图4-2 目标市场选择5种范围模式（P代表产品、M代表市场）

1. 产品—市场集中化

企业的目标市场（顾客）是从产品角度出发，都集中于一个细分市场，因而企业只生产一种产品，只供应某一顾客群。例如，豪华轿车“劳斯莱斯”的生产厂家使用的就是这种策略，将目标市场固定在“有很高的社会地位，追求享受，并且将汽车作为身份地位象征的顾客”这一专门的细分市场上。这种策略最适于实力一般的中小型汽车企业。一些汽车出口企业在最初

进入国外市场时也常采用这种策略，开始时以一个不被竞争者重视的细分市场为目标，集中力量在这个目标市场上努力经营，提供高质量的产品和服务，赢得声誉后再根据自己的条件逐渐扩展到其他市场上去。据研究，日本、韩国的汽车公司大多数是运用了这种策略，才在国际汽车市场上取得惊人成绩的。

2. 产品专业化

企业专注于某一类产品的生产，并将其产品推销给各类顾客。企业通过这种策略，可以在某个产品方面得到很高的声誉。一般来讲，这种策略适合中、小企业使用，在早期的汽车企业中有所运用。美国福特汽车公司早年生产的T型车，连续十几年，始终生产一种车型，一种颜色。在汽车工业发展的初期，T型车开创了批量、流水化生产的先河。福特的T型车代表了一个时代。但是，随着汽车工业的进步，汽车产品多样化开始出现，以不同的车型满足不同的消费需求成为20世纪20年代以来汽车产品的主流。

3. 市场专业化

企业向某一个专业市场（某专业顾客群）提供所需要的各种产品。例如，中国山东黑豹汽车制造公司是农用汽车生产的专业化企业，生产的各类农用车专门面向农村短途运输市场，在农用汽车市场中占有很高的市场份额。

4. 选择性专业化

企业有选择地进入几个不同的细分市场，其中每个细分市场都具有吸引力，且符合企业的目标和资源水平。例如，上海通用汽车公司2004年以前，其车型系列有选择地占领几个市场：GL8系列进入中高档商务车市场，别克、君威轿车进入中高档轿车市场，凯越系列进入中档轿车市场，而赛欧系列进入经济型轿车市场。

5. 全面覆盖

这种策略就是要面对整个市场，为满足各个细分市场上不同的需要，分别设计不同的产品，采取不同的市场营销方案，分别向各个细分市场提供各种不同品种的产品，并以所有的细分市场为目标的营销策略。这种策略比较适合于大型汽车企业（集团），企业实力显著，有足够技术和资源生产各种产品满足各种消费者的需要。例如，以宽系列、全品种发展汽车产品的营销战略便是面对各个细分市场。

（四）目标市场营销策略

企业通过市场细分，会发现有很多市场机会，然而企业的资源是有限的，企业准备为多少个细分市场提供产品服务及如何实现服务，这就是目标市场选择的问题。常用的策略有：无差异性市场策略、差异性市场策略和集中性市场策略。

1. 无差异性市场策略

实行无差异性市场策略的企业，把整个市场作为一个大目标，不考虑细分市场间的区别，针对消费者的共同需要，制订统一的生产和销售计划，以实现开拓市场，扩大销售。

采取无差异性市场策略的优点是，大量生产、储运、销售而使得产品平均成本低，并且不需要进行市场细分，可节约大量的调研、开发、广告费用。这一策略适用于一些本身不存在明显细分市场的产品，但是对于大多数像汽车这样具有明显差别的商品是不适用的，即使采用也只能在短期中生效。例如，第二次世界大战后美国的整车制造厂如通用、福特公司基本上都生产大型轿车，长时间实行无差异市场策略，结果几家公司竞争激烈，销售受到限制。另一方面，石油危机的爆发使得对小型轿车的需求突然增加，这就为日本汽车占领美国市场打开了大门。无差异性目标市场策略的采用有两种情况，一是在完全垄断市场上，产品由一个企业独家垄断，消费者对产品没有选择的余地。但在今天的消费品市场中，几乎已经不存在完全垄断市场。二是消费者对产品或服务的需求没有差异或差异不明显，如电力和燃气市场。

综上所述，这种策略的缺点是针对性不强，无法满足个性化需求，甚至导致竞争过度状况。在今天消费者需求个性化越来越强，企业竞争越来越激烈，老产品很容易被淘汰，对于中小企业来说不适合采用此种策略。

2. 差异性市场策略

实行差异性目标市场策略的企业，通常是把整体市场化分为若干细分市场作为其目标市场。针对不同目标市场的特点，分别制订出不同的分销计划，按计划生产营销目标市场所需要的商品，满足不同消费者的需要。汽车市场是具有明显差异性的异质性市场，因此，差异性目标市场策略是当今汽车企业共同的选择，而且差异性的划分越来越细致，市场越分越小。

这种策略的优点是小批量、多品种、针对性强，能够更好地满足不同消费者的不同需求，有利于树立良好的市场形象。另外，由于企业在多个细分市场上经营，在一定程度上可以减少风险，一旦企业在几个细分市场上获得成功，还有助于提高市场占有率。差异性策略的不足之处体现在两个方面：一是增加营销成本。由于产品品种多，管理和存货成本将增加；由于公司必须针对不同细分市场发展独立的营销计划，会增加企业在市场调研、促销和渠道管理等方面的营销成本。二是企业的资源配置不能有效集中，顾此失彼，甚至在企业内部出现彼此争夺资源的现象。因此，企业在决定采用差异性市场策略之前，应认真权衡差异性营销给企业形成的利益和增加的成本。

3. 集中性市场策略

集中市场策略是指企业集中力量进入一个或少数几个细分市场，实行专业化生产和销售。实行这一策略，企业不是追求在一个大市场角逐，而是力求在一个或几个子市场有较大份额。

集中性策略的主导思想是：与其四处出击收效甚微，不如突破一点取得成功。这一策略适合于营销资源有限的中小企业。中小企业由于受财力、技术等方面因素的制约，在整体市场可能无力与大企业抗衡，但如果集中资源优势在大企业尚未顾及或尚未建立绝对优势的某个或某几个细分市场进行竞争，成功可能性更大。因此其优点是：投资少、见效快。

集中性策略的局限性体现在两个方面：一是市场区域相对较小，企业发展受到限制；二是潜伏较大的经营风险，一旦目标市场突然发生变化，如消费者趣味转移、或者强大竞争对手进入、或新的更有吸引力的替代品出现，都可能使企业因没有回旋余地而陷入困境。

（五）影响目标市场策略选择的因素

企业往往将经营目标分散于几种策略之中，根据具体情况加以选择实施。一般来说，在选择目标市场策略时应考虑以下 5 个方面的因素。

（1）企业实力。

在企业生产能力、技术能力和销售能力很强时，就可采用无差异性策略和差异性策略。反之，最好采用密集单一市场策略。

（2）产品特性。

对于一些类似性很强的产品以及不同工厂或地区生产的在品种、质量方面相差较小的产品，宜采用无差异性营销。而对消费者的要求差别很大的产品，宜采用差异性市场营销或密集单一市场策略。大多数轿车都属于消费者要求差别大的产品，适合使用差异性策略。

（3）市场特性。

如果不同市场消费者对同一产品的需求和爱好相近，宜采用无差异性策略。另外市场出现

供不应求状况时，可采用整体市场营销策略，甚至是采取不进行市场细分的无差异市场营销策略，反之采用差异性营销策略。

（4）产品处于生命周期的不同阶段。

通常在产品处于投入期和成长期时，可采用无差异性策略，以探测市场和潜在顾客的需求。当产品进入成熟期或衰退期时，则采用差异性策略，以开拓新的市场，或采取密集单一市场策略，以维持和延长产品生命周期。

（5）竞争者所采用的市场策略。

分析竞争者的策略和势力，可以采取正面竞争的进攻策略，也可采取避让型的侧翼策略，或防守策略。一般来说，汽车企业如果比竞争对手实力强，可采取无差异性营销，差异的程度可与竞争对手一致或更强。如果汽车企业的实力不及竞争对手，一般不应采取完全一样的营销策略，可采取集中性营销策略，坚守某一细分市场，也可采取差异性营销策略，但在差异性方面，应针对竞争对手薄弱的汽车产品项目形成自己的竞争优势。

三、汽车产品市场定位

汽车企业在进行了市场细分后，确定了自己的目标市场，进而就会考虑到目标市场上的竞争状况。那么企业应该以什么样的形象出现，与市场上竞争者产品之间的区别如何呈现，这就是市场定位。

（一）市场定位的概念

市场定位又称产品定位，主要是指明确企业的产品在目标市场中所处的位置，即根据所选定目标市场上的竞争者现有产品所处的位置和企业自身的条件，从各方面为企业和产品创造一定的特色，塑造并树立一定的市场形象，以求在目标顾客心目中形成一种特殊的偏好。市场定位不仅要反映汽车产品的内在特征，而且应反映由促销战略、定价决策和分销渠道选择而共同造就的产品形象。在多品牌公司中，有选择地使用品牌也有助于形成理想的形象。

例如，对轿车购买者而言，福特公司的水星（the Mercury）品牌就能表达与福特品牌自身所不同的含义。再如德国大众的“甲壳虫”轿车，其定位就非常明确，在所有汽车品牌都追求小车设计向更长、更低、更好看发展时，“甲壳虫”却追求更小。为了打响品牌知名度，在宣传中一改以往汽车的宣传要素，以“想想还是小的好（Think Small）”来定位，在广告表现上也一改传统手法，将“甲壳虫”在广告中处理成小小的，似一个小甲壳虫一般，让人一想到小型车，首先就会联想到小巧可爱的“甲壳虫”，使得该品牌在小车型中成为“领导者”。在汽车行业众多的品牌中，定位观点是各不相同的。同是高档汽车，宝马强调的是“驾驶的乐趣”，沃尔沃强调“耐久安全”，马自达的“可靠”，绅宝（SAAB）的“飞行科技”，丰田（IDYUTA）的“跑车外型”，菲亚特的“精力充沛”，奔驰的“高贵、王者、显赫、至尊”。

可见，企业产品市场定位要解决的问题是：顾客真正需要什么；企业把自己的产品定在目标市场上的何处；目标市场上竞争者的产品处于什么位置。

（二）市场定位依据

对多数企业而言，产品市场定位是在寻求产品的差异化，突出产品对特定人群、特定消费需求的适用性。那么，产品在目标市场上如何针对特定的需求，如何塑造形象，即根据什么来定位，大致可归纳为：根据属性定位；根据利益定位；根据用途定位；根据使用者定位；根据竞争者定位；根据产品种类定位；根据质量—价格定位 7 种。

（三）市场定位步骤

汽车市场定位的关键是企业要在自己产品的差异性上下工夫，找出企业或产品与竞争企业产品的不同，给消费者留下深刻印象。汽车市场定位主要分为如下3个步骤。

1. 分析目标市场的现状，确认潜在的竞争优势

这一步骤的中心任务是要回答以下3个问题：一是竞争对手产品定位如何？二是目标市场上顾客欲望满足程度如何以及确实还需要什么？三是针对竞争者的市场定位和潜在顾客的真正需要的利益要求企业应该及能够做什么？要回答这3个问题，企业市场营销人员必须通过一切调研手段，系统地设计、搜索、分析并报告有关上述问题的资料和研究结果。通过回答上述3个问题，企业就可以从中把握和确定自己的潜在竞争优势在哪里。

2. 选择竞争优势，对目标市场初步定位

竞争优势表明企业能够胜过竞争对手的能力。这种能力既可以是现有的，也可以是潜在的。选择竞争优势实际上就是一个企业与竞争者各方面相比较的过程。比较的指标应是一个完整的体系，只有这样，才能准确地选择相对竞争优势。通常的方法是分析、比较企业与竞争者在经营管理、技术开发、采购、生产、市场营销、财务和产品7个方面究竟哪些是强项，哪些是弱项。借此选出最适合本企业的优势项目，以初步确定企业在目标市场上所处的位置。

3. 显示独特的竞争优势和重新定位

这一步骤的主要任务是企业要通过一系列的宣传促销活动，将其独特的竞争优势准确传播给潜在顾客，并在顾客心目中留下深刻印象。为此，企业首先应使目标顾客了解、知道、熟悉、认同、喜欢和偏爱本企业的市场定位，在顾客心目中建立与该定位相一致的形象。其次，企业通过各种努力强化目标顾客形象，保持目标顾客的了解，稳定目标顾客的态度和加深目标顾客的感情来巩固与市场相一致的形象。最后，企业应注意目标顾客对其市场定位理解出现的偏差或由于企业市场定位宣传上的失误而造成的目标顾客模糊、混乱和误会，及时纠正与市场定位不一致的形象。

企业的产品在市场上定位即使很恰当，但在下列情况下，还应考虑重新定位。

（1）竞争者推出的新产品定位与本企业产品相近，侵占了本企业产品的部分市场，使本企业产品的市场占有率下降。

（2）消费者的需求或偏好发生了变化，使本企业产品销售量骤减。

重新定位是指企业为已在某市场销售的产品重新确定某种形象，以改变消费者原有的认识，争取有利的市场地位的活动。重新定位对于企业适应市场环境、调整市场营销战略是必不可少的，可以视为企业的战略转移。重新定位可能导致产品的名称、价格、包装和品牌的更改，也可能导致产品用途和功能上的变动，企业必须考虑定位转移的成本和新定位的收益问题。

（四）市场定位战略

汽车营销在体现产品与服务特性方面，可以从产品、服务、人员、渠道和形象方面进行差异化定位战略设计。

1. 产品差异化

产品差异化并不是每一种产品都有明显的差异化，但是，几乎所有的产品都可以找到一些可以实现差异化的特点。汽车是一种可以高度差异化的产品，其差异化可以表现在特色、性能质量、一致性、耐用性、可靠性、可维修性、风格和设计上。

◆ 特色：是指产品的基本功能的某些增补性能。产品的特色体现了制造商的创造力，一个

新特色的产生可能为产品带来意想不到的生命力。例如，汽车安全气囊发明后，引起了业界的广泛注意，并且很快在世界各大汽车公司中被广泛运用，虽然到现在为止，该产品的安全性和实用性仍然备受争议，但安全气囊已经成为中高档汽车中不可缺少的一个配置。

◆ 性能质量：是指产品主要特点在运用中的水平。一般来说，产品的性能可以分为 4 种：低、平均、高和超级。性能高的产品总体来说可以产生较高的利润，但是，当性能超过一定边界后，由于价格因素的影响，会使愿意购买的人越来越少。例如，一家汽车企业在华东地区大量推销高性能越野吉普车，由于华东地区多是平原的地理环境，同时经济的发达致使道路条件相对优越，因此，即使该吉普车的性能优越，购买人数也是相当有限的。

◆ 一致性：是指产品的设计和使用与预定标准的吻合程度。例如，迈腾车设计为每百公里耗油 8.1L，那么流水线上的每一辆迈腾轿车都符合这一标准，该汽车就具有高度一致性；反之，一致性就差。质量一致性是制造商信誉的体现，高度一致性可以增强消费者对该产品的信任度，从而在一定程度上会增加产品的销售量。

◆ 耐用性：是衡量一个产品在自然条件下的预期操作寿命。一般来说，购买者愿意为耐用性较长的产品支付更高的售价。对汽车来说，耐用性是反映该产品优劣的一个重要指标，生产商完全可以将耐用性作为差异化因素加以宣传。

◆ 可靠性：是指在一定时间内产品将保持正常的使用性能的可能性。购买者一般愿意为产品的可靠性付出溢价。由于汽车属于耐用商品，即属于较长期使用产品，因此可靠性和耐用性一样，是受到汽车消费者重视的指标。

2. 服务差异化

企业可以使其所提供的与产品有关的服务具有差异化。在整车销售中，服务的重要性正日渐为厂家所重视，并且成为决定销售业绩的一项重要因素。特别是当实际产品较难差异化时，要在竞争中取得成功的关键常常依赖于服务的增加和服务的质量。在汽车营销中，服务差异化主要体现在：订货方便、客户培训、客户咨询、维修和其他多种服务上。例如，上海大众推出帕萨特轿车时，同时推出了助理式服务的理念，这种理念就是将多种服务融合为一体的服务差异化的运用。

3. 人员差别化

人员差别化也叫员工差异化，企业员工通过聘用标准和培训提高，使得其与竞争品牌员工有着明显的不同，这种差异化可以在多方面表现出来，如礼貌、礼仪、着装、言谈举止、诚实诚信、专业知识技能、沟通交谈等优于竞争对手。

4. 渠道差异化

渠道差异化可以从渠道模式、渠道成员能力、渠道管理等方面来体现。

5. 形象差异化

形象差异化就是使竞争产品及其服务看上去很相似，顾客也能从企业或品牌形象方面得到一种与众不同的印象，为树立汽车企业形象，可以利用标志、文字、媒体和特殊事件等来完成，展现某种感染力，从而达到打动消费者的目的。

（五）市场定位策略

1. 比附定位策略

这种定位方法就是攀附名牌，比照名牌来给自己的产品定位，以借名牌之光而使自己的品牌生辉。例如，沈阳金杯客车制造公司“金杯海狮，丰田品质”的定位就属此类。

2. 属性定位策略

这是指根据特定的产品属性来定位。例如，本田在广告中宣传它的低价，宝马在促销中宣传它良好的驾驶性能等。

3. 利益定位策略

这是指根据产品所能满足的需求或所提供的利益、解决问题的程度来定位。例如，“解放卡车、挣钱机器”即属此定位。

4. 针对竞争对手竞争策略

这是指对某些知名而又属司空见惯类型的产品做出明显的区分、给自己的产品定一个相反的位置。

5. 市场空缺定位

企业寻找市场尚无人重视或未被竞争对手控制的位置，使自己推出的产品能适应这一潜在目标市场的需要的定位策略。例如，国内推出 MPV 车时在定位上就采用了这一策略。把 MPV 车定位在“工作 + 生活”这个市场空缺，获得了较好的效果。

6. 性价比定位策略

这是指结合对照质量和价格来定位，如物有所值、高质高价或物美价廉等定位。例如，一汽轿车的红旗明仕的市场定位“新品质、低价位、高享受”即属此类。

（六）市场定位方式

1. 避强定位

这种策略是企业避免与强有力的竞争对手发生直接竞争，而将自己的产品定位于另一市场的区域内，使自己的产品在某些特征或属性方面与强势对手有明显的区别。这种策略可使自己迅速在市场上站稳脚跟，并在消费者心中树立起一定形象。由于这种做法风险较小，成功率较高，常为多数企业所采用。

2. 迎头定位

这种策略是企业根据自身的实力，为占据较佳的市场位置，不惜与市场上占支配地位、实力最强或较强的竞争对手发生正面竞争，从而使自己的产品进入与对手相同的市场位置。由于竞争对手强大，这一竞争过程往往相当引人注目，企业及其产品能较快地为消费者了解，达到树立市场形象的目的。这种策略可能引发激烈的市场竞争，具有较大的风险。因此，企业必须知己知彼，了解市场容量，正确判定凭自己的资源和能力是不是能比竞争者做得更好，或者能不能平分秋色。

3. 重新定位

这种策略是企业对销路少、市场反应差的产品进行二次定位。初次定位后，如果由于顾客的需求偏好发生转移，市场对本企业产品的需求减少，或者由于新的竞争者进入市场，选择与本企业相近的市场位置，这时，企业就需要对其产品进行重新定位。一般来说，重新定位是企业摆脱经营困境，寻求新的活力的有效途径。此外，企业如果发现新的产品市场范围，也可以进行重新定位。

（七）市场定位方法

1. 区域定位

区域定位是指企业在进行营销策略时，应当为产品确立要进入的市场区域，即确定该产品是进入国际市场、全国市场，还是在某市场、某地等。只有找准了自己的市场，才会使企业的

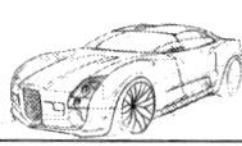

营销计划获取成功。

2. 阶层定位

每个社会都包含有许多社会阶层，不同的阶层有不同的消费特点和消费需求，企业的产品究竟面向什么阶层，是企业在选择目标市场时应考虑的问题。根据不同的标准，可以对社会上的人进行不同的阶层划分，如按知识分，就有高知阶层、中知阶层和低知阶层。进行阶层定位，就是要牢牢把握住某一阶层的需求特点，从营销的各个层面上满足他们的需求。

3. 职业定位

职业定位是指企业在制定营销策略时要考虑将汽车产品销售给什么职业的人。医生、律师、公务员、自由职业者的购车需求不同，这是非常明显的。

4. 个性定位

个性定位是考虑把企业的产品如何销售给那些具有特殊个性的人。这时，选择一部分具有相同个性的人作为自己的定位目标，针对他们的爱好实施营销策略，可以取得最佳的营销效果。

5. 年龄定位

在制定营销策略时，企业还要考虑销售对象的年龄问题。不同年龄段的人，有自己不同的需求特点，只有充分考虑到这些特点，满足不同消费者的要求，才能够赢得消费者。

任务专项实训

实训项目

进行市场细分，确定目标市场，为自己喜欢的车型进行市场定位。

实训目的

学生选定一款车，通过查找资料或者调研的方法，找出其竞争车型，分析该车型与竞品车型优劣势，进行市场定位。从而使学生把握市场定位的依据、步骤、定位战略及策略、定位方法等知识。

实训内容

选择某品牌或某车型，通过调研、查阅资料，通过对市场进行细分、目标市场选择，了解该品牌或该车型与竞品的差异化，从而进行产品市场定位。

实训步骤

◎将学生进行分组，4～5 人一组，确定定位品牌或定位车型。

◎小组进行资料查阅、分析与竞品车型优劣势，进行市场定位，形成方案。

◎各组成员派代表展示方案，以 PPT 形式进行。

实训评价

◎以组为单位进行 PPT 汇报。

任务五
汽车市场营销策略分析

知识目标

1. 掌握汽车产品整体概念、组合策略、生命周期及品牌策略
2. 掌握汽车产品定价影响因素、定价方法及定价策略
3. 掌握汽车分销渠道概念、类型、设计及汽车分销渠道模式
4. 掌握汽车促销的方式、特点及作用

能力目标

1. 能够依据产品生命周期特点帮助企业进行合理策略使用
2. 能够帮助企业进行合理的产品组合策略实施
3. 能够帮助企业采用恰当的定价策略
4. 能够帮助企业选择合适的分销渠道策略
5. 能够帮助企业实施和完成促销活动

任务导入

请结合下面的资料，分析4P理论的应用。

20世纪20年代，汽车生产商亨利·福特有一个梦想，即把轿车卖给每一个美国家庭。为实现这个梦想，他认为首先要有满足客户不同需求的产品，所以就通过流水线大批量生产不同规格的轿车；同时还得让人们买得起，所以要有竞争力的价格。福特公司通过大批量生产降低了成本，也形成了消费者可以接受的价格。但是福特认为还存在一个问题：消费者遍布于美国各地，而福特汽车的生产地在底特律，消费者不可能为购买一辆汽车，千里迢迢从各地来底特律，于是福特就建立了代理商或者分销商渠道把汽车运到全国各地。这样，消费者就能在离自己较近的地方很方便地买到福特汽车了。除了采取以上的措施，为避免消费者对其产品认知程度低，福特还通过广告进行强力促销，甚至派销售团队挨家挨户地上门销售。

分析：

上述材料中我们了解到运用4P（Product、Price、Place、Promotion）理论所建立的营销模式是以产品为导向的，大力地宣传自己的产品，围绕着消费者对产品的了解进行销售。当然在当今“以客户为导向”的销售理念支撑下，还是不能缺少对产品的了解，所以我们还要学习汽车产品、汽车

价格、汽车分销和促销等相关策略知识，结合4C理论，促进汽车销售更好、更快地发展。

课程导航

1. 汽车产品策略
2. 汽车定价策略
3. 汽车分销策略
4. 汽车促销策略

知识解读

一、汽车产品策略

（一）汽车产品整体概念

汽车企业是通过产品来引导和满足消费者需求的，因此，应从需求的角度来理解产品这个概念。例如，消费者在购买小轿车时，不仅要求产品具有最基本的使用价值，还要求能满足视觉上的享受和心理上的满足。企业提供给消费者的轿车应该能够提供交通方面的便利、节油，有新颖的款式，能提供良好的售后服务等，如果缺少某一方面，消费者有可能会放弃购买。所以，企业提供的应该是能够满足消费者对该产品多种需求的一个产品体系。换句话说，一件产品由许多因素构成，把这些因素有机地集合起来，就构成了一个整体产品。

1. 产品

产品是指能够通过交换满足消费者或用户某种需求和欲望的有形物品和无形服务的总和。

有形产品是指具有某种物质形态和用途的生产物，它可以满足消费者对产品使用价值的需要，是看得见、摸得着、嗅得到、尝得到的产品实体。对汽车企业而言，其汽车产品不仅是具有物质实体的实物本身，而且也包括随同汽车实物出售时所提供的汽车服务等。简言之，汽车企业提供的汽车产品等于汽车企业生产的实物加汽车企业提供的汽车服务，如贷款、保险、二手车置换、其他售后服务等。

2. 产品整体概念的5个层次

产品整体概念是现代市场营销学的一个重要理论，它具有宽广的外延和深刻而丰富的内涵。以往，学术界用3个层次（核心产品、形式产品、延伸产品）来表述产品整体概念。近年来，运用更多的是菲利普·科特勒（Philip.Kotler）等学者的5层次理论。产品整体概念的5个层次分别是核心产品、形式产品、期望产品、延伸产品、潜在产品，如图5-1所示。

（1）核心产品层。

核心产品是指向顾客提供的产品的基本效用和利益。从根本上讲，每个产品实质上都是为解决问题而提供的服务。核心产品是消费者需求的中心，是产品整体概念中最主要的部分。消费者购买某种产品，从表面上看是为了得到一个物质实体，但实际上消费者购买并不是为了拥有这个实体本身，而是为了享用这个物质实体所带来的利益或效用。满足自己的需求。因此，产品虽然是以物质形态存在着，但实质上它是为满足人们某种需要而提供的一种利益或效用。

营销学中有一句著名的话："你卖的不是一个钻机而是一个洞"。因为消费者买钻机是为了要一个洞。同理，消费者购车不是为了买车，而是为了追求车能满足其代步需求。

（2）形式产品层。

形式产品是指核心产品借以实现的形式或者满足消费者某一需求的具体产品实体。核心产品即基本效用和利益，只是一个抽象的概念，必须把它转化为具体的实物，才能使这种利益或效用有所依托并真正地体现出来。这种使效用和利益得以实现的实物就是产品形式，一般由 5 个特征构成，即品质、式样、特征、商标及包装。核心产品必须通过形式产品才能实现，如消费者购车，颜色、款式、品牌等都是形式产品范畴。消费者主要是通过形式产品去衡量、识别产品效用，进而做出购买决策的。

（3）期望产品层。

期望产品是指购买者在购买产品时，期望得到的与产品密切相关的一整套属性和条件。例如，消费者购车，他们可能对价格有期待，希望能够优惠；对颜色有期待，进店就能看到或者选购自己喜欢的颜色；对使用性能有期待，操控性和灵活性都满意。诸如此类的想法都是期望产品范畴。

（4）延伸产品层。

延伸产品是指顾客购买形式产品和期望产品时，附带获得的各种利益的总和，包括说明书、保证、安装、维修、技术培训、提供信贷、保险、二手车置换和售后服务等。

延伸产品是产品制造的延续，是根据消费者的需要以售后服务的形式附加到产品中去的，因为消费者购买时希望得到与产品相关的一切服务，如购车后的维修、保养等，如果不能提供良好的服务，就如同将半成品推销给消费者。经过竞争，核心产品和形式产品的差异越来越小，企业要想在竞争中胜出，就要重视延伸产品的提供。美国市场学家莱维特指出：现代竞争的关键，并不在于企业生产什么产品，而在于他们能为产品增加什么内容——诸如服务、用户咨询、融资信贷、及时送货、仓储以及人们重视的其他价值。

（5）潜在产品层。

潜在产品层是指现有产品包括所有附加产品在内的，可能发展成为未来最终产品的潜在状态的产品。潜在产品指出了现有产品可能的演变趋势和前景。企业要根据消费者需求的变化，不断地改进现有产品，使潜在产品变为现实产品。例如，很多汽车新技术在现有车型上的应用：购车者认为，开车前行很好，但是倒车不容易，因此应运而生了倒车雷达和倒车影像；去一个陌生的地方不知道路线，应运而生了导航等，这些都是潜在产品层范畴。

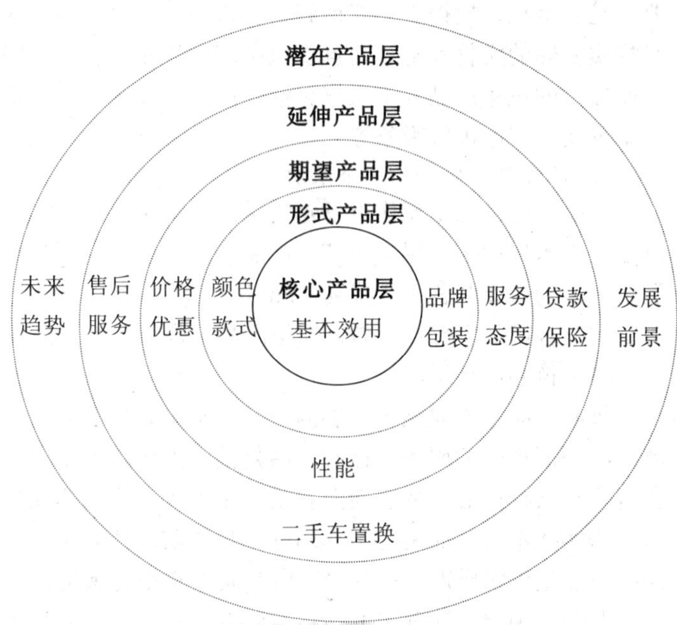

图 5-1　汽车产品概念 5 个层次

产品整体概念的 5 个层次，十分清晰地体现了以顾客为中心的现代营销理念。这一概念的内涵和外延皆以消费者的需求为标准。

3．整体产品与核心产品 5 个层次的营销策略

汽车企业在对产品整体概念充分认识的基础上，应努力在 5 个层次上展开营销活动，尽可能地增加产品的价值，降低顾客购买时付出的成本，只有这样本企业的品牌才能抵抗国内、外同行汽车产品的竞争。

（1）开发核心产品，满足不同细分市场的利益。

对消费者进行市场细分，根据不同细分市场消费者需求存在的差异，开发不同产品，在成功定位的基础上有效地满足不同消费者对产品需求的利益。

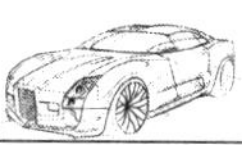

（2）设计形式产品体现产品核心利益。

产品的核心部分需要通过有形部分体现出来。因此，产品应在颜色、款式、装备、新技术应用等方面体现产品的核心部分，并有效地传递产品的核心利益。

（3）准确把握期望产品，提升顾客满意度。

产品的期望部分是顾客对产品的内在判断、要求和期望，是顾客购买时对产品核心利益、有形部分、延伸部分和潜在产品内在的标准。顾客是否满意主要取决于顾客感知价值和顾客期望之间的对比关系，顾客感知价值越接近于甚至超出顾客期望，顾客满意度越大，反之越小。因此，汽车企业应在准确把握顾客期望产品的同时，通过有形部分提高顾客的感知价值，从而提高顾客满意度，在此基础上，进一步培养顾客忠诚度。

（4）拓展延伸产品，增加顾客感知价值。

汽车企业可以通过增加产品的延伸部分，给顾客以惊喜，增加顾客的感知价值，提高顾客的满意度。这样，一方面顾客会对该企业的产品形成依赖，可能再次购车，形成忠诚顾客；另一方面，顾客会对该产品进行口头的免费宣传，从而为企业的经营赢得主动权。

经营企业在正确理解产品整体概念的基础上，针对不同部分开展研发、设计、生产、营销等活动，会有效地提高产品的价值，从而增强产品的竞争力，为企业的生存和发展创造良好的机会。

（二）汽车产品组合策略

1. 汽车产品组合的含义

汽车产品组合是指一个汽车企业生产和销售的所有汽车产品线和汽车产品品种的组合方式，也即是全部汽车产品的结构、产品搭配、经营范围。产品组合由产品线组成，产品线由产品项目组成。

汽车产品线（汽车产品系列）是指在某种特征上互相关联或相似的一组产品，通俗地说就是车型系列。这种类别可以按产品结构、生产技术条件、产品功能、顾客结构或者分销渠道等变数进行划分，譬如汽车产品的某一车型系列就是按产品结构划分的一条产品线。

产品项目是产品线中不同品种、规格、质量和价格的特定产品。一种型号、品种、尺寸、价格、外观等的产品就是一个产品项目。

2. 汽车产品组合要素

汽车企业可以从4个方面发展业务组合，即产品组合宽度、产品组合深度、产品组合长度及产品组合关联度。

（1）产品组合的宽度。

产品组合宽度也被称为产品组合广度，是指产品组合中所包括的产品线数目。以一汽集团为例，主要有一汽-大众、一汽红旗、一汽奥迪、一汽马自达、一汽丰田、一汽解放、一汽奔腾、一汽夏利、一汽佳宝9条产品线，也就是说产品组合宽度为9。汽车企业可以增加产品线，扩展企业的经营领域，实行多样化经营，分散企业投资风险；亦可减少产品线，停产无利润或利润低的车型，缩小企业经营领域，集中企业资源与优势，提高企业利润率。一汽-大众将捷达生产线由长春生产基地移至成都生产基地，对于长春而言，减少了车型系列，对于成都而言，是增加了车型系列。

（2）产品组合的深度。

一条产品线中所包括的产品项目的数目即为产品组合深度。例如，一汽大众现有宝来、高尔夫、速腾、迈腾、CC等品牌及不同型号的具体产品，这些具体产品总数即为产品组合深度。汽车企业可增加每一车型系列的品种数目，占领更多的同类产品的细分市场，满足更广泛的市场需求，增强行业竞争力。

（3）产品组合的长度。

产品组合中包括的所有产品项目的总数，即所有产品线上产品项目总数称为产品组合长度。汽车企业可增加产品线长度，使品种多样化，成为更全面的产品线企业。

（4）产品组合的相关性。

各条产品线在最终用途、生产条件、分销渠道或其他方面相互关联的程度称为产品组合的相关性。汽车企业可在某一特定的市场领域内加强竞争和赢得良好的声誉；几个车型系列在零部件总成上可通用。

3. 汽车产品组合策略

汽车产品组合策略是指根据企业目标对汽车产品组合的广度、深度和相容度进行决策。在决策时需要考虑企业所拥有的资源条件、市场基本情况和竞争条件 3 方面的限制。企业为了实现营销目标，充分有效地满足目标市场的需求，必须设计一个优化的产品组合。优化产品组合策略有如下几种。

（1）扩大汽车产品组合策略。

扩大产品组合策略包括扩大汽车产品组合的广度，加深汽车产品组合的深度、加强汽车产品组合的相容度。

① 扩大汽车产品组合的广度，也就是增加产品线。可以充分利用企业的人力和各项资源，使企业在更大的市场领域中发挥作用，并且能分散企业的投资风险。

② 加深汽车产品组合的深度，也就是增加产品项目。可以占领同类汽车产品更多的细分市场，迎合更广泛的消费者的不同需要和爱好。

③ 汽车产品组合的相容度，是指各条产品线在生产条件、最终用途、细分市场、分销渠道、维修服务或者其他方面相互关联的程度。加强汽车产品组合的相容度，可提高企业在某一地区某一行业的声誉。但扩大汽车产品组合往往会分散经销商和销售人员的精力，增加管理困难，有时会使边际成本加大，甚至由于新产品的质量性能等问题而影响本企业原有产品的声誉。

（2）缩减汽车产品组合策略。

缩减产品组合策略是指缩减产品组合广度、深度及相容度。

采取缩减汽车产品组合的广度也就是减少产品线；缩减产品组合深度就是减少产品项目；减少经营范围，也就降低了相容度。缩减产品组合策略可以使企业集中精力于技术，对少数汽车产品进一步改进设计，提高质量，降低成本，从而增强竞争力；还可使企业的促销目标集中，效果更佳；但同时会使汽车企业丧失部分市场，增加经营风险。

（3）产品线延伸策略。

产品延伸策略是指全部或部分地改变公司原有产品的市场定位。当企业发展到一定规模和较成熟的阶段，想继续做强做大，争取更多的市场份额，或是为了阻止、反击竞争对手时，往往会采用产品延伸策略，利用消费者对现有品牌的认知度和认可度，推出副品牌或新产品，以期通过较短的时间、较低的风险来快速盈利，迅速占领市场。具体做法有向下延伸、向上延伸和双向延伸 3 种。

① 向上延伸策略：指企业以中低档产品的品牌向高档产品延伸，进入高档产品市场。这种策略就是在一种汽车产品线内增加高价汽车产品项目，以提高汽车企业现有汽车产品的声望。一般来讲，向上延伸可以有效地提升品牌资产价值，改善品牌形象。一些国际著名品牌，特别是一些原来定位于中档的大众名牌，为了达到上述目的，不惜花费巨资，以向上延伸策略拓展市场。

② 向下延伸策略：指企业以高档品牌推出中低档产品，通过品牌向下延伸策略扩大市场占有率。这种策略是在高价汽车产品线内增加廉价汽车产品项目，目的是利用高档名牌汽车产品的声誉吸引购买力较低的顾客，使其慕名来购买廉价汽车产品。一般来讲，采用向下延伸策略

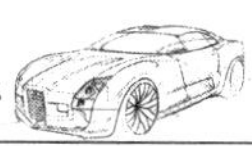

的企业可能是因为中低档产品市场存在空隙，销售和利润空间较为可观，也可能是在高档产品市场受到打击，企图通过拓展低档产品市场来反击竞争对手，或者是为了填补自身产品线的空档，防止竞争对手的攻击性行为。

③ 双向延伸策略：指原定位于中档产品市场的企业掌握了市场优势以后，决定向产品大类的上下两个方向延伸，一方面增加高档产品，另一方面增加低档产品，扩大市场阵地。采用这种策略应注意：只有企业在中档产品市场上已取得市场竞争优势，且有足够的资源和能力时，才可以进行双向延伸，否则还是单向延伸较为稳妥。

（三）汽车产品生命周期策略

1. 汽车产品生命周期的含义

1966 年美国哈佛大学教授雷蒙德·弗农（Raymond Vernon）在其《产品周期中的国际投资与国际贸易》一文中首次提出产品生命周期理论。

汽车产品生命周期（Automotive Product Life Cycle）是指一种汽车产品自开发成功和上市销售，在市场上由弱到强，又由盛转衰，再到被市场淘汰所持续的时间。可以理解为某种车型（或品种）从上市到被市场淘汰所持续的时间。其长短主要取决于市场竞争的激烈程度和科技进步的速度，市场寿命主要是产品无形磨损（失去技术上的比较优势）的结果。市场营销所指的产品生命周期是市场寿命（又称经济寿命、市场生命周期）。另外，产品的市场寿命不等于产品的使用寿命，产品使用寿命是指产品的耐用寿命时间，即产品从投入使用到损坏为止所经历的时间。有的产品使用寿命很短，可能是几个月，甚至只有几个星期，如某些食品和一次性消耗品；而有些产品，如时装，使用寿命较长，但产品市场寿命却很短，可能是几个月，甚至只有几个星期。

企业往往关注一个产品在市场上能够被顾客认可多长时间，顾客认可和接受的时间越长，给企业带来的市场回报就越大，带来的利益就越多。所以，企业更加关心产品的市场寿命。产品的市场寿命究竟有多长呢？不同的产品是不一样的。但是新产品代替老产品是一种社会经济发展的必然现象。

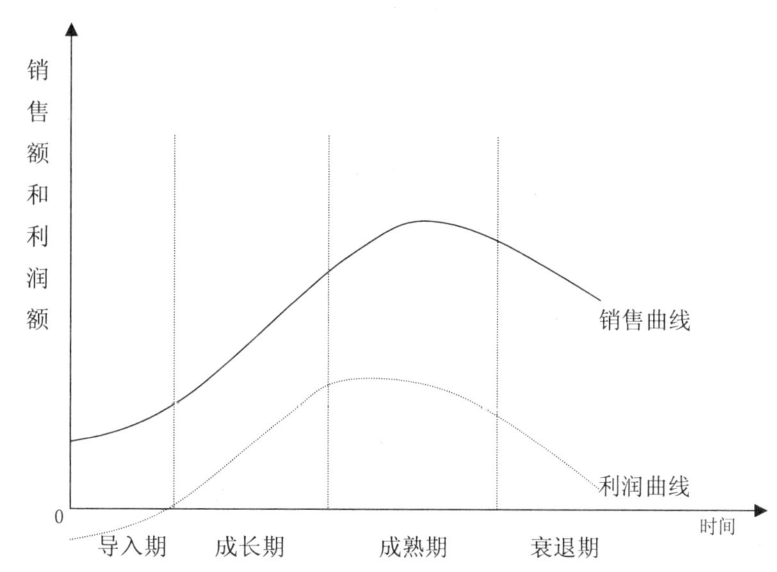

图 5-2　汽车产品生命周期阶段与销售、利润曲线图

2. 汽车产品生命周期阶段、特点及策略

（1）汽车产品生命周期阶段。

汽车产品生命周期包含以下 4 个典型阶段，产品在每个阶段的销售额度和利润额度随周期阶段变化而变化，如图 5-2 所示，主要包括市场导入期、市场成长期、市场成熟期和市场衰退期。

（2）产品生命周期阶段市场特点及营销策略。

典型的产品生命周期的 4 个阶段呈现出不同的市场特征，企业的营销策略也就以各阶段的特征为基点来制定和实施。

① 导入期市场特点及营销策略。汽车产品进入市场试销，尚未被用户接受，销售额增加缓慢。此期生产批量小，试制费用大，制造成本高，广告及其他推销费用的支出很高，导致这一时期产品售价偏高，企业该阶段利润为负值。

根据这一阶段的特点，企业应努力做到：投入市场的产品要有针对性；进入市场的时机要合适；设法把销售力量直接投向最有可能的购买者，使市场尽快接受该产品，以缩短导入期，更快地进入成长期。在产品的导入期，一般可以由产品、分销、价格、促销 4 个基本要素组合成各种不同的市场营销策略。仅将价格高低与促销费用高低结合起来考虑，就有下面 4 种策略。

◆ 快速撇脂策略：即以高价格、高促销费用推出新产品。实行高价策略可在每单位销售额中获取最大利润，尽快收回投资；高促销费用能够快速建立知名度，占领市场。实施这一策略须具备以下条件：产品有较大的需求潜力；目标顾客求新心理强，急于购买新产品；企业面临潜在竞争者的威胁，需要及早树立品牌形象。一般而言，在产品导入阶段，只要新产品比替代的产品有明显的优势，市场对其价格就不会那么计较。

◆ 缓慢撇脂策略：以高价格、低促销费用推出新产品，目的是以尽可能低的费用开支求得更多的利润。实施这一策略的条件是：市场规模较小；产品已有一定的知名度；目标顾客愿意支付高价；潜在竞争的威胁不大。

◆ 快速渗透策略：以低价格、高促销费用推出新产品。目的在于先发制人，以最快的速度打入市场，取得尽可能大的市场占有率。然后再随着销量和产量的扩大，使单位成本降低，取得规模效益。实施这一策略的条件是：该产品市场容量相当大；潜在消费者对产品不了解，且对价格十分敏感；潜在竞争较为激烈；产品的单位制造成本可随生产规模和销售量的扩大迅速降低。

◆ 缓慢渗透策略：以低价格、低促销费用推出新产品。低价可扩大销售，低促销费用可降低营销成本，增加利润。这种策略的适用条件是：市场容量很大；市场上该产品的知名度较高；市场对价格十分敏感；存在某些潜在的竞争者，但威胁不大。

② 成长期市场特点及营销策略。消费者对新汽车产品已经熟悉，销售量增长很快，大批竞争者加入，市场竞争加剧。产品已定型，技术工艺比较成熟，建立了比较理想的销售渠道。市场价格趋于下降，为了适应竞争和市场扩张的需要，汽车企业的促销费用水平基本稳定或略有提高，但占销售额的比率下降。由于促销费用分摊到更多销量上，单位生产成本迅速下降，企业利润迅速上升。在这一阶段利润达到高峰。随着销售量的增大，企业生产规模也逐步扩大，产品成本逐步降低，新的竞争者会投入竞争。随着竞争的加剧，新的产品特性开始出现，产品市场开始细分，分销渠道增加。企业为维持市场的继续成长，需要保持或稍微增加促销费用，但由于销量增加，平均促销费用有所下降。针对成长期的特点，企业为维持其市场增长率，延长获取最大利润的时间，可以采取下面几种策略。

◆ 改善产品品质。如增加新的功能，改变产品款式，发展新的型号，开发新的用途等。对产品进行改进，可以提高产品的竞争能力，满足顾客更广泛的需求，吸引更多的顾客。

◆ 寻找新的细分市场。通过市场细分，找到新的尚未满足的细分市场，根据其需要组织生产，迅速进入这一新的市场。

◆ 改变广告宣传的重点。把广告宣传的重心从介绍产品转到建立产品形象上来，树立产品名牌，维系老顾客，吸引新顾客。

◆ 适时降价。在适当的时机，可以采取降价策略，以激发那些对价格比较敏感的消费者产生购买动机和采取购买行动。

③ 成熟期市场特点及营销策略。新车型已被大多数购买者接受，开始大量生产和销售，销

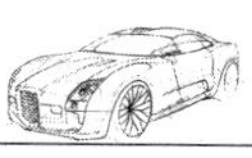

售量和利润额达到高峰后开始下降。市场趋于饱和，销售增长率趋缓，市场竞争加剧，产品成本和价格趋于下降，产品过剩，一些缺乏竞争能力的企业逐渐被取代。对成熟期的产品，宜采取主动出击的策略，使成熟期延长，或使产品生命周期出现再循环。为此，可以采取以下 3 种策略。

◆ 市场调整。这种策略不是要调整产品本身，而是发现新产品、寻求新的用户或改变营销方式等，以使产品销售量得以扩大。

◆ 产品调整。这种策略是通过产品自身的调整来满足顾客的不同需要，吸引有不同需求的顾客。整体产品概念的任何一层次的调整都可视为产品再推出。

◆ 市场营销组合调整。即通过对产品、定价、渠道、促销 4 个市场营销组合因素加以综合调整，刺激销售量的回升。常用的方法包括降价、提高促销水平、扩展分销渠道和提高服务质量等。

④ 衰退期市场特点及营销策略。汽车产品的需求量和销量迅速下降，价格下降到最低水平，多数汽车企业无利可图，被迫退出该汽车产品市场，留在市场上的汽车企业逐渐减少产品附带服务，消减促销预算，以维持最低水平的经营。针对衰退期特点，企业需要进行认真的研究分析，决定采取什么策略，在什么时间退出市场。通常有以下几种策略可供选择。

◆ 继续策略。延用过去的策略，仍按照原来的细分市场，使用相同的分销渠道、定价及促销方式，直到这种产品完全退出市场为止。

◆ 集中策略。把企业能力和资源集中在最有利的细分市场和分销渠道上，从中获取利润。这样有利于缩短产品退出市场的时间，同时又能为企业创造更多的利润。

◆ 收缩策略。抛弃无希望的顾客群体，大幅度降低促销水平，尽量减少促销费用，以增加目前的利润。这样可能导致产品在市场上的衰退加速，但也能从忠实于这种产品的顾客中得到利润。

◆ 放弃策略。对于衰退比较迅速的产品，应该当机立断，放弃经营。可以采取完全放弃的形式，如把产品完全转移出去或立即停止生产；也可采取逐步放弃的方式，使其所占用的资源逐步转向其他的产品。

（四）汽车新产品策略

1. 汽车新产品的概念

新产品指采用新技术原理和新设计构思研制、生产的全新产品，或在结构、材质、工艺等某一方面比原有产品有明显改进，从而显著提高了产品性能或扩大了使用功能的产品。对新产品的定义可以从企业、市场和技术 3 个角度进行。

◆ 对企业而言，第一次生产销售的产品都叫新产品。

◆ 对市场来讲则不然，只有第一次出现的产品才叫新产品。

◆ 从技术方面看，在产品的原理、结构、功能和形式上发生了改变的产品叫新产品。

营销学的新产品包括了前面三者的成分，但更注重消费者的感受与认同，它是从产品整体性概念的角度来定义的。凡是产品整体性概念中任何一部分的创新、改进，能给消费者带来某种新的感受、满足和利益的相对新的或绝对新的产品，都叫新产品。

2. 汽车新产品开发的意义

创新是企业生命之所在，如果企业不致力于发展新产品，就有在竞争中被淘汰的危险。努力开发新产品，对于企业的生存发展有着极为重要的意义。因此，创新是使企业永葆青春的唯一途径。

（1）市场竞争的加剧迫使企业不断开发新产品。

企业的市场竞争力往往体现在其产品满足消费者需求的程度及其领先性上，特别是现代市场上企业间的竞争日趋激烈，企业要想在市场上保持竞争优势，只有不断创新，开发新产品，否则不仅难以开发新市场，而且会失去现有市场。因此，企业必须重视科研投入，注重新产品的开发，以新产品占领市场，巩固市场，不断提高企业的市场竞争力。

（2）产品生命周期理论要求企业不断开发新产品。

产品在市场上的销售情况及其获利能力会随着时间的推移而变化，这种变化的规律就像人和其他生物的生命历程一样，从出生、成长到成熟，最终将走向衰亡。产品从进入市场开始直到被淘汰为止这一过程在市场营销学中被称为产品的市场生命周期。产品生命周期理论告诉我们，任何产品不管其在投入市场时如何营销，总有一天会退出市场，被更好的新产品所取代。企业如果能不断开发新产品，就可以在原有产品退出市场时利用新产品占领市场。值得注意的是，在知识经济时代，新技术转化为新产品的速度加快，产品的市场寿命越来越短，企业得以生存和发展的关键在于不断地创造新产品和改造旧产品。

（3）消费者需求的变化需要不断开发新产品。

消费者市场需求具有无限的扩展性，也就是说，人们的需求是无止境的，永远不会停留在一个水平上。随着社会经济的发展和消费者收入的提高，对商品和劳务的需求也将不断地向前发展。消费者的一种需求满足了，又会产生出新的需求，循环往复，以至无穷。适应市场需求的变化需要企业不断开发新产品，开拓新市场。

（4）科学技术的发展推动企业不断开发新产品。

科学技术是第一生产力，是影响人类前途和命运的伟大力量。科学技术一旦与生产密切结合起来，就会对国民经济各部门产生重大的影响，随之而来的是新兴产业的出现、传统产业的被改造和落后产业的被淘汰，从而使企业面临新的机会。这是由于科学技术的迅速发展，新产品开发周期大大缩短，产品更新换代加速，从而推动着企业不断寻找新科技来源和新技术专利，开发更多的满足市场需要的新产品。

3. 汽车新产品分类

汽车新产品按不同的标准划分，分为不同的种类，具体如表 5-1 所示。

表 5-1　　汽车新产品分类

标准	分类	特征
从市场角度和技术角度划分	市场型新产品	产品实体的主体和本质没有什么变化，只改变了色泽、形状、设计装潢等的产品，不需要使用新的技术。其中也包括因营销手段和要求的变化而引起消费者“新”的感觉的流行产品。例如，某种汽车的外形进行了改动，尽管整个汽车的技术特征没有发生变化，这种产品仍认为是市场型新产品
	技术型新产品	由于科学技术的进步和工程技术的突破而产生的新产品。不论是功能还是质量，它与原有的类似功能的产品相比都有了较大的变化。例如，新能源汽车
从新产品新颖程度分	全新新产品	采用新原理、新材料及新技术制造出来的前所未有的产品。全新新产品是应用科学技术新成果的产物，它往往代表科学技术发展史上的一个新突破
	换代新产品	在原有产品的基础上采用新材料、新工艺制造出的适应新用途、满足新需求的产品
	改进新产品	在材料、构造、性能和包装等某一个方面或几个方面，对市场上现有产品进行改进，以提高质量或实现多样化，满足不同消费者需求的产品
	仿制新产品	对市场上已有的新产品在局部进行改进和创新，但保持基本原理和结构不变而仿制出来的产品
	新品牌产品	在对产品实体微调的基础上改换产品的品牌和包装，带给消费者新的消费利益，使消费者得到新的满足的产品

4. 汽车新产品开发策略

新产品开发要以满足市场需求为前提，以企业获利为目标，遵循“根据市场需要，开发适销对路的产品；根据企业的资源、技术等能力确定开发方向；量力而行，选择切实可行的开发方式”的原则进行。

采用何种策略则要根据企业自身的实力，根据市场情况和竞争对手的情况。当然，这与企业决策者的个人素质也有很大关系，开拓型与稳定型的经营者会采用不同的策略。常用的策略有以下几种。

（1）先发制人策略。

先发制人策略是指企业率先推出新产品，利用新产品的独特优点，占据市场上的有利地位。采用先发制人策略的企业应具备强烈的占据市场“第一”的意识。因为对于广大消费者来说，对企业和产品形象的认知都是先入为主的，他们认为只有第一个上市的产品才是正宗的产品，其他产品都要以“第一”为参照标准。

因此，采取先发制人策略，就能够在市场上捷足先登，利用先入为主的优势，最先建立品牌偏好，从而取得丰厚的利润。而且，从市场竞争的角度看，如果你能抢先一步，竞争对手就只能跟在后面追，而你不满足占领已有的市场，连续不断地更新换代，开发以前没有的新产品、新市场，竞争对手就会疲于奔命。一个不断变化的目标要比一个固定的靶子更让人难以击中。这样就会取得竞争优势。采用先发制人的策略，企业必须具备以下条件：企业实力雄厚，科研实力、经济实力兼备，并具备对市场需求及其变动趋势的超前预判能力。

（2）模仿式策略。

模仿式策略就是等别的企业推出新产品后，立即加以仿制和改进，然后推出自己的产品。这种策略是不把投资用在抢先研究新产品上，而是绕过新产品开发这个环节，专门模仿市场上刚刚推出并畅销的新产品，进行追随性竞争，以此分享市场收益。所以，又称为竞争性模仿，既有竞争，又有模仿。竞争性模仿不是刻意追求市场上的领先，更不是纯粹的模仿，而是在模仿中创新。企业采取竞争性模仿策略，既可以避免市场风险，又可以节约研究开发费用，还可以借助竞争者领先开发新产品的声誉，顺利进入市场。更重要的是，它通过对市场领先者的创新产品做出许多建设性的改进，有可能后来居上。

（3）系列式产品开发策略。

系列式产品开发策略就是围绕产品向上下左右前后延伸，开发出一系列类似的但又各不相同的产品，形成不同类型、不同规格、不同档次的系列产品。采用该策略开发新产品，企业可以尽量利用已有的资源，设计开发更多的相关产品。例如，上海通用公司就采用了产品延伸策略，先有别克凯越、别克君越等，然后向上延伸有卡迪拉克 CTS、卡迪拉克 SRXD 等，向下延伸有雪佛兰赛欧、雪佛兰乐驰等。

5. 汽车新产品进入市场策略

（1）早期进入市场策略。

早期指领先于其他厂商而率先在市场上推出自己的产品。这一时期往往对应着产品生命周期的第一阶段即投入期，市场存在高风险和不确定的因素。但早期进入市场能形成一种竞争优势，即能建立并提高该行业的进入壁垒，防止潜在的竞争者进入，从而在市场占据主导地位。早期在市场中赢得一定的忠实客户，通过这些客户又可能对其他潜在的客户产生有利的影响，从而有利于建立强大的市场地位。尤其是对于全新产品或技术更新迅速的产品，早期进入市场的产品往往会成为或被默认为该行业的标准。但早期进入市场也有一定缺点，即原始市场开拓的风险和成本大。如果企业的流动资金不是很充裕，则进行原始市场的开拓一旦失败就可能关系到企业的生死。

（2）同期进入市场策略。

同期是指与其他厂商同时或在十分接近的时间里将新产品推向市场，在这段时间，是否能成为第一对于市场和其他利益相关者没有太大的差别，因为在消费者对一种新的品牌和产品没有形成偏好之前，先进入者没有来得及建立进入壁垒，稍后进入的厂商与之前进入的厂商是处于竞争平衡状态的。这里的厂商往往是重要的竞争对手，而同期所指的时间长度也因不同行业不同产品而不同。

在品牌繁殖明显的市场中，当主要竞争对手的产品信息比较容易得到时，同期进入市场策略是较好的，因为可以迅速针对对手的举动采取防御或进攻的措施，以此削弱对手的开发可能造成的潜在优势，从而赢得更大的市场。在多元产品市场的情况下，同期进入可被用为一种进攻策略。反过来，如果知道对手是稍后进入者，并且善于迅速仿效，则可因热利导地将竞争者的注意力从比较重要的市场吸引到较小的市场去。这一时期要重视市场的细分和定位，因为一旦细分市场把握不准，就可能失掉时机。

（3）晚期进入市场策略。

晚期是指在竞争对手进入市场后，再将自己的新产品推向市场。这意味着推迟新产品的市场投放日期，以达到取得长期竞争优势的目的。当然，也有可能由于产品开发的时间比对手晚而被迫晚于对手推出自己的新产品。在这里，善于学习对手的经验是很重要的。

晚期进入具有一定优势，一方面可以避免风险，另一方面可以学习对手的经验，发现消费者的偏好，从而更好地改进新产品，找准目标市场，同时也节约了潜在成本。除了善于学习，晚期进入策略的另一个需要注意的环节是要通过对手的市场开拓和对消费者偏好的了解，发现自己新产品的特点和可能的消费者，还要善于发现未被开拓的细分市场。注意，采取晚期进入是为了取得长期竞争优势。

（五）汽车产品品牌策略

1. 汽车品牌的内涵

品牌（brand）一词来源于古挪威文字 brandr，它的中文意思是“烙印”，在当时，西方游牧部落在马背上打上不同的烙印，用以区分自己的财产，这是原始的商品命名方式，同时也是现代品牌概念的来源。1960 年，美国营销学会（AMA）给出了对品牌较早的定义：品牌是一种名称、术语、标记、符号和设计，或是它们的组合运用，其目的是借以辨认某个销售者或某销售者的产品或服务，并使之同竞争对手的产品和服务区分开来。

商标（trademark）是指按法定程序向商标注册机构提出申请，经审查，予以核准，并授予商标专用权的品牌或品牌中的一部分。商标受法律保护，任何人未经商标注册人许可，皆不得仿效或使用。可以看出，品牌的内涵更广一些。

商标和品牌都是商品的标记，商标是一个法律名词，而品牌是一个经济名词。品牌只有打动消费者的内心，才能产生市场经济效益，同时品牌只有根据《商标法》登记注册后才能成为注册商标，才能受到法律的保护，避免其他任何个人或企业的侵权模仿使用。

为了深刻揭示品牌的内涵（见图 5-3），还需要从以下几个方面理解。

（1）属性。

品牌代表着特定商品的属性。劳斯莱斯的属性就是人工打造。直到今天，劳斯莱斯的发动机还完全是用手工制造。更令人称奇的是，劳斯莱斯车头散热器的格栅完全是由熟练工人用手和眼来完成的，不用任何丈量的工具。而一台散热器需要一个工人一整天时间才能制造出来，

然后还需要 5 个小时对它进行加工打磨。

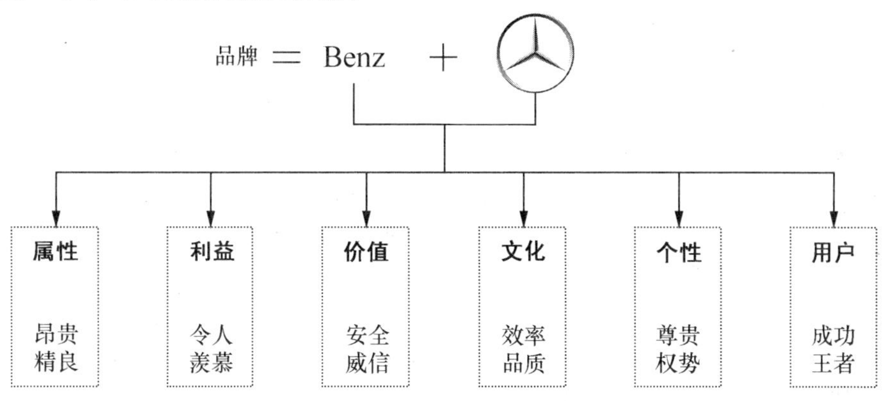

图 5-3　汽车品牌内涵

（2）利益。

品牌不仅代表着一系列属性，而且还体现着某种特定的利益。消费者购车买的不是属性，而是利益，所以要把属性转换成利益。劳斯莱斯的独特优势是“制造工艺简单、行驶时噪声极低”。

（3）价值。

品牌体现了生产者的某些价值感。劳斯莱斯汽车的年产量只有几千辆，品牌的成功得益于它一直秉承了英国传统的造车艺术：精练、恒久、巨细无遗。令人难以置信的是，自 1906 年到现在，超过 60%的劳斯莱斯仍然性能良好。

（4）文化。

品牌还附着特定的文化。劳斯莱斯汽车王国是雍容华贵的标志。

（5）个性。

品牌也反映一定的个性。劳斯莱斯几乎等同于大英帝国的权力、尊贵与繁华。英国威廉·王子大婚之日，婚车即为劳斯莱斯。

（6）用户。

品牌暗示了购买或使用产品的消费者类型。购买劳斯莱斯的消费者身份一般都被认为是贵族、富豪。

基于上述 6 个层次的品牌含义，营销企业必须决策品牌特性的深度层次。创出“深度品牌”，这是企业品牌成功的战略。

2. 汽车品牌命名

一个响亮出彩的名字，不仅让人产生好感，也容易让人过目不忘。汽车行业也是如此。汽车命名主要可从以下几个方面找到灵感。

（1）强调性能。

对于一辆汽车来说，消费者关注的重心之一当然就是汽车的性能了。拥有一流的机械性能往往是赢得消费者更多欢心的法宝。在车型的名字上，就有不少强调汽车性能的字眼出现，如“凯越”“飞度”“威驰”“速腾”“迈腾”“千里马”等强调的是汽车的高速性能；“陆地巡洋舰”“陆虎”“狮跑”等突出的是其作为越野车的特质。当然，这一“门派”中，将汽车性能强调得最深入人心的莫过于“奔驰”和“宝马”了。

（2）追求“洋气”。

国外汽车品牌在为新车型取名字的时候，总是想着怎么符合中国人的习惯，而中国本土的汽车品牌却反其道而行之，大多是怎么“洋”气怎么来。因此不少自主品牌汽车有了一个颇为

“洋气”的名字。最典型的是奇瑞，从可爱时尚“QQ”开始，奇瑞抛弃了以往东方之子、旗云等本土化的命名思路，几年推出的一系列新车，干脆整个实施了“A”计划。此外，长城的“哈弗”“爱迪尔”“福莱尔”、比亚迪的系列等也是车名国际化倾向的最好注脚。

（3）拟人化车名赋予汽车性格。

有不少车型运用了拟人化车名。“神行者”“领航员”“指南者”“总裁”“森林人”“牧马人”等。与人物相结合的车名，很容易被赋予一种人物性格。“领航员”“指南者”具有领袖风范，不论道路是否曲折都能指明方向；“总裁”是决策者的身份，有把握全局、运筹帷幄的才能；“自由人”“森林人”“牧马人”怀揣着自由的梦想去努力拼搏。

（4）直接引用音译的车名。

最擅长于给汽车创造音译中文名字的汽车厂家非丰田莫属。从霸道到普拉多，从凌志到雷克萨斯，从佳美到凯美瑞，从花冠到卡罗拉，丰田仅仅用了4年时间，就把自己几乎全系车名由音译、意译兼有换成了纯音译。在广州车展上市的小型车中文名字“雅力士”听着倒还顺口。而在中国几乎家喻户晓的丰田越野车品牌陆地巡洋舰（LAND CRUISER）更换中文名“兰德酷路泽”。丰田进口车FJCruiser中文名“酷路泽”的消息一公布，就遭到了消费者诸多非议。据丰田方面称，目的是为了保持品牌在全球范围内的一致性。

（5）表达中国式祝福。

为了突出中国特色，迎合中国消费者的喜好，很多车名都运用了“安”“福”“康”等祝福平安健康、象征积极向上的词汇。这类具有传统中国味道的车名有“富康”“福美来”“途安”“凯旋”“劲取”等。尽管厂家希望能借车名来表达祝福，但有些车名却让人产生了不同的理解。“富康”这个车名相当本土化，“富裕安康”的寓意也很吉祥，但却被一些消费者质疑太土；“福美来”的含义原本也很好——“美好的祝福随之而来”，但却被某些消费者解读成了“福没来”，意思一下子完全相反。

（6）体现尊贵。

在国人眼中，汽车不单是代步工具，它还是车主身份的象征，于是，中高级车中带有尊崇气息的车名越来越多，像“雅阁”“领驭”“皇冠”，别克品牌的“君”字辈，“君威”“君越”，还有“林荫大道”等，不一而足。

（7）追求浪漫风格。

很多车名也开始追求一种境界，给人营造浪漫的感觉。比如，“毕加索”“爱丽舍”“蒙迪欧”“雅致”“幻影”等。作为具有法国血统的品牌车型，“毕加索”和“爱丽舍”通过车名就传递出了浪漫的法国风情。以著名画家的名字命名，强调了其艺术气息，仿佛这辆车就是毕加索画笔下的作品；同样，“爱丽舍”的名字也营造了一种温馨的气氛；“蒙迪欧”是法语中用来形容高雅精致生活的词汇，显示出一种经典高贵的气质；“雅致”和“幻影”更不用说，超豪华品牌本身就为它们笼罩了神秘的光环，加上有些虚无缥缈的名字，更增添了浪漫的色彩。

（8）车名中的数字游戏。

“307”“206”“300C”“E280”“LS460”，很多车名都是数字的组合，简单而且便于记忆。标致品牌旗下车型经常以代号“307”“407”“206”出现，其实这些数字传达了不少信息，其中最左端的数字代表是第几代产品，中间的“0”一般没有特殊含义，最右边的数字则代表底盘型号。奔驰和宝马品牌在其旗下车型中，普遍运用数字来代表不同的系列或者发动机排量等信息。奔驰的“E280”则代表是E级产品，数字“280”代表的是排量为2.8升。同样，雷克萨斯LS460后面的数字也是代表发动机的排量。

3．汽车品牌策略

品牌策略是企业品牌运营的谋略，是企业面向市场的重要决策。品牌策略主要包括以下内容。

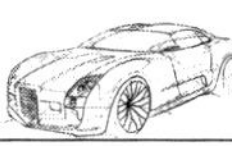

（1）无品牌策略。

20 世纪 70 年代以来，西方国家的许多企业通常对某些消费品和药品不设计品牌，也不向政府登记注册。实行无品牌策略，其主要目的是节省包装和广告费用，降低价格，扩大销售，有些以规格划分的同质产品、消费者根据爱好选购的小商品、消费者习惯上不认品牌购买的商品，也不一定要使用品牌。

（2）有品牌策略。

有品牌策略也称品牌化策略。使用品牌无疑对企业有许多好处，品牌既有利于消费者识别不同生产者的商品，也有利于生产者进行商品的分类经营管理；既有利于通过追究商标所有人责任并保护消费者合法权益，也有利于保护自己的合法权益，避免他人假冒侵权；既有利于企业宣传推广自己特定品牌的产品，也有利于企业培养建立稳定的消费者群。因而，大多数企业一般都要进行品牌设计与注册，从而利用好商标这件市场营销利器。

（3）品牌使用者策略。

品牌使用者策略即使用谁的品牌，具体有以下几种。

① 生产商品牌策略。生产商品牌策略就是谁生产就用谁的牌子销售。具体而言，就是在这整个营销流程中，使用的是产品生产者自己设计、注册并使用的商标。使用制造品牌，有利于生产者积累品牌资产，形成持续稳定的市场竞争力。

② 中间商品牌策略。中间商品牌策略就是谁经销使用谁的牌子。具体而言，就是生产者将自己产品大批量销售给中间商，然后中间商使用自有品牌进行销售。

③ 生产商品牌与经销商品牌共存。有些生产者生产的产品一部分用自有品牌，一部分则提供给中间商，使用中间商品牌进行销售。

④ 授权品牌。营销实践中，有些生产者既不用自己的品牌销售产品，也不用中间商品牌销售产品，而是经过申请，获得一些知名品牌授权，用经过授权后的品牌进行销售。

（4）品牌统分策略。

品牌统分策略即使用多少个品牌，具体有以下几种。

① 统一品牌策略，即企业所有产品都统一使用同一个品牌。采用此策略的优点是可以减少品牌设计费用，降低促销成本，同时如果品牌声誉很高，还有助于新产品推出。不足之处是某一产品出问题，会影响整个品牌形象，危机企业的信誉。

② 分类品牌策略，即企业依据一定的标准将产品分类，同一类产品使用相同的品牌。

③ 个别品牌策略，即企业同一类产品中的各种产品分别使用不同的品牌。

④ 企业名称加个别品牌策略，即企业对其不同种类的产品分别使用不同品牌，但在各种类产品品牌前面还冠以企业名称。这种策略的好处是在各种不同新产品的品牌名称前冠以企业名称，既可以使新产品享受企业的信誉，又可以使各种不同品牌的新产品保持自己相对的独立性。

⑤ 多品牌策略，即企业对同一种产品使用两个或两个以上的品牌。多品牌策略虽然会使原有品牌的销量减少，但几个品牌加起来的总销量却可能比原来一个品牌时要多。这一策略的优点是使企业能针对不同细分市场的需要，有针对性地开展营销活动。采用此策略，各品牌之间联系松散，不会因个别产品出现问题、声誉不佳而影响企业的其他产品。缺点在于品牌较多会影响广告效果，易被遗忘。这种策略需要较强的财力做后盾，因此，一般适宜实力雄厚的大中型企业。

（5）品牌延伸策略。

品牌延伸策略是指企业利用其成功品牌的声誉来推出改进产品或者新产品，包括纵向延伸和横向延伸。纵向延伸即企业先推出某一品牌，赢得一定市场声誉后，逐步推出新一代经过改进的该品牌产品。横向延伸即企业把成功的品牌用于新开发的不同产品。

品牌延伸策略的优点是可以大幅度降低广告宣传等促销费用，使新产品迅速、顺利地进入市场。缺点是品牌延伸可能淡化甚至损害品牌原有形象，使品牌的独特性被逐步遗忘。因此，品牌延伸策略的实施应谨慎。

（6）品牌重新定位策略。

品牌重新定位策略也称品牌再定位。它是指对企业全部或部分产品的品牌市场定位进行调整或改变的策略。原因是多方面的，如竞争者可能继企业品牌之后推出其他的品牌，并削减企业的市场份额；顾客偏好也会转移，使对企业品牌的需求减少；或者公司决定进入新的细分市场。在作出品牌再定位决策时，首先应考虑将品牌转移到另一个细分市场所需要的成本，一般来说，再定位的跨度越大，所需成本越高。其次，要考虑品牌定位于新位置后可能产生的收益。收益大小是由以下因素决定的：某一目标市场的消费者人数；消费者的平均购买率；在同一细分市场竞争者的数量和实力，以及在该细分市场中为品牌再定位要付出的代价。

二、汽车定价策略

汽车价格是汽车市场营销中的一个非常重要的因素，它在很大程度上决定着市场营销组合的其他因素。价格的变化直接影响着汽车市场对其的接受程度，影响着消费者的购买行为，影响着汽车生产企业盈利目标的实现。因此，汽车定价策略是汽车市场竞争的重要手段。汽车的定价策略既要有利于促进销售、获取利润、补偿成本，同时又要考虑汽车消费者对价格的接受能力，从而使汽车定价具有了买卖双方双向决策的特征。

从经济学观点看，价格是严肃的，价格是商品价值的货币表现，不能随意变动。但从汽车市场营销的角度看，汽车价格是活跃的，汽车价格要对汽车市场变化做出灵活的反应，要以汽车消费者是否愿意接受为出发点。

（一）汽车价格制定

汽车企业在汽车新产品投放市场，或者在市场环境发生变化时需要制定或调整汽车价格，以利于汽车企业营销目标的实现。由于汽车价格涉及汽车企业、竞争者、汽车消费者三者之间的利益，因而，制定合理的汽车价格是十分重要的。汽车企业一定要确定好定价目标，分析定价影响因素，采用合理的定价方法来确定汽车新产品价格。

1. 汽车定价目标

一般来讲，汽车企业可供选择的汽车定价目标有以下两大类。

（1）以利润为导向的汽车定价目标。

汽车企业一般都把利润作为重要的汽车定价目标，这样的目标主要有以下3种。

① 利润最大化目标。以最大利润为汽车定价目标，指的是汽车企业期望获取最大限度的销售利润。通常已成功地打开销路的中小汽车企业，最常用这种目标。追求最大利润并不等于追求最高汽车价格。最大利润既有长期和短期之分，又有汽车企业全部汽车产品和单个汽车产品之别。

② 目标利润。以预期的利润作为汽车定价目标，就是汽车企业把某项汽车产品或投资的预期利润水平，规定为汽车销售额或投资额的一定百分比，即汽车销售利润率或汽车投资利润率。汽车定价是在汽车成本的基础上加上目标利润。根据实现目标利润的要求，汽车企业要估算汽车按什么价格销售、销售多少才能达到目标利润。一般来说，预期汽车销售利润率或汽车投资利润率要高于银行存款利率。

以目标利润作为汽车定价目标的汽车企业，应具备以下两个条件：一是该汽车企业具有较

强的实力，竞争力比较强，在汽车行业中处于领导地位；二是采用这种汽车定价目标的多为汽车新产品、汽车独家产品以及低价高质量的汽车产品。

③ 适当利润目标。有些汽车企业为了保全自己，减少市场风险，或者限于实力不足，以满足适当利润作为汽车定价目标。这种情况多见于处于市场追随者地位的中小汽车企业。

（2）以销量为导向的汽车定价目标。

这种汽车定价目标是指汽车企业希望获得某种水平的汽车销售量或汽车市场占有率而确定的目标。

① 保持或扩大汽车市场占有率。汽车市场占有率是汽车企业经营状况和汽车产品在汽车市场上的竞争能力的直接反映，对于汽车企业的生存和发展具有重要意义。因为，汽车市场占有率一般比最大利润容易测定，也更能体现汽车企业的努力方向。因此，有时汽车企业把保持或扩大汽车市场占有率看得非常重要。一般来讲，只有当汽车企业处于以下几种情况下，才适合采用该种汽车定价目标：

- 该汽车的价格需求弹性较大，低价会促使汽车市场份额的扩大；
- 汽车成本随着销量增加呈现逐渐下降的趋势，而利润有逐渐上升的可能；
- 低价能阻止现有和可能出现的竞争者；
- 汽车企业有雄厚的实力能承受低价所造成的经济损失；
- 采用进攻型经营策略的汽车企业。

② 以增加汽车销售量为定价目标。这是指以增加或扩大现有汽车销售量为汽车定价目标。这种方法是在遵循《反不正当竞争法》的前提条件下实施，适用于汽车的价格需求弹性较大，汽车企业开工不足，生产能力过剩，只要降低汽车价格，就能扩大销售，使单位固定成本降低，汽车企业总利润增加的情况。

③ 以竞争为导向的汽车定价目标。这是指汽车企业主要着眼于竞争激烈的汽车市场上以应付或避免竞争为导向的汽车定价目标。在汽车市场竞争中，大多数竞争对手对汽车价格都很敏感，在汽车定价以前，一般要广泛收集市场信息，把自己生产的汽车的性能、质量和成本与竞争者的汽车进行比较，然后制定本企业的汽车价格。通常采用的方法有：与竞争者同价、高于竞争者的价格、低于竞争者的价格。

汽车企业在遇到同行价格竞争时，常常会被迫采取相应对策。例如，竞相削价，压倒对方；及时调价，价位对等；提高价格，树立威望。在现代市场竞争中，价格战容易使双方两败俱伤，风险较大。所以，很多企业往往会开展非价格竞争，如在汽车质量、促销、分销和服务等方面下苦功夫，以巩固和扩大自己的汽车市场份额。

④ 以质量最优化为导向的汽车定价目标。这是指汽车企业要在市场上树立汽车质量领先地位的目标，而在汽车价格上作出反应。优质优价是一般的市场供求准则，研究和开发优质汽车必然要支付较高的成本，自然要求以高的汽车价格得到回报。从完善的汽车市场体系来看，高价格的汽车自然代表或反映着汽车的高性能、高质量及其优质服务。采取这一目标的汽车企业必须具备以下两个条件，一是高性能、高质量的汽车，二是提供优质的服务。

⑤ 以企业生存为导向的汽车定价目标。当汽车企业遇到生产能力过剩或激烈的市场竞争要改变消费者的需求时，它要把维持生存作为自己的主要目标——生存比利润更重要。对于这类汽车企业来讲，只要他们的汽车价格能够弥补变动成本和一部分固定成本，即汽车单价大于汽车企业变动成本，他们就能够维持住汽车企业。

⑥ 以销售渠道为导向的汽车定价目标。对于那些需经中间商销售汽车的汽车企业来说，保持汽车销售渠道畅通无阻，是保证汽车企业获得良好经营效果的重要条件之一。

为了使得销售渠道畅通，汽车企业必须研究汽车价格对中间商的影响，充分考虑中间商的利益，保证对中间商有合理的利润，促使中间商有充分的积极性去销售汽车。在现代汽车市场经济中，中间商是现代汽车企业营销活动的延伸，对宣传汽车、提高汽车企业知名度有十分重要的作用。汽车企业在激烈的汽车市场竞争中，有时为了保住完整的汽车销售渠道，促进汽车销售，不得不让利于中间商。

2. 汽车价格构成

汽车价值决定汽车价格，汽车价格是汽车价值的货币表现。但在现实汽车市场营销中，由于受汽车市场供应等因素的影响，汽车价格表现得异常活泼，价格时常同价值的运动表现不一致：有时价格高于价值，有时价格低于价值。在价格形态上的汽车价值转化为汽车价格构成的4个要素：汽车生产成本、汽车流通费用、国家税金和汽车企业利润。

（1）汽车生产成本。

它是汽车价值的重要组成部分，也是制定汽车价格的重要依据。

（2）汽车流通费用。

它是发生在汽车从汽车生产企业向最终消费者移动过程各个环节之中的，并与汽车移动的时间、距离相关，因此它是正确制定同种汽车差价的基础。

（3）国家税金。

它是汽车价格的构成因素。国家通过法令规定汽车的税率，并进行征收。税率的高低直接影响汽车的价格。

（4）汽车企业利润。

它是汽车生产者和汽车经销者为社会创造和占有的价值的表现形态，是汽车价格的构成因素，是企业扩大再生产的重要资金来源。从汽车市场营销角度来看，汽车价格的具体构成为：

汽车出厂价格=汽车生产成本+汽车生产企业的利税

汽车批发价格=汽车生产成本+汽车生产企业的利税+汽车批发流通费用+汽车批发企业的利税

汽车直售价格=汽车生产成本+汽车企业的利税+汽车批发流通费用+汽车批发企业的利税+汽车直售企业的利税

3. 影响汽车产品定价的因素

价格是一个变量，它受到诸多因素的影响和制约，汽车产品价格的高低主要是由汽车产品中包含的价值量的大小决定的。最高价格受需求控制，最低价格受成本控制。一般来说可以把这些因素区分为企业的外部因素和内在因素。外部因素主要有市场供求情况、竞争情况、政策环境和社会环境、消费心理、价格弹性等。内在因素主要有生产成本、产品特性、产品寿命等，具体如表5-2所示。

表5-2 影响汽车产品定价因素

外部因素	产品供求因素	汽车产品的价格与供求的关系十分密切。一方面，市场价格对汽车产品的供求起调节作用。通常在自由竞争的市场条件下，产品本身的价值量保持不变，如果供求平衡，汽车产品的价格就会基本稳定；当某种汽车产品的价格上涨时，就会刺激汽车生产企业扩大生产与供应，同时也能吸引新的资本投入该汽车产品的生产，从而增加产品的供应数量；反之，当价格下跌时，会引起汽车产品供应量的减少。另一方面，汽车产品的供求关系也直接影响到汽车产品的定价。在供过于求时，企业往往只能采用保本或微利定价法，甚至要采用变动成本定价法；在求大于供时，企业可以以最大利润或合理利润进行定价。市场上汽车产品的供求状况直接反映了汽车产品的供给量与社会购买力之间的适应状况。所以说，市场需求是影响汽车产品价格的最重要的外因之一，它决定了产品价格的最高上限

续表

<table>
<tr><td rowspan="7">外部因素</td><td rowspan="5">市场竞争因素</td><td>完全竞争</td><td>指同种产品有多个营销者，他们都以同样的方式向市场提供同类的标准化的产品，他们的产品供应量都只占市场买卖总量的极小份额，任何一个企业都不可能单独左右该种产品的市场价格。产品价格在多次交易中自然形成，各个经销商都是价格的接受者而不是决定者，企业的任何提价或降价行为都会招致对本企业产品需求的骤减或利润的不必要流失。在完全竞争状态下，产品定价应随行就市</td></tr>
<tr><td>垄断竞争</td><td>指同种产品有多个营销者，虽然他们都以同样的方式向市场提供同类的产品，但是他们中只有极少数的企业对产品的价格起决定性作用。在这种情况下，一个行业中有许多企业生产或销售同种产品，而且每个企业的产量或销售量只占市场供应总量中的一小部分。虽然同行企业很多，但每个企业无论在生产或销售的产品的性能、品牌、质量、花样和式样上，还是在企业所处地理位置或服务方式上，都有很大的差异性，竞争激烈，随时可能有新的企业参与竞争，而且随时也可能有企业退出竞争。在此情况下，只有少数的买者或卖者拥有较优越的条件，可以对产品价格起较大的影响作用。这时，企业已不是一个消极的价格接受者，而是一个对价格有影响力的决定者</td></tr>
<tr><td>寡头垄断</td><td>在寡头垄断状况下，生产某种产品的绝大多数企业由少数几家大企业控制，每个大企业在相应的市场中占有相当大的份额，对市场的影响举足轻重。在这种情况下，产品的市场价格不是通过市场供求决定的，而是由几家大企业通过协议或默契形成的。在这种联盟价格形成后，一般在相当长的时间内不会变动</td></tr>
<tr><td>完全垄断</td><td>指一种产品完全由一家或极少数几家企业控制，而且此种产品在市场上没有现成的替代品市场。在这种市场环境中，垄断企业没有竞争对手，而且有较高的自由定价的权利，可以独立地或与极少数几家企业协商制定价格，可以在国家法律允许的范围内随意定价，产品定价极高，只要市场承受得住即可。在完全垄断状态下，非垄断性企业定价应十分谨慎，以防垄断者的价格报复</td></tr>
<tr><td colspan="2">注：在不同的市场竞争模式中，企业的定价自主权是不一样的，价格制定决策也不同。现代汽车生产企业应该具有通过用汽车产品定价去应付甚至避免竞争的意识。当以此为定价目标而进行定价时，企业应当根据实际市场情况（包括对市场有决定性影响的竞争者的情况），可以将汽车产品的实际定价低于竞争对手，或者高于竞争对手（当企业条件优越，实力雄厚时）。这种定价目标比较适合于那些实力雄厚，而且易于实现目标的企业</td></tr>
<tr><td rowspan="2">社会环境因素</td><td>国家政策因素</td><td>商品经济的广泛发展，特别是价值规律自发作用的结果，会产生某种盲目性。因此，大多数国家对产品价格都有不同程度的规定。我国发展社会主义市场经济，要在充分发挥市场机制的基础上，对产品定价进行宏观管理。国家通过制定价格方针政策和具体规定，如制定商品基位价格、浮动幅度和方法，或制定产品差价率、利润率与最高限价范围，对产品价格进行管理，协调国家、部门、企业、个人利益分配关系，以引导生产，指导消费。因此，汽车产品定价要符合国家有关部门制定的政策、法规和改革措施等，包括税收、信贷利率的限制，这样既有监控性、保护性，也有限制性</td></tr>
<tr><td>社会经济因素</td><td>在社会经济方面，当汽车生产企业的投资和建设处于高潮的经济繁荣期，汽车产品的社会需求量就会随之提高，相应的汽车产品价格也会呈现上涨的趋势；当社会经济处于衰退和调整时期，汽车产品的社会需求量随之减少，价格也就容易降低。因此，对汽车生产企业来说，社会环境因素已成为产品定价时所必须考虑的重要因素之一</td></tr>
</table>

续表

外部因素	消费者的心理因素	消费者的心理因素对价格的影响主要表现在人们对汽车产品的预期价格上，即在心目中认为这种汽车应该值多少钱，因此，企业在制定或调节汽车产品的价格时，必须认真分析消费者的心理。任何一件商品都是为消费者服务的，消费者在购买汽车时往往受到不同心理倾向支配，如自我感觉优越心理、追求时尚心理、炫耀心理等，不同的消费心理对汽车产品的价格有不同的要求。企业只有在研究掌握了不同的消费心理之后，才能制定出最佳的汽车产品价格
	需求价格弹性	需求价格弹性表现商品需求量的变化与该商品价格变化之间的关系。汽车产品价格与需求之间存在着密切关系。不同与普通商品的是汽车产品领域广阔，不同的车型、不同的用途、不同的档次的车其需求价格弹性各不相同，高档、豪华、名牌轿车，如宝马、奔驰其需求价格弹性可能就小，消费者不会因为宝马的价格上涨百分之几就转而购买其他品牌的汽车，购买豪华轿车的用户其看中的主要是品牌，以及自身的身份与地位的需要，而价格的变化并不敏感，因此，需求价格弹性不大；但对于中低档的家庭用车，价格因素是消费者主要的考虑因素，价格的变化会影响消费者对车辆选型的重新考虑，较多的替代车型也会影响消费者的选择，因此，中低档轿车的需求收入弹性较大
		注：一般来说，当测定某一款车型的需求弹性较大时，采取低价策略可以吸引更多顾客，取得较大利润，但必须注意竞争者的反应；当测定某一款车型的需求弹性较小时，汽车生产企业可适当提高价格来增加利润，但应考虑与同行业协作者的关系以及国家价格政策和法律规定
	其他营销组合因素	汽车产品价格的制定还受到其他营销组合的影响。对于新建的中小型汽车生产企业，或者知名企业的汽车产品处于导入期和成长期，价格可定得高一些，而处于成熟期和衰退期的生产企业的汽车产品定价则应相对低一些。质量好、性能好、品牌知名度高的汽车产品的价格可以定的高一些；反之，则必须定得低一些。当企业用于广告或其他方面的费用支出较多时，价格应相应提高；反之，汽车产品的价格就可以定低一些。可见，汽车产品的定价不能脱离其他营销因素而单独决定
内部因素	生产成本	汽车成本是汽车定价的基础。如果其他条件不变，汽车产品的成本越高则定价越高，成本越低则定价越低。如果说市场需求决定了汽车产品价格的最高上限，那么成本就决定了汽车产品价格的最低下限。在竞争激烈的汽车市场上，企业要想用降价的方法来提高汽车产品的竞争力，就必须首先降低汽车产品的生产成本，如果市场价格不变，成本越低则产品价格竞争力就越强，利润就会提高，成本越高则利润就越低。可以看出，降低产品生产成本是企业提高其利润的一项重要的措施
	汽车的车型与配置	实际上，一种车型、一种配置的价格，往往在其设计阶段就已经确定下来了。既然车型决定价格，因此，通过改变车型和配置来改变价格，已经成为一种基本的价格策略。汽车营销的实践发现，高档汽车往往拥有较大的价格空间，因此可以纵横交错，通过降价甚至提价来赢得市场竞争；低档汽车的价格空间非常有限，在价格竞争中总是处于不利的地位。那么，对于经济型车来说，摆脱困境、赢得竞争的主要途径就是通过改变车型、改变配置的方式，频频推出新车型以增加竞争优势。在西方国家，同一档次的汽车，往往有多种车型，这些车型大同小异，在价格竞争的紧要关头推出，不但可以赢得新的价格空间，而且可以赢得新的消费者群。在我国，这种方式已经被国内的汽车厂家频频采用，同一车型不同款型或不同配置之间的多样化组合，尽管各厂家在的车型组合有各自的方法，有的是推陈出新、逐个推出，有的是同时推出、全面覆盖，但其目的都是以差异化的车型和差异化的配置赢得差异化的市场

续表

内部因素	汽车市场价值	产品质量是产品价值的重要组成部分。因此，分级定价、优质优价，即“一分价钱一分货”，是一个重要的和基本的定价原则。但是，市场是多变的，消费者对汽车质量与价格的认识和看法也是有差异的。就质量与价格的组合方式，可以有 4 种形式：优质——优价，优质——低价，低质——低价，低质——优价。 优质——优价适合于高档豪华轿车，消费者追求的精良的品种，并认可不菲的价格；优质——低价适合于中低档轿车，讲求物超所值，这一层次的消费者往往希望以较低的价格得到相对较高品质的轿车，追求的是超值的性价比；低质——低价适用于低档车型，明明白白地告诉消费者产品价格低，产品的品质也不高，能用就行，对那些买车主要用于代步，或作为过渡期使用的车主，不求车好，只求价低；而低质——优价是以较低的品质的车卖出高价，作为一种策略，目前在中国的汽车市场几乎无法通行，除非是以次充好，假冒盗牌的汽车产品，属于商品欺诈行为，是不可取的
	汽车产品生命周期	汽车产品的生命周期一般都会经历投入期、成长期、成熟期和衰退期 4 个阶段。汽车产品处在不同的生命周期阶段会有与之对应的不同策略安排。汽车产品在其寿命周期的各个阶段的价格策略也有所不同，在汽车产品策略中已经讲过

4. 汽车产品定价方法

（1）成本导向定价法。

汽车成本导向定价法就是以汽车成本为基础，加上一定的利润和应纳税金来制定汽车价格的方法。这是一种按汽车卖方意图定价的方法。以汽车成本为基础的定价方法主要有以下 4 种。

① 成本加成定价法。汽车成本加成定价法是一种最简单的汽车定价方法，即在单台汽车成本的基础上，加上一定比例的预期利润作为汽车产品的售价。售价与成本之间的差额就是利润。由于利润的多少是按一定比例反映的，这种比例习惯上称为“几成”，这种方法被称为汽车成本加成定价法。计算公式为

汽车单位成本加成价格=单位汽车产品总成本 ×（1+汽车成本利率）/（1 – 税率）

例如：某汽车企业单位产品成本为 30 万元，成本利润率为 20%，产品税金为 10%，计算单位产品价格。

单位产品价格=单位产品成本 ×（1+20%）/（1 – 10%）

=300000 元 ×（1+20%）/（1 – 10%）=40000（元）

汽车成本加成定价法的优点是：第一，能使汽车企业的全部成本得到补偿，并有一定的盈利，使汽车企业的再生产能继续进行；第二，这种计算方法简便易行；第三，有利于国家和有关部门通过规定成本利润率，对汽车企业的汽车价格进行监督；第四，如果汽车行业都采用此法，就可缓解汽车价格竞争，保持汽车市场价格的稳定。

汽车成本加成定价法的缺点是：首先，汽车成本加成定价法忽视了汽车市场的需求和竞争对手的价格，只反映生产经营中的劳动耗费，因此，根据这种方法制定的汽车价格缺乏对汽车市场供求关系变化的适应能力，不利于增强汽车企业的市场竞争力；其次，汽车企业成本纯属是企业的个别成本，而不是正常生产合理经营下的社会成本，因此，有可能包含不正常、不合理的费用开支。所以，此定价法主要适用于汽车生产经营处于合理状态下的企业和供求大致平衡、成本较稳定的汽车产品。

② 目标收益定价法。这种方法又称目标利润定价法，或投资收益率定价法。它是在成本的基础上，按照目标收益率的高低计算的方法。其计算步骤如下。

第一，确定目标收益率。目标收益率可表现为投资收益率、成本利润率、销售利润率、资金利润率等多种不同方式。

第二，确定目标利润。由于目标收益率的表现形式的多样性，目标利润的计算也不同，其计算公式为

目标利润=总投资额×目标投资利润率

目标利润=总成本×目标成本利润率

目标利润=销售收入×目标销售利润率

目标利润=资金平均占用率×目标资金利润率

第三，计算售价。

售价=（总成本+目标利润）/预计销售量

目标收益率评定法的优点是可以保证企业既定目标利润的实现。这种方法一般是用于在市场上具有一定影响力的企业、市场占有率较高或具有垄断性质的企业。目标收益率评定法的缺点是只从卖方的利益出发，没有考虑竞争因素和市场需求的情况。

③ 边际贡献定价法，也称变动成本加成定价法。销售收入减去变动成本后的差额叫边际贡献。即仅计算变动成本，不计算固定成本，而以预期的边际贡献补偿固定成本，从而获得收益的定价方法。

该定价方法的原则是产品单价要高于单位成本。其计算公式为

单位产品价格=（总的变动成本+边际贡献）/预计销售量

例如：某汽车企业生产每辆车的单位变动成本是6万元，计划边际贡献为3000万元，当销量为500辆时，其价格（不含税）应定为多少？

依据上面公式得：单位产品价格=（6×500+3000）/500=12（万元）

④ 盈亏平衡定价法。盈亏平衡定价法也叫保本定价法或收支平衡定价法，是指在销量既定的条件下，企业产品的价格必须达到一定的水平才能做到盈亏平衡、收支相抵，也就是销量达到某一点时，销售收入恰好等于销售成本，在这个点上，企业正好不亏不盈。既定的销量即为盈亏平衡点。这个点可以有两种形式表现：一是实物量形式，叫保本销量；二是价值量形式，叫保本销售额。保本是获利的基础，是企业得以继续经营的条件，企业只有扩大超过保本点以上的销量，并提供优质的服务，才能获得最大的利润。计算方法如下。

根据成本、业务量与利润三者之间的依存关系，用方程式表达为

利润=销售收入－变动成本总额－固定成本总额

利润=销售单价×预计销量－单位变动成本×预计销量－固定成本

当利润为零时，这时的业务量即为保本点，此时销售单价即为保本价格，经计算得

保本价格（销售单价）=（单位变动成本×预计销量+固定成本）/预计销量

例如：某汽车企业固定成本为5000万元，每辆车的单位变动成本为5万元，预计全年销量为1000辆，其盈亏平衡点的保本价格为多少？

保本价格=（5×1000+5000）/1000= 10（万元）

以上4种成本导向定价法，都是卖方定价导向，所以定价时还要考虑需求和竞争状况，来确定最终的市场价格水平。

（2）需求导向定价法。

需求导向定价法是指企业在定价时不再以成本为基础，而是以消费者对产品价值的理解和

需求强度为依据。它是根据市场上消费者能够接受的价格来定价，充分包含了消费者对产品价值的理解，主要有以下两种方式。

① 理解价值定价法，也称觉察价值定价法，是以消费者对商品价值的感受及理解程度作为定价的基本依据。把买方的价值判断与卖方的成本费用相比较，定价时更应侧重考虑前者。因为消费者购买商品时总会在同类商品之间进行比较，选购那些既能满足其消费需要，又符合其支付标准的商品。消费者对商品价值的理解不同，会形成不同的价格限度。这个限度就是消费者宁愿付货款而不愿失去这次购买机会的价格。如果价格刚好定在这一限度内，消费者就会顺利购买。

为了加深消费者对商品价值的理解程度，从而提高其愿意支付的价格限度，零售店定价时首先要搞好商品的市场定位，拉开本企业商品与市场上同类商品的差异，突出商品的特征，并综合运用这种营销手段，加深消费者对商品的印象，使消费者感到购买这些商品能获得更多的相对利益，从而提高他们接受价格的限度。零售店据此提出一个可销价格，进而估算在此价格水平下商品的销量、成本及盈利状况，最后确定实际价格。

② 需求差异定价法。需求差异定价法以不同时间、地点、商品及不同消费者的消费需求强度差异为定价的基本依据，针对每种差异决定其在基础价格上是加价还是减价。主要有以下几种形式：

◆ 因地点而异。不同地区同种汽车产品价格有区别；

◆ 因时间而异。不同时间，汽车产品价格会稍有浮动，如节假日，有活动，或者厂家在不定期的搞促销活动，价格就会和其他时间有所不同；

◆ 因商品而异。不同款式、颜色和配置的汽车产品，价格必定不同；

◆ 因顾客而异。因职业、阶层、年龄等原因，顾客有没有需求。销售人员会在需求分析环节有所考虑，相应的给予优惠或提高价格。

实行差异定价要具备以下条件：市场能够根据需求强度的不同进行细分；细分后的市场在一定时期内相对独立，互不干扰；高价市场中不能有低价竞争者；价格差异适度，不会引起消费者的反感。

（3）竞争导向定价法。

竞争导向定价法是指企业通过研究竞争对手的商品价格、生产条件、服务状况等，以竞争对手的价值为基础，确定自己产品的价格。主要有通行价格定价、密封投标定价、竞争价格定价等方法。

① 通行价格定价法。通行价格定价法也称随行就市定价法，是竞争导向定价法中广为流行的一种。定价是使零售店商品的价格与竞争者商品的平均价格保持一致。这种定价法的目的是：易为消费者接受；试图与竞争者和平相处，避免激烈竞争产生的风险；一般能为零售店带来合理、适度的盈利。

这种定价适用于竞争激烈的均质商品，如大米、面粉、食油以及某些日常用品的价格确定。在完全寡头垄断竞争条件下也很普遍。

② 主动竞争定价法。主动竞争定价法与通行价格定价法相反，它不是追随竞争者的价格，而是根据企业产品的实际情况及与竞争对手的商品差异状况来确定价格。一般为富于进取心的企业所采用。定价时首先将市场上竞争商品价格与企业估算价格进行比较，分为高、一致及低3个价格层次；其次，将企业商品的性能、质量、成本、式样、产量等与竞争零售店进行比较，分析造成价格差异的原因；再次，根据以上综合指标确定企业商品的特色、优势及市场定位，在此基础上，按定价所要达到的目标确定商品价格；最后，跟踪竞争商品的价格变化，及时分析原因，相应调整零售店商品价格。

③ 密封投标定价法。密封投标定价法主要用于投标交易方式。在汽车易主交易中，采用招标、投标的方式，由一个卖主（或买主）对两个以上并相互竞争的潜在买主（或卖主）出价（或要价）、择优成交的定价方法。其显著特点是招标方只有一个，处于相对垄断的地位；而投标方有多个，处于相互竞争的地位。能否成交的关键在于投标者的出价能否战胜所有竞争对手而中标，中标者与卖方（买方）签约成交。此定价法主要在政府处理走私没收汽车和企业处理多余汽车时采用。上海市对车牌的竞拍也属于这种形式。

（二）汽车产品定价策略

汽车价格竞争是一种十分重要的汽车营销手段。在激烈的汽车市场竞争中，汽车企业为了实现自己的营销战略和目标，必须根据产品特点、市场需求及竞争情况，采取各种灵活多变的汽车定价策略。

1. 汽车新产品定价策略

汽车企业开发的汽车新产品能否及时打开销路、占领市场和获得满意的利润，除了汽车新产品本身的性能、质量及必要的汽车市场营销手段和策略之外，还取决于汽车企业是否能选择正确的定价策略。汽车新产品定价有以下 3 种基本策略。

（1）撇脂定价策略。这是一种汽车高价保利策略，是指在汽车新产品投放市场的初期，将汽车价格定得较高，以便在较短的时期内获得高额利润，尽快地收回投资。

这种汽车定价策略的优点如下。

① 汽车新产品刚投放市场，需求弹性小，尚未有竞争者，因此，只要汽车新产品性能超群、质量过硬，就可以采取高价，来满足一些汽车消费者求新、求异的消费心理。

② 由于汽车价格较高，因而可以使汽车企业在较短时期内取得较大利润。

③ 定价较高，便于在竞争者大量进入市场时主动降价，增强竞争能力，同时，也符合顾客对价格由高到低的心理。

这种汽车定价策略的缺点如下。

① 在汽车新产品尚未建立起声誉时，高价不利于打开市场，一旦销售不利，汽车新产品就有夭折的风险。

② 如果高价投放市场销路旺盛，很容易引来竞争者，从而使汽车新产品的销路受到影响。

这种汽车定价策略一般适应以下几种情况。

① 汽车企业研制、开发的这种技术新、难度大、开发周期长的汽车新产品，用高价也不怕竞争者迅速进入市场。

② 这种汽车新产品有较大市场需求。由于汽车是一次购买，享用多年，因而高价市场也能接受。

③ 高价可以使汽车新产品一投入市场就树立起性能好、质量优的高档品牌形象。

（2）渗透定价策略。

这是一种汽车低价促销策略，是指在汽车新产品投放市场时，将汽车价格定得较低，以便使汽车消费者容易接受，很快打开和占领市场。

这种汽车定价策略的优点是：一方面，可以利用低价迅速打开新产品的市场销路，占领市场，从多销中增加利润；另一方面，低价又可以阻止竞争者进入，有利于控制市场。这种汽车定价策略的缺点是：投资的回收期较长，见效慢，风险大，一旦渗透失利，企业就会一败涂地。

这种汽车定价策略一般适应予以下几种情况。

① 制造这种汽车新产品所采用的技术已经公开，或者易于仿制，竞争者容易进入该市场。利用低价可以排斥竞争者，占领市场。

② 投放市场的汽车新产品，在市场上已有同类汽车产品，但是，生产汽车新产品企业比生产同类汽车产品企业拥有较大的生产能力，并且该产品的规模效益显著，大量生产定会降低成本，收益有上升趋势。

③ 该类汽车产品在市场中供求基本平衡，市场需求对价格比较敏感，低价可以吸引较多顾客，可以扩大市场份额。

以上两种汽车定价策略各有利弊，选择哪一种策略更为合适，应根据市场需求、竞争情况、市场潜力、生产能力和汽车成本等因素综合考虑。

（3）满意定价策略。

这是一种介于撇脂定价策略和渗透定价策略之间的汽车定价策略。所定的价格比撇脂价格低，而比渗透价格要高，是一种中间价格。这种汽车定价策略由于能使汽车生产者和消费者都比较满意而得名。由于这种价格介于高价和低价之间，因而比前两种定价策略的风险小，成功的可能性大。但有时也要根据市场需求、竞争情况等因素进行具体分析。

2. 折扣和折让定价策略

在汽车市场营销中，汽车企业为了竞争和实现经营战略的需要，经常对汽车价格采取折扣和折让策略，直接或间接地降低汽车价格，以争取消费者，扩大汽车销量。灵活运用折扣和折让策略，是提高汽车企业经济效益的重要途径。

具体来说，折扣和折让分以下 5 种。

（1）数量折扣。

数量折扣是根据买方购买的汽车数量多少，分别给以不同的折扣。买方购买的汽车数量越多，折扣越大。

数量折扣可分为累计数量折扣和非累计数量折扣。前者规定买方在一定时期内，购买汽车达到一定数量或一定金额时，按总量给予一定折扣的优惠，目的在于使买方与汽车企业保持长期的合作，维持汽车企业的市场占有率；后者是只按每次购买汽车的数量多少给予折扣的优惠，这可刺激买方大量购买，减少库存和资金占压。这两种折扣价格都能有效地吸引买主，使汽车企业能从大量的销售中获得较好的利润。

（2）现金折扣。

现金折扣是对按约定日期提前付款或按期付款的买主给予一定的折扣优惠价，目的是鼓励买主尽早付款以利于资金周转。运用现金折扣应考虑 3 个因素：一是折扣率大小；二是给予折扣的限制时间长短；三是付清货款期限的长短。在国际结算中，现金折扣用于信用证结算的交货期折扣。若信用证付款期为 90 天，60 天付款可享受 2%的折扣，则表示为 2/60，90。

（3）交易折扣。

交易折扣是汽车企业根据各个中间商在市场营销活动中所担负的功能不同，而给予不同的折扣，所以也称“功能折扣”，如运输、仓储、售后服务的分工等。

（4）时间折扣。

时间折扣有两层含义，一是季节折扣，二是时段折扣。季节折扣是指在汽车销售淡季时，给购买者一定的价格优惠，目的在于鼓励中间商和消费者购买汽车，减少库存，节约管理费，加速资金周转。季节折扣率应不低于银行存款利率。时段折扣是在一些特定的时段，如开业当天，展览会期间，周年庆典期间等时段内给予一定比例的折扣优惠。

（5）运费让价。

运费是构成汽车价值的重要部分，为了调动中间商或消费者的积极性，汽车企业对他们的运输费用给予一定的津贴，支付一部分甚至全部运费。

企业是否要采取折扣和折让定价的策略，折扣的限度为多少，还要综合考虑市场上各方面的因素。特别是当市场上同行业竞争对手实力很强时，一旦实施了折扣定价，可能会遭到强大竞争对手的更大折扣反击。一旦形成了竞相折价的市场局面，要么导致市场总价格水平下降，在本企业仍无法扩大市场占有率的情况下将利益转嫁给了消费者，和竞争对手两败俱伤，要么就会因与竞争对手实力的差距而被迫退出竞争市场。因而，企业在实行折扣和折让定价策略时要考虑竞争者实力、折扣成本、企业流动资金成本、消费者的折扣心理等多方面的因素，并注意避免市场内同种商品折扣标准的混乱，才能有效地实现经销目标。

3. 心理定价策略

这是一种根据汽车消费者心理要求所采用的定价策略。每一品牌汽车都能满足汽车消费者某一方面的需求，汽车价值与消费者的心理感受有着很大的关系。这就为汽车心理定价策略的运用提供了基础，使得汽车企业在定价时可以利用汽车消费者心理因素，有意识地将汽车价格定得高些或低些，以满足汽车消费者心理的、物质的和精神的多方面需求，通过汽车消费者对汽车产品的偏爱或忠诚，诱导消费者增加购买，扩大市场销售，获得最大效益。具体的心理定价策略如下。

（1）整数定价策略。

在高档汽车定价时，往往把汽车价格定成整数，不带尾数。凭借整数价格来给汽车消费者造成汽车属于高档消费品的印象，提高汽车品牌形象，满足汽车消费者某种心理需求。整数定价策略适用于：汽车档次较高，需求的价格弹性比较小，价格高低不会对需求产生较大影响的汽车产品。由于目前选购高档汽车的消费者都属于高收入阶层，自然会接受较高的整数价格。

（2）尾数定价策略。

尾数定价策略是与整数定价策略正好相反的一种定价策略，是指汽车企业利用汽车消费者求廉的心理，在汽车定价时，不取整数而带尾数的定价策略，如某款家用轿车定价为9.98万元。这种带尾数的汽车价格给汽车消费者直观上一种便宜的感觉。同时往往还会给消费者一种汽车企业经过了认真的成本核算才定价的感觉，可以提高消费者对该定价的信任度，从而激起消费者的购买欲望，促进汽车销售量的增加。尾数定价策略一般适用于汽车档次较低的经济型汽车。经济型汽车价格的高低自然会对需求产生较大影响。

（3）声望定价策略。

声望定价策略是根据汽车产品在消费者心目中的声望、信任度和社会地位来确定汽车价格的一种汽车定价策略。声望定价策略就高不就低，如将近20万元的车不是定在19万多元，而是定在20万元以上，表明是20万元档次的车。声望定价可以满足某些汽车消费者的特殊欲望，如地位、身份、财富、名望和自我形象等，还可以通过高价格显示汽车的名贵优质。声望定价策略一般适用于具有较高知名度、有较大市场影响的著名品牌的汽车。

（4）招徕定价策略。

这是指将某种汽车产品的价格定得非常之高，或者非常之低，以引起消费者的好奇心理和观望行为，来带动其他汽车产品的销售的一种汽车定价策略。例如，某些汽车企业在某一时期推出某一款车型降价出售，过一段时期又换另一种车型，以此来吸引顾客时常关注该企业的汽车，促进降价产品的销售，同时也带动同品牌其他正常价格的汽车产品的销售。招徕定价策略常为汽车超市、汽车专卖店所采用。

（5）分级定价策略。

这是指在定价时，把同类汽车分为几个等级，不同等级的汽车，采用不同价格的一种汽车定价策略。这种定价策略能使消费者产生货真价实、按质论价的感觉，因而容易被消费者所接受。而且，这些不同等级的汽车若同时提价，对消费者的质价观冲击不会太大。分级定价策略，

等级的划分要适当，级差不能太大或太小。否则，起不到应有的分级效果。

4. 汽车产品组合定价策略

一个汽车企业常常会有多个系列的多种产品同时生产和销售，而同一企业的不同种汽车产品之间的需求和成本是相互联系的。但同时它们之间又存在着一定程度的“自相竞争”，因而，这时候的企业定价就不能只针对某一产品独立进行，而要结合相关联的一系列的产品，组合制定出一系列的价格，使整个产品组合的利润最大化。这种定价策略主要有以下两种情况。

（1）同系列汽车产品组合定价策略。

这种定价策略即是要把一个企业生产的同一系列的汽车作为一个产品组合来定价。在其中确定某一车型的较低价格，这种低价车可以在该系列汽车产品中充当价格明星，以吸引消费者购买这一系列中的各种汽车产品；同时又确定某一车型的较高价格，这种高价可以在该系列汽车产品中充当品牌价格，以提高该系列汽车的品牌效应。

同系列汽车产品组合定价策略与分级定价策略有部分相似，但前者更注意系列汽车产品作为产品组合的整体化，强调产品组合中各汽车产品的内在关联性。

（2）附带选装配置的汽车产品组合定价策略。

这种定价策略即指将一个企业生产的汽车产品与其附带的一些可供选装配置的产品看作一个产品组合来定价。譬如汽车消费者可以选装该汽车企业的电子开窗控制器、扫雾器和减光器等配置。汽车企业首先要确定产品组合中应包含的可选装配置产品，其次再对汽车及选装配置产品进行统一合理的定价。例如，汽车价格相对较低，而选装配置的价格相对稍高一些，这样既可吸引汽车消费者，又可通过选装配置来弥补汽车的成本，增加企业利润。

5. 竞争对手定价策略

针对竞争对手的定价方法很多，有通行价格法，即以行业的平均价格来定价；有对等定价法，与竞争者对峙，价格比拼；有差异定价法，绕开对手，在低、中、高不同层次上定价；有降价定价法，伴随着降价，实现促销。

6. 国内汽车厂商的降价措施

当今的国内市场，使用最广泛的当数降价策略。

近几年来，中国汽车市场汽车产品价格下降成为市场大趋势，不管是主动降价还是被动降价，国产汽车无一例外地走出降价之路。然而，在降价过程中，若能把握主动，巧妙安排营销组合，则降价也不失为一项有效的价格策略。

（1）直接降价。

直接降价就是由厂方出面发布产品降价的信息。它的优点是信息权威，可信度高，全国上下步调一致，降价一宣布就可能在车市上引起连锁反应。例如，羚羊、奇瑞一降价就出现热销。但是由于人们对降价比较敏感，直接降价可能造成产品滞销的负面印象，所以许多厂家不愿意直接降价。

（2）优惠降价。

优惠其实是一种变相的降价，但优惠的面目更易为厂方和消费者接受，所以现在被用得最为普遍。如今车市上优惠的方式非常多，如价格优惠、送汽油票、送保险、送装饰等。

（3）跟风降价。

跟风降价是指某种车型在同一档次的对手降价之后，为了争取主动，扭转自己的不利地位，也会进行相应的价格调整。例如，奥拓降价之后福莱尔也跟着降价，吉利随后也做了小幅调整，这都是跟风降价。

（4）新车上市即调低价格。

新车上市即调低价格，最突出的就是广州新雅阁上市。雅阁不是在滞销而是在非常紧俏的情况下大幅降价，这进一步加剧了它的紧俏。这种降价策略前所未有，对车市的影响非常大。

（5）增配置不降价。

增配置不降价这一措施既可让厂家避免背上降价的“黑锅”，又可以提高产品的性价比，让消费者得到实惠，如桑塔纳、捷达、尼桑新蓝鸟、别克君威、奥迪 A6 等。

5 种降价策略都不同程度地发挥了作用，并给中国的汽车市场带来了一定程度上的繁荣。然而，降价是策略，而不是战略。企业的长期发展应将价格策略纳入企业战略的范畴，不是被动的降价，不是寻求简单的促销，而是在企业发展战略的框架内巧妙地运用，通过营销组合，实现企业发展的目标。

三、汽车分销策略

（一）汽车分销渠道认知

1. 汽车销售渠道的概念

分销渠道亦称销售渠道或分配渠道，是指产品从生产者向用户转移过程中所经过的一切取得所有权（或协助所有权转移）的商业组织和个人，即产品由生产者到用户的流通过程中所经过的各个环节连接起来形成的通道。分销渠道的起点是生产者，终点是用户，中间环节包括各种批发商、零售商、商业服务机构（如经纪人、交易市场）等。

在市场经济条件下，绝大多数产品并不是由生产者直接销售给最终消费者或用户的，而是要经过或多或少的中间环节。这些中间环节在西方国家称为中间商，我国更习惯于称其为经销单位或流通企业。中间商的存在是商品经济发展和社会分工的必然结果，他们是企业分销渠道的重要组成部分。

2. 汽车分销渠道作用

由于生产者和消费者之间在数量、品种、时间、地点、所有权等方面存在供求矛盾，为了解决这些矛盾并节约社会劳动，大多数产品不是生产者直接提供给消费者，而是要经过一层或多层的中间环节，才能到达消费者手中。在这一过程中，分销渠道是企业实现产品销售的重要因素，也是企业了解和掌握市场需求的重要信息来源。

3. 汽车分销渠道功能

汽车产品销售渠道的功能主要有以下几种。

（1）汽车售卖功能。

这是分销渠道最基本的功能，汽车产品只有被售出，才能完成向汽车商品的转化。汽车制造商与经销商的接洽，经销商与用户的接洽，以及他们之间所进行的沟通、谈判、签订销售合同等业务，都是在履行销售渠道的售卖职能。

（2）汽车投放与物流功能。

由于各地区的汽车市场和竞争状况是不断变化的，汽车分销渠道必须要解决好何时将何种汽车、以何种数量投放到何种汽车市场中去，以实现汽车销售体系的整体效益最佳。投放政策一经确立，销售渠道就必须保质保量地将指定的汽车产品在指定的时间送达指定的地点。

（3）汽车促销功能。

汽车促销指进行关于所销售汽车产品的说服性沟通，几乎所有的促销方式都离不开汽车销售渠道的参与，而人员推销和各种营销推广活动，基本都是通过汽车销售渠道来完成的。

（4）汽车服务功能。

现代社会要求汽车销售者必须为汽车用户负责，服务质量直接关系到汽车制造商在市场竞争中

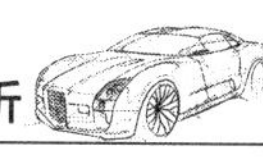

的命运。因而汽车销售渠道必须为汽车用户提供良好的、满意的服务，并体现汽车制造商的形象。

（5）汽车市场研究和信息反馈功能。

汽车市场是一个时间和空间的函数，汽车销售渠道应密切监视汽车市场的动态，研究汽车市场的走势，尤其是短期汽车市场的变化，收集相关信息并及时反馈给汽车制造商，以便制造商能更好地与市场需求协调一致。

（6）资金结算与融通功能。

为了加速资金周转，减少资金占用及相应的经济损失，汽车制造商、中间商、用户之间必须及时进行资金清算，尽快回笼货款。此外，汽车制造商与中间商、中间商与用户之间，还需要相互提供必要的资金融通和信用，共同解决可能的困难。

（7）风险分担功能。

汽车市场有畅有滞，中间商与制造商是一个命运共同体，畅销时要共谋发展，滞销时也要共担风险，只有这样中间商和制造商才能得到共同的长期发展。

（8）管理功能。

汽车销售系统是一个复杂的系统，需要能够进行良好的自我管理。

汽车分销渠道的以上功能，并不意味着所有汽车中间商都必须具备，中间商的具体功能可以只是其中的一部分，这与中间商的类型和作用有关。通常对从事轿车销售的经销商，其功能主要集中在整车销售、配件供应、维修服务、信息反馈等方面（称作“四位一体”）。但随着我国汽车市场的发展，汽车中间商的功能也会发生相应的变化。

4. 汽车分销渠道流程

分销渠道是由各成员企业组成，中间存在着物质或非物质形态运动的“流”。分销渠道由5种流程构成，即实体流程、所有权流程、付款流程、信息流程、促销流程、谈判流程、融资流程等，具体如图5-4所示。

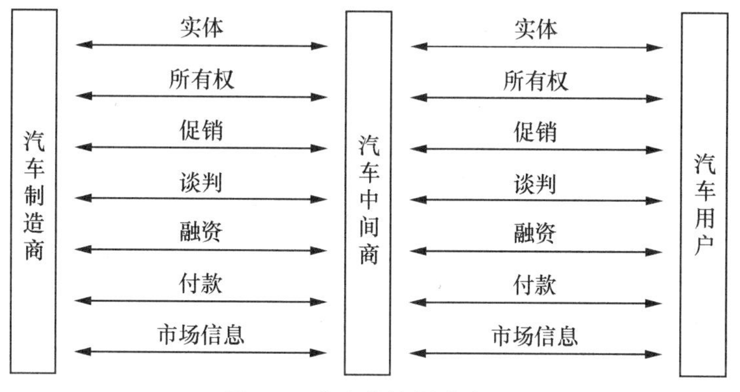

图5-4　汽车分销渠道流程

（1）实体流程。

实体流程指实体原料及成品从制造商转移到最终顾客的过程。

（2）所有权流程。

所有权流程指货物所有权从一个市场营销机构到另一个市场营销机构的转移过程。其一般流程为：供应商——制造商——代理商——顾客。

（3）付款流程。

付款流程指货款在各市场营销中间机构之间的流动过程。

（4）信息流程。

信息流程指在市场营销渠道中，各市场营销中间机构相互传递信息的过程。

（5）促销流程。

促销流程指由一单位运用广告、人员推销、公共关系、促销等活动对另一单位施加影响的过程。

（6）谈判流程。

谈判流程指为了转移所提供汽车产品所有权而就款式、价格、促销等方面进行谈判并达成最后协议。谈判流程贯穿于分销渠道的全部，汽车产品和所有权在各渠道成员间每转移一次，就必须进行一次谈判，它是双向流动的。

（7）融资流程。

融资流程主要指分销渠道各成员间伴随汽车产品所有权转移所形成的融通资金的活动流程。分销渠道的融资流有向前流动和向后流动两种形式。

5. 汽车分销渠道结构和类型

销售渠道按其有无中间环节和中间环节的多少，可分为以下4种结构：生产者→用户（第一型）、生产者→零售商→用户（第二型）、生产者→批发商→零售商→用户（第三型）、生产者→代理商→批发商→零售商→用户（第四型）、生产者→代理商→批发商→零售商→用户（第五型），如图5-5所示。

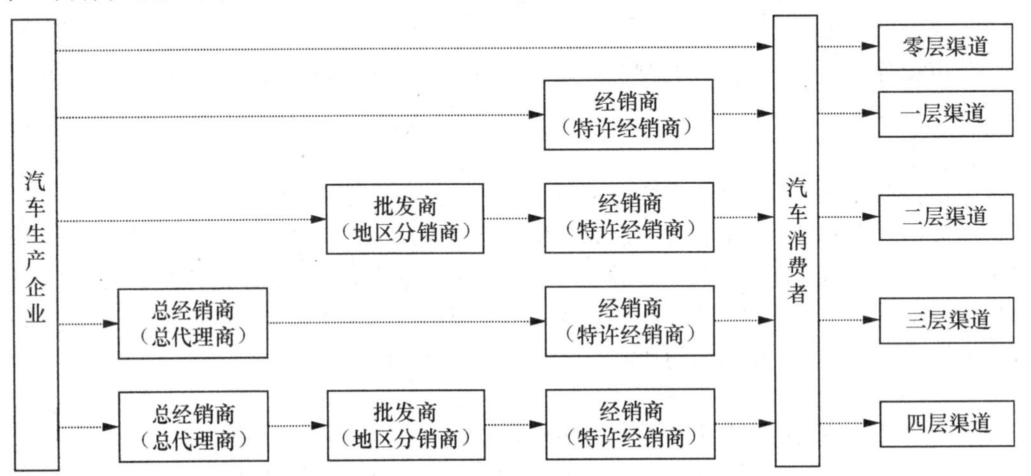

图5-5 汽车分销渠道结构

汽车分销渠道按照不同的划分标准可分为不同的渠道类型，主要有如下几种。

（1）直接渠道和间接渠道。

生产者在与消费者联系过程中，按是否有中间商参加，可将分销渠道分为直接渠道和间接渠道。

① 直接渠道。直接渠道指生产企业直接把产品卖给用户，没有中间环节，也称为“零层渠道”。直接渠道主要有推销员上门推销、设立自销机构、通过订货会或展销会与用户直接签约供货等形式。

直接渠道的主要优点如下：

◆ 了解市场。生产者通过与用户直接接触，能及时、具体、全面地了解消费者的需求和市场变化情况，从而能及时地调整生产经营决策；

◆ 减少费用。销售环节少，商品可以很快地到达消费者手中，从而缩短了商品流通时间，减少流通费用，提高了经济效益；

◆ 加强推销。技术含量较高的商品，生产者可以对推销员进行训练，有利于扩大销售。较之中间商，消费者往往更信赖生产者直销的商品；

◆ 控制价格。一般情况下，分销渠道越长，生产者对产品价格控制的能力越差；分销渠道越短，对价格控制能力也越强；

◆ 提供服务。生产者能够直接给用户提供良好的服务，增强企业竞争力，促进产品销售。

直接渠道也存在以下缺点：

◆ 生产者增设销售机构、销售设施和销售人员，相应地增加了销售费用，同时也分散生产者的精力；

◆ 由于生产者自有的销售机构总是有限的，致使产品市场覆盖面过窄，易失去部分市场；

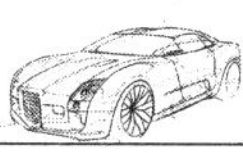

◆ 由于生产者要自备一定的商品库存，这就相应减缓了资金的周转速度，从而减少了对生产资金的投入；

◆商品全部集中在生产者手中，一旦市场发生什么变化，生产者要承担全部损失。

② 间接渠道。间接渠道指经中间商把企业产品销售给消费者或者用户的渠道类型。它是消费品分销的主要方式。例如，生产者→零售商→用户（第二型）、生产者→批发商→零售商→用户（第三型）、生产者→代理商→批发商→零售商→用户（第四型）、生产者→代理商→批发商→零售商→用户（第五型）。

间接渠道的优点如下：

◆ 中间商具有庞大的销售网络，利用这样的网络能使生产商的产品具有最大的市场覆盖面；

◆ 充分利用中间商的仓储、运输、保管作用，减少了资金占用和耗费，并可以利用中间商的销售经验，进一步扩大产品销售；

◆ 对生产者来说减少了花费在销售上的精力、人力、物力、财力。

间接渠道也存在以下的缺点：

◆ 流通环节多，销售费用增多，也增加了流通时间；

◆ 生产者获得市场信息不及时、不直接；

◆ 中间商对消费者提供的售前售后服务，往往由于不掌握技术等原因而不能使消费者满意。

（2）长渠道和短渠道。

按生产者生产的商品通过多少环节销售出去，可将分销渠道分为长渠道和短渠道。

① 长渠道。指生产者在产品销售过程中利用两个或两个以上的中间商分销商品。例如，生产者→批发商→零售商→用户、生产者→代理商→批发商→零售商→用户，如图 5-5 所示的二层渠道、三层渠道、四层渠道就是长渠道。

长渠道的优点是：渠道长、分布密、触角多，能有效地覆盖市场，扩大商品的销售，能充分利用中间商的职能作用，市场风险小。

长渠道的缺点是：长渠道使生产者市场信息迟滞；生产者、中间商、消费者之间关系复杂，难以协调；商品价格一般较高，不利于市场竞争。

② 短渠道。短渠道是指生产者仅利用一个中间商或自己销售产品。短渠道类型主要有两种，如生产者→用户、生产者→零售商→用户，如图 5-5 所示的零层渠道、一层渠道即为短渠道。

短渠道能减少流通环节，流通时间短，费用省，产品最终价格较低，能增强市场竞争力；信息传播和反馈速度快；由于环节少，生产者和中间商较易建立直接的、密切的合作关系。但短渠道迫使生产者承担更多的商业职能，不利于集中精力搞好生产。

（3）宽渠道和窄渠道。

当企业将产品分销向一个目标市场时，按使用中间商的多少，可将分销渠道划分为宽渠道和窄渠道。分销渠道的宽度是指分销渠道的每个环节或层次中，使用相对类型的中间商的数量，同一层次或环节使用的中间商越多，渠道就越宽；反之，渠道就越窄。根据分销渠道宽窄的不同选择，可以形成以下 3 个策略。

① 密集型分销策略。密集型分销策略指尽可能通过较多的中间商来分销商品，以扩大市场覆盖面或快速进入一个新市场，使更多的消费者可以买到这些产品。但是，这一策略生产者付出的销售成本较高，中间商积极性较低。

② 独家分销策略。独家分销策略指企业在一定时间、一定地区只选择一家中间商分销商品。生产者采取这一策略可以得到中间商最大限度的支持，如价格控制、广告宣传、信息反馈、库存等。其不足之处是市场覆盖面有限，而且当生产者过分信赖中间商时，就会加大中间商的砍价能力。

③ 选择型分销策略。选择型分销策略指在一个目标市场上，依据一定的标准选择少数中间商销售其产品。选择分销策略可以兼有密集分销策略和独家分销策略的优点，避开这两个策略的缺点。

3 种分销渠道策略比较如表 5-3 所示。

表 5-3　　3 种分销渠道策略对比

渠道策略	渠道长度宽度	中间商数量	销售成本	宣传任务承担者
密集型分销渠道	长而宽	尽可能多的中间商	高	生产者
选择型分销渠道	较短而窄	有限中间商	较低	生产者、中间商
独家分销渠道	短而窄	一个地区 一个中间商	较低	生产者、中间商

（4）单渠道和多渠道。

当企业全部产品都由自己直接所设的门市部销售，或全部交给批发商经销，称为单渠道。多渠道则可能是在本地区采用直接渠道，在外地则采用间接渠道；在有些地区独家经销，在另一些地区多家分销；对消费品市场用长渠道，对生产资料市场则采用短渠道等。

（二）汽车分销渠道选择

1. 影响汽车分销渠道选择的因素

（1）市场因素。

市场因素是分销渠道设计时最重要的影响因素之一，主要包括如下几个方面。

① 市场类型。不同类型的市场，要求不同的渠道与之相适应。例如，车主消费者的购买行为与企业消费者的购买行为不同，所以就需要有不同的分销渠道。

② 市场规模。如果一个产品的潜在顾客比较少，汽车后市场企业可以自己派销售人员进行推销；如果潜在顾客比较多，分销渠道就应该长些、宽些。

③ 顾客集中度。在直接消费者数量一定的条件下，如果直接消费者集中在某一地区，则可由企业派人直接销售；如果直接消费者比较分散，则必须通过中间商才能将产品转移到直接消费者手中。

④ 用户购买数量。如果直接消费者每次购买的数量大，购买频率低，可采用短而窄的渠道；如果直接消费者每次购买数量小、购买频率高时，则宜采用长而宽的渠道。

⑤ 竞争者的分销渠道。在选择分销渠道时，应考虑竞争者的分销渠道。如果自己的产品比竞争者有优势，可选择同样的渠道；反之，则应尽量避开。

⑥ 消费的季节性。没有季节性的产品一般都均衡生产，多采用长渠道；反之，多采用短渠道。

（2）产品因素。

产品的特性不同，对分销渠道的要求也不同。

① 价值大小。一般而言，商品单价越小，分销渠道一般宽又长，以追求规模效益。反之，单价越高，渠道越短、越窄。

② 体积与重量。体积庞大、重量较大的产品，如用于汽车维修的大型机器设备等，要求采取运输路线最短、搬运过程中搬运次数最少的渠道，这样可以节省物流费用。

③ 时尚性。式样、款式变化快的时尚商品，如汽车靠垫、汽车抱枕等，应采取短而宽的渠道，避免不必要的损失。

④ 标准化程度。产品的标准化程度越高，采用中间商的可能性越大。例如，汽车通用件、标准工具等，单价低、毛利低，往往通过批发商转手。而对于一些定制产品，企业要根据直接

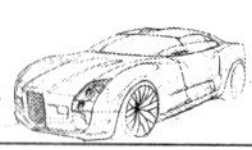

消费者要求进行生产，一般由生产者自己派员直接销售。

⑤ 技术含量。产品的技术含量越高，渠道就越短，常常是直接向企业消费者销售，因为技术含量高的产品，往往需要提供各种售前、售后服务。

⑥ 新产品。新产品刚刚进入市场，中间商往往不大愿意承担风险进行销售，生产者则需要自己组织推销队伍尽快打开市场。

（3）企业自身因素。

汽车后市场企业自身因素是分销渠道选择和设计的根本立足点。

① 企业的规模、实力和声誉。规模大、实力强的企业有能力担负起部分商业职能，如仓储、运输、设立销售机构等，可以采取短渠道策略。而规模小、实力弱的企业无力销售自己的产品，只能采用长渠道策略。声誉好的企业，希望为之推销产品的中间商就多，生产者容易找到理想的中间商进行合作；反之则不然。

② 产品组合。企业产品组合的宽度越宽、深度越大，越应该采用较短渠道；反之，如果生产者产品组合的宽度和深度都较小，最好采用长而宽的渠道。产品组合密度（关联性）越大，则越应使用性质相同或相似的渠道。

③ 企业的营销能力和经验。营销能力强、经验丰富的企业可以选择较短的渠道，甚至直接分销渠道。而营销能力弱、经验不足的企业可将产品的分销工作交给中间商去完成，自己则专心于产品的生产。

④ 对分销渠道的控制欲望。生产者为了实现其战略目标，往往要对分销渠道实行不同程度的控制。如果这种控制欲望强，就要采取短渠道；反之，渠道可适当长些。

（4）中间商因素。

不同类型的中间商在执行分销任务时各有优势和劣势，分销渠道设计应充分考虑不同中间商的特点。对于技术含量较高的产品，如汽车发动机、汽车自动变速箱、汽车悬挂系统、汽车GPS导航系统等，应选择具备相应技术能力的中间商进行分销。

如果某个区域的零售商的实力较强，经营规模较大，企业就可直接通过零售商经销产品；反之，如果零售商实力较弱，规模较小，汽车后市场生产企业只好通过经销商或批发商进行分销。

（5）环境因素。

汽车市场环境发生变化，会影响汽车分销渠道的选择。

①经济形势。当经济萧条、衰退时，企业往往采用短渠道；经济形势好，可以考虑长渠道。

②有关法规。包括汽车专卖制度、进出口规定、反垄断法、税法等，根据法规性质，选择适合的长短渠道。

2. 汽车分销渠道设计

（1）确定渠道模式。

企业分销渠道设计首先是要决定采取什么类型的分销渠道，是派推销人员上门推销或以其他方式自销，还是通过中间商分销。如果决定中间商分销，还要进一步决定选用什么类型和规模的中间商。

（2）确定中间商的数目。

这主要取决于产品本身的特点，市场容量的大小和需求面的宽窄。通常有以下几种可供选择的形式。

① 密集型分销。运用尽可能多的中间商分销，使渠道尽可能加宽。

② 独家分销。独家分销是最极端的形式，是最窄的分销渠道，通常只对某些技术性强的耐用消费品适用。独家分销对生产者的好处是，有利于控制中间商，提高他们的经营水平，也有

利于加强产品形象，增加利润。但这种形式有一定风险，如果这一家中间商经营不善或发生意外情况，生产者就要蒙受损失。

采用独家分销形式时，通常产销双方议定，销方不得同时经营其他竞争性商品，产方也不得在同一地区另找其他中间商。这种独家经营妨碍竞争，因而在某些国家被法律所禁止。

③ 选择型分销。即有条件地精选几家中间商进行经营。这种形式对所有各类产品都适用，它比独家分销面宽，有利于扩大销路，开拓市场，展开竞争；比密集型分销又节省费用，较易于控制，不必分散太多的精力。有条件地选择中间商，还有助于加强彼此之间的了解和联系，使被选中的中间商愿意努力提高推销水平。因此，这种分销形式效果较好。

④ 复合式分销。生产者通过多条渠道将相同的产品销售给不同的市场和相同的市场。这种分销策略有利于调动各方面的积极性。

（3）规定渠道成员彼此的权利和责任。

在确定了渠道的长度和宽度之后，企业还要规定出与中间商彼此之间的权利和责任，如对不同地区、不同类型的中间商和不同的购买量给予不同的价格折扣，提供质量保证和跌价保证，以促使中间商积极进货。还要规定交货和结算条件，以及规定彼此为对方提供哪些服务，如产方提供零配件，代培技术人员，协助促销；销方提供市场信息和各种业务统计资料。

3. 汽车分销渠道方案评估

分销渠道评估的实质是从那些看起来似乎合理但又相互排斥的方案中选择最能满足企业长期目标的方案。因此，企业必须对各种可能的渠道选择方案进行评估。评估标准有3个，即经济性、控制性和适应性。

（1）经济性标准。

经济性标准是最重要的标准，这是企业营销的基本出发点。在分销渠道评估中，首先应该将分销渠道决策所可能引起的销售收入增加同实施这一渠道方案所需要花费的成本作一比较，以评价分销渠道决策的合理性。

（2）控制性标准。

企业对分销渠道的设计和选择不仅应考虑经济效益，还应该考虑企业能否对其分销渠道实行有效地控制。因为分销渠道是否稳定对于企业能否维持其市场份额，实现其长远目标是至关重要的。企业对于自销系统是最容易控制的，但是由于成本较高，市场覆盖面较窄，不可能完全利用这一系统来进行分销；而利用中间商分销，就应该充分考虑所选择的中间商的可控程度。

（3）适应性标准。

在评估各渠道方案时，还有一项需要考虑的标准，那就是分销渠道是否具有地区、时间、中间商等适应性。

① 地区适应性。在某一地区建立产品的分销渠道，应充分考虑该地区的消费水平、购买习惯和市场环境，并据此建立与此相适应的分销渠道。

② 时间适应性。根据产品在市场上不同时期的适销状况，企业可采取不同的分销渠道与之相适应。如季节性商品在非当令季节就比较适合于利用中间商的吸收和辐射能力进行销售；而在当令季节就比较适合于扩大自销比重。

③ 中间商适应性。企业应根据各个市场上中间商的不同状态采取不同的分销渠道。如在某一市场若有一两个销售能力特别强的中间商，渠道可以窄一点；若不存在突出的中间商，则可采取较宽的渠道。

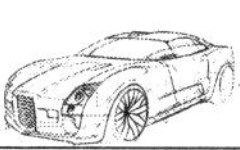

（三）我国汽车分销渠道模式

随着我国汽车营销市场的发展，在营销体制、营销模式和营销渠道上的差别在逐渐缩小。国际上各大汽车公司的营销体制在成熟的过程中体现出来的共性，确定了产销合一、产销分离和产销结合这 3 种营销体制。当前，我国借鉴国际汽车产销结合模式建立自己的汽车营销体系，主要有以下 4 种形式。

1. 直销模式

直销模式如图 5-6 所示。它并不是完全意义上的直销，但它打破了渠道的束缚，将所有销售管理部门都作为销售终端。其优点在于直接面对消费者，有利于品牌经营理念的贯彻，信息反馈及时迅速。我国的一些汽车厂家在尝试这类体系，并且有一部分运作较为良好，取得了不俗的业绩。但从我国许多企业来看，汽车出厂渠道难以控制，“暗箱操作”不乏存在，有时甚至出现高级代理商的进货价反而高于低级代理商的情况，产品销售难以按既定的框架运行。这样就使得销售网络变得混乱，特别需要注意的是对各级销售商的价格协调。

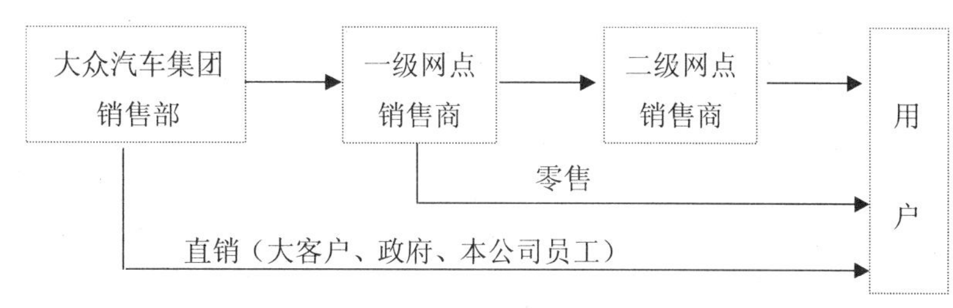

图 5-6　直销模式

2. 代理制模式

代理商大多是独立中间商，一般从事整车销售代理业务，也是汽车生产厂家的售后服务站。生产厂家对代理商的进货渠道、销售地区、代理佣金及其支付方式等都有明确规定。汽车厂家可将全国市场划分为若干市场区域，通过合理划分市场责任区范围，使各渠道成员保持适度规模经营。

3. 品牌专卖店模式

品牌专卖是 1998 年以后逐步由欧洲传入我国的，随之迅速发展。目前已经成为我国轿车销售网络建设的主流模式。

汽车品牌专卖模式是指汽车厂商或销售公司与经销商签订合同，经销商按照汽车厂家或销售公司的要求建立展示厅、统一颜色和标识、规范销售的方式和方法，授权汽车经销商在一定区域内从事指定品牌汽车的营销。我国轿车品牌专卖店的业务模式以 4S 店为主要表现形式。这种多功能一体化的专卖店，一般是由汽车厂家统一制定经销商“四位一体”的管理标准、技术标准、服务收费标准，统一培训经销人员和维修人员，最大限度地满足顾客的已知需求和潜在需求。四位一体的汽车销售模式的营销队伍素质较高，表现为：文化水平较高、接待礼仪规范、服务项目不断扩大、标识醒目、讲究外在形象的塑造等。

品牌专卖店快速发展的原因有以下几方面。

（1）竞争的需要。

汽车作为一个发展迅速的产业，必将由产品驱动转移到渠道/终端制胜阶段。通过品牌专卖店，厂家在扩充营销网络的同时也通过色彩、装饰、主题、格调等多手段在消费者面前树立良好的品牌形象，同时保证汽车制造厂商在售后服务方面的收入和利润，加强厂商在渠道上的话语权。

（2）市场的需求。

随着用户消费心理的不断成熟，用户需求日益多样化，对产品、服务的要求也越来越趋于严格，品牌专卖模式正是迎合了消费者的需求。另外，品牌专卖店可以给消费者提供由厂家和商家直接负责的产品售前、售中、售后的全程服务，消除了消费者的后顾之忧，而且其精良的装备和高档整洁的服务环境也可以使用户对品牌产生信任感。

（3）利益的驱动。

由于我国汽车市场的“井喷”，早期品牌专卖经销商获得了丰厚的利润，驱使众多经销商纷纷涌入这个行列。

（4）政策的影响。

2005 年 4 月 1 日，《汽车品牌销售管理实施办法》正式实施，一定程度上促进了汽车品牌专卖模式的发展。4S 店仿佛成了汽车营销的最佳模式，被大量复制，不管什么车型都毫无例外地采用这种模式。

4. 汽车交易市场

汽车交易市场是将许多 3S、4S 汽车专卖店集中在一起，提供多种品牌汽车的销售和服务，同时还提供汽车销售的其他延伸服务，如贷款、保险、上牌照等。通常有一家类似于房地产公司的实体公司来运作汽车交易市场，形成自己的品牌，并由该公司组织相关资源来提供延伸服务。最为著名的例子是北京的亚运村汽车交易市场，目前拥有 160 多家经销商。汽车交易市场的优势在于消费者拥有更为自由的购车环境，有更多的选择机会，同时可以享受购车的一条龙服务。汽车交易市场还带来规模效应，统一的维修和配件供应，使得经销商的运作成本降低，而消费者可以买到更低价格的车。

但是，由于汽车交易市场中聚集了几十甚至上百的汽车经销商，以及其他各种提供商和贸易商，从市场的管理上来说难度较大。同时，由于汽车交易市场通常占地较大，要找到地理位置好并且面积合适的地皮非常困难。而且，由于一些整车制造商对汽车专卖店服务半径的限制，也阻碍了一些汽车专卖店的加入。

5. 汽车园区

汽车园区是汽车有形市场发展的新阶段，是汽车交易市场在规模和功能上的“升级版”。汽车园区的目标定位是与国际汽车市场接轨，以轿车为主，商务用车和专用车为辅，以汽车相关产业为重点并涉及递延行业，形成“四位一体”专卖店集群的高中档次的汽车贸易服务园区。园区集合汽车交易、服务、展示、文化等众多功能，体现汽车销售由单一专卖店走向集约化、趋同性的趋势。例如，北京东方基业国际汽车城，不仅提供汽车交易、工商、税务、车检、交通、银行、保险等职能部门服务，还提供了汽车咨询、车迷论坛、汽车俱乐部、汽车博物馆等服务。其优势在于功能齐全，给客户提供“一站式”服务，同时通过汽车文化吸引更多的消费者。

6. 汽车超市销售模式

汽车超市（Automobile Supermarket），又称汽车商店，是一种同时经营多种汽车品牌，并为顾客提供休息与服务的汽车销售模式。汽车超市起源于欧洲，是高度发达和成熟的汽车产业发展到一定阶段的产物。比较有代表性的是法国巴黎的名为“勒克莱尔汽车”的低价汽车连锁超级市场，商家以比一般传统汽车专卖店低 12%～30%的车价出售各种品牌的新车。具体有两种方式，一是便利店式，二是汽车展销式。

汽车超市的特点如下：

① 多品牌同场经营。将不同品牌、不同价值、不同性能的汽车汇集在一起，给消费者提供了一个充分比较、判断、筛选的机会，选择余地多，范围广，节省购车时间；

② 提供“一站式”服务。超市同时将银行、工商、交管等部门请进来，具有车展、销售、美容、保养以及贷款、保险、办理牌照等一站式服务功能，帮助用户办理购车手续，方便用户购车；

③ 超市凭借规模效益，可以降低经销商的费用，从而降低汽车的售价；

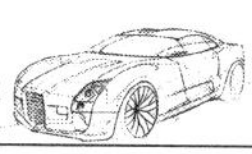

④ 将汽车营销与日常生活融合在一起。汽车超市既是汽车销售中心，又是休闲娱乐的场所，顾客在这里可以充分体验汽车文化。汽车超市以汽车服务贸易为主体，并千方百计拓展服务的外延，促使服务效益最大化，是对传统汽车销售方式的有利补充。

7. 网上销售

在网络经济时代，随着网络信息技术的发展，电子商务带动了汽车产业，在汽车营销中也充分运用了网络所带来的优势开展网上汽车直销。这种模式可以让消费者轻松地了解汽车产品的最新信息，可以通过定制服务，以营销来满足消费者的个性化需求。同时，网络丰富的信息，实施传递，成本低廉，跨越时空限制等优点让消费者从网络营销模式中获得更多的实惠，它将是信息时代汽车营销模式新的发展趋势。随着我国汽车产业的不断发展，以建立网站的方式进行品牌营销已经非常普遍，汽车网上营销从网络产业中寻找汽车销售的业务链，以求实现汽车销售更大的价值链。据统计，网上汽车订单大部分聚集在知名度较高的企业产品上，而且这些企业的订单数占所有订单的50%以上。同时，网上购车消费者订车的价位也相对较高，20万元以上价位车的订单约占订单总数的40%，反映了中高档车在网上销售的潜力。

四、汽车促销策略

现代汽车营销要求开发优良的汽车产品，给予有吸引力的汽车定价，以便让目标消费者接受。除此之外，还要求汽车经销商与现实和潜在消费者、汽车生产企业和公众沟通，激发消费者的购买欲望，实现汽车产品销售。因此，汽车促销策略已成为汽车企业整个营销策略中最重要的一环。

（一）促销及促销组合认知

1. 汽车促销的含义

促销（Promotion）是促进产品销售的简称。从汽车市场营销的角度看，促销是沟通企业与现实和潜在消费者之间的信息，引发、刺激消费者的消费欲望和兴趣，使其产生购买行为的活动。

促销的核心是沟通信息。没有信息的沟通，企业不把汽车产品和购买途径等信息传递给目标客户，也就谈不上购买行为的发生。因此促销的一切活动都以信息传递为起点，完成销售，最后又以信息反馈为终点。

在消费者可支配收入既定的条件下，消费者是否产生购买行为主要取决于消费者的购买欲望，而消费者购买欲望又与外界的刺激、诱导密不可分。促销就是利用这一特点，激发用户的购买兴趣，强化购买欲望，甚至创造需求来实现最终目的。

促销的方式有人员促销和非人员促销两类。人员促销亦称直接促销或人员推销，是企业运用推销人员向消费者推销商品或劳务的一种促销活动。它主要适用于消费者数量少、比较集中的情况下进行促销。非人员促销又称间接促销，是企业通过一定的媒体传递产品或劳务等有关信息，以促使消费者产生购买欲望、发生购买行为的一系列促销活动，包括广告、公共关系和营业推广等。它适合于消费者数量多、比较分散的情况下进行促销。通常，企业在促销活动中将人员促销和非人员促销结合运用。

2. 汽车促销的作用

（1）传递汽车产品和销售信息。

通过促销宣传，可以将汽车企业的产品信息传递给消费者。明确告诉消费者有什么样的汽车产品，产品有什么特点，到什么地方购买，购买的条件是什么等，从而引起顾客的注意，激发并强化购买欲望，为实现和扩大销售做好准备。

（2）强化汽车产品的卖点，提高竞争能力。

在激烈的市场竞争中，同类汽车产品中，有些商品差别细微，而通过促销活动能够宣传突出企业产品特点的信息，从而激发了潜在的需求，提高了企业和产品的竞争力。

（3）塑造汽车企业形象，巩固市场地位。

恰当的促销活动可以树立良好的企业形象和商品形象，能使顾客对企业及其产品产生好感，从而培养和提高用户的忠诚度，形成稳定的用户群，可以不断地巩固和扩大市场占有率。

（4）诱导刺激需求，影响用户的购买倾向，开拓市场。

这种作用尤其对新产品推向市场，效果更为明显。企业通过促销活动诱导需求，有利于新产品打入市场和建立声誉。促销也有利于培育潜在需要，为企业持久地挖掘潜在市场提供了可能性。

3. 汽车促销的方式及特点

汽车促销的方式主要有两类：人员促销和非人员促销。人员促销主要是指派出汽车销售人员进行汽车销售活动；非人员促销又分为广告、销售促进、公共关系等多种方式。汽车促销策略就是对这几种方式的最佳选择、组合和运用。各种汽车促销方式的主要特点如下。

（1）人员推销。

即企业利用推销人员推销产品。对汽车销售企业而言，主要是由推销人员与客户直接面谈沟通信息，其主要方式有在汽车展厅内的人员推销，展示会上或驾乘活动的人员推销，带车上门的人员推销。人员推销方式具有直接、准确、推销过程灵活、易于与客户建立长期友好合作关系以及双向沟通的特点。但这种推销方式成本较高，对推销人员的素质要求也较高。

（2）广告。

广告是通过报纸、杂志、广播、电视、广告牌等广告传播媒体形式向目标顾客传递信息。采用广告宣传可以使广大客户对企业的产品、商标、服务等加强认识，并产生好感。广告的特点是可以更为广泛地宣传企业及其商品，传递信息面广，不受客户分散的约束，同时广告还能起到倡导消费、引导潮流的作用，但广告的费用高。

（3）营业推广。

它又称销售促进，是指企业运用各种短期诱因鼓励消费者和中间商购买、经销或代理企业产品或服务的促销活动。其特点是能够有效地吸引客户，刺激购买欲望，可以较好地促进销售。但它有贬低产品之意，因此只能是一种辅助性促销方式。

（4）公共关系（Public Relations，PR）。

它是指把企业的经营目标、经营理念、政策措施等传递给社会公众，使公众对企业有充分了解；对内协调各部门的关系，对外密切企业与公众的关系，扩大企业的知名度、信誉度、美誉度，正确建立企业与社会公众的关系，以便树立企业良好形象，从而促进产品销售的一种活动。公共关系是一种创造“人和”的艺术，为企业营造一个和谐、亲善、友好的营销环境，它是一种长期的活动，着眼于未来，间接地促进产品销售。

4. 汽车促销组合含义

促销组合是指企业根据促销的需要，对广告宣传（Advertising）、销售促进（Sales Promotion）、公共关系（Public Relation）与人员推销（Personal Selling）等各种促销方式进行的适当选择和配合，有目的、有计划地结合起来，综合运用。根据汽车企业促销目的，可以选择两种方式搭配，也可以3种或3种以上方式搭配。

4种基本促销方式组合成一个策略系统，使企业的全部促销活动互相配合、协调一致，最大限度地发挥整体效果，从而顺利实现企业目标。

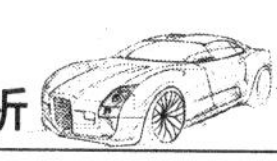

促销组合体现了现代市场营销理论的核心思想——整体营销。促销组合是一种系统化的整体策略，4 种基本促销方式则构成了这一整体策略的 4 个子系统。每个子系统都包括了一些可变因素，即具体的促销手段或工具，某一因素的改变意味着组合关系的变化，也就意味着一个新的促销策略。

5. 汽车促销组合应用时需考虑的因素

在制定汽车促销组合时应考虑下述因素。

（1）汽车促销目标。

确定最佳汽车促销组合，需考虑汽车促销目标。因为促销目标是制定促销预算、选择促销方式及设计促销组合的重要前提。汽车促销的目标必须有针对性，不同目标选择不同的促销方式，如表 5-4 所示。

表 5-4　不同促销目标选择不同促销方式

促销选择 营销阶段	首先	次选	再次选
营销初期	人员推销	营业推广	广告
营销中期	广告	营业推广	人员推销

（2）汽车“推动式”销售与“拉动式”销售。

在汽车销售渠道过程中，采用“推动式”销售还是“拉动式”销售，对汽车促销组合有较大的影响。“推动式”销售是一种传统式的销售方式，是指汽车企业将汽车产品推销给总经销商或批发商；而“拉动式”销售是以市场为导向的销售方式，是指汽车企业（或中间商）针对最终消费者，利用广告、公共关系等促销方式，激发消费需求，经过反复强烈的刺激，消费者将向中间商指名购买这一汽车产品，这样，中间商必然要向汽车企业要货，从而把汽车产品拉进汽车销售渠道。

（3）汽车市场性质。

不同的汽车市场，由于其规模、类型、潜在消费者数量的不同，应该采用不同的促销组合。规模大、地域广阔的汽车市场，多以广告为主，辅之以公共关系宣传；反之，则宜以人员促销为主。汽车消费者众多、却又零星分散的汽车市场，应以广告为主，辅之以销售促进、公共关系宣传；汽车用户少、购买量大的汽车市场，则宜以人员促销为主，辅之以销售促进、广告和公共关系宣传。潜在汽车消费者数量多的汽车市场，应采用广告促销，有利于开发需求；反之，则宜采用人员促销，有利于深入接触汽车消费者，促成交易。

（4）汽车产品。

① 汽车产品档次。不同档次的汽车产品，应采取不同的促销组合策略。一般说来，广告一直是各种档次汽车市场营销的主要促销产品；而人员促销则是中、低档汽车的主要促销工具；销售促进则是高、中档汽车的主要促销工具。

② 汽车产品生命周期。汽车产品生命周期阶段不同，促销目标也不同（见表 5-5），因而要相应地选择、匹配不同的促销组合。

◆　导入期，多数消费者对新产品不了解，促销目标是使消费者认知汽车产品，应主要采用广告宣传介绍汽车产品，选派促销人员深入特定消费群体详细介绍汽车产品，并采取展销等方法刺激消费者购买。

◆　成长期，促销目标是吸引消费者购买，培养汽车品牌偏好，继续提高汽车市场占有率，仍然可以广告为主，但广告内容应突出宣传汽车品牌和汽车特色，同时也不要忽略人员促销和销售促进，以强化产品的市场优势，提高市场占有率。

◆ 成熟期，促销目标是战胜竞争对手、巩固现有市场地位，须综合运用促销组合各要素，应以提示性广告和公共关系为主，并辅之以人员促销和销售促进，以提高汽车企业和汽车产品的声誉，巩固并不断拓展市场。

◆ 衰退期，应把促销规模降到最低限度，尽量节省促销费用，以保证维持一定的利润水平，可采用各种销售促进方式来优惠销售汽车存货，尽快处理库存。

表 5-5　产品寿命周期各个阶段的促销方式选择

促销选择 / 产品生命周期	首先	次选	再次选
投入期	广告	营业推广	人员推销
成长期	广告、公共关系	人员推销	营业推广
成熟期	营业推广	人员推销	广告
衰退期	营业推广	人员推销	公共关系

（5）目标消费者的购买行为习惯。

这个因素决定促销的季节时机、促销方式和促销力度的选择。

（6）促销预算。

任何企业用于促销的费用总是有限的，这有限的费用自然会影响营销组合的选择。因此企业在选择促销组合时，首先要根据企业的财力及其他情况进行促销预算（见表 5-6）；其次要对各种促销方式进行比较，以尽可能低的费用取得尽可能好的促销效果；最后还要考虑到促销费用的分摊，量力而行。

表 5-6　不同促销预算下的促销方式选择

促销选择 / 促销预算	首先	次选	再次选
费用充足	广告	营业推广	人员推销
费用吃紧	人员推销	营业推广	广告

6. 汽车促销活动方案策划

（1）汽车促销活动策划步骤。

要进行促销活动，就必须进行活动策划方案策划，策划步骤如图 5-7 所示。

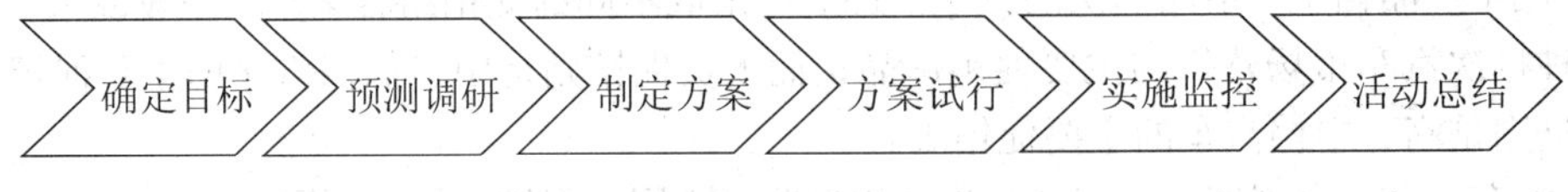

图 5-7　促销策划步骤

（2）汽车促销活动方案内容。

汽车促销活动要成功，必须有完备的活动方案，实施起来才会按照既定计划，实现促销目标。那么销售人员在做促销活动方案时，应注意其具体内容。

① 活动目的。开展活动的目的是处理库存产品？是提高销售？还是宣传推广？只有明确

了，才能使活动有的放矢。

② 活动对象。活动针对的是目标市场的每一个人还是某一特定群体？活动控制在多大范围内？哪些人是促销的主要目标？哪些人是促销的次要目标？这些选择的正确与否会直接影响到促销的最终效果。

③ 活动主题。活动主题主要是为促销、宣传，还是答谢消费者等。

④ 活动方式。这一部分主要阐述活动开展的具体方式。有两个问题要重点考虑：确定人群和确定刺激程度。前者主要指是公司自己搞活动还是借助于媒体、政府等，还是几个汽车公司联合起来进行一个集团或者多个集团，或者一个集团多家品牌公司共同进行。后者是指活动力度，能刺激目标群体参与程度。刺激程度越高，促销效果越好。但是也要根据客观市场和相应的促销预算决定刺激程度。

⑤ 活动时间和地点。促销活动的时间和地点选择得当会事半功倍，选择不当则会费力不讨好。在时间上尽量让消费者有空闲参与，在地点上也要让消费者方便，而且要事前与城管、工商等部门沟通好。不仅发动促销战役的时机和地点很重要，持续多长时间效果会最好也要深入分析。持续时间过短会导致在这一时间内无法实现重复购买，很多应获得的利益不能实现；持续时间过长，又会引起费用过高而且市场形不成热度，并降低顾客心目中的身价。

⑥ 广告配合方式。一个成功的促销活动，需要全方位的广告配合。选择什么样的广告创意及表现手法？选择什么样的媒介炒作？这些都意味着不同的受众抵达率和费用投入。

⑦ 前期准备。前期准备分为人员安排、物质准备和试验方案。人员方面做好部署，各负其责，事无遗漏。物质准备方面要做到详列清单，仔细清点，使得现场井然有序。试验方案尤为重要，由于活动方案是在经验的基础上确定，因此有必要进行必要的试验来判断汽车促销工具的选择是否正确，刺激程度是否合适，现有的途径是否理想。试验方式可以是询问消费者、填调查表或在特定的区域试行方案等。活动的成功来源于经验，只有先试行，才能尽量保证活动效果。

⑧ 中期操作。中期操作主要是活动纪律和现场控制。

◆ 活动纪律。纪律是战斗力的保证，是方案得到完美执行的先决条件，在方案中应对参与活动人员各方面纪律做出细致的规定。

◆ 现场控制。现场控制主要是把各个环节安排清楚，要做到忙而不乱，有条有理。同时，在实施方案过程中，应及时对汽车促销范围、强度、额度和重点进行调整，保持对汽车促销方案的控制。

⑨ 后期延续。后期延续主要是媒体宣传的问题，对这次活动将采取何种方式在哪些媒体进行后续宣传？

⑩ 费用预算。根据汽车企业财务实力和现场活动事宜，进行费用预算。

⑪ 风险控制。活动难免会出现偶发事件，除不可抗力因素外，要做好防范措施，以保证活动能正常进行，避免目标群体不满，现有环境及物品遭破坏、破损等。

⑫ 效果评估。活动效果评估要在未来一段时间通过比对来测评。预测这次活动会达到什么样的效果，以利于活动结束后与实际情况进行比较，从刺激程度、汽车促销时机、汽车促销媒介等各方面总结成功点。

以上内容是汽车促销活动方案的一个框架，在实际操作中，应进行分析比较和优化组合，以实现最佳效益。

（二）汽车人员促销

1. 汽车人员促销的含义及特点

人员促销是最早的一种促销方式，它是指汽车企业的促销人员利用各种技巧和方法，帮助或劝说消费者购买该品牌汽车产品的促销活动。由于汽车具有技术含量高、价值较大等特点，人员促销在汽车销售中占有很重要的地位。

人员促销的特点如下所述。

（1）针对性强。

人员推销的最主要形式是与顾客的直接沟通。推销人员可以根据顾客的实际需求，有针对性地从某个侧面介绍汽车产品的特点及功能，抓住有利时机促成交易；也可以根据顾客的态度和特点，有针对性地采取必要的协调行动，满足顾客的需要。

（2）有效性强。

人员推销过程是推销人员直接将产品“推”给顾客的过程，通过展示产品、议价、谈判来达成交易，并在其过程中指导产品的使用、解答质疑，使推销人员与顾客之间建立起长期的关系，比非人员推销更富有人情味，因而常能当场成交，成功率较高。

（3）双向信息传递性。

在推销过程中，推销人员一方面把企业信息及时、准确地传递给目标顾客，另一方面还可以把市场信息，顾客的要求、意见、建议反馈给企业，为企业调整营销方针和政策提供依据。

（4）完整性。

人员推销工作从开始找寻客户到接待、洽谈、交易，这是一个完整的销售过程。为了实现重复销售，销售人员还要进行售后跟踪。

（5）成本可控性。

人员推销的成本虽然较大，但是企业可以通过调整销售队伍的规模自由控制推销成本。

（6）人员要求高。

推销人员必须掌握产品特性，懂产品专业知识或者相关技术，这样才能满足不同类型客户的需求。此外还要具有一定的营销素养、职业价值观等。

（7）管理困难。

由于推销人员队伍不稳定，流动率高，企业很难进行管理。

2. 汽车人员促销形式

（1）上门推销。

上门推销是最常见的人员推销形式。它是由推销人员携带产品的样品、说明书和订单等走访顾客，推销产品。这种推销形式，可以针对顾客的需要提供有效的服务，方便顾客，故为顾客所广泛认可和接受。此种形式是一种积极主动的、名副其实的“正宗”推销形式。

（2）柜台推销。

柜台推销又称门市推销或者顾问式销售，是指企业在适当地点设置固定的门市，由营业员接待进入门市的顾客，推销产品。门市的营业员是广义的推销人员。柜台推销与上门推销正好相反，它是等客上门式的推销方式。由于门市里的产品种类齐全，能满足顾客多方面的购买要求，并且可以保证商品安全无损，故此，顾客比较乐于接受这种方式。柜台推销适合于小商品、贵重商品和容易损坏的商品。

（3）会议推销。

会议推销指的是利用各种会议向与会人员宣传和介绍产品，开展推销活动。例如，在订货

会、交易会、展览会、物资交流会等会议上推销产品均属会议推销。这种推销形式接触面广，推销集中，可以同时向多个推销对象推销产品，成交额较大，推销效果较好。

3. 汽车人员促销过程

汽车人员促销具有完整性，因此它是一个过程，具体如图 5-8 所示。

（1）寻找客户。

寻找新的潜在消费者，培养主要的消费者。

（2）接近准备。

主要进行资料、产品知识（本品和竞品）、目标顾客相关情况、访问时间、技巧、礼仪等方面的准备。

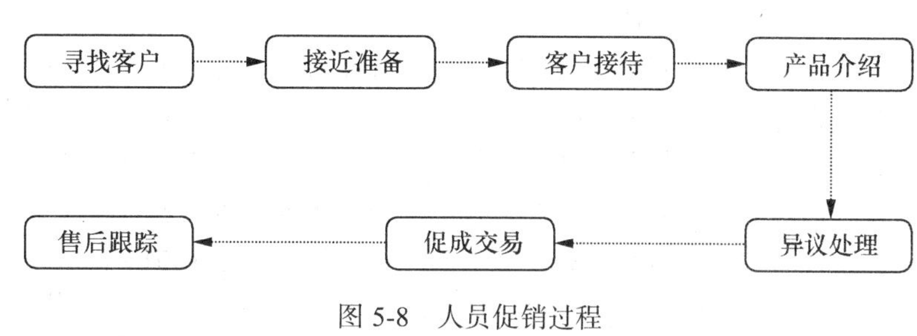

图 5-8　人员促销过程

（3）客户接待。

等待或者登门拜访，面对面进行交谈。

（4）产品介绍。

促销人员要将自己的产品优势及能给消费者带来的特殊利益传达给消费者，协助引导消费者使用本品牌的汽车。例如，发汽车宣传资料，介绍汽车的有关技术指标，讲解新车的性能特点等。

（5）异议处理。

介绍过程中或介绍后，顾客可能会有产品方面的问题，或者价格方面的问题等，促销人员要给予合理的解释，得到客户认可。

（6）促成交易。

最后完成成交活动，预交定金或者付款。

（7）售后跟踪。

为了更好地提供服务或者客户有问题能快速反应，因此促销人员还要进行售后跟踪，这样保证能够再次或者重复产生与客户见面的可能。

4. 汽车人员促销策略

（1）试探性策略。

试探性策略也称为刺激—反应策略，是推销员在不了解顾客的情况下，运用刺激性手段引发顾客产生购买行为的策略。第一次拜访几乎大部分推销员都使用此种策略，因为推销员对客户的情况知之甚少，只能试探顾客反应。具体做法是：推销人员事先设计好能引起顾客兴趣、能刺激顾客购买欲望的推销语言，通过渗透性交谈进行刺激，在交谈中观察顾客的反应；然后根据其反应采取相应的对策，并选用得体的语言，再对顾客进行刺激，进一步观察顾客的反应，以了解顾客的真实需要，诱发购买动机，引导产生购买行为，达到推销的目的。

（2）针对性策略。

针对性策略即配方—成交策略，是通过推销人员利用针对性较强的说服方法，促成顾客购买行为的发生。针对性的前提必须是推销人员事先已基本掌握了顾客的需求状况和消费心理，这样才能够有效地设计好推销措施和语言，做到言辞恳切，实事求是，有目的地宣传、展示和介绍商品，说服顾客购买，让顾客感到推销员的确是真正为自己服务，从而愉快地成交。因此，运用针对性策略的关键是促使顾客产生强烈的信任感。

（3）诱导性策略。

诱导性策略也称诱发—满足策略，是指推销人员运用能激起顾客某种需求的说服方法，诱发引导顾客产生购买行为。这种策略是一种创造性推销策略，它对推销人员要求较高，要求推销人员能因势利导，诱发、唤起顾客的需求，并能不失时机地宣传介绍和推荐所推销的产品，以满足顾客对产品的需求。这种策略要求推销人员有较高的推销技术，在“不知不觉”中成交。

5. 汽车促销人员管理

企业促销队伍管理的任务是努力保持促销队伍的高素质和高效率，以便实现企业促销工作所确立的目标。促销队伍的管理包括挑选、培训、指导、激励等众多环节。

（1）招聘和挑选。

促销工作要获得成功，关键在于选择高效率的促销人员。好的促销人员，可以从企业内招聘，也可以从社会上招聘。

首先，制定招聘标准。对消费者来说，好的促销人员是诚实、可靠、了解产品知识、热心助人的。对经销商来说，促销人员应该是能承受风险、认真对待每一位消费者和每一次访问，具备市场学、行为心理学、口才表达等综合知识与能力的人。

然后，安排具体的招聘工作。经销商可以通过各种途径招聘，包括由现有促销人员推荐、利用人才市场、通过媒体刊登招聘广告等。挑选过程可以是一次非正式的单独面谈，也可以采用各种能力测试、经历调查等，从众多招聘人员中挑选最优秀的人选。

（2）培训。

招聘到合格的促销人员后，应对他们进行必要的培训。培训方法主要有讲课、讨论、示范、学习以及以老带新等。具体内容包括：公司的历史、经营目标、组织机构设置、财务状况等公司各方面的情况；汽车产品的型号、性能、制造过程、技术工艺特点、产品配置等汽车产品情况；各种类型的消费者的购买动机、购买习惯、购买行为特点等目标消费者情况；竞争对手的情况；促销要点、说明、促销话术等；促销的工作程序和职责；促销人员的气质、风度、礼仪、社交能力等综合素质的培训。

（3）促销人员的督导。

对促销员的工作进行必要的指导与监督，主要目的在于提高其工作效率。

（4）激励。

公司采取适当的激励措施，则会更好地调动大多数促销人员的工作积极性，激发他们的工作潜力。

（5）评价。

公司必须对促销人员的工作业绩加以考核和评价，以作为激励促销人员的标准。另外，公司应及时向促销人员反馈对其评价的标准和结果，以使他们能尽力按照公司的目标和要求去改进工作。

（6）促销员的报酬。

确定促销员的报酬应以促销绩效为主要依据，同时考虑本企业其他部门和其他企业促销员的报酬水平。促销员的报酬制度一般有以下几种形式：固定工资制、佣金制、固定工资和佣金复合制。通常促销人员所获得的报酬除固定工资、佣金外，还包括非契约性奖金（对促销员额外的工作成绩进行的奖励，工作合同中并无约定）及各种补贴。

（三）汽车广告促销

1. 广告的含义及特点

广告，即广而告之。广告是为了某种特定的需要，通过一定形式的媒体，公开而广泛地向公众传递信息的宣传手段。广告有广义和狭义之分，广义广告包括非经济广告和经济广告。非经济广告指不以盈利为目的的广告，又称效应广告，如政府行政部门、社会事业单位乃至个人

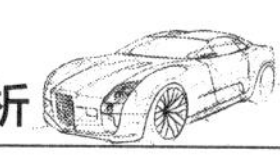

的各种公告、启事、声明等，主要目的是推广；狭义广告仅指经济广告，又称商业广告，是指以盈利为目的的广告，通常是商品生产者、经营者和消费者之间沟通信息的重要手段，或企业占领市场、推销产品、提供劳务的重要形式，主要目的是扩大经济效益。

广告不同于一般大众传播和宣传活动，其特点主要表现在以下几点。

① 广告是一种传播工具，是将某一项商品的信息，由这项商品的生产或经营机构（广告主）传送给一群用户和消费者。

② 广告需要付费。

③ 广告进行的传播活动是带有说服性的。

④ 广告是有目的、有计划的，是连续的。

⑤ 广告不仅对广告主有利，而且对目标对象也有好处，它可使用户和消费者得到有用的信息。

2. 广告要素

以广告活动的参与者为出发点，广告构成主要有如下要素。

① 广告主：付费的对象。

② 广告公司：执行广告创意的对象。

③ 广告媒体：宣传广告的媒介。

④ 广告信息：广告宣传主题。

⑤ 广告受众：传递信息的目标群体。

3. 广告的作用

汽车广告是汽车企业用以对目标消费者和公众进行说服性传播的工具之一。汽车广告要体现汽车企业和汽车产品的形象，从而吸引、刺激、诱导消费者购买该品牌汽车。其具体作用如下。

（1）建立知名度。通过各种媒介的组合，向汽车消费者传达新车上市的信息，吸引目标消费者的注意。汽车广告宣传可避免促销人员向潜在消费者描述新车所花费的大量时间，快速建立知名度，迅速占领市场。

（2）促进理解。新车具有新的特点，通过广告，可以向目标消费者有效地传递新车的外观、性能、使用等方面的信息，引发他们对新车的好感和信任，激发其进一步了解新车的兴趣。

（3）有效提醒。如果潜在消费者已了解了这款新的车型，但还未准备购买，广告能不断地提醒他们，刺激其购买欲望，这比人员促销要经济得多。

（4）再保证。广告能提醒消费者如何使用、维修、保养汽车，对他们再度购买提供保证。

（5）树立企业形象。对于汽车这样一种高档的耐用消费品，用户在购买时，十分重视企业形象（包括信誉、名称、商标等），广告可以提高汽车生产企业的知名度和美誉度，扩大其市场占有率。

4. 汽车广告目标的确定

汽车广告目标是汽贸企业根据发展战略及企业资源所拟定的希望通过汽车广告实现的目标。不同的汽贸企业在不同的时期，由于汽车广告任务不同，具体的汽车广告目标也不同，所以在汇总汽车广告环境和汽车广告车型及服务的有关情况的基础上，由汽贸企业的最高决策层同营销部门负责人一起确立汽车广告目标。汽车广告按其目标可分为通知性、说服性和提醒性 3 种。

（1）通知性广告。

主要用于汽车新产品上市的开拓阶段，旨在为汽车产品建立市场需求。例如，日本丰田汽车公司在进入中国市场时，打出了“车到山前必有路，有路必有丰田车”的广告。

（2）说服性广告。

主要用于竞争阶段，目的在于建立对其某一特定汽车品牌的选择性需求。在使用这类广告时，应确信能证明自己处于宣传的优势，并且不会遭到更强大的其他汽车品牌产品的反击。

（3）提醒性广告。

主要用于汽车产品的成熟期，目的是保持消费者对该汽车产品的记忆。例如，上海大众仍经常为已经处于成熟期的桑塔纳轿车做广告，提醒消费者对桑塔纳轿车的注意。

5. 汽车广告媒体选择

（1）汽车广告媒体的种类。

广告媒体种类繁多，功能各有千秋，只有选择好适当的汽车广告媒体，才能使汽车企业以最低的成本达到最佳的宣传效果，对汽车的销售起到推波助澜的作用。企业在考虑媒体成本因素时，不仅要分析绝对成本，还要分析汽车广告的相对成本与效果加以比较，各种广告媒体（几种比较典型被广泛应用的媒体）的优缺点对比如表 5-7 所示。

表 5-7 各种广告媒体优缺点对比

媒体种类	优点	缺点
电视	可以实物说明，具有良好的吸引力，宣传面广	成本高，干扰过，观众缺乏选择性
报纸	灵活、及时、信息容量大，本地市场针对性强	不易保存，“复制”质量低，持续效果差，印刷质量低
杂志	目标明确、详细，刊登广告持续时间长，有一定权威性，印刷质量高	时效性差，发行周期长，不灵活
广播	大众化宣传，收听灵活，顾客选择性强，费用低	顾客注意力差播出时间受限制，音效要求高
户外广告	灵活，可重复出现，费用低	信息单一，无法选择目标顾客，内容不易更新，视觉效果要求高
焦点广告	泛指展厅内外的现场广告，可营造现场气氛，调动以往广告的认知，灯箱海报能刺激购买冲动	覆盖面小，需要服务水平相匹配
网络媒体	有更广泛的目标受众，信息容量大，可详细说明和展示，费用一般较低	传播过程干扰多，传播技巧有待进一步探索
电子邮件	顾客选择性好，手段灵活，可个人拥有	需经常联系，质量要求高，不能及时看到

（2）选择汽车广告媒体应考虑的因素。

① 目标消费者的媒体习惯。购买跑车的大多数消费者是中青年的成功人士，则广播和电视就是宣传跑车的最有效的广告媒体。

② 汽车产品。对汽车来说，电视和印刷精美的杂志由于在示范表演、形象化和色彩方面十分有效，是最有效的媒体。有的汽车的杂志广告主要选用了能充分体现汽车外观美的设计，利用杂志印刷精美的特点，给受众以视觉上的冲击。而有的汽车广告就未必适合用在杂志和报纸上。

③ 广告信息。包含大量技术资料的汽车广告信息一般要求专业性杂志做媒介，一条宣布明天有重要出售的信息一般用广播或报纸做媒介。一般情况下，汽车产品的针对性很强，因此比较适合在专业杂志和报纸上做广告，能直接面向特定的受众，有助于用较低预算实现预期效果。

④ 费用。电视广告费用非常昂贵，以播出时间长短和播放时段来计费，而报纸广告相比而言则稍便宜。

6. 广告费用预算

企业确定广告预算的方法主要有以下 5 种。

（1）量力而行法。

尽管这种方法在市场营销学上没有正式定义，但不少企业却一直采用。量力而行法即企业

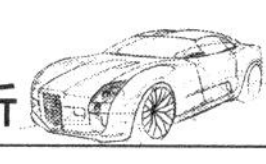

制定广告预算的依据是它们所能拿得出的资金数额。也就是说，在其他市场营销活动的费用房被优先分配之后，尚有剩余者再供广告之用。由于广告是企业的一种重要促销手段，企业做广告的根本目的在于促进销售。因此，企业做广告预算时要充分考虑企业需要花多少广告费才能完成销售目标。所以，严格说来，量力而行法在某种程度上存在着片面性。

（2）销售百分比法。

销售百分比法指企业按照销售额（销售实绩或预计销售额）或单位产品售价的一定百分比来计算和决定广告开支。这就是说，企业按照每完成 100 元销售额（或每卖 1 单位产品）需要多少广告费来计算和决定广告预算。

（3）竞争对等法。

竞争对等法指企业比照竞争者的广告开支来决定本企业广告开支的多少，以保持竞争上的优势。在市场营销管理实践中，不少企业都喜欢根据竞争者的广告预算来确定自己的广告预算，造成与竞争者旗鼓相当、势均力敌的对等局势。如果竞争者的广告预算确定为 100 万元，那么本企业为了与它拉平，也将广告预算确定为 100 万元甚至更高。

（4）目标任务法。

确定广告目标后，决定为达到这种目标而必须执行的工作任务，估算执行这种工作任务所需的各种费用，这些费用的总和就是计划广告预算。

（5）倾力投掷法。

企业无力测定广告目标和广告效果的情况下，采用有多少费用就做多少广告的办法，这种办法风险比较大。

7. 广告效果评估

广告效果是广告活动或广告作品对消费者所产生的影响。

狭义的广告效果指的是广告取得的经济效果，即广告达到既定目标的程度，就是通常所包括的传播效果和销售效果。

从广义上说，广告效果还包含了心理效果和社会效果。心理效果是广告对受众心理认知、情感和意志的影响程度，是广告的传播功能、经济功能、教育功能、社会功能等的集中体现。广告的社会效果是广告对社会道德、文化教育、伦理、环境的影响。良好的社会效果也能给企业带来良好的经济效益。

广告效果的评估一般是指广告经济效果的评估。广告效果的评估有两种方法，一是传播效果评价，二是销售效果评价。广告经济效果评估是指调查消费者对于各种媒体，如报纸、杂志、电台、电视、户外广告等的接触情形，即汽车广告对于消费者知晓、认知和偏好的影响，是衡量汽车广告效果的重要方面。一般来说，汽车广告的销售效果比其传播效果更难于测量。因为除了广告因素之外，销售还受到许多因素的影响，如产品性能、价格、售后服务、竞争对手的行为等。通常，用历史分析法（广告前和广告后销量比对）和试验法（广告分地区投入多和少看销量）来衡量汽车广告的销售效果。

（四）汽车营业推广促销

1. 汽车营业推广概念

汽车营业推广又被称为销售促进，是汽车营销活动的一个关键因素。汽车销售促进包括各种属于短期性的刺激工具，用以刺激汽车消费者和贸易商较迅速或较大量地购买某一品牌的汽车产品或服务。汽车销售促进在汽车业中广泛使用，是刺激销售增长，尤其是销售短期增长的有效工具。

2. 汽车营业推广特点

（1）营业推广促销效果显著。

在开展营业推广活动中，可选用的方式多种多样。一般说来，只要能选择合理的营业推广方式，就会很快地收到明显的增销效果，而不像广告和公共关系那样需要一个较长的时期才能见效。因此，营业推广适合于在一定时期、一定任务的短期性的促销活动中使用。

（2）营业推广是一种辅助性促销方式。

人员推销、广告和公关都是常规性的促销方式，而多数营业推广方式则是非正规性和非经常性的，只能是它们的补充方式。亦即，使用营业推广方式开展促销活动，虽能在短期内取得明显的效果，但它一般不能单独使用，常常配合其他促销方式使用。营业推广方式的运用能使与其配合的其他促销方式更好地发挥作用。

（3）营业推广有自降价值之意。

采用营业推广方式促销，似乎迫使顾客产生“机会难得、时不再来”之感，进而能打破消费者需求动机的衰变和购买行为的惰性。不过，营业推广的一些做法也常使顾客认为卖者有急于抛售的意图。若频繁使用或使用不当，往往会引起顾客对产品质量、价格产生怀疑。因此，企业在开展营业推广活动时，要注意选择恰当的方式和时机。

3. 汽车营业推广的作用

（1）可以吸引消费者购买。

这是营业推广的首要目的，尤其是在推出新产品或吸引新顾客方面，由于营业推广的刺激比较强，较易吸引顾客的注意力，使顾客在了解产品的基础上采取购买行为，也可能使顾客追求某些方面的优惠而使用产品。

（2）可以奖励品牌忠实者。

因为营业推广的很多手段，譬如销售奖励、赠券等通常都附带价格上的让步，其直接受惠者大多是经常使用本品牌产品的顾客，从而使他们更乐于购买和使用本企业产品，以巩固企业的市场占有率。

（3）可以实现企业营销目标。

这是企业的最终目的。营业推广实际上是企业让利于购买者，它可以使广告宣传的效果得到有力的增强，破坏消费者对其他企业产品的品牌忠实度，从而达到本企业产品销售的目的。

4. 确定汽车销售促进的目标

每一项特定的销售促进方案都应有明确的目标，同时，还应制定一定时期内销售促活动的目标。销售促进的目标应该具体、尽可能数量化，应注意的问题：一是销售促目标必须与一定时期促销目标相适应；二是某项销售促进方案的具体目标应该在深入了解当前市场状况尤其是潜在购买者状况的基础上来制定。汽车销售促进的具体目标要根据汽车目标市场的类型变化而变化。具体包括以下 3 个方面。

① 对消费者来说，汽车销售促进目标包括鼓励消费者购买汽车和促使其重复购买；争取未使用者购买；吸引竞争者品牌的使用者购买。

② 对经销商来说，汽车销售促进的目标包括吸引经销商经营新的汽车品牌，鼓励他们积极推销各款车型；抵消竞争性的促销影响，建立经销商的品牌忠诚度和获得进入新的经销网点的机会；促使经销商参与制造商的促销活动。

③ 对促销人员来说，汽车销售促进的目标包括鼓励他们支持一种新的汽车产品，激励他们提高顾客管理水平，寻找更多的潜在顾客。

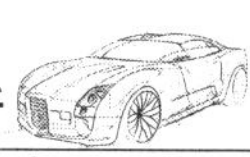

5. 汽车营业推广工具

营业推广工具即为营业推广策略。选择汽车营业推广的工具时，要综合考虑汽车市场的营销环境、目标市场的特征、竞争者状况、营业推广的对象与目标、每一种工具的成本效益预测等因素，还要注意将汽车营业推广同其他促销组合的策略如广告、公共关系、人员促销等互补配合。

（1）用于消费者市场的工具。

① 分期付款。由于汽车价格一般比较高，普通消费用户一次性付款较难接受，因此世界各汽车公司都有分期付款业务。分期付款通过“首期付款”的方式，把价格“降”下来，实现了较低消费层次的现实购买力，并以余款延期交纳的方式，解决了购销双方资金和资源的双重闲置。但对汽车生产企业来说，分期付款占用资金大，周转回收慢，企业承担了较高的风险。因此，需要制定分期付款的法规，明确各方的权利和责任，建立信用评估机构，推进“分期购车”的健康发展。

② 汽车租赁销售。汽车租赁销售是指承租方向出租方定期交纳一定的租金，以获得汽车使用权的一种消费方式。汽车专业租赁公司，是继出租用车市场后又一大主体市场，是生产企业长期、稳定的用户之一。租赁销售是刺激潜在需求向现实需求转化的有效手段。

③ 汽车置换业务。汽车置换业务包括汽车以旧换新，二手汽车更新跟踪服务、二手汽车再销售等项目的一系列业务组合。

④ 汽车销售附赠品。购买汽车，附赠用品，如每购一辆车送一台 VCD，还有机会抽到彩电、手机、电烤箱等奖品，促进汽车销售。

⑤ 免费试车。邀请潜在消费者免费试开汽车，试乘试驾结束，刺激其购买兴趣。免费试车为消费者提供亲身体验，有利于进一步加强消费者的购买欲望，最终达成交易。

⑥ 售点陈列和商品示范。在汽车展厅通过布置统一标准的室内装饰画、广告陈列架等有关汽车的陈列，向消费者进行展示。例如，上海大众帕萨特轿车上市时，上汽销售总公司为所有特许经销商提供统一的装饰画，带有浓烈的现代感，符合大多潜在消费者的审美观念。

⑦ 使用奖励。企业为了促进汽车销售，对使用该企业汽车产品的优秀用户给予精神和物质上的奖励。一汽大众曾经对哈尔滨地区 30 万～40 万公里无重大修理的汽车驾驶员给予在德国参观学习的重奖。东风汽车公司曾经对使用本企业汽车达到数万公里，且从未出过事故的驾驶员给予物质奖励，举行庆功表彰大会等。

（2）用于经销商交易的工具。

① 价格折扣。对经销商的购车给予低于定价的直接折扣，如鼓励其购买一般情况下不愿购买的汽车型号；增加其进货的数量；如果经销商提前付款，还可以给予一定的现金折扣等，从而刺激其销售的积极性。

② 折让。汽车生产企业的折让用以作为经销商宣传其产品特点的补偿。广告折让用以补偿为该产品做广告宣传的经销商；陈列折让用以补偿对该产品进行特别陈列的经销商。例如，一汽大众对其产品的专营公司免费提供广告宣传资料，以成本价提供捷达工作用车等。

③ 免费商品。销售特定车型的汽车或销售达到一定数量的经销商，额外赠送一定数量的汽车产品，也可赠送促销资金，如现金或礼品等。

（3）用于人员促销的工具。

① 贸易展览会和集会。组织年度汽车展览会，在大型汽车展览会上租用摊位，展示概念车、新车的优点和性能。1998 年上海大众为新型桑塔纳“时代超人”在全国 16 个大中城市举行大型促销展示活动，顺利完成该车的市场导入。而每年在北京、上海等地举办的汽车展览会，更

是云集了国内、外各大汽车企业，成为其展示汽车风采的舞台。

② 销售竞赛。汽车生产企业出资赞助经销商和促销人员的年度竞赛，对完成销售目标的中间商给予一定的奖励，刺激他们增加销量。

③ 纪念品广告。促销人员向潜在消费者赠送标有产品信息但价格不贵的物品，换取消费者的姓名及地址。这些物品及宣传资料通常由汽车生产企业提供。

6. 汽车营业推广方案制订

制订汽车销售促进方案可以按以下过程来进行。

（1）确定推广目标。

营业推广目标的确定，就是要明确推广的对象是谁，要达到的目的是什么。只有知道推广的对象是谁，才能有针对性地制订具体的推广方案。例如，是为达到培育忠诚度的目的，还是鼓励大批量购买为目的？

（2）确定汽车促销所提供优惠的大小。

一般来说，优惠越高，产生的销售反应越明显，但是销售反应的增加要小于优惠的增加。同时，促销优惠的作用还受到需求弹性的影响。

（3）确定汽车促销的对象。

汽车促销的优惠只向符合特定条件的个人或团体提供，如促销资金对某些区域的消费者、公司的家属等不予提供。

（4）选择推广工具。

营业推广的方式方法很多，但如果使用不当，则适得其反。因此，选择合适的推广工具是取得营业推广效果的关键因素。企业一般要根据目标对象的接受习惯和产品特点，以及目标市场状况等来综合分析选择推广工具。同时，搭配好与营业推广共同使用的沟通其他方式如广告、人员销售等，从而形成营销推广期间的更大声势，取得单项推广活动达不到的效果。

（5）选择汽车促销时机。

应当制定出全年的汽车促销活动的日程安排，有计划、有准备地进行，以配合汽车产品的生产、销售和分销。有时需要安排临时的汽车促销活动，这就需要短期内的组织协作。

（6）确定汽车促销持续的时间。

一般理想的促销持续时间约为每季度使用3周左右，其时间长度即是平均购买周期的长度。当然，合理的汽车促销周期长度还要根据不同类型的汽车产品来确定，以发挥交易优待的最佳效力。

（7）做好营业推广预算。

预算是为了比较推广的成本和效益。企业应该根据自身人力、物力、财力条件，结合产品销售特点和市场动态特点进行推广预算。

（五）汽车公共关系促销

1. 汽车公共关系促销的含义

公共关系又称公众关系，一般指汽车企业在从事市场营销活动中用传播手段使自己与相关公众之间形成双向交流，双方达到相互了解，以便树立企业良好的形象，从而促进销售的一种活动。

2. 汽车公共关系促销特点

公共关系是一种隐性促销手段，其主要特点如下。

（1）广泛性。

公共关系对象为公众，涉及的范围相当广泛，既有企业外部的公众，包括消费者、供应商、

营销中介、中间商、政府有关部门、新闻媒介组织、社会一般公众以及竞争者等；又有企业内部公众，如企业员工和职能部门等。这些公众都对企业的生存与发展具有现实的或潜在的影响力。

（2）双向沟通性。

一方面，企业向公众宣传企业的性质、经营理念、为计会所提供的产品和服务等情况，使公众了解自己、认识自己、理解和支持自己。另一方面，企业收集和征求社会公众对本企业的意见与要求，使企业了解社会公众所关心的利益。通过信息双向沟通，增强与社会公众的感情融通，有利于改善企业的营销环境。

（3）长期性。

公共关系活动本身的重点不是直接推销，而是通过积极参与社会各种公益活动借以宣传企业经营宗旨。同时，联络感情、扩大知名度，内求团结、外求发展，创造良好的社会关系环境，在以后相当长的时期内产生良好的促销效应。

（4）可信性。

利用新闻媒体传递给公众的信息往往被认为是客观的、真实的，可信度高，人们比较容易接受。

（5）节省性。

节省性主要指节省促销费用。利用信息传媒进行沟通，比广告成本少。如果有意外奇闻轶事，新闻媒体争相报道，企业则不需要付费。

（6）情感性。

公共关系是一种创造美好形象的艺术，它强调的是成功的人和环境、和谐的人事气氛、最佳的社会舆论，以赢得社会各界的了解、信任、好感与合作。我国古代人办事讲究“天时、地利、人和”，把“人和”作为事业成功的重要条件。公共关系就是要追求“人和”的境界，为组织的生存、发展或个人的活动创造最佳的软环境。

3. 汽车公共关系的促销作用

（1）建立知晓度。

公共关系利用媒体来讲述一些情节，吸引公众对汽车产品的兴趣。例如，在上海帕萨特的诞生过程中，便充分利用了媒体宣传和各种公关活动，来吸引目标消费者对该款车的注意力。

（2）树立可信性。

如有必要，公共关系可通过社论性的报道来传播信息以增加可信性。例如，“一汽汽车质量万里行”的报道，获得了公众的认可和信任，提高了企业形象。

（3）刺激促销人员和经销商。

公共关系有助于提高促销人员和经销商的积极性。新车投放市场之前先以公共宣传的方式披露，便于经销商将新车推荐给日标消费者。

（4）降低促销成本。

公共关系的成本比广告的成本要低得多，促销预算少的企业，适宜较多地运用公共关系，以便获得更好的宣传效果。

4. 汽车公共关系策略

汽车企业的公共关系策略分 3 个层次：一是公共关系宣传，即通过各种传播手段向社会进行宣传，以扩大影响，提高企业的知名度：二是公共关系活动，即通过举办各种类型的公关专题活动来赢得公众的好感，提高企业的美誉度；三是公共关系意识，即企业员工在日常的生产经营活动中所具有的树立和维护企业整体形象的思想意识。在企业市场营销活动中，公共关系策略经常与其他营销策略配合使用，以便充分发挥各项策略的整体效应，使公共关系策略的实施效果更好。具体策略如下所述。

（1）新闻宣传。

企业可通过新闻报道、人物专访、报告文学、记事、特写等形式，利用各种新闻媒介对企业进行宣传。新闻宣传无需付费，而且具有客观性，能取得比广告更好的宣传效果。然而，新闻宣传的机会往往来之不易，机会的获得需要企业有关人员具备信息灵通、反应灵敏、思维活跃等素质和条件，以便善于发现事件的报道价值，及时抓住每一个可能的新闻宣传机会。企业也可以通过召开新闻发布会、记者招待会等途径，随时将企业新产品、新动向通过新闻界及时传达给社会大众。此外，还可以“制造新闻”，吸引新媒介关注，以求社会轰动效应。制造新闻并不是捏造事实、欺骗公众，而是对事件的发生事先计划，如利用一些新闻人物的参与，创造一些引人注目的活动形式，在社会焦点问题上表态亮相等，都可能增强事件的新闻色彩，引起新闻界的注意，进而以报道。

（2）公共关系广告。

企业的公关活动也包括利用广告进行宣传，这就是公共关系广告。公共关系广告与商业性广告的区别在于：它是以宣传介绍企业的整体形象为内容，而不仅仅是宣传介绍企业的产品或劳务；它是以提高企业的知名度和美誉度为目的，而不仅仅是为了扩大销售；它是追求一种久远的、战略性的宣传效应，而不是像一般商业广告那样要求取得直接的、可度量的传播效果。企业利用公共关系广告可以向社会公众介绍自己的业务范围和经营方针，宣传本企业的价值观念，展示企业在生产、技术和人才等方面的规模和实力；率先发起某种社会活动，提倡某种新观念，表明企业的社会责任感。此外，企业征集名称、徽标、广告语、答案、意见之机，也能够达到吸引公众对企业的注意力，提高企业知名度的目的。

① 公开出版物。公开出版物包括汽车年度报告、小册子、文章、视听材料以及公司的商业信件和汽车杂志等。美国克莱斯勒公司的年度报告几乎就是一份促销小册子，向其股东促销每一种新车。小册子能在向目标消费者介绍汽车产品的性能、使用、配备等方面起到很重要的作用。汽车企业领导人撰写的文章能引起社会公众对汽车公司及其产品的注意。公司的商业信件和汽车杂志可以树立汽车公司形象，向目标市场传递重要新闻，如《中国汽车报》《中国交通报》等，都是较权威的汽车行业杂志，易获得消费者的信赖。视听材料的成本高于印刷材料，但是电影、幻灯、录像等形象、生动，能给消费者很深的印象。

② 事件。通过安排一些特殊的事件来吸引公众对其汽车新产品和该汽车公司其他事件的注意，以接近目标公众。这些事件包括记者招待会、讨论会、展览会、竞赛、周年庆祝会、运动会和各类赞助活动。例如，1998 年上海汽车工业销售总公司为了配合新型桑塔纳“时代超人”的推出，与上海大众合作在新疆举行桑塔纳轿车拉力赛活动，为新产品上市在目标消费者中产生了良好的影响。

（3）企业自我宣传。

这是企业运用所有自己能够控制的传播媒介进行宣传的形式。例如，企业通过各印刷品对企业概况、产品目录做出宣传介绍；企业创办内部刊物，以增进员工和外部公众对企业的了解；企业举办展览会，用实物、图片、录像等向公众介绍企业的发展历史展示企业的经营成果，以此扩大企业的影响；企业精心设计或选择一些有象征意义、有收藏价值的公关纪念品借会议、展览等各种活动之机散发给公众，从而加深公众对企业的记忆，巩固公众对企业的感情。

（4）人际交往。

人际交往指的是不借助传播媒介，而是在人与人之间直接进行交流和沟通的公共关系传播形式。在公共关系活动中，它是一种应用最广泛、最常见的传播手段。通过人际交往，企业可以同社会各界广泛接触、加强合作，改善企业的营销环境。常见的人际交往方式有定期走访、经营的情况通报、演讲、咨询、调查、游说、各种联谊会，甚至可以组建或参与一些社团组织。

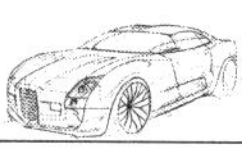

（5）公益服务活动。

通过向某些公益事业捐赠一定的款项和实物，以提高公众信誉。例如，1998 年，上海汽车工业销售总公司在辽宁和湖南捐资援建希望小学，同年向遭受洪灾的地区捐款人民币万元。此举更进一步扩大了公司在这些地区的影响，提高了公司美誉度。

5. 汽车公共关系策划

（1）公关活动目标。

制订公关促销方案，首先要明确公共关系活动的目标。公关活动的目标应与企业的整体目标相一致，并尽可能具体，同时要分清主次轻重。

（2）公关活动对象。

在本次促销活动中，确定公共关系的对象，即本次公关活动中所针对的目标公众。

（3）公关活动项目。

公关活动项目即采用什么方式来进行公关活动，如举行记者招待会，组织企业纪念活动和庆祝活动，参加社会公益活动等。

（4）公关活动预算。

在制订活动方案时，还要考虑公共关系活动的费用预算，使其活动效果能够取得最大化。

6. 汽车公共关系策划步骤

公关的主要职能是信息采集、传播沟通、咨询建议、协调引导，作为一个完整的工作过程，应该包括以下 4 个步骤。

（1）市场调查研究。

市场调查研究是做好公关工作的基础。企业公关工作要做到有的放矢，应了解与企业实施的政策有关的公众意见和反映。公关要把企业领导层的意图告诉公众，也要把公众的意见和要求反映到领导层。因此，公关部门必须收集、整理、提供信息交流所必需的各种材料。

（2）确定公关目标。

在调查分析的基础上明确了问题的重要性和紧迫性，进而根据企业的总目标的要求和各方面的情况，确定具体的公关目标。一般来说，企业公关的直接目标是促成企业与公众的相互理解，影响和改变公众的态度和行为，建立良好的企业形象。公关工作是围绕着信息的提供和分享而展开的，因而具体的公关目标又分为传播信息、转变态度和唤起需求。企业不同时期的公关目标，应综合公众对企业理解、信赖的实际状况，分别确定以传递公众急切想了解的情况，改变公众的态度或是以唤起需求、引起购买行为为重点。

（3）信息交流。

公关工作是以说服力的传播去影响公众，因而公众工作过程也是信息交流的过程。必须学会运用大众传播媒介及其他交流信息的方式，从而达到良好的公关效果。

（4）公关效果评估。

企业应公关活动是否实现了既定目标进行评价。公关工作的成效可从定性和定量两方面评价。信息传播可以强化或转变受传者固有的观念和态度，但人们对信息的接受、理解和记忆都具有选择性。传播成效的取得，是一个潜移默化的过程，在一定时期内很难用统计数据衡量。有些公关活动的成效，可以进行数量统计，如理解程度、抱怨者数量、传媒宣传次数、赞助活动等。评价结果的目的在于为今后公关工作提供资料和经验，也可向企业领导层提供咨询。

任务专项实训

☞实训项目

自选喜欢的汽车品牌或车型，设计其产品促销活动方案。

☞实训目的

通过汽车促销活动方案设计，使学生掌握促销组合策略的综合应用。

☞实训内容

选择某品牌或某车型，根据汽车企业真实促销活动，帮助企业制订可行性促销活动方案。促销方案主要内容包括影响促销组合的因素分析、促销组合策略，选择运用人员推销、广告公共关系、营业推广等促销方式。

☞实训步骤

◎将学生进行分组，4～5人一组，确定自己喜欢的汽车品牌或车型。

◎小组进行资料查阅、去校企合作企业实地考察调研，根据车型或者品牌进行活动方案策划。

◎小组进行方案撰写。

◎各组成员派代表展示方案，以 PPT 形式进行。

☞实训评价

◎以组为单位进行 PPT 汇报。

下篇

汽车销售实务

任务六　初次接触

任务七　需求分析

任务八　车辆展示

任务九　试乘试驾

任务十　谈判成交

任务十一　车辆交付

任务十二　客户跟踪

任务六 初次接触

知识目标

1. 了解初次接触的阶段目标
2. 掌握初次接触的准备内容
3. 把握初次接触方式并学会初次接触的沟通技巧

能力目标

1. 能够做好与客户初次接触的准备工作
2. 能够充分利用沟通技巧和客户建立正面关系

任务导入

销售助理小王经过半年的学习准备已经转正为销售顾问，明天就要正式上岗，进行接听客户来电和接待展厅客户等相关销售工作。为了更好地服务客户，小王要做好电话接听和客户接待准备。现在需要小王结合下面的资料，写一份电话接听话术和展厅接待流程。

客户刘先生打电话来一汽—大众华阳 4S 店，询问 2015 年新迈腾的价格、配置及优惠活动，销售顾问小王根据之前做的准备，将刘先生邀约到店进行热情接待，刘先生非常高兴的和销售顾问小王攀谈了起来。

分析：

上述材料中我们能了解到刘先生的意向车型是 2015 年新迈腾，关注点为价格、配置和是否有优惠活动。销售顾问小王能将刘先生成功邀约到店，这说明他的电话接听技巧应用很好，之后刘先生愿意和小王攀谈，说明刘先生到店后对小王印象也很好。我们分析资料可以得出下面结论：要想小王在初次接触环节能够获得成功，就必须做好初次接触准备；学会电话接听；掌握电话接听技巧；明确展厅接待流程和接待技巧。

课程导航

1. 初次接触的阶段目标
2. 初次接触准备（重点为礼仪）
3. 初次接触方式

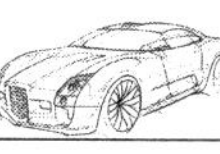

4. 初次接触沟通技巧

知识解读

一、初次接触的阶段目标

初次接触是指销售人员第一次了解客户，那么如何理解客户，又通过哪些渠道找到更多的目标客户，这是我们初次接触的前提。

1. 客户的分类

在汽车销售中，把客户分为 3 类，而且这 3 类客户可以相互转化和流动，如图 6-1 所示。

（1）客户的含义及分类。

符合 MAN 法则的即为客户。MAN 法则：Money——有购买能力；Authority——有决策权力；Need——有需求。

客户分类标准是按照有无联系方式划分的，如图 6-1 所示。

① 现实客户：有联系方式，已经成交了的客户。

② 潜在客户：有联系方式，未成交或者成交后未来一段时间不可能再购买的客户。

③ 未知客户：没有联系方式，但是符合 MAN 法则。想要找到这样的客户，就需要进行客户开发。

（2）客户间相互转化。

① 现实客户—现实客户：我们称这类客户为忠诚客户。已经购买了，再次购买还会到店在同一销售顾问处产生购买行为，也可能到店但不在同一销售顾问处产生购买行为。

② 现实客户—潜在客户：我们称这类客户为不忠诚客户。已经购买了，再次购买不在原店，但是我们还有他的联系方式。

③ 潜在客户—现实客户：我们称这类客户为新增客户。有联系方式，通过销售人员近期跟踪，最后买车了。

④ 未知客户—现实客户：我们称这类客户为新开发客户。我们没有客户联系方式，但是通过活动等渠道，找到了其联系方式，然后也购车了。

⑤ 未知客户—现实客户：我们称这类客户为偶然成交客户。我们没有联系方式，但是客户偶然到店就购买了车，从而使我们获得了该客户联系方式。

⑥ 现实或潜在客户—未知客户：我们称这类客户为流失客户。已经购车的客户，本来有联系方式，但是购车后换电话号码了或者是其他原因找不到联系方式了。

从不同类客户可以相互间转换的表述，我们发现在汽车销售中应该积极的开发、跟踪客户，与客户保持长久联系，保证正方向的流动而避免负方向的流失。

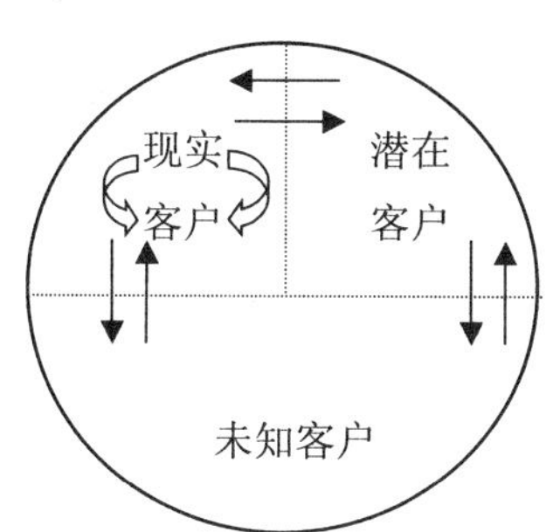

忠实客户	不忠诚客户
现实客户—现实客户	现实客户—潜在客户
新增客户	**新开发客户**
潜在客户—现实客户	未知客户—现实客户
偶然成交客户	**流失客户**
未知客户—现实客户	现实客户或潜在客户—未知客户

图 6-1 客户分类及流动

2. 初次与客户接触的方法

如图 6-1 所示，未知客户占客户群体的大部分，但是我们无法与之建立联系，因此需要想办法把这些未知客户变成潜在客户或者现实客户，也就是获得他们的联系方式，即获取客户。

（1）获取客户的重要性。

要将汽车产品销售出去，首先要找到客户。企业拥有再好、再多的车，如果没有客户，就不能形成销售，从而造成积压。过去那种所谓的“酒香不怕巷子深”的说法，在当今的市场经济条件下遇到了严峻的挑战。销售业绩计算，如图 6-2 所示。

集客量=首次进店/来电留档客户+未留档客户

留档率=（当期留档顾客 ÷ 当期集客量）× 100%

留档成交率=（当期成交数量 ÷ 当期留档数量）× 100%

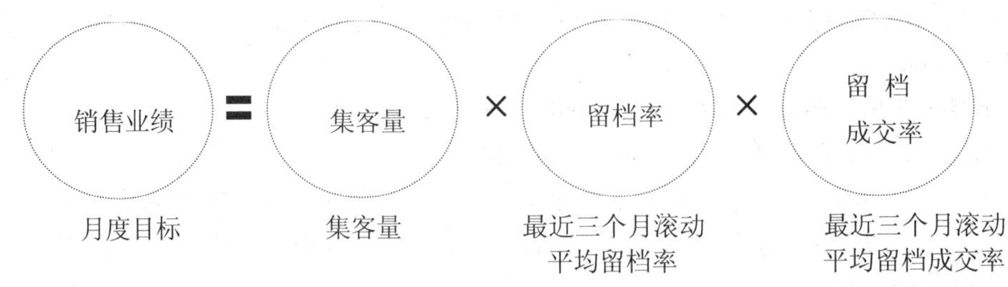

图 6-2　销售业绩计算图

通过公式可以看出销售顾问的销售业绩与集客量密切相关，因此汽车 4S 店销售经理会对销售顾问的留档率进行考核，目前留档率的要求为不少于 60%。基于上述状况得出结论：销售业绩要好，就要有大的基盘客户。

（2）获取客户的前提条件。

① 根据产品的特征来锁定客户。客户在哪里，是专营店乃至每一个汽车销售人员所面临的一个非常重要的问题。根据产品的特征来锁定客户，即首先了解你所要销售的汽车产品的客户群在哪里。一般情况下，不同的产品有不同的客户群。比如，应了解所销售的汽车产品属于哪一个档次，是高档车，中档车，还是低档车？汽车的排量是大排量，中排量，还是小排量？是商用，还是乘用？是属于哪一类人群的？只有在开发客户之前明确这些问题，才能有目标地去寻找和开发客户。

② 明确汽车产品消费层次。汽车消费基本上分为两个层次：一个层次是属于投资的，主要集中在中低档水平上的轿车；另一个层次是用于消费的，主要集中在中高档次的水平上。在开发客户之前，首先要把握住产品的特征，这样去寻找潜在客户也就比较容易了。

（3）获取客户的渠道。

获取客户的方法如图 6-3 所示。

图 6-3　获取客户的方法

① 展厅获取：当前由我国汽车销售模式决定，展厅是销售人员获取客户的主要渠道。

② 活动获取：销售人员会在每年或者定期举办的车展活动中，获得客户的联系方式；也可以在店内搞的各种活动中获取客户联系方式，如试乘试驾活动，开展体验式营销；还可以通过市场部进行市场开拓、异业联盟、团购、广告宣传、展厅促销等形式找到客户的联系方式，从而获取客户。

③ 老客户转介绍：从事销售工作时间较长的人员，有一定的基盘客户，他们可以介绍朋友、亲戚或同事等去购车；还有同行不同品牌的销售人员转介绍的客户。

④ 随机获取：销售人员在日常的工作、生活中可挖掘顾客资源，如在和朋友聚会时候获取客户，在娱乐场所等地发名片获取客户。

⑤ 网络获取：网络获取客户的方法比较多，如通过经销商的网站、汽车垂直网站、门户网站汽车频道、微信平台推广服务、经销商官方微博推送实时资讯、QQ 群等生活栏目、网站论坛等方式，都可以获取客户。

3. 初次接触环节客户的心理期望

从心理学角度分析，一般购买者都有心理预期，在购买决策过程中，如果能超过心理预期，客户购买的可能性就大，因此销售人员应该了解客户心理预期。在初次接触环节客户的期望归纳起来，主要表现如下所述。

① 能够通过不同的沟通渠道（电话、网站、电子邮件等），顺畅地与经销店取得联系。

② 电话咨询时，工作人员能及时准确地应答，并能提供专业的答复。

③ 如果经销店无法立刻满足我的需求，经销店能够解释原因，并告知可以准确回应的时间。

④ 销售顾问应与客户保持联系，但不要骚扰客户，应提供客户所需要的信息。

⑤ 专业的销售人员，及时礼貌的接待，让客户感觉受重视和关注。

⑥ 经销店为客户提供舒适的氛围，让客户更有意愿去了某品牌产品和服务。销售人员在客户需要帮助的时候，能够及时耐心地提供帮助。

4. 初次接触环节阶段目标

了解了该环节客户的心理预期，就要想办法超出预期，达到目标，这样即可顺利过渡到销售流程的下一个环节。初次接触阶段目标就是建立良好的关系，达到下面的目的。

（1）通过提供顾客关心的品牌、产品、服务及其他信息，邀约顾客到店体验，从而赢得销售机会。

（2）通过提供迅速、专业、有价值的服务，树立品牌和经销店形象，促使顾客光临经销店。

（3）通过热情、真诚的接待来消除顾客的疑虑和戒备，营造轻松、舒适的购车氛围。

（4）经销店的工作人员都能体现出友善和专业（外表、态度和行为），给顾客留下深刻的第一印象，让顾客感受到品牌魅力，让顾客感到受欢迎和被重视。

二、初次接触准备

美国心理学家阿希在 1946 年曾以大学生为研究对象做过一个实验。他让两组大学生评定对一个人的总体印象。对第一组大学生，他告诉这个人的特点是“聪慧、勤奋、冲动、爱批评人、固执、妒忌”。很显然，这 6 个特征的排列顺序是从肯定到否定。对第二组大学生，阿希所用的仍然是这 6 个特征，但排列顺序正好相反，是从否定到肯定。研究结果发现，大学生对被评价者所形成的印象高度受到特征呈现顺序的影响。先接受了肯定信息的第一组大学生，对被评价者的印象远远优于先接受了否定信息的第二组。这意味着，第一印象有着高度的稳定性，后继信息甚至不能使其发生根本性的改变。

因此，在与别人初次见面时，我们都要对自己的外在形象方面下很多工夫，创造完美的第一印象。有了第一次的好印象，才能有进一步发展的机会，这也就是第一印象的重要性。

（一）判断第一印象的依据

从汽车销售角度看，判断第一印象主要有 3 个关键印象：展厅、展车和销售人员。

1. 展厅

（1）展厅人员。

进入展厅的客户很多，但并不是每一个人都是为了买车而来。但是，任何一个人都是我们的潜在客户，在他进入展厅的时候，有没有得到礼貌的对待，直接影响着其对某品牌的印象。这是一个重要的关键时刻，因此需要展厅人员重视。展厅人员不仅仅指销售人员，也包括保洁、保安等，见到客户做到“十步内向顾客点头示意，五步内向顾客微笑打招呼”，让客户感觉备受欢迎、关注和尊重。

（2）展厅环境。

展厅环境要保持清洁。例如，洽谈桌要干净，休息区沙发、茶几摆放整齐，展厅内绿植盆栽清新茁壮；特别要强调的是卫生间应没有异味，地面、墙面、洗手台等要保持清洁，营业期间要播放舒缓音乐。

2. 展车

展车干净、摆放整齐、符合标准。

① 车轮装饰盖上的标识始终保持水平，方向盘上的标识保持向上。

② 按要求摆放展车参数表，展车参数表应彩色打印，使用最新状态的参数表。

③ 营业期间展车不上锁。

④ 展车应去除内外各种保护膜，如座椅、方向盘、收音机、遮阳板、阅读灯、迎宾踏板等处的保护膜。

⑤ 展车轮胎无灰尘，展车内和行李箱干净、整洁、无杂物，发动机室干净无灰尘。

⑥ 展车玻璃内外擦拭干净，无手纹或水痕。

3. 销售人员

客户对销售人员的判断可以通过 3 个渠道：外表（Appearance）、行为举止（Behavior）、谈吐（Communication）来初步判断第一印象。

（二）初次接触的准备

客户接触最多的是销售人员，因此在和客户接触的过程中，要让客户感觉我们是品牌的倡导者，经销商的代言人，在客户面前打造良好的第一印象。

案例

故事一：

某汽车公司的销售人员小李经过努力与一个客户约定了时间去登门拜访。那天小李如约前去拜访，这位客户请他坐下后一言不发地看着他。小李事先没有准备，被这位客户看得心里面直打鼓，不知道该说什么，心里想：“这个客户怎么这么严肃？”客户总是非常忙碌，他希望销售人员有准备而来。这个时候客户等得不耐烦了，说：“你有什么事，就快点说。”小李听了更紧张了，结结巴巴地不知道从何说起。客户说：“好像你没有什么准备，我也很忙，这样吧，你把资料留下来，我抽空研究一下。”结果，小李只好把资料留下来，无功而返。

故事二：

一天，某汽车公司销售人员小张值班时，有位客户在展厅里看了一款轿车之后，向小张问了两个问题。这个客户很关心安全问题，他问小张："这款车的 ABS 是哪里生产的？"这个问题很普通，在汽车销售公司日常的销售过程当中，客户提这个问题的频率也比较高。而小张一下子不知道该怎么回答，因为他不知道这辆车所装配的 ABS 到底是国产的还是进口的，只好问旁边的销售人员，结果没有得到满意的答复。小张为了把这辆车卖给客户，他就回答说："可能是进口的。"这个客户又问："这款车现在没货，那什么时候才会有呢？"这个问题也是日常销售当中客户问得最多的一个问题。因为汽车销售公司不可能把每一款汽车、每一种颜色都备齐了。小张又着急了，他说："你等一下，我去问一下我们领导。"刚巧，他的领导当时不在公司，而且电话又无法接通。客户等不及，就在那里不断地问他："怎么样？到底什么时间有货？"小张没有办法，最后说："大概需要半个月左右吧。"客户提了两个问题，一个是不清楚，一个是大概，这位客户有点不高兴。客户说："我的时间这么紧，你却告诉我可能大概，你让我怎么决定，我还是到别的地方去看看吧。"

上述两个案例说明这两位销售人员在实战中缺乏专业知识、销售技巧和自信。为了不再发生类似的问题，销售人员至少要具备两个条件，一个是业务能力，一个是个人素质。前者表现为知识储备、专业能力，后者表现为商务礼仪、心态或者心理素质。为此我们要做好如下几方面准备。

1. 知识准备

（1）企业知识。公司的介绍，公司的销售政策，如让利和促销政策、服务的项目、产品库存等。

（2）产品知识。了解生产汽车的厂家、品牌，各款车的性能、功能和配置。

（3）市场知识。市场知识包括所销售的汽车在市场上的占有率，与竞争车型的对比、优劣情况、行业知识等。

（4）汽车相关法律法规知识，汽车养护使用知识，相关金融知识，相关保险知识等。

（5）用户知识。用户知识主要包括客户心理、消费习惯、客户的购买动机、客户的爱好、客户的决策人购买力等。比如，从事小商品行业的客户喜欢车子的空间大一些，可以顺带一些货物，像 SUV、SRV 这样的多功能车比较受他们的欢迎；从事路桥工作施工作业的客户偏好越野性能好的吉普车、SUV 等。

（6）社会热点知识。当前社会热点新闻、奇闻轶事应多了解多看，与客户有沟通话题。

2. 工具准备

（1）平板电脑：录入 CRM 系统顾客信息，安装汽车之家 APP（车型配置、参数对比）、易车网 APP（网评）、Safair 浏览器浏览网站信息（销量排行榜）车型 APP，截屏保存相关信息。

（2）工具夹。

① 品牌历史资料。

② 车型对比纸质资料、销售支持资料（车贷流程、车险、上牌、精品卖点及惠民补贴、二手车置换流程），车型常规保养报价单、配件价格报价表。

③ 文件包（洽谈卡、试乘试驾协议书、路线图、报价单）。

④ 其他文件。

◆ 展示手册：产品展示手册、原装附加产品手册、金融衍生宣传物料、车主服务手册。

◆ 其他工具：小喷壶、U 盘、CD。

众多销售工具要求我们在使用时应注重以下原则。

◆ 灵活化。例如，在展示车型颜色的时候可以直接带顾客看实车，而不是借助工具展示。

◆ 多样化。例如，在车辆展示的环节，对难以通过精准语言描述的相关配置（ESP、ACC、自动泊车），可借助平板电脑播放视频，或在试乘试驾的环节进行动态体验。

◆价值化。依据销售流程的推进，在不同的环节或时间，合理、高效地使用相关工具。

3. 心态准备

销售人员除应做好以上准备外，还需要具备良好的心态，与客户建立良好关系。

汽车销售工作面临很大挑战，销售人员在第一次与客户见面遭遇失败后，应该不断反省，应该有不服输的心理，想办法运用各种方式如打电话、递送 DM，即产品的彩页、宣传页、资料等，最终赢得客户的约见。通过精心准备，引起客户的注意，具备不怕失败的良好心理素质。

另外，还要和客户建立良好关系，通过关心客户、与客户寻找共同话题、赞美客户等方式，尽量做到尽善尽美，给客户留下良好印象。

4. 商务礼仪的准备

（1）仪容仪表。

仪容仪表主要指个人形象。作为汽车销售人员的仪容仪表应该是淡妆自然，要有亲和力；头发要有清爽感；衣服的选择必须是干净得体，熨烫平整。

① 男士仪容仪表。

◆ 发型发式。男士的发型发式统一的标准就是干净整洁，并且要经常地注意修饰、修理，头发不应该过长，一般男士前部的头发不要遮住自己的眉毛，侧部的头发不要盖住自己的耳朵，同时不要留过厚、过长的鬓角，男士后部的头发，应该不要长过西装、衬衫领子的上部。

◆ 面部修饰。男士每天要进行剃须修面以保持面部的清洁，同时注意随时保持口气的清新。

◆ 着装。男士着装要符合不同品牌 4S 店的要求，一般应该穿西装、打领带，衬衫的搭配要适宜。男士的西服一般分为单排扣和双排扣两种。在穿单排扣西服时，注意两粒扣子只系上面的一粒，如果是三粒扣子西服，只系上面的两粒，而最下面的一粒不系。穿双排扣西服时，则应该系好所有的纽扣。

衬衫的选择。衬衫的颜色和西装整体的颜色要协调，同时衬衫不宜过薄或过透，特别要注意的一点是，当穿着浅色衬衫的时候，在衬衫的里面不要套深色的内衣，或者是保暖防寒服，不要将里面的内衣露出领口。当打领带的时候，衬衫上所有的纽扣，包括领口、袖口的纽扣，都应该系好。

领带的选择。领带的颜色和衬衫、西服颜色相互配合，整体颜色要协调，同时系领带的时候要注意长短的配合，领带的长度应该是正好抵达腰带的上方，或者有一两厘米的距离。

皮鞋以及袜子的选择。男士在穿西服、打领带这种商务着装的情况下，一般要配以皮鞋，皮鞋要每天保持光亮整洁。在选择袜子的时候要注意，袜子的质地、透气性要良好，同时袜子的颜色必须保持和西装的整体颜色相协调。如果是穿深色的皮鞋的时候，袜子的颜色也应该以深色为主，同时避免出现比较花哨的图案。

公司的徽标。公司的徽标需要随身携带，佩戴在男士左胸的上方的西装口袋处，注意不要歪斜。

◆ 指甲。保持清洁，不染色。

② 女士仪容仪表。

◆ 发型发式。女士的发型发式应该美观、大方，发卡、发带样式应该庄重大方。

◆ 面部修饰。女士在从事正式的商务场合的时候，面部修饰应该是以淡妆为主，不应该浓

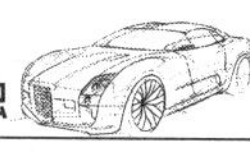

妆艳抹，也不应该不化妆。

◆ 着装修饰。女士需要注意的细节是：干净整洁，尽量着职业套装。

女士在选择丝袜以及皮鞋的时候，需要注意的细节是：首先，丝袜的长度一定要高于裙子的下摆。在选择皮鞋的时候应该尽量避免鞋跟过高、过细。

◆ 指甲。指甲清洁、不宜过长，涂指甲油可用透明色。

◆ 饰物。应小巧精致，尽量不戴，若戴饰物也不能超过 3 件。

（2）言谈举止

言谈举止是一种职业规范。梅拉比安法则强调沟通效果的影响因素（见图 6-4）时，肢体语言在沟通中所占比例为 55%，语言内容为 8%，语音语调为 37%。肢体语言传递人的态度，语音语调传递人的情绪和情感，另外就是语言内容的传递，这几方面综合起来就是人的言谈举止。销售中的销售礼仪如图 6-5 所示。

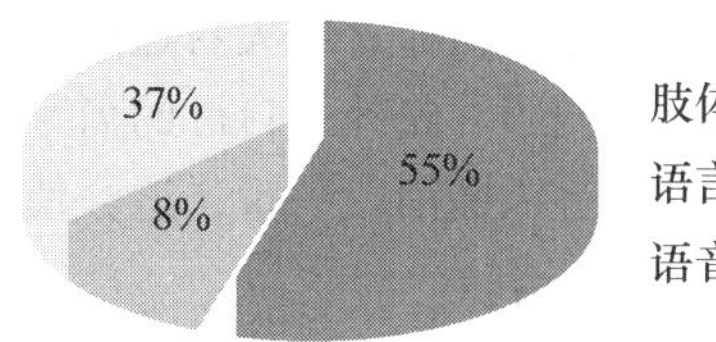

图 6-4　梅拉比安法则

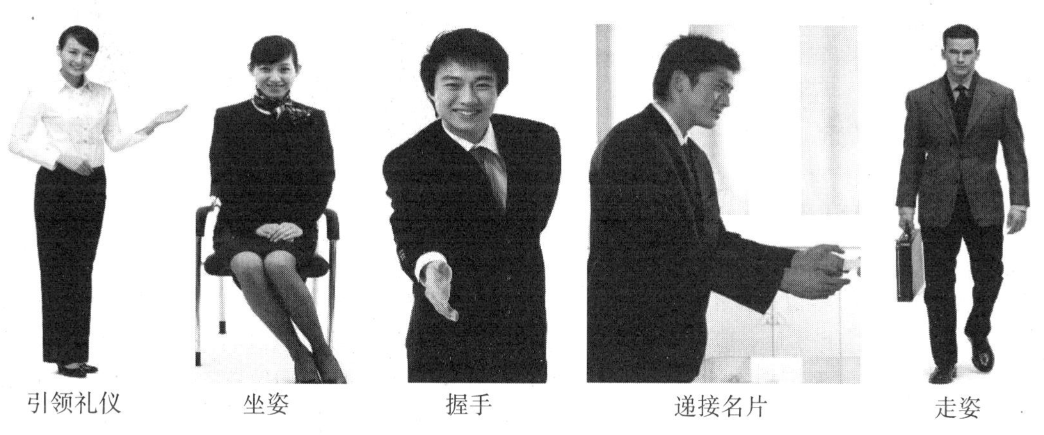

图 6-5　销售礼仪

基于上述礼仪，我们在销售中应该注意如下内容。

① 表情管理。即与对方有一个目光交流，同时面带微笑，而不应该左顾右盼。加州大学心理学教授、表情研究专家艾克曼教授指出，要给对方留下良好的第一印象，首先要笑脸迎人。他说，“笑脸能传达欢迎、友善等潜台词。对方看到你的笑脸，通常会不由自主地还以笑脸，此时双方的关系就容易拉近了。”

② 称谓的选择和使用。一般情况下，称对方为某某先生、某某女士，这也是最为稳妥和最为普遍的一种称谓方式。

（3）介绍礼仪。

介绍时应把身份、地位较为低的一方介绍给相对而言身份、地位较为尊贵的一方。介绍时陈述的时间宜短不宜长，内容宜简不宜繁。同时避免给任何一方留下厚此薄彼的感觉。

汽车销售中，销售人员应该先行自我介绍，内容包括公司和自己，如“您好，我是××4S店销售顾问张××”。介绍的时候伴以图6-5所示的适宜的肢体语言。肢体语言是指通过头、手、身、足等人体部位的协调活动来传达人物的思想，形象地借以表情达意的一种沟通方式。

（4）握手礼仪（见图6-6）。

握手的次序，一般都是女士先伸手，男士再握手。领导和上级以及长辈先伸手，下级和晚辈再握手。

握手时，对方伸出手后，我们应该迅速地迎上去，握手的时候最应该避免的是很多人互相地交叉握手。握手时还要避免上下过分地摇动。

（5）递接名片礼仪（见图6-7）。

初次与客户见面，我们应该热情主动打招呼，介绍公司和自己，然后递接名片。递接名片礼仪为：递送名片时要用双手，除了要检查清楚确定是自己的名片之外，还要看看正反两面是否干净。在递送过程中，应面带微笑，注视对方。名片的位置是正面朝上，并以让对方能顺着读出内容的方向递送。如果你正在座位上，应当起立或欠身递送，递送时可以说“我叫××，这是我的名片”，或是“我的名片，请您收下”。此外，自己的名字如有难读或特别读法的，在递送名片时不妨加以说明，同时顺便把自己“推销”一番，这会使人有亲切感。相反地，接到别人的名片时，如果有不会读的字，应当场请教。

图6-6　握手礼仪

图6-7　递接名片

接收名片时，除特殊情况外（如身有残疾等），无论男性或女性，都应尽可能起身或欠身，面带微笑，用双手的拇指和食指压住名片下方两角，并视情况说“谢谢”“能得到您的名片，十分荣幸”等。名片接到手后，应认真阅读后十分珍惜地放进口袋或皮包内，切不可在手里摆弄。如果交换名片后需要坐下来交谈，此时应将名片放在桌子上最显眼的位置，过几分钟后自然地放进皮夹。切忌用别的物品压住名片和在名片上做谈话笔记。在接收名片后，如果自己没有名片或没带名片，应当首先向对方表示歉意并如实说明理由。

三、初次接触方式

在汽车销售领域，与客户初次接触的方式有很多，这里主要介绍以下4种。

（一）电话接触

电话接触有两种方式，一种为客户打进来电话，称为被动获取客户；另一种为销售人员打出去的电话，称为主动获取。

1. 接听客户来电

（1）接听客户来电的步骤

被动获取客户的步骤如图6-8所示。

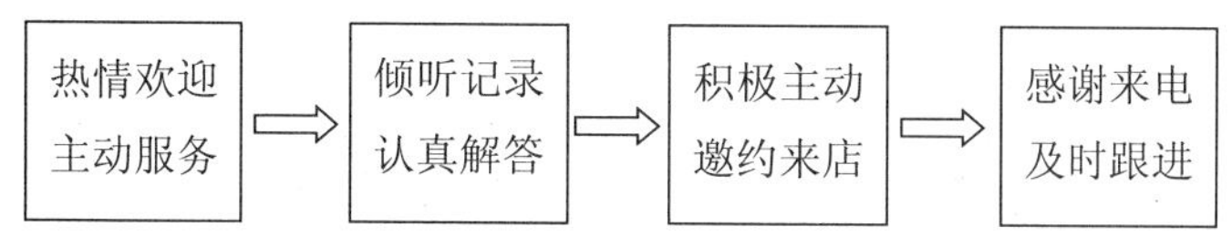

图 6-8　被动获取客户的步骤

① 热情欢迎、主动服务。客户打进来电话，我们要铃响三声内及时接听，自我介绍，并询问对方称呼，主动帮助来电需求。例如，“您好！感谢致电××经销店，我是销售顾问×××，请问有什么可以帮助您？”

② 倾听记录，认真解答。详细记录顾客诉求，适时赞美顾客，认真解答疑问，如果能够立即解答，给出正确答案，如果不能立即解答，应致歉并承诺答复时间，并在规定时间回复客户。

③ 积极主动，邀约来店。甄别顾客类型，以顾客关心的利益为理由，邀请顾客来店，与顾客协商好来店时间，并做相应的准备。与顾客确认其联系方式，将顾客信息留档。

④ 感谢来电，及时跟进。感谢顾客来电，祝福顾客，发送短信，告知相关信息，保持联系，及时跟进。承诺顾客的事情，尽早完成。

（2）接听客户来电时的表现。

① 语言方面：保持微笑，让声音更亮丽而有礼貌。

② 坐姿：身体坐直、稍稍前倾，男士坐椅子的三分之二左右，女士坐椅子的三分之一。心态保持平和，主动热情。

③ 记录：要左手拿电话，右手记录，记录的要点尽量要全，如顾客的姓名、联系电话、感兴趣的车型、购车预计时间等，便于更为有效的后期跟进。

④ 时间：一般电话为 3 分钟左右，时间太短，很多信息我们无法获取，时间太长，很多信息都告诉客户了，可能会削弱客户的来店意愿。

（3）接听客户来电的技巧。

为了成功将客户邀约到店，我们在接听客户电话时应该把握接听技巧，如表 6-1 所示。

表 6-1　接听客户来电技巧

序号	顺序	话术	注意事项
1	接听电话，礼貌问候告知经销商名称、自己职位、姓名	“您好，××经销商，我是销售顾问××，请问有什么能帮到您？”	在电话机旁准备好纸笔 音量适度、微笑
2	听取对方来电用意	用“是”“好的”“清楚”等回答	交流中切记主题，适时记录
3	确认对方姓名、意图	“先生如何称呼？……是××女士！”“我和您再确认一下，明天 10 点左右来看车对吗？”	确认对方相关事宜 简要回答问题 确认时间、地点、对象和项目
4	结束语	“请放心，我一定转达，感谢您的来电，祝您生活愉快，再见！”	致问候
5	客户挂电话后放回话筒		对方先挂断电话

（4）如何高效进行电话沟通。

电话沟通的步骤我们了解了，要想在 3 分钟左右赢得高效通话，则要求销售顾问在整个电话沟通中精准、全面地为顾客答疑释惑。客户和销售顾问在整个电话沟通中各自关注的信息，如图 6-9 所示。

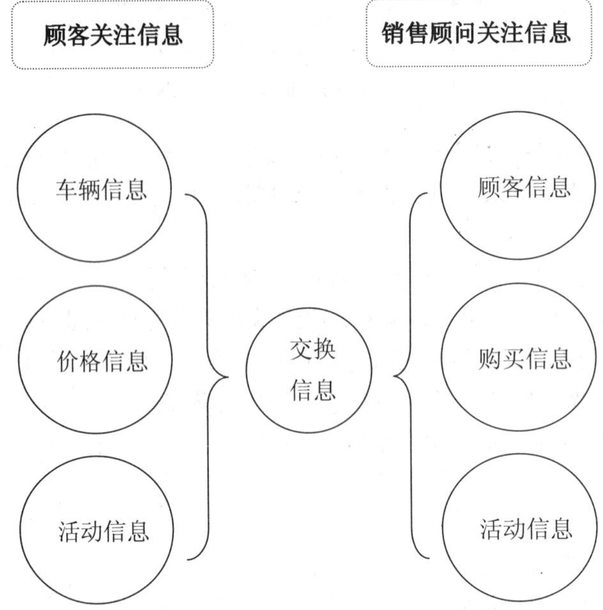

图 6-9　电话沟通中的关键因素

① 顾客关注的信息。

车辆信息：车型配置、车型比对、车辆性能、资源状况等。

价格信息：当期优惠、讨价还价能不能便宜、竞品价格比对等。

活动信息：优惠政策、服务内容、相关手续等。

② 销售顾问关注的信息。

顾客信息：姓氏、联系方式、来电目的等。

购买信息：看车进度、购车意向、车型选择等。

活动信息：支付方式、价格取向等。

在短暂的电话沟通中做到高效、顺畅，就要求我们与顾客之间互动，交换相应的信息。这样才能吸引客户到店。

（5）接听电话禁忌。

① 铃响三声以上无人接听。

② 以“喂，谁呀，找谁”等作为第一声问候。

③ 电话转了多人或转接多次。

④ 电话中断或者让对方等待时间过长。

⑤ 对方说话时没有回应。

⑥ 对方讲话时和别人搭话。

⑦ 先于对方挂断电话。

2. 打出电话

（1）打出电话的技巧。

销售顾问根据集客相关信息制订跟踪计划进行电话跟进，或者给客户打电话确认相关购车事宜，如何能有效与客户沟通，还需要销售人员掌握打给客户电话的步骤和技巧，具体如

表 6-2 所示。

表 6-2 打出电话技巧

序号	步骤	话术	注意事项
1	打出电话准备		准备电话内容 准备可能需要的资料、文件等 明确通话对象背景和客户价值
2	拨打、问候、告知自己姓名	“您好！我是××经销商销售顾问×××。”	电话中一定要报出自己的姓名
3	确认电话对象	“请问××先生在吗？”“麻烦您，我要找××先生”“您好！我是××经销商的×××”	必须要确认电话的对方 如与所找之人联系上后，应该再次问候
4	电话内容沟通	“今天打电话是想确认一下关于明天您来店看车的时间”	应先将沟通理由告知对方 对时间地点进行准备表达，希望对方能做记录 电话沟通后要有总结确认
5	结束语	“谢谢，麻烦您了”“那就拜托了”	语气诚恳，态度和蔼
6	挂断电话		对方先挂断电话

（2）打电话时注意以下几点。

① 通话时间是否恰当。

② 确认对方电话号码、姓名等，避免出错。

③ 讲话内容要有理由、主题，注意说话要简单明了，通话时间不宜过长，避免耽误客户时间。

④ 注意通话时周边环境要安静。

（二）展厅接触

展厅接触环节，不管客户是我们电话邀约的还是自己主动进入展厅的，当客户来到一个陌生的环境时都会拘束。在这个环节客户需要得到销售顾问的热情接待，因此为了更好地服务于客户，销售顾问除了需要做好初次接触准备外，还要认识到展厅接待的重要性、展厅接待流程及沟通技巧。

1. 展厅接待的重要性

（1）情绪过渡。客户进店后对于陌生的环境和陌生的人，心理和情绪都有些紧张，如果顾客到店后得到及时关注并礼貌问候，会给顾客留下良好的第一印象，从而化解客户的紧张心理。

（2）识别客户。我们对客户的短暂接待，通过询问客户是来店看车还是维修保养，然后根据客户类型进行引导分流。如果是看车的，介绍专业的销售顾问，如果是维修保养的，引导到售后服务前台，从而有效识别客户。

（3）推荐销售顾问。通过前台短暂的接待，我们再向客户推荐销售顾问，可以给客户留下我们的销售顾问更具专业性的印象。

2. 展厅接待技巧

展厅接待客户的原则应该“以客为尊”，举止大方自然，具体技巧如表 6-3 所示。

表 6-3　　展厅接待客户技巧

序号	技巧	要点
1	热情	面带微笑，主动热情迎接客户（产生好感的第一法宝）
		递送全系车型资料
		引导入座洽谈区
		主动提供 3 种以上饮品
2	亲和力	公开性话题（不给客户压力）
		语言、动作和情绪同步
		根据表现迎合客户
3	专业	对汽车专业知识精通
		对汽车品牌特别是竞争品牌了解详细
		对汽车市场行业了解
4	客观	对待客户真诚，关心客户利益（引起客户兴趣）
		不能否定竞品

3. 展厅接待流程

客户到店进行接待有一定的流程，具体如图 6-10 所示。

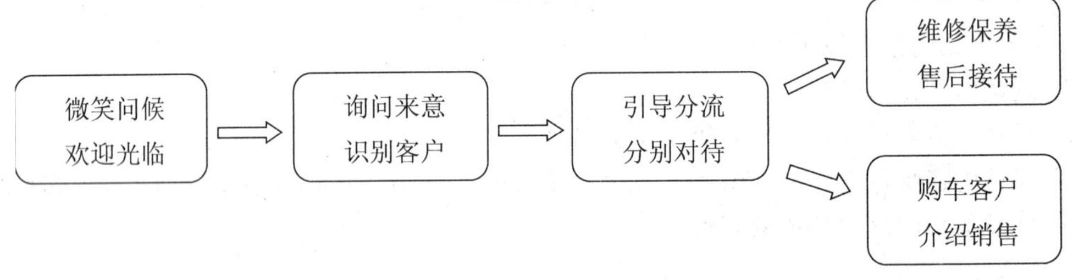

图 6-10　展厅接待流程

① 微笑问候，欢迎光临（前台接待可由销售顾问轮岗）。

② 询问顾客来访意图，确保了解每一名顾客的类型。

③ 对于非预约首次到店客户，按《销售顾问每日接待安排表》通知销售顾问进行接待。

④ 对于二次到店老客户和预约客户，通知相应的销售顾问进行接待，如相应销售顾问不在，则告知顾客，询问是否等待或接受其他销售顾问的帮助。

4. 展厅接待注意事项

① 顾客到店后，应第一时间主动接待顾客，确保顾客在进店后得到充分的关注和指引。

② 无论顾客是否买车，都应热情接待。

③ 如果顾客指定的销售顾问暂时无法接待，应及时告知顾客原因并请求顾客谅解，避免顾客长时间等候而产生抱怨情绪，并引领顾客到休息区稍作休息。

④ 在顾客等待期间，随时关注顾客。

（三）网上联系

近些年，随着网络快速发展，可通过网络联系，进行成功销售。目前网络联系的方式很多，前文已经阐述，这里不再详谈。网上联系，需要销售人员快速、专业地处理客户咨询的问题。

（四）主动出击

国外主动出击的方式一直被推崇，但是国内汽车销售的主要模式还是展厅销售。主动出击的形式运用的比较多的是处理抱怨客户时，会登门拜访，送上礼物。主动出击的目标客户多为重点级别客户，成交可能性比较大。

以上为4种初次接触的主要方式，不管是哪一种，在结束该环节的时候，都应该及时准确地将客户的重要信息（客户姓名、电话、职业、来店途径、意向车型、意向级别等）录入CRM系统，为以后制订和跟进计划做好准备。

四、初次接触的沟通技巧

把握良好的沟通技巧，为销售工作开启一扇成功之门很重要，在初次接触环节运用的技巧总结如下。

（一）亲和力

亲和力的展示更多时候表现为微笑。微笑的标准是自然、大方、得体，发自内心真诚的笑。图6-11和图6-12所示分别代表不同种类的笑。

图6-11　兴奋大笑

图6-12　真诚微笑

图6-11所示为兴奋大笑，喜出望外。在初次接触环节客户和销售人员都是第一次见面，如采用这样的笑，会让客户感觉过于热情，而增加客户的心理负担，让客户无所适从。

图6 12所示为真诚微笑。一般真诚微笑的时候都是对自己比较亲近的人和朋友，当客户进店的时候，我们心里想着客户就是我们的朋友，我们以对待朋友的方式对待客户，客户就会觉得比较自然。

从上述分析中，我们发现展现亲和力最好的工具是以图6-12为参考，多加练习，拉近和客户间的距离，消除陌生感。

（二）赞美

1．赞美的重要性

恰如其分地赞美对方，能创造一种热情友好的气氛，能使彼此的心情更加愉悦舒畅，彼此间和谐地相处共事。若在赞美别人时掌握一定的技巧，精通赞美的艺术，一定会收到意想不到的效果。

美国著名心理学家威廉·詹姆士说："人类本性上最深的企图之一是期望被赞美、钦佩、尊重。"心理学研究表明，爱听赞美是人们出于自尊的需要，是渴求上进，寻求理解、支持和鼓励的表现，是一种正常的心理需求。赞美就像暖人心灵的阳光。在生活中，适时给予别人真诚的赞美和夸奖，别人会感到喜悦和兴奋，而作为你自己，也会从中感到快乐，甚至幸福，从而为加深双方的感情创造了和谐的环境。

2. 赞美的运用

赞美如同一门艺术，真诚自然的赞美才能让人感觉更舒服、自在、快乐，那么如何赞美才能达到预期效果呢？其具体做法如下。

（1）具体明确，针对细节。

（2）实事求是，不可虚构。

（3）恰到好处，不要过头。

（4）态度真诚，不假惺惺。

（5）角度独到，不落俗套。

（6）言辞简明，我字开头。

（7）借用第二人称。

（8）赞美的时候要面对着对方表达。

作为销售人员，不管是对客户、对朋友、还是对其他人，都要学会适时赞美，养成赞美的习惯，分享赞美后的喜悦，让人心情愉悦，促进销售成功和人际关系的和谐，积累客户资源。

任务专项实训

实训项目

设计接听客户来电和展厅接待话术。

实训目的

通过该实训，使学生能够很好地运用初次接触环节的准备工作、技巧及操作流程。

实训内容

客户王先生对一汽一大众新迈腾比较感兴趣，重点关注价格、活动信息、服务项目及车源信息，你作为一名销售顾问，如何通过接听王先生来电，抓住契机，吸引客户到店并成功接待。

实训步骤

◎将学生进行分组，4～5人一组，根据流程、技巧和相关知识进行话术设计。

◎小组进行演练模仿。

◎小组将模仿演练话术汇总后写在纸上。

◎每组选派代表2人，一人扮演销售顾问，一人扮演客户，依次轮流模仿演练，其他人作为观察员，记录扮演者的优点和不足。

实训评价

◎完成话术脚本。

任务七
需求分析

知识目标

1. 了解需求的阶段目标
2. 掌握需求分析信息内容
3. 把握需求分析沟通技巧

能力目标

1. 能够作为一名准销售顾问进行需求分析工作
2. 能够充分利用沟通技巧融洽和谐地进行需求探寻

任务导入

销售顾问小王的预约客户到店看车。作为销售顾问，请为客户推荐一款合适的车型，并为客户提供购车解决方案。

客户刘先生准备购买一款奥迪车，公私兼用。刘先生为私企老板，年龄 45 岁，平时喜欢喝茶、打球，有一双儿女，妻子偶尔也会开这款车，一家人经常外出郊游，购车预算 30 万元，可以考虑贷款。

分析：

要为客户提供合理的购车方案，我们先要观察客户的性格类型，了解客户购车背景、购车用途，还要分析案例中购车的参与角色、掌握客户的购车重点及汽车金融衍生业务需求。

课程导航

1. 需求分析的阶段目标
2. 需求分析原因
3. 需求分析过程
4. 需求分析技巧

知识解读

一、需求分析的阶段目标

（一）需求的含义

需求的本质：客户的期望和现状之间的差距，如图 7-1 所示。

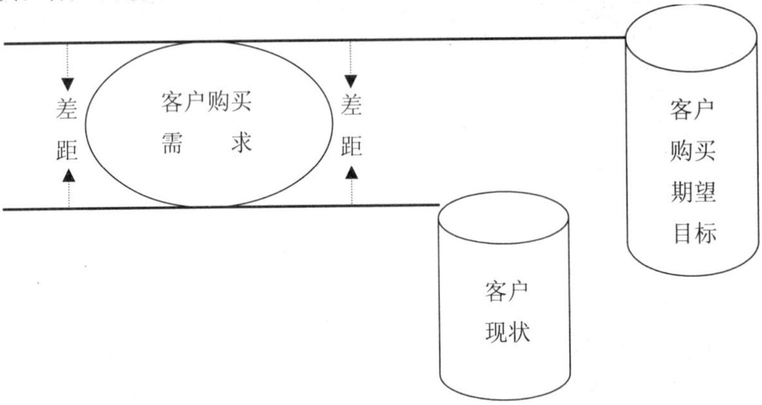

差距
客户购买需求
差距
客户购买期望目标
客户现状

图 7-1　需求的含义

客户购买现状：消费者有车，是 5 年前买的，由于当时经济条件不允许，所以所购买车型为比亚迪 F0，车的体型较小，内部没有什么特殊装备，而现在有了孩子，东北的冬天特别冷，孩子坐在车上座椅冰凉。

客户期望购买目标：消费者现在经济实力增强，想换车，要求是三厢车、商务兼私用，要有座椅加热、倒车影像、导航等设备。

需求分析就是要了解和发掘客户的现状和他所期望达到的目标，这两者之间的差距就是需求。

（二）需求分类

维琴尼亚 • 萨提亚(Virginia Satir)是美国最具影响力的首席心理治疗大师，她提出的“冰山理论”，又被称为“萨提亚理论”。她形象的比喻了自我如同一座漂浮在水面上的巨大冰山，能够被外界看到的行为表现或应对方式，只是露在水面上很小的一部分，大约只有十分之一露出水面，另外的十分之九藏在水底（见图 7-2）。而暗涌在水面之下更大的山体，则是长期压抑并被我们忽略的“内在”。揭开冰山的秘密，我们会看到生命中的渴望、期待、观点和感受，看到真正的自我。

根据冰山原理，我们把客户的需求分为两类：显性需求和隐形需求。

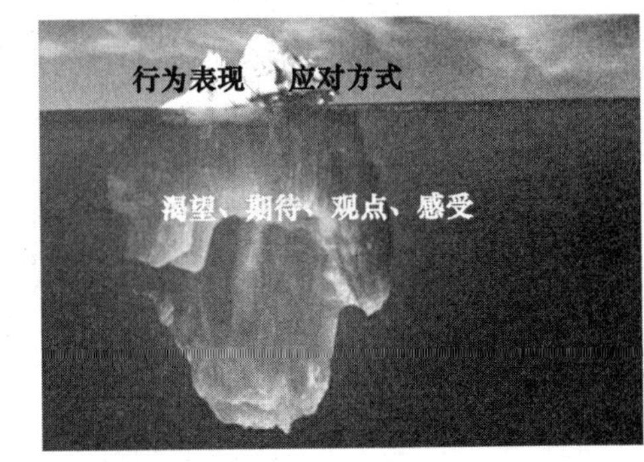

图 7-2　冰山原理

在汽车选购中，表面的现象称之为显性的问题，也叫显性的动机；还有一种隐藏着的东西叫作隐性的动机。显性的，就是客户自己知道的、能表达出来的那一部分；隐性的，就是有些客户自己也不知道的需求。例如，某客户打算花十万元买车，可是他不知道该买什么样的车，这个时候销售人员就要去帮助他解决这些问题。还有一种情况是客户知道自己需求，但是他不愿意或者觉得不方便告诉销售人员，因为销售

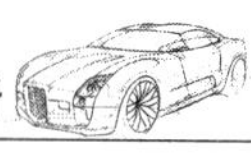

人员还不是他非常信任的人，这种状况下，销售人员既要了解客户的显性需求，还要挖掘客户的隐性需求，这样才能正确分析客户的需要。

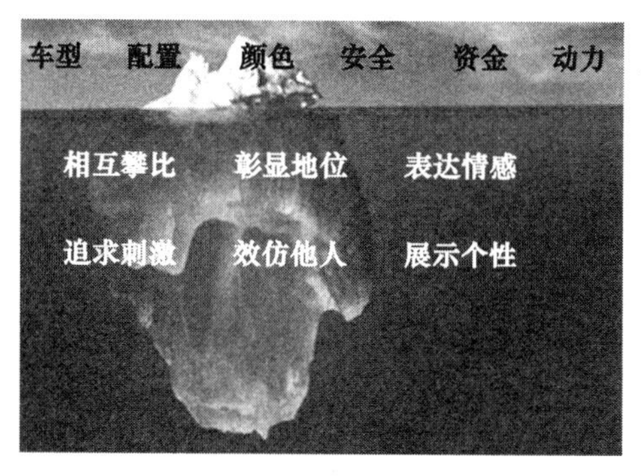

图 7-3 客户的显性需求和隐性需求

另外，客户的显性需求又被称之为理性需求，而隐性需求又被称之为感性需求。

理性需求都具有可衡量性，属于冰山露在水上的部分，如车型、配置、颜色、安全、资金、动力等。感性需求则相反，属于冰山隐藏在水下的部分，如彰显地位、表达情感、展示个性等，如图 7-3 所示。

根据理性和感性特征，我们发现在汽车销售中可以通过挖掘客户的隐性需求，将隐性需求转化为显性需求，利于销售的成功。例如，在交谈中发现客户有彰显实力的心理需求，那么我们可以探寻一下其周边朋友开的都是什么车，哪个品牌、哪款车型，都有什么装备，做到对其周边朋友用车心中有数，那么在推荐车型的时候就可以推荐客户朋友车上没有的装备。归纳起来，能够彰显客户实力和地位的包括价格、品牌、性能、外观和配置等都要好于或者高于其朋友，那么客户购买需求就满足了。

（三）需求分析阶段客户的心理期望

需求分析环节，客户能和销售人员聊得很开心，销售人员懂客户，这样就可以顺利过渡到下一个环节。在这个环节，满足或者超过客户的心理预期，有利于销售的顺利推进。客户的心理预期主要有以下几点。

（1）销售顾问了解我的生活方式，并且知道我需要什么。

（2）销售顾问按照这些需求和实际情况来调整产品推荐及服务，从而向我提供真诚、客观的建议。

（3）结合我对建议的反馈，为我购车、用车问题提供满足需求的购车解决方案。

（四）需求分析阶段的目标

需求分析阶段的目标就是在了解客户需求和购买动机的基础上，深入挖掘其隐性和深层需求，从而提供最能满足或接近顾客需求的解决方案，引导顾客做出购买决策。

二、需求分析原因

顾客在进入到经销店之前或多或少的对自己的意向车型有了一个比较笼统的概念，或者对意向车型有或深或浅的了解，这个时候顾客来到经销店，他们更加希望能从经销店得到更为专业和更为全面的建议，帮助他们选到适合自己的车辆。因此，需要销售顾问能够充分了解和掌握顾客的需求，知道他们的购买动机，才能给予合适的建议。

1. 客户的购买动机

由于客户的购买来自于需求，需求又分为显性和隐性两种，销售顾问在需求分析的时要注意诱导引发客户需求，将需求转化为动机，动机越强烈，产生购买行为的可能性就越大。客户的购买动机反映需求，因此也分隐性动机和显性动机两种，如图 7-4 所示。

从上述动机描述中我们可以总结出典型的购买动机主要包括如下几点。

（1）身份性：客户开什么车，希望能被其他人识别地位、经济实力等。

（2）享受性：客户追求舒适的装备、试听系统，内饰环境要宽敞、有品位、高档豪华。

（3）可信性：客户购车重点关注车的安全性能，质量品质要过硬，后续维修保养成本较低。

（4）满足性：客户考虑的购车重点为操控性、灵活性、加速性好，汽车瞬间就能快速反应，满足客户驾驶感。

（5）展示个性：客户购车考虑与众不同，能体现个性，追求新潮、时尚。

（6）表明归属性：购车的款式、颜色等能表明客户的职业、阶层、社会群体特征等。

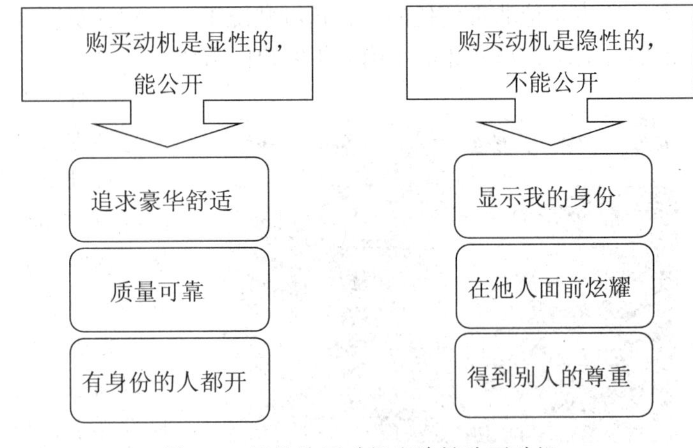

图 7-4　显性购买动机和隐性购买动机

2. 需求分析的原因

（1）为了更准确地了解客户的购车背景和需求重点。

了解客户的购车背景，如私企老板、居住地离店远近等，为后续做增值服务提供可靠依据。另外我们还要充分了解客户的需求重点，通过询问帮助客户梳理思路，找到客户的购车需求重点。还有一种情况，客户对车型很明确，我们仍需要进行需求分析，原因是，只有充分把握客户的内心所想，才能有针对性的向客户讲解产品，体现客户需求利益，激发客户强烈的购买欲望。

（2）使客户对我们充分信任。

经过需求分析环节，我们可以向客户展示我们的价值所在，让客户在过程中感受我们的专业性、真诚及友好，完全是为了帮助客户解决、也有能力解决的购车问题而进行的销售活动，站在客户利益角度替客户着想，从而让客户在交谈中了解我们的态度和提供总体解决方案的能力。

三、需求分析过程

（一）需求分析流程

需求分析流程图如图 7-5 所示。

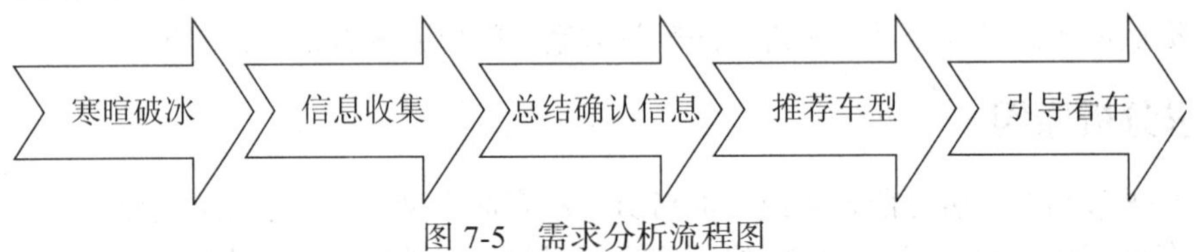

图 7-5　需求分析流程图

（1）寒暄破冰：客户洽谈区落座后，提供饮品、车型资料等，选择公开性话题，适时赞美客户，找出与顾客建立关系的突破点，如衣着、姿态、眼神、表情等。

（2）信息收集：主要是个人背景信息（如顾客的家庭情况、职业、兴趣爱好和朋友等）、现状信息、购车期望目标信息、预算信息（保险、贷款等）。

（3）总结确认信息：为了避免遗漏或者误解，总结确认信息，得到客户认可，为后续车型推荐提供保障。

（4）推荐车型：根据客户信息收集情况，客户关注重点：不少于 3 个重点需求，要符合客户预算、得到客户认同方可推荐车型。

（5）引导看车：要告诉客户，我们这个环节结束了，顺利过渡到下一个环节。

（二）需求分析信息获取

为了达到需求分析环节阶段目标，在了解客户需求及购买动机的基础上为客户提供合理的购车解决方案，这时需要获取下列 3 类信息。

1. 购买角色信息

这里需要提示的是，在汽车销售中，对于进店的客户我们要快速识别使用者、购买者、决策者及影响者身份，有针对性进行接待和应对，提高需求分析效果。

2. 客户性格类型信息

不同划分标准可以将性格划分为不同类型，这里通过图 7-6 中的理性—感性、直接—间接两个维度，将客户划分为分析型客户、控制型客户、和蔼型客户和表达型客户 4 大类。每种类型客户的性格特征、语言、肢体语言、个性特征等都有所不同，具体如表 7-1 所示，销售人员要能够快速辨别以采取有针对性的应对策略。

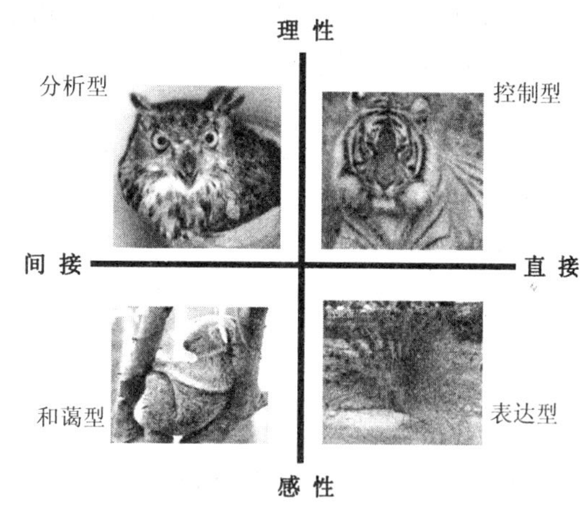

图 7-6　客户分类

表 7-1　　4 大类客户性格特征、语言、肢体语言、个性、期望及应对策略

要素＼类型	分析型	控制型	和蔼型	表达型
性格特征	有主见，不表达	有主见，表达	没主见，不表达	没主见，表达
语言	讲话轻、少，谈话内容多为关注点，比较看重证据、事实	讲话多、声音大、速度快，比较看重证据、事实或数据	讲话轻、慢，注重人际关系，关注有趣的人和事，犹豫不定	讲话声大、速度快，关注有趣的人和事，精力充沛
肢体语言	双手环抱、插兜、没有表情	喜欢指指点点、双手合起、表情不多	微笑、有亲和力、姿态放松	喜欢指指点点、手张开，喜欢拥抱、握手
个性	慢、冷漠、没有亲和力、希望准确告知关注问题、解决问题、敏感，保持适度的距离	反应快，希望被热情接待，关注人际关系和谐，目标任务明确，渴望快速解决问题、达成交易，控制欲较强、喜欢发号施令，不能容忍错误	喜欢建立良好人际关系，关注细节，不喜欢冲突，追求被认可、被接纳、受关注、受重视，不够主动、擅长倾听、关心别人，喜欢与人打交道，待人热情	反应快，易冲动，追求快乐，动作多，随意走动，目标不专一，变化快，凡事喜欢参与，不喜欢孤独，擅长制造愉悦氛围
期望	实事求是、希望得到热情接待、受重视、注重细节	有权威感，能主导整个场面，以我为中心，直来直去，不在乎别人的情绪及建议，扮演决策者、冒险家	追求安全感、有足够的时间供自己思考、犹豫不做决定	希望得到认可，充分相信自己
应对策略	准备充分，专业知识讲解准确，拿出充足的证明材料	给足面子，当机立断、速战速决，说话算数、直接回答	给予充足的时间考虑，注意多关注细节处让客户开心	注意关注、陪同、重视、尊重，帮助客户快速做决定，实现自己的想法

3. 客户购车相关信息

（1）个人信息。

汽车销售中，个人信息似乎与购车无关，客户也不愿意回答销售人员关于个人信息的询问，事实上，个人信息对购车有很多帮助，同时个人信息收集得越全，越有助于后续跟进和成交后的跟踪回访。

个人信息主要包括：姓名、家庭住址、电话、使用者、购车用途、兴趣爱好、职业、信息来源、何时购买、决策者等。

（2）现在用车信息。

现在用车信息的收集利于我们了解客户的现状，欢的理由、不喜欢的理由、换车的理由、突出的费用等。

（3）新车信息。

了解客户将要购买的新车信息收集，有助于我们了解客户未来期望目标，与旧车信息对比，找差距，准备定位需求。新车信息包括：计划每年行驶里程、用途、参数选择、表现的特征、对比车型、附加装备、购车时间等。

（4）预算信息。

客户的预算信息能够体现客户的经济实力，此时我们所指预算有两个方面：一是裸车预算、二是新车上路预算（包括保险、上牌、购置税等）。此环节我们还要推荐金融服务，保险、贷款、二手车置换等业务。

4 大类信息收集全面后，要总结确认客户需求，然后推荐车型。如果客户不满意，那么我们则需要重新进入需求分析环节。

四、需求分析技巧

（一）观察法

台湾著名的销售女神张丽玉在《热情》一书中阐述：“想要成功就要善于观察，去看、去听、去想、去学习、去累积。”“当顾客走进展厅中心的几秒钟内，我就可以简单的掌握这个人的背景，并决定以什么方式和他沟通。”这些有力量的话语，充分证明了销售中观察的作用。张丽玉在销售初期为了锻炼自己的观察能力，每日坐公车时，站在门口一两米的地方，仔细留意每个上车的乘客。自己心中盘算，这是一个什么职业、什么年纪、什么性格等类型的人。通过这种方法，长期不懈的努力，使她成为了神奇的销售女神。那么我们需要观察客户的哪些信息呢？图 7-7 所示为一组观察对象。

（a）

（b）

（c）

（d）

图 7-7　一组观察对象

图 7-7（a）中的客户是两个人，我们要观察的内容是：随行人员关系、谁买车、关注指标、

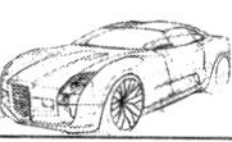

意向车型、决策者和使用者等。

图 7-7（b）中客户是一个人，我们要观察的内容是：肢体语言、着装等。

图 7-7（c）中客户是一家三口，我们要观察的内容是：随行人员关系、孩子、决策人、影响者。

图 7-7（d）中客户是年轻情侣，我们主要观察的内容是：肢体状态和意向车型、职业、兴趣爱好等。

总结起来，我们在观察客户的时候无外乎有肢体语言（身材、眼神、肤色、站坐行特点）、服饰（一定程度反映经济能力、品位、职业、喜好）、饰物（手机、手表、皮包、首饰等）、家庭成员或者随行人员状况（其关系决定对购买需求的影响力）、步行/搭车/开车（首购/换购/增购——品牌、置换、预购车型等信息）。这些初步判断，可能会出现偏差，需要我们在需求分析过程中求证。

（二）提问法

孙晓岐在《赢在品质》一书中说，营销成败的关键之一在于“是否会提问”。由此我们看出良好的提问在销售中的作用和地位。

1. 提问的目的

（1）通过提问可以展开需求会谈，并连续讨论，让彼此弄清楚相关问题。

（2）通过提问可以进行异议处理、核实信息。

（3）通过提问客户进行信息收集，把握客户购车背景和需求重点。

（4）通过提问可以引起客户的关注，尽量保证客户的思路在我们的引导下按规范走下去。

（5）通过提问客户控制和调节谈话节奏。例如，对比较健谈的客户，我们就可以通过提问这种方式对客户所说进行总结提问，然后回到我们销售的轨道上来。

（6）通过提问客户和客户建立和谐的关系。

2. 提问的方式

提问有两种方式：开放式和封闭式。

（1）开放式问题。

开放式问题的答案不是固定的，可以让对方自由发挥。通过开放式问题的提问，我们可以收集客户信息，因此在需求分析环节我们应问更多的开放式问题。

例如，“您喜欢什么颜色的车？”“您打算什么时候购车”等。

开放式问题的特征：5W1H(Why\Who\What\When\Where\How)，具体举例如下。

谁(Who)：谁购买这辆车？

何时(When)：何时需要新车？

什么(What)：购车的主要用途是什么？对什么细节感兴趣？

为什么(Why)：为什么要选购这款汽车？

哪里(Where)：从哪里获得产品信息的？从哪里来？

怎么样(How)：这款汽车怎么样？

（2）封闭式问题。

封闭式问题的答案是固定的，对方只能从某个范围中给出答案。通过封闭式问题的提问，我们可以确认客户信息，得到肯定答案。

例如，“您是不是对我们的车很满意？”“您是不是觉得我们车的加速性很好？”

封闭式问题的特征：回答“是”或“否”。

3. 提问的原则

（1）灵活运用开放式和封闭式问题。

① 开放式问题鼓励顾客表达，多把握顾客信息。

② 封闭式问题确认顾客的想法或意见。

③ 问题的内容由浅入深，循序渐进。

（2）问答结合，避免被客户压迫或被客户主导。

① 避免顾客感到如同“审问”一般，也避免被顾客“审问”，最好的办法就是微笑询问，赞美客户再提问。

② 顾客的回答，需要及时回应。客户表达自己的想法和意见时，销售人员要有回应，然后才能继续提问题。

（3）询问中体现对客户利益的关注。

① 询问中体现顾客导向，为顾客提供有建设性的意见，成为顾客的顾问。

我们的主要任务其实就是帮助客户解决购车问题，因此在提问中我们要适时和客户的原有用车状态做对比，询问客户我们的装备是否改变了您原来不愉悦的用车经历。

② 对潜在顾客的生活方式有所把握，并融合到接下来的交谈中。

客户的个人信息询问后，要应用到需求分析和新车展示环节，得到客户较高的认可度。

（三）倾听法

1. 倾听的重要性

汽车销售中，我们用同理心去听客户表达，就能站在客户角度理解客户心态、把握客户需求、关注客户利益问题。

案例

学会倾听很重要。美国著名主持人林克莱特一天访问一名小朋友，问他：“你长大了想当什么呀？”小朋友天真地回答：“我要当飞机驾驶员！”林克莱特接着问：“如果有一天，你的飞机飞到太平洋上空，所有引擎都熄火了，你会怎么办？”小朋友想了想说：“我先告诉飞机上的人绑好安全带，然后我挂上我的降落伞，先跳下去。”当现场的观众笑得东倒西歪时，林克莱特继续注视着这孩子，没想到，接着孩子的两行热泪夺眶而出，这才使林克莱特发觉这孩子的悲悯之情远非笔墨所能形容。于是林克莱特问他：“为什么要这么做？”小孩子的回答透露出一个孩子的真挚想法：“我要去拿燃料，我还要回来！我还要回来！”主持人与众不同之处，在于他能够让孩子把话说完，并且在现场的观众笑得东倒西歪时，仍保持着倾听者应该具有的一分亲切、一分平和、一分耐心，让林克莱特听到了这名小朋友最善良、最纯真、最清澈的心语。

2. 听和倾听的区别

“听”的繁体字如图 7-8 所示，其本义为“用耳朵、一心一意、双面注视、听者为王”。听和倾听的区别如下所述。

图 7-8 听的本意

听：被动地听。人们会主动去听与自己切身利益有关的信息，有一种是被动地听，被动地听实际上是一种假象。

倾听：主动地听。客户要买车，他需要买什么样的车，有什么样的顾虑，有什么样的要求，他都想告诉销售人员，让销售人员给他参谋。可是他发现你没有仔细听他讲，那个时候他就会心生不满，后果

可想而知。另外，听还要听弦外之音，这样更能洞悉客户的内心想法。

3. 倾听的方法

销售人员在了解客户的需求、认真倾听的过程中还要注意一些方法。

（1）注意与客户的距离。

有的客户很敏感，人与人之间的距离也是很微妙的，那么什么距离客户才会有安全感呢？当一个人的视线能够看到一个完完整整的人，上面能看到头部，下面能看到脚，这个时候这个人感觉到是安全的。心理学里面基本的安全感是出自这个角度。如果与客户谈话时，双方还没有取得信任，马上走得很近，对方会有一种自然的抗拒、抵触心理。在心理学里边曾经有过这样的案例，当一个人对另一个人反感的时候，他连对方身体散发出来的味道都讨厌，当这个人对对方有好感的时候，他觉得对方身体散发出来的味道是香味。所以，当客户觉得不讨厌你的时候，他会很乐于与你沟通。

（2）注意与客户交流的技巧。

① 认同对方的观点。销售人员要认同对方的观点，不管对方是否正确，只要与买车没有什么原则上的冲突，你就没有必要去否定他，你可以说“对，您说的有道理。”同时还要点头、微笑，这样客户才会感觉到你和蔼可亲，能让对方在心理上感觉非常轻松，感觉到你很认同他。

② 善意应用心理学。作为销售人员，掌握心理学是非常重要的。从心理学的角度上讲，两个人要想成为朋友，一个人会把自己心里的秘密告诉另一个人，达到这种熟悉程度需要多少时间呢？权威机构在世界范围内调查的结果是：最少需要一个月。我们与客户之间的关系要想在客户到店里来的短短几十分钟里确立巩固，显然是很不容易的。在这种情况下销售人员要赢得客户，不仅是技巧的问题，还应适当掌握心理学的知识。运用心理学进行销售时，要本着以客户为中心的顾问式销售的原则，对客户的需求进行分析，对客户的购买负责任的态度，本着给客户提供一款适合客户需求的汽车的目的，绝不能运用心理学欺骗客户。

4. 倾听的注意事项

肢体语言方面：

（1）和对方的眼神保持接触；

（2）不可凭自己的喜好选择收听，必须接收全部信息；

（3）提醒自己不可分心，必须专心一致；

（4）点头、微笑、身体前倾、记笔记；

（5）回答或开口说话时，先停顿一下；

（6）以谦虚、宽容、好奇的态度来倾听。

语言方面：

（1）在心里描绘出对方正在说的；

（2）多提问题，以澄清观念；

（3）抓住对方的主要观点是如何论证的；

（4）等你完全了解了对方的重点后，再提出异议；

（5）把对方的意思归纳总结起来，让对方检测正确与否。

图 7-9　SPIN 销售法

（四）SPIN 销售法

SPIN 销售法如图 7-9 所示，SPIN 是由背景问题、难点问题、暗示问题、需求利益问题 4 个单词首字母构成。

1. 背景问题（Situation）

为了解客户目前背景而提出的问题。在销售过程中，通常前几句问话属于背景问题，而此类问题发问的次数越多，成功的可能性越低。

2. 探究问题（Problem）

针对客户可能经历的难点与不满而提出的问题，站在帮助客户的角度询问，深入挖掘客户可能面对的问题和困难。能从为客户解决问题的角度，而非产品的角度，来定义产品和服务，不要局限在强调产品所拥有的特征、功能等细节上。

3. 暗示问题（Implication）

针对客户目前经历的问题、困难与不满，询问其相关后果或影响的问题。主要用于放大客户需求的迫切程度（挖掘痛苦）。这个问题是最难发问的一种，建议事先应该进行策划练习。

4. 需求利益问题（Need，Pay off）

询问解决方案的价值，将需求转化为利益，主要用于解决客户的需求。在销售中多点多面地使用这类问题，它能够降低被拒绝的概率，客户回应比率会高很多。

任务专项实训

实训项目

编写“需求分析”脚本。

实训目的

通过需求分析脚本设计，使学生掌握需求分析流程，学会运用需求分析技巧方法，成功进行客户需求探询。

实训内容

刘先生和刘太太要购买一部车，他们来到了一汽一大众华阳 4S 店。刘先生是大学教授，刘太太是医生。此次购车是刘先生为刘太太选车。刘太太平时喜欢郊游，也常回老家看望父母。二人准备花 20 万元购车。如果看好车型，近期就交款。请你以销售顾问身份对刘先生和刘太太进行需求了解。

实训步骤

◎将学生进行分组，3 人一组，进行需求分析脚本设计。

◎设计好脚本，小组中 3 人各扮演销售顾问和刘先生、刘太太，进行演练模仿。

◎教师课上抽签决定 5 组模拟演练。其他人作为观察员，边看边记录，总结扮演者的优点和不足。

◎学生代表发言评价，教师给予评价总结。

实训评价

◎完成需求分析脚本设计。

任务八 车辆展示

知识目标

1. 了解车辆展示的阶段目标
2. 掌握车辆展示环节要点
3. 把握车辆展示技巧

能力目标

1. 能够充分利用展示技巧引导客户
2. 能够结合客户利益进行车辆展示

任务导入

销售顾问小王对刘先生进行了需求分析，之后为客户推荐了合适的车型，并为客户提供购车解决方案。接下来请你以小王的身份，结合客户需求、体现客户利益，运用六方位绕车法，来引领客户进行车辆展示。

客户刘先生准备购买一款奥迪车，公私兼用。刘先生为私企老板，年龄 45 岁，平时喜欢喝茶、打球，有一双儿女，妻子偶尔也会开这款车，一家人也经常外出郊游，购车预算 30 万元，可以考虑贷款。销售顾问小王接待了刘先生，并了解了客户需求，现在带客户去看车。

分析：

要想成功引领客户看车，而且看车后能够顺利过渡到试乘试驾，除了要求销售顾问掌握产品知识外，还需要掌握车辆展示的方法和技巧等。

课程导航

1. 车辆展示的阶段目标
2. 车辆展示方法
3. 车辆展示的异议处理
4. 车辆展示技巧

知识解读

车辆展示环节可以说是“真实一刻”，原因是客户之前只听销售顾问说车如何之好，如何适合购买者，但是客户没有亲眼所见，可能会半信半疑。因此，我们要让客户亲自看车，引导客户进行互动操作，让客户真正感受车的品质。

根据人的认识规律，一般人的大脑对看到的景象要比听到的情景描述印象深刻，保留时间长久。因此，我们要引导客户进行车辆展示，特别是让客户充分感觉到销售顾问不仅能够了解客户所想，还要让客户体会到，结合自己需求，确实能够展示出某款车型或者某品牌车带来的利益，从而达到新车展示的目的。

一、车辆展示的阶段目标

车辆展示环节首先我们要明确规范和执行标准，了解客户期望，了解车辆展示环节我们的工作要点，这样才能有效达到阶段目标。

（一）车辆展示规范和执行标准

1. 车辆展示规范

① 要方便客户的参观与操作。

② 要注意车辆的颜色搭配。

③ 注意车辆型号的搭配。

④ 要注意车辆摆放的角度。

⑤ 要有一辆重点推出的车。

2. 车辆展示执行标准

（1）按规定摆放车辆的型录架。

型录架的摆放要协调一致。型录架要按照规定，统一放在车的前、后、左、右其中一个位置，不要随意摆放。

（2）展车的卫生情况。

把前面引擎盖打开以后，凡是视线范围内的位置都不允许有灰尘。车的前脸，包括排气管，也不允许有灰尘，这些都是可能被忽视的地方。有的客户喜欢看底盘高低，那时就能够看到排气管。

（3）细节标准。

① 导水槽。轮胎上的导水槽里要保持清洁，因为车是从外面开到展厅里面来的，难免会在导水槽里面卡住一些石子等东西，应清洗干净。

② 座位的距离。前排的座位应调整到适当的距离，而且前排两个座位从侧面看位置必须是一致，不能一个前一个后；靠背的倾斜角度要一致，不能一个靠背倾斜的角度大，一个靠背倾斜的角度小；座位与方向盘也要有一个适当的距离，以方便客户的进出。

③ 新车的塑料套。新车在出厂时，方向盘、倒车镜、遮阳板等都是用塑料袋套起来的，应将塑料袋拿掉，将汽车各部分展示给客户。

④ 后视镜。后视镜必须调整好，坐在里边很自然地就能看到两边和后面。

⑤ 方向盘。要把方向盘调到最高，如果方向盘太低，客户坐进去后会感觉局促，从而会认为这辆车的空间太小。

⑥ 仪表盘上面的石英钟。注意将仪表盘上面的石英钟按北京时间对准。

⑦ 空调的出风口。要试一下空调的出风口，保证空调打开后有风。

⑧ 汽车上的开关。必须要把开关放到中间的位置即处于关闭状态。

⑨ 收音机。一般收音机都应调出五六个频道，同时必须要保证有一个当地的交通频道和一个当地的文艺频道，这是一个严格的考核指标。

⑩ 左右声道。汽车门上面的喇叭分为左边和右边，喇叭的音响是可以调整的，两边的声道应调成平衡，这个是必须要检查的。

⑪ 音量。音量的设定要适当，然后配一些光盘，在专门的地方保管。当客户要试音响的时候，最好选择能体现音响音质的光盘。

⑫ 安全带。特别注意，后排座的安全带必须折好后用一个橡皮筋扎起来，塞到后座和座位中间的缝儿里，留一半在外面。这些都是给客户一个信号，这家汽车公司是一个管理规范的汽车公司，是一个值得信赖的公司。

⑬ 脚垫。一般展车里面都会放脚垫，4S 店都会事先制作好印有自己品牌标志的脚垫，摆放的时候应注意标志的方向。同时要注意脚垫脏了要及时更换。

⑭ 后备箱。展示车的后备箱打开以后不应有太多物品，要合理安排里面物品的位置，同时注意各物品要端正摆放，警示牌应放在后备箱的正中间。

⑮ 电瓶。展车放置时间长了以后电瓶会亏电，所以必须要保证电瓶有电。

⑯ 轮胎美容。可将轮胎喷亮，并在其下面加垫板。很多专业的汽车公司都把自己专营汽车的标志印在垫板上，这样会给客户一个整体的良好的感觉。

（二）车辆展示环节客户期望

（1）销售顾问能够清晰说明产品的功能配置以及与竞争产品的差异，并能够按照我的需求展示产品。

（2）销售顾问借助一切可能的辅助工具向我展示车辆，提高车辆讲解的直观性与体验感。

（3）销售顾问展示他的专业技能，给我带来对经销商和品牌的信赖感。

在车辆展示环节，充分展示销售顾问价值、产品价值、品牌价值、经销商价值及厂家价值，给我以安全、信赖感。

（三）车辆展示环节的工作要点

1. 突出客户重点需求，并为客户建立价值

需求分析环节我们了解到客户的需求重点，此环节则要突出客户的需求重点，要让客户看到。例如，客户关注的重点是安全，那么看车环节中我们就要给客户讲和看安全的装备，讲的方法和传递经销商及厂家理念的过程就是在客户心理建立价值的过程，让客户信任产品、信任厂家、信任经销商服务、信任销售顾问。

2. 准确把握任务方向

车辆展示环节的任务就是结合需求看车，不要面面俱到。

3. 使用 QFABQ 方法描述客户利益

为客户创设场景，让客户亲身感受情景，结合需求引导客户体验某种装备的使用情况。从而突出产品给客户带来的利益。

4. 引导顾客互动和参与

和客户互动包括语言和肢体语言的互动。参与是调动客户各种感官，感受产品。

5. 妥善处理顾客的问题和异议

车辆展示环节客户的异议多为真正异议，我们要合理正确解决，才能建立产品和销售人员等方面的价值，化解客户的疑虑。

（四）车辆展示环节阶段目标

（1）通过丰富和专业的产品以及竞品知识，对顾客的需求特点进行个性化的车辆展示，赢得顾客的信任，激发顾客体验的热情。

（2）明确顾客的需求，通过产品展示和异议处理来解决顾客的相关问题和困惑，以进一步赢得顾客对产品的认同。

（3）通过展示，印证我们的产品能最大限度地满足客户需求，增强客户的购买信心。

二、车辆展示方法

（一）车辆展示任务流程

客户对车辆展示态度不一样，有的同意销售顾问引导，有的则看过或者不想看直接想去试乘试驾，理论上只有经历了“听—看—体验”才能真正感受车的品质，销售顾问要尽量灵活处理。具体处理流程如图 8-1 所示。

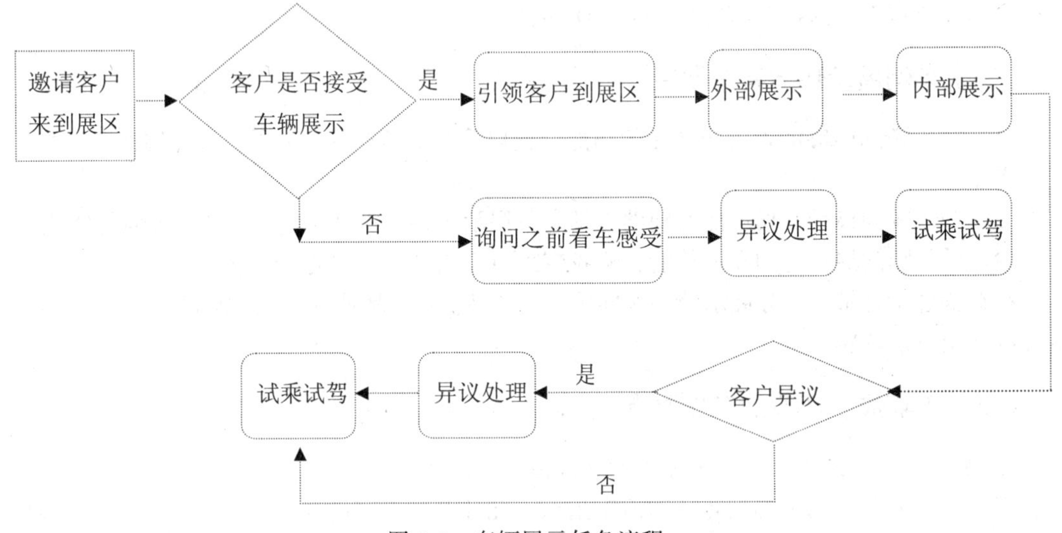

图 8-1　车辆展示任务流程

（二）车辆展示方法

经过需求分析后，顾客一定会迫不及待地想要看到实车，亲自感受实车。这一阶段尽管是静态展示，但是销售顾问向顾客全方位的介绍展车，或者通过顾客感兴趣的方面进入到实车展示，更能激起顾客的兴趣。

1. 车辆展示的方法及要点

车辆展示的方法主要是六方位绕车法，不同品牌六方位绕车稍有细微差别。例如，同是大众品牌，一汽—大众奥迪的绕车方法就是六方位：正前方、侧方、侧后方、后方、后排、驾驶舱；而一汽—大众大众品牌则为“6+1”方位展示：左前 45°、前方、侧方、后部、后排、驾驶舱及发动机舱。下面以全新高尔夫为例，来介绍“6 + 1”方位展示（见图 8-2）和展示要点（见表 8-1）。

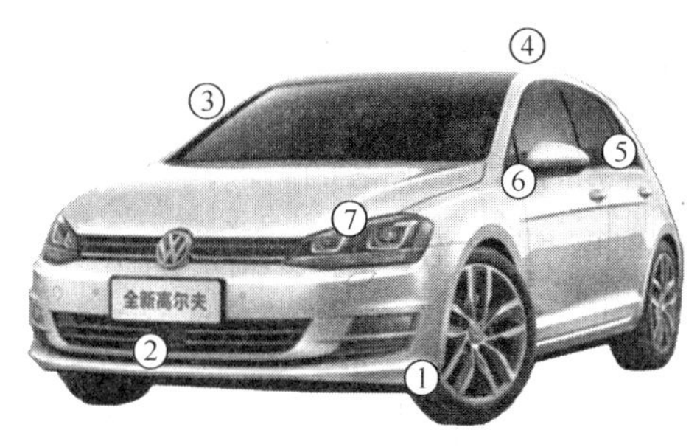

图 8-2　车辆展示方位

表 8-1　　车辆方位展示要点

方位号	方位	展示要点（以高尔夫为例）
1	左前方	德国大众最新设计理念 高尔夫车型品牌历史 誉满全球
2	正前方	硬朗凌厉的前端设计 以突出大众 Logo 为中心
3	右前方	简洁动感的侧面设计 轻质高强度悬架 轿跑车专用的 XDS 电子差速锁 ACC2.0 自适应定速巡航 59 项主动安全、30 项被动安全 20 项功能的 ESP 电子稳定程序 变截面超高强度 B 柱 正旋激光焊接
4	正后方	宽大稳重的尾部设计 方便使用的后备箱
5	后排	可再生资源和可回收材料
6	驾驶舱	KESSY 无钥匙进入 以驾驶员为中心的内部设计 内饰颜色丰富，材料考究 33 处储物空间 大众集团第一款全天候透明天窗系统 接近感应式信息娱乐系统 荣获“黄天使”奖的 MKB 多次碰撞系统 预测并显示行驶轨迹的 360° OPS 模拟可视驻车系统 EPB　ATUO　Hold 24 项静音科技
7	发动机舱	小排量、大动力、高效节油的 1.4TSI 技术领先于同级别车的 1.6MPI

2. 车辆展示要求

（1）从推荐车型开始，采用“6+1”绕车法进行车辆展示。

（2）在车辆展示时，使用FAB方法突出对于顾客的好处。可根据顾客的背景，结合顾客日常生活，介绍配置的日常使用和好处，寻求与顾客产生共鸣。

（3）介绍过程中，引导顾客提问，考虑顾客的需求，为顾客说明不同配置和型号的差别。

（4）在讲解内饰时，邀请顾客坐到驾驶座，采取半蹲式介绍座椅和方向盘，在征得顾客同意后，坐到副驾驶位置上。

（5）动态功能展示起来有点难度，根据经销商状况，如果给销售顾问配备了平板电脑，则可以使用平板电脑向顾客进行说明和介绍，必要时提供相关资料；如果没有配备相关工具，则在试乘试驾环境展示。

3. 车辆展示注意事项

（1）六方位绕车进行车辆展示是一种全面的车辆介绍方法，适用于对车辆不熟悉的客户，如果客户对车型比较了解，就可以尊重客户意愿，从客户感兴趣的地方入手进行重点介绍。

（2）展示车辆时动作规范专业，切勿单指指示，应五指并拢。

（3）具备良好的车辆知识以及专业技能，并用通俗易懂的语言与顾客进行交流。

（4）在车辆展示时，可主动邀请顾客进行亲自体验。

（5）如果顾客表示对车辆已经充分了解，无需车辆展示，询问顾客的看车经历和感受，回答顾客的异议，不强迫客户进行车辆展示。

三、车辆展示的异议处理

（一）正确认识异议

在车辆展示环节，客户提出的问题，称为异议。对于客户而言，只有关注了、想买了才会有想法，所以我们欢迎异议，而且还要正视异议。

1. 异议的几种情况

异议有借口、误解、本能和真正的异议。有很多时候客户不想买车了，就会找各种借口推脱，如我回家再商量商量。误解现象是指汽车招回，汽车招回是主动的，是本着对客户负责任的态度出发的，本着提高产品质量的角度出发的，这是件好事情，但是客户往往会误解。再有嫌货才是买货人，这是购买中的一种客户本能。还有一种情况，就是客户真的对产品有疑虑。不管是哪种情况，只要我们能正确处理，解决好客户异议，还是非常有助于销售成功的。

2. 异议是“客户扩大自身利益”的工具

客户会提出各类问题来为自己赢得利益，利益越多，花的钱越少，客户就会觉得物超所值，满意度就会高。例如，有的客户提出“别的店思铂睿给我便宜5000元，你能给我便宜多少？”这是价格异议。

3. 异议不是“红灯”而是“路标”

客户有异议，证明客户想买，给我们指明了销售的道路方向，告诉我们，只要处理好异议，成交就会属于我们。

（二）异议处理的原则

1. 重视和关心

我们正确认识了异议，对待客户提出的问题，就要给予充分的重视和关心，第一时间对客户的问题做出反应并关注，让客户感觉被重视。

2. 尊重和谅解

客户总觉得自己很有道理，有时候可能会出现蛮不讲理的情况，但是我们作为销售人员，要能够换位思考，理解客户的想法和做法，态度要始终保持友善让客户觉得自己的行为不是很礼貌。

3. 耐心与克制

客户类型不同，对异议的表现不一样，特别是和蔼型客户，对待异议抱怨不一定会升级，但是会长时间纠缠销售顾问，面对这种情况 ，应该对客户耐心，不能发火。

（三）异议处理思路方法

异议处理的方法如图 8-3 所示。

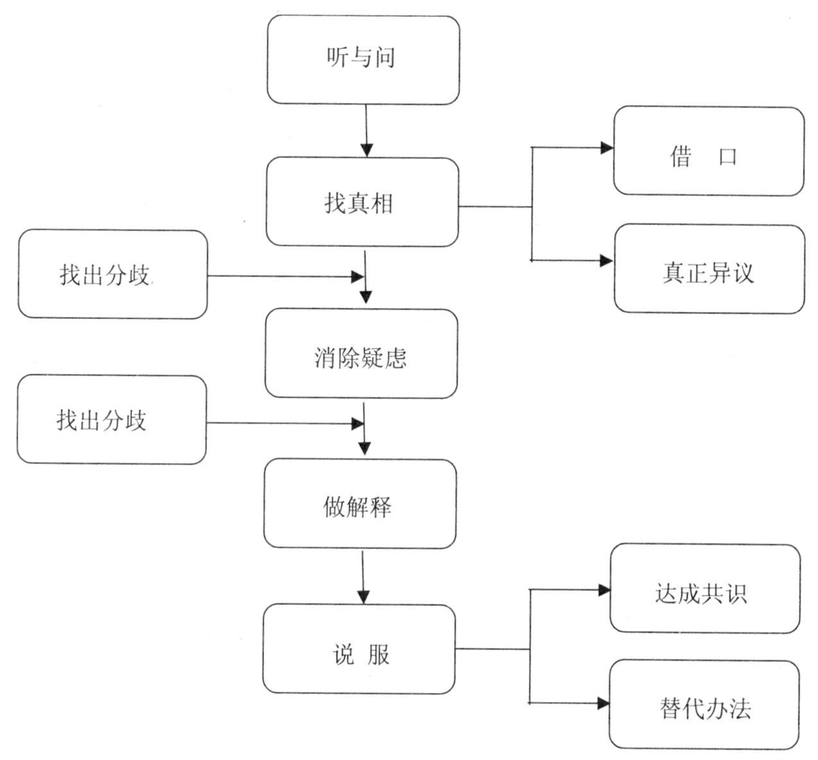

图 8-3　异议处理方法

四、车辆展示技巧

车辆展示顺应客户的需求，能够创造意料之外的喜悦，我们应该想办法让客户从关注、感兴趣中情不自禁地进入看车状态，在产生强烈的购买欲望中结束，从而让客户久久难忘所看到和感受到的车的某个部分、某个装备及某款车型，急切地要亲自驾驶感受。要想达到这样的效果就需要我们在车辆展示中大量应用技巧，和客户进行有效沟通。

1. FAB 技巧

FAB 是用来展示产品，为客户创造价值的工具。

（1）F（Feature）——特征。

特征：能够说明产品的数据、事实、原理、参数及专业术语等。

特征的意义：说明产品的属性与技术含量。对于信息参数及专业术语，要结合顾客理解能力予以针对化解释，做到专业术语通俗化。

关于特征，由于汽车购买具有引导性，很多客户不懂车，销售人员如果只讲原理，客户不一定能理解。

（2）A（Advantage）——优势。

优势：数据、事实或者原理是如何为客户带来帮助的。

优势的意义：帮助客户理解特征的作用，也就是产品具有的特征能产生什么好处，以及优越的地方。

（3）B（Benefit）——利益。

利益：产品的优点为现实客户带来的实际帮助。

利益的意义：为客户创造身临其境的消费感受。通过描述场景，把我们产品的使用机理讲给客户听，让他切实体会到这个装备的实际优势。

FAB就是引导客户利益。产品的作用是产品本身所固有的，无论谁购买这个产品，产品的作用都是固定不变的；但益处却是特定的，不同的人购买所获得的益处是不一样的。销售顾问需要根据客户的特定需求，来展示产品相对应的益处，从而增强销售顾问的专业性及可信赖度。

2. CPR技巧

CPR是指处理顾客异议的技巧，为客户提升价值。

（1）C（Clarify）——澄清。

客户异议处理方法中说，首先应该听和问，即澄清，那么运用什么样的技巧澄清可以让客户愿意和比较容易接受呢?

首先，通过开放式问题进一步澄清顾客的异议。可以问2～3个和异议有关的问题，如异议的来源，异议产生的原因等。

其次，销售人员要积极倾听，确保能准确理解顾客的异议。这里的积极倾听要保证和客户情绪同步，让客户感觉倍受关注。

（2）P（Paraphrase）——转述。

销售顾问转述异议，帮助顾客重新评估、调整和确认他们的担忧，保证能够正确理解客户异议。另外，转述的过程就是给自己留时间思考如何处理，让自己有机会把顾客的异议转化为更容易应对的表述形式。

（3）R（Resolve）——解决。

“澄清”和“转述”获得的时间和附加信息有助于销售顾问充分准备，并用恰当方式予以解答；换位思考，理解并认同顾客的担忧或感受，需要致歉的时候必须代表公司道歉，同时给出合适的解决方案。

3. ACE技巧

ACE是指比较竞品的技巧，为顾客体现价值。

（1）A（Acknowledge）——认可。

客户购车存在比对，包括价格、品牌、款式、性能等方面，有时候是不同品牌对比，有时候是同一品牌不同车型对比、同一品牌不同经销商对比。不管哪种状况都称之为竞品车型。如客户来到奔驰店说“我觉得宝马品牌挺好”。面对这种状况我们就要先认可，认可顾客的判断或观点，承认竞品的某些优点。我们可以回答“嗯，您很有眼光，宝马德系车，也是豪华品牌”，我们先不探讨客户为什么这么说，通过认可让客户在心理上能够接受我们的品牌或我这个人，为后续观点上的接受做好铺垫。

（2）C（Compare）——比较。

承接“认可”我们进行竞品比较，主要围绕以下方面进行：车辆本身（配置、参数、评分、

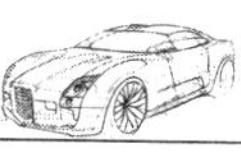

残值等)、厂家(声誉、历史及支持等)、经销商(声誉、经营年数、服务项目、营业时间等)、相关服务特点(质保、服务便利、俱乐部等)。通过具体的事实或者数据来说服客户，有时候客户心里确实接受了，但为了争取更大的利益而矢口否认，此时我们要学会察言观色。

(3)E(Evaluate)——提升。

通过"认可—比较"过渡到"提升"，强调本品牌与竞争对手比较的优势，以及这些优势如何更适合顾客所述的希望或需求，明确本品牌在竞品比较中的优势地位。

4. 调动感官技巧

车辆展示过程中除了异议处理及展示客户利益的技巧运用外,还有吸引客户兴奋度的技巧，即感官调动。

人的感官有味觉、视觉、听觉、嗅觉、触觉。在汽车销售中除了味觉外其他感官都可以充分应用。

视觉：看车的外形、车的颜色、车的线条、车的灯光系统等。

听觉：听开关门的声音、听发动机的声音、听音响效果等。

嗅觉：闻一闻车内的气味、真皮的味道等。

触觉：摸一摸方向盘、真皮座椅、换挡杆、门把手等。

在引导客户参与的时候记得要确认客户的感受，目的是得到客户的认可，为后续谈价和促成交易增添砝码。具体做法是看、听、闻、摸的感受是什么，要告诉客户，然后再让客户感受，接下来要询问客户"是不是"体会到了。

充分运用感官，调动客户积极性，让客户在不知不觉中结束看车环节。

5. 增加感染力技巧

我们是在了解客户需求状况下，引导客户看车，展示客户利益，因此我们要增加感染力，防止客户只听你说，盲目参与，我们的引导可以有方向感，运用肢体语言来感染客户。

眼神：始终微笑与客户交流。

手势：每过渡到下一个方位的时候，我们都要有专业的符合商务礼仪的引领手势。另外就是对客户关注的装备，用符合商务礼仪的手势所指，增强其关注度和强化客户利益，为后续成交做铺垫。

任务专项实训

实训项目

汽车销售车辆展示。

实训目的

通过话术设计进行车辆展示，使学生掌握车辆展示任务流程，学会运用车辆展示方法和技巧，同时学会解决客户异议，成功进行车辆展示。

实训内容

销售顾问王晓针对客户刘先生进行了需求了解，确定客户对安全性、舒适性有要求，重点关注导航、天窗、后备箱容积、发动机等装备，现在要求你以王晓的身份，带领客户看车，运用 FAB 法及车辆展示技巧，突出客户需求利益，进行车辆展示。

☞实训步骤

◎将学生进行分组，3人一组，进行车辆展示脚本设计。

◎设计好脚本，小组中3人各扮演销售顾问和刘先生、刘太太，进行演练模仿。

◎教师课上抽签决定5组模拟演练，其他人作为观察员，边看边记录，总结扮演者的优点和不足。

◎学生代表发言评价，教师给予评价总结。

☞实训评价

◎完成车辆展示脚本设计（重点关注方位及方位展示要点中技巧的运用）。

◎完成六方位绕车的视频拍摄。

任务九

试乘试驾

知识目标

1. 了解试乘试驾的准备
2. 掌握试乘试驾流程
3. 把握试乘试驾技巧

能力目标

1. 能够充分利用展示技巧引导客户不断印证对车辆的需求
2. 能够成功导向具体的汽车销售活动

任务导入

假设销售顾问对客户进行了需求分析和车辆展示，在客户愿意试乘试驾的条件下，请你以试驾专员的身份，带领客户试乘试驾。

销售顾问张鹏带领刘先生看过车，重点向客户展示能体现安全性和舒适性的相关装备，也向客户展示了天窗、导航、发动机等领先技术，现在客户刘先生准备在试驾专员的带领下进行试乘试驾。

分析：

上述材料中在了解了需求和车辆展示后进行试乘试驾，想要使客户的重点需求得到强化，印证我们的车能满足客户需求利益，那么还需要我们做好试乘试驾准备，掌握试乘试驾路线，学会试乘试驾技巧等。

课程导航

1. 试乘试驾的阶段目标
2. 试乘试驾的准备
3. 试乘试驾的流程
4. 试乘试驾技巧

知识解读

客户通过试乘试驾能体验到所选车型带来的真实感受，这对于成交有着至关重要的作用。因此经销商应主动提供试乘试驾，让客户亲自感受，提高销售成功率。

有的销售人员介绍说："我们在向客户进行介绍的时候，一般都会向客户发出试乘试驾的邀请，当客户同意后，会试驾一段路程，之后我们会问顾客的感觉如何"。客户可能回答一般、很好，或者不怎么样。有的销售人员介绍说："我们试乘试驾活动结束之后，感觉顾客的兴趣好像没有得到多大提高，对我们的销售业绩也没有多大的帮助。这可能是其中有什么环节出现了错误"。这些问题在汽车销售的过程中是普遍存在的。

分析出现上述问题的原因，试乘试驾前是否做好准备，试乘试驾中是不是按固有的流程和规范去做的，有没有印证和强化客户的需求利益问题。

一、试乘试驾的阶段目标

（一）试乘试驾的重要性

1. 从客户角度看

某咨询公司曾经对客户购买行为调查，客户在购买过程中通过试乘试驾获得购车信息的占全部消费者的 65.4%，可以说很大一部分客户将试乘试驾作为最重要的购车信息渠道；另有83.8%的消费者对试乘试驾持肯定、认可态度。通过试乘试驾印证客户需求利益，可以提升客户满意度。

2. 从经销商角度看

经销商提供试乘试驾，更好地宣传经销商的产品和服务，在客户心里建立产品价值和经销商价值；通过提供试乘试驾增加集客量，促进、提高和获得新车销售机会。

（二）试乘试驾环节客户的期望

我们只有了解客户的心理预期，才能想办法达到我们的阶段目标。在试乘试驾环节客户的期望主要表现在如下几个方面。

（1）试乘试驾的办理过程顺畅高效，没有因为书面手续或车辆准备而耽搁。

客户时间宝贵，很多时候客户没想到要试乘试驾，是我们主动邀约或者主动引导。如果我们试乘试驾办理过程缓慢低效，就有可能导致客户不满或者抱怨。因此，我们要尽量高效、快速地做好试乘试驾准备。

（2）经销店提供不同选择的试驾路线、路况、时间、邀请家人等，满足客户个性化的试驾服务和体验要求。

由于客户的需求不同，经销商应该准备两条或者两条以上试乘试驾路线供客户选择，通常会根据客户的需求来推荐路线、路况，目的是能更好地增强客户的性能体验；有些经销商的位置在城市里比较繁华的地段，因此试乘试驾时间的选择要尽量避开上下班高峰时段，以便让客户更明显的体验加速性能等类似的感受；购车对于大多数人来说是一件大事，所以看车时候会有多个人参与，因此我们要主动邀约家人试乘试驾，帮助购买者出谋划策，从而提高销售后的满意度。

（3）通过试乘试驾，验证产品的实际表现与车辆展示及宣传中描述的一样，满足客户的需求。通过试乘试驾，客户真正感受到该车就是我想要的，增强客户的购买欲望。

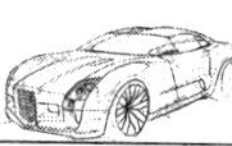

（三）试乘试驾环节的阶段目标

（1）让顾客在真实道路状况下进行试乘试驾，利于消除顾客的疑虑，促进其购买的信心，同时也有助于提升顾客的满意度。

（2）通过试乘试驾充分调动顾客对于新车的感官接触，利于培养顾客对品牌和新车的感情。

（3）通过提供与顾客需求相匹配的试乘试驾服务，更深入地介绍展品特点，让顾客感到对需求的满足。

（4）通过实际试乘试驾，促使顾客产生拥有的感觉，从而激发顾客购买欲望，导向具体的销售活动。

二、试乘试驾的准备

1. 试乘试驾方案的准备

由于客户需求不同，试乘试驾体验的重点也不一样，为了使客户的重点需求通过驾乘感受来得以强化，我们要和试驾专员沟通好客户需求重点，从而准备相应的试驾方案。目前，汽车销售更多的推崇销售顾问来带领客户试乘试驾，这样能更好地把握客户想要的需求利益，在试乘试驾中完美体验强化。

2. 试乘试驾车辆准备

准备试乘试驾车辆，保证车辆外部整洁，内部清洁无异味；保持车内音响适度，准备 CD（3 张不同风格的 CD ）预先放在试乘试驾车内，试乘试驾时可以供顾客选择；确保车内空调适宜（一般温度为 25℃）；准备瓶装水；保证燃油充足（半箱油以上）；确保车况完好。整备完毕后，将试驾车停在展厅门口，下车等待顾客。

3. 时间的准备

根据客户时间而定，如果客户没有要求，那么我们就按合适的时间，如避开上班高峰期，夏季天气比较炎热的时段，如果客户只有这个时段有时间，则要调节好空调温度，保证客户的舒适度。

4. 客户驾驶资格的确认

需要向客户求证是否带驾照，还有询问客户是否有两年以上真实驾龄，以保证试驾的安全，否则，建议客户试乘或者再约时间试驾。

5. 签订试乘试驾协议

向顾客解释试乘试驾协议内容以及签署试乘试驾协议的必要性，然后将驾照复印或者拍照并签署协议。文件的准备和签署要迅速，避免顾客等待。

三、试乘试驾的流程

为了达到试乘试驾的目的和阶段目标，试乘试驾要按照一定的流程和规范去做。试乘试驾流程如图 9-1 所示。

1. 邀请客户

车辆展示结束后我们可以主动邀约客户试乘试驾，也可以主动电话邀约客户到店试乘试驾，寻找销售机会。

2. 准备工作

试乘试驾的准备内容我们在前面已经阐述过。

3. 迎接客户

客户到店我们按照接待礼仪迎接客户，引导客户落座，提供3种以上饮品，复印驾照签订协议。

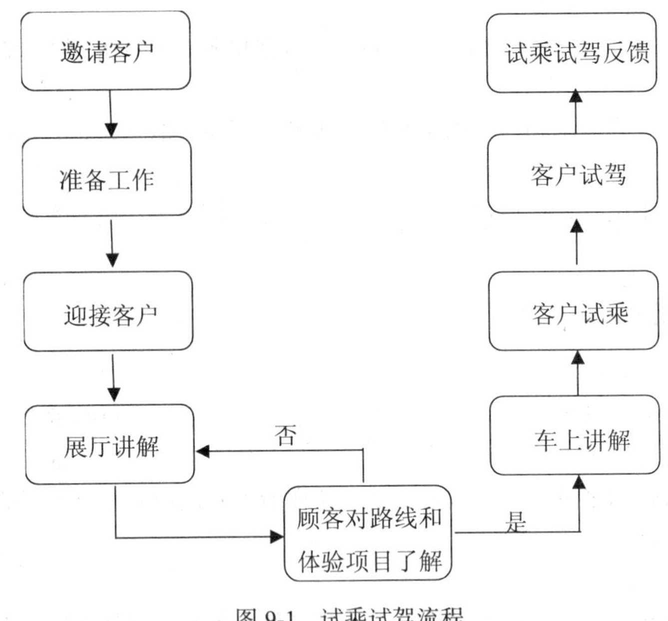

图 9-1 试乘试驾流程

4. 展厅讲解

向顾客介绍试乘试驾路线以及所需要的时间，介绍每条路线的体验点，给顾客一个推荐建议，并询问顾客的选择。之后讲解具体路线长度、试驾时间、每一路段的体验重点以及注意事项等信息。

5. 客户对路线和项目的了解

客户完全了解试乘试驾路线后，引导客户上车。如果不了解的，需重新讲解。

6. 车上讲解

陪同顾客到试驾车前，主动向顾客介绍试乘试驾专员，将路线选择和客户重点体验点告知试驾专员。邀请顾客进入主驾驶位置，采取半蹲式在车外讲解车辆的基本操作。重点介绍包括多功能仪表、座椅、内外后视镜以及多功能方向盘等的调节，同时对顾客感兴趣的设备有针对性的介绍。

7. 客户试乘

邀请顾客进入副驾驶位，提醒前、后排顾客系好安全带，保证顾客安全，必要时协助顾客系好安全带。重点体验原地起步加速、直线加速、紧急制动、连续转弯、环路通过，对顾客感兴趣的功能重点展示。需要注意的是在每次不同体验项目前向顾客简单介绍接下来的体验重点，在急加速或者急转弯等体验项目前，提醒前后排顾客系好安全带，扶稳座椅。结束后询问顾客感受，并寻求认同，回答顾客的疑问。

8. 客户试驾

试乘结束后在指定的安全地点停车熄火，取下钥匙，邀请顾客进入到驾驶室，然后把钥匙交与顾客，提醒顾客调节座椅、后视镜以及方向盘等到舒适的位置，提醒前、后排顾客系好安全带，必要时协助顾客系好安全带。在每个试驾路段告知顾客体验的重点，适时赞美顾客的驾

驶技术，寻求顾客的认同。

9. 试乘试驾反馈

陪同顾客到洽谈区，试驾专员停放整理试驾车。询问顾客是否需要饮品，并按顾客的喜好提供饮品，与顾客交谈，了解顾客试乘试驾的感受。引导顾客做出正面评价，填写《试乘试驾意见反馈表》，记录顾客的试乘试驾反馈。结合顾客的感受进一步介绍车辆性能，同时回答顾客的异议，了解顾客对车辆的认可程度。

四、试乘试驾技巧

（一）建立客户价值技巧

试乘试驾很重要，它可以为客户建立价值，得到客户对产品和经销商等方面的认可，促进销售成功。那么如何建立价值呢？以客户体验直线路段为例，介绍运用 FAB 话术的方法，具体如表 9-1 所示。

表 9-1　　试乘试驾中 FAB 话术使用

路段	体验项目	建立价值		
		F	A	B
直线路段	制动性保持	本车采用浮动式制动钳以及多连杆的悬架系统	能保证左右轮的刹车片和制动盘间隙始终一样，同时稳定的多连杆悬架系统保证车辆大力制动时底盘系统不会剧烈变形	所以制动时车辆不跑偏，保证车辆的稳定性，提高了行驶安全性
		本车采用 EBD，也就是电子制动力分配系统	能够在刹车时自动计算所需要的刹车力	
	ABS 效能	ABS 也叫作防抱死制动系统	车辆紧急制动时，ABS 会采用点刹的形式来防止车轮抱死，使得车辆在制动时仍然处在可控的状态下	在车辆发生危险的瞬间，保证车辆的安全性

（二）寻求认同技巧

试乘试驾过程中我们会在每个路段告知顾客体验的重点，寻求顾客的认同，建立价值。如何寻求客户认同？前面需求分析环节我们讲过提问技巧的运用，提问有两种形式，其中封闭式问题的作用是得到客户肯定的回答。所以这里我们就要引导客户进行封闭式问题的肯定回答，从而赢得客户认同，建立价值后，为谈判成交做价值应对准备。具体做法用话术来体现：

销售顾问："王先生您看，前方我们就要进入笔直的直线路段，我们来体验车的瞬间加速性能。我们的车 0 ~ 100 公里加速时间为 9 秒，加速后您会感觉到有明显的推背感。接下来保持安全状态您感受一下。"

销售顾问："王先生您刚才感受了车瞬间加速性，您看我们的车提速是不是很快，而且还有明显的推背感？"

分析客户的心理，还要看销售顾问的询问，如果销售顾问该问"王先生您看我们的车瞬间加速性怎么样？"客户的回答可能就会是"还行"，这样就起不到认同感。所以在每一个路段，要让客户感受什么，应该结合客户需求进行提前告知，并告知可能会有哪些感受，接下来让客户体验，体验后进行封闭式问题验证，从而得到肯定答案，进一步印证客户需求得到满足。

（三）营造氛围技巧

在试乘试驾过程中，为了营造良好氛围，销售顾问应适时应用赞美技巧、展现亲和力技巧，符合商务礼仪/手势的合理运用等。

任务专项实训

☞实训项目

试乘试驾。

☞实训目的

通过试乘试驾，使学生掌握试乘试驾流程及要点，学会运用试乘试驾技巧，完成试乘试驾。

☞实训内容

销售顾问王晓在车辆展示环节向客户展示了安全性、舒适性等技术装备，如 ESP、防炫目后视镜、后视影像系统、紧急制动性能、预碰撞系统、自适应系统、无钥匙进入、一键启动、座椅的人体工程学设计、方向盘的 12 项可调节功能等。请根据客户需求重点，运用试乘试驾技巧，陪同客户试乘试驾。

☞实训步骤

◎将学生进行分组，5 人一组，结合客户需求进行需求重点体验话术设计（FAB 话术）。

◎不同路段展示技巧应用，寻求客户认同感话术设计。

◎套用试乘试驾流程，应用 FAB 话术和寻求客户认同感话术，进行完整的流程脚本完善。

◎每组 5 人中，一位扮演试驾专员、一位扮演客户、一位扮演销售顾问，营造良好氛围进行模拟演练，另外两人作为观察员，记录扮演者的优点和不足，轮换进行角色扮演，直到每位成员都练到。

☞实训评价

◎小组内评价。

◎完成试乘试驾过程视频拍摄。

任务十 谈判成交

知识目标

1. 了解谈判成交信号
2. 掌握谈判成交要点
3. 学会价格谈判技巧

能力目标

1. 能够识别成交信号，进行谈判成交的推动
2. 能够运用价格谈判技巧，促成交易成功

任务导入

试乘试驾结束后，请根据客户状态和成交信号的把握灵活处理谈判成交环节客户的问题，促成交易。

销售顾问张鹏对刘先生的需求已经了解过，也引导其看过车并完成了试乘试驾，回到展厅，张先生依然频频回头看试驾车，之后又自己到展厅外车里坐了一会儿，返回展厅后向销售顾问又询问了售后服务等事情。如果你是销售顾问张鹏，你应该如何推进销售，依据是什么？最终你要达到什么目的？

分析：

上述材料中我们看到刘先生对车很感兴趣，那么要想促成交易，销售顾问应该根据客户的状态、表情、语言及客户关注的问题初步判断客户成交的心理，以便在恰当的时间抓住成交的机会，促进销售成功。

课程导航

1. 谈判成交的阶段目标
2. 谈判成交条件
3. 报价前的准备
4. 谈判成交环节的异议处理
5. 谈判成交方法与技巧

知识解读

有的销售人员说，“在我从事汽车销售工作这几年来，经常遇到这种问题，就是在处理一些客户的咨询、产品介绍、试乘试驾以后，等到交定金之前，我感觉很轻松，但有时候还是怕出现一些其他的问题，心情比较复杂。”

有的销售人员说，“一般到了最后这个关键环节的时候，总是很紧张。有时候甚至因为经验不足，不知道该怎么办。这种时候我希望客户最好能够自己表态，把这件事儿说出来比较好一点。”

上述状况，都是在谈判成交环节不应该有的现象，那么如何处理会更好，经过本任务的学习，大家就会找到答案。

一、谈判成交的阶段目标

（一）谈判成交环节客户的期望

在此环节客户更多的会关注价格、价值的相关事宜，无论销售顾问做什么，客户都会在意，并有以下心理预期。

（1）客户期望专业、坦率和诚实的销售顾问为我提供服务，满足我的需求。

特别是和蔼型客户和表达型客户对这方面的期望会更高。

（2）洽谈过程中，销售顾问能给出所有必要的信息以便我能做出明智的决定。

此过程销售顾问应该和客户站在同一立场，让客户觉得你是为他着想，给出符合客户需求的建议，当然这要源于把握好客户的需求。

（3）我的购买价格不能高于其他客户的购买价格，而且要清楚透明地了解（包括所需额外配置价格在内）最终价格是如何构成的。

客户最担心的就是被骗，所以销售顾问要给客户合理的理由，告诉客户钱都花在什么地方，每一项都要有合理的解释，让客户信服、信赖，这样利于成交并保持较高的满意度，最终可能也会转化为忠诚度。

（4）销售顾问向我明确交车时间或给出合理的时间范围，并让我提前了解交车流程。

客户对车比较感兴趣，因此一旦进入谈判成交环节，客户的购买欲望已经达到极限，想在价格合理的条件下以最快的速度拥有自己的爱车，所以会更加关注车的资源。销售顾问要对库存和在途等状况有比较扎实的把握，这样才不至于在客户交钱后承诺的交车时间内违约，造成客户不满或者抱怨。

（二）谈判成交环节的阶段目标

（1）通过车辆展示和试乘试驾，顾客对产品价值充分认同，在此基础上，给客户提供包括贷款、保险和二手车置换等增值业务在内的解决方案。

在这个阶段，销售顾问除了报价外，要做的工作还有很多，包括制定提案、把握成交条件、谈及交车时间、再次强调车辆配置的基本状况及告知客户我们能提供的服务；根据客户需要，还要做融资服务，如保险、贷款、二手车置换等。

（2）通过向客户解释报价，让客户感知是物超所值的购买经历。

此次购买，客户不只是买到一部裸车，还包括诸多服务。我们都知道车辆性能的好坏不在于初期的购买，而在于日后的保养。基于此客户对经销店还有依赖，所以客户更愿意为自己未来享受周到热情的服务买单，当然要在合理范围内。

（3）通过成交信号的把握，积极促成交易。

客户很难张口说出购买决定，因此销售顾问应该学会观察，把握成交信号，适时推动成交，恰到好处地抓住机会，促成交易。

二、谈判成交条件

（一）谈判成交的前提

1. 决定者必须在场

客户想买车，购买决定来自于决策者。到了谈判成交环节，决定者不在，任何谈判都是无效的，任何价格今天也不能达成交易。所以从客户进店那一刻起，我们要通过观察，了解和识别购买决策的人，如果今天没到场，那我们就要问“今天能定吗？”通过客户的回答来再次判断决定者是不是就在今天的谈判现场。

2. 客户对品牌、车型已经明确表示认可

任何消费者在做购买决定时，都要对购买的品牌、购买的产品、购买数量及购买地等做决策。如果客户对品牌和产品都认可，谈判会比较容易进行。汽车销售中，客户对车的颜色、配置、选装装备发动机、变速箱等都有比较高的认可度，这样谈判才有效。

3. 如有置换，需完成评估

如果客户有二手车要进行置换，则需要对二手车进行评估，评估完成后，方可进行新车交易。

（二）谈判成交信号

在接待客户的过程中，销售顾问讲了很多有关汽车产品方面的知识，此时对于客户来讲，想问的问题都问明白了；对于销售人员来讲，就要往前推进，促成交易。那么什么时候推进比较合适，需要观察和揣摩客户发出的信号。在谈判成交环节，客户会发出的成交信号分两大方面，一是语言方面，二是肢体语言。

1. 语言方面

客户决定后购买，会更多地关注购买决定后的相关事宜。所以此时他会追问销售顾问各种问题：

（1）谈及与付款相关的问题。

怎么交款，现金还是刷卡？哪个银行的卡可以等。

（2）谈论颜色、内饰、装备并做肯定。

客户会再次强调，颜色就要红色，内饰颜色为黑的，别忘记我要装导航等。

（3）谈论交车时间。

客户到此时就希望能够快点拥有自己的爱车，所以他会关注什么时候有车，最快什么时间能提到车。一般销售人员都会在此环节降低客户的期望，把时间说得比真正交车时间长，以防不能按期交车，客户会产生抱怨或者不满，影响满意度。

（4）谈论售后和备件等问题。

买车和买其他商品不一样，车是高档耐用的奢饰品，需要购买后定期进行维修和保养，所以会涉及售后汽车保养的价格，维修的备件是不是原厂等问题。

（5）谈论订金、合同。

客户会问交多少订金，最少要交多少，如果出现退订状况怎么处理等。还有关于购买合同，能不能让我先看看，合同是不是合法的。

2. 肢体语言方面

不管是购买豪华车还是中低档、经济型轿车，都是一个人或一个家庭的大事，所以在进行到谈判成交环节，涉及最终价格谈判，客户可能会相对紧张，可能会通过以下肢体语言呈现出来：抖腿；两腿交叉来回换；频繁喝水；男士不停地吸烟；托腮沉思；两个人避开销售顾问在远处好像说什么；打电话询问；拿银行卡和钱夹等。

销售人员如果听到或者看到上述现象就要向前推进，抓住成交的大好时机。

（三）谈判成交主动推进的重要性

主动成交也是为我们与顾客之间实现双赢，于顾客而言可以帮助顾客抓住车源的机会，部分车型可能需要订车，主动成交也是为了让顾客提早地拥有新车。

在实际的成交过程中，如果销售顾问不主动，顾客则很难主动，特别是随着市场竞争的白热化，顾客更加理性化，如果销售顾问不拥有主动成交的意识，顾客将很难主动提及成交。我们不主动，则竞争品牌的销售人员会非常主动，将造成销售机会丢失。

三、报价前的准备

1. 环境准备

我们应尽量引导顾客到洽谈间、贵宾室进行价格的洽谈。因为这能从语境和氛围上传递着一种成交的意识。当然也能更好地让顾客感受到价格对于顾客具有私密性、针对性。另外，谈判中洽谈桌的选择最好是圆形桌，进行朋友式的洽谈方式，更利于促成交易。

2. 工具准备

在到店接待的环节已介绍了关于销售工具的准备。完备的工具可以使整个价格谈判的过程事半功倍，而且也能体现销售顾问的专业性。

3. 心态准备

在成交的过程中，销售顾问要保持足够自信的心态。自信体现在两个方面，一是对于自己要自信，二是对于产品的自信。自信的心态可以感染顾客，让客户从心理上感觉更安全踏实，从而有效地促进成交。

4. 信息准备

信息准备主要是成交前提和成交信号的准备。

四、谈判成交环节的异议处理

前面我们讲到的车辆展示环节客户的异议多为真实异议，为了顺利过渡到试乘试驾和谈判成交，我们会从根本上解决客户在产品或者品牌方面的异议。此处我们讲到的异议大多虚假异议，更多会偏重客户为自己最后的购买争取更大的利益。所以此处我们还是要分析客户提出异议的心理。

1. 来自于销售方的

（1）客户对公司、产品、销售顾问及公司提供服务等方面产生不满。

（2）经过车辆展示和试乘试驾环节后，销售人员对客户提出的问题，如承诺、产品质量、报价等，都认真解释和解答，但是客户还是表现出疑虑、不信任。

（3）销售顾问的介绍和客户的需求没有完全对接，或者销售顾问没有给客户讲懂产品。

以上是来自于销售方的异议。上述异议需要经销商或者销售顾问有针对性地进行提高和完善，尽量避免引起客户异议。

2. 来自于客户的

来自于客户的异议，很多时候是消费者想以一个最为合理和最便宜的价格买到物超所值的产品。主要有如下几方面。

（1）客户试探销售员，以确认是否受骗。

汽车销售中，客户经常会说“××品牌的车能便宜10000元，你能给我便宜多少？”这就是试探，面对这种情况，销售人员要保持清醒的头脑，灵活应对；另外销售人员还要了解市场价格行情，充分应对。

（2）讨价还价的借口。

客户此处的表现是挑剔，会找一些产品没有的功能进行讨价还价。例如，客户说：“你们有红颜色的车吗？”销售人员：“没有”。客户：“要是有，我今天就定。”如果销售顾问回复是肯定的，客户会说：“那我还是看看白色的吧”。再如有的客户准备购买的汽车没有倒车影像和导航等设备，会向销售顾问提出赠送的要求，还表示如果赠送就会马上购买。以上都为讨价还价借口。

面对上述情况，我们的处理方法是先询问原因，然后再给出合理解释。如客户对红颜色车的需求，我们要问问为什么需要红色，如果客户是为了结婚等事情购买，则说明红颜色对客户来说是必需。如果客户选择红色会是出于个人喜好，那我们就知道颜色问题可商量。

总之在此环节需要分析好客户的心理，进行合理应对。另外，还要把握成交要点，发现成交信号，主动试探；推销自己和经销商的与众不同；使用旁证。在解决客户异议后增加客户对自己和经销商价值的深层次认同。

五、谈判成交方法与技巧

（一）价格谈判的方法

1. 假设法和压力法相结合

假设法和压力法相结合是指销售人员在假定客户已经接受销售建议，在同意购买的基础上提出一些具体的成交问题，需要客户对某一具体问题作出答复，从而要求客户购买的一种成交法。

销售人员在运用此方法时，如果没有捕捉住成交信号，则会给客户造成一定的购买压力，引起客户反感，反而破坏洽谈成交的气氛。如果客户依然无意购买，不要勉强客户做强行销售，以免给客户留下强人所难的不好印象。

案例

情况一

销售人员：先生，如果您要买的话，您是选择黑色的还是选择白色的？

客户：白色的/黑色的。（没有异议，继续向下进行）

情况二

销售人员：先生，如果您要买的话，您是选择黑色的还是选择白色的？

客户：我喜欢银色的。

销售人员：您真有眼光，这款银色的车非常受欢迎，星期一刚到六辆车只剩两辆了。（此时客户会有紧张感，会加快做决定的速度）

2. 二选一法

二选一成交法是指汽车销售人员通过提出选择性问句，让客户提供的选择范围内作出回应。销售人员提出的选择事项应让客户从中做出肯定的回答，不要给客户一种拒绝的机会。同避免提出太多的方案。例如，“有几款车您选择哪个？您喜欢哪个？”“您买车是用现金、用分期，还是做按揭”“先生，您是选择手动挡的，还是选择自动挡的呢？”

3. 诱导法

诱导法是通过提问、答疑等方式，向客户提示购买所能带来的好处，以充分调动其急切购买的心理效应，营造成交气氛。例如，“目前我们在正在进行促销活动，在活动期间要买车的话，公司会有一些优惠政策”（促使有购买计划的客户提前购买）。

4. 赞美法

赞美法对客户的选择、看法等表示肯定并夸赞，让客户感觉他的选择是非常明智的，促进成交。例如，“先生，您选择这款车真是很有眼力啊，这款车数量很少，性能……”。

5. 团队配合法

在销售中既有个人的努力，也有销售人员相互的支持和配合，销售人员在展厅里面要互相配合。比如，小李利用给客户倒茶和递资料的时候说：“小张是我们这里最资深的销售人员了，他很有经验，您找他买车什么问题都可以帮您解决。”客户一听，就会想，“他是专家，我愿意跟他谈。”谈到车型的时候，这位销售人员就问小李：“那辆车还有没有了，帮我看一看。”小李马上就说：“昨天小赵有个客户也要这辆车，不知道他付钱了没有，他要是付了钱这辆车就没有了。”这个客户一听就会紧张，说“那什么时候才会有啊？请你赶紧去问一下。”销售人员问完以后，先不说结果，看客户的表情。客户说，“能不能想办法把这辆车先卖给我呢？”一听客户是这种表示，马上就说，“小赵那个客户讲了，他们两个人再商量一下，可能是下周一交钱。”这位客户一听，马上说，“他下周一，我现在就付钱。”

6. 转移法

在和客户进行谈判过程中，为避免迎合客户的价格要求，把自己陷入谈判僵局，通常采用转移法。例如：顾客和我谈价格，我就和顾客谈产品；顾客和我谈产品，我就和顾客谈服务。

7. 成本比较法

汽车的成本包括车辆购置成本、车辆使用成本、车辆养护成本、二手车残值等。一般情况下，维修成本和风险成本不可控，所以一般只考虑前三项成本。销售顾问要使用这个方法，需要知道竞争车型的相关数据。

（二）价格谈判技巧

1. 理性谈判

销售顾问和客户在经历了初次接触、需求分析、车辆展示、试乘试驾等环节，双方相处比较融洽，但是在谈判环节，我们要保持清醒的头脑，在不违背经销商利益和法规政策的前提条件下，可以给予客户一定的优惠。

2. 巧用资源

利用资源的紧缺性，可以得到客户的订单，如某款车型的预售。还有就是经销商对购车的客户可赠送小礼品、油卡、保养代金券等。

3. 不轻易让价

客户讨价还价时，不能轻易做出让步，你轻易让步了，客户就会步步紧逼，总觉得你还会有让步余地。

4. 让价要有代价

当答应客户关于降价的要求时，一定要附带的提出一个条件，这个条件需要根据当时的情况来确定。客户：“您再便宜点吧？”销售顾问：“如果您能够在我们店购买全险的话，我可以试着向经理申请这个价格”。

5. 让价不超过 3 次，越让幅度越小

在谈判成交环节，我们尽量要坚守给出客户的价格，如果非要进行让价，遵循的原则是先大后小，不超过 3 次。

依据价格谈判技巧总结得出结论：谈判的本质和核心就是让客户有赢的感觉，通过艰难的谈判，最后获得一个比较满意的价格。

任务专项实训

☞实训项目

谈判成交环节制定提案，促成交易。

☞实训目的

通过制定提案，促成最后交易，锻炼学生能够及时发现成交信号；充分利用谈判方法和谈判技巧，主动推进，达成交易。

☞实训内容

根据所给资料进行情景模拟演练。资料如下：

一汽一大众华阳大众 4S 店销售顾问郑丽媛接待了预约客户林先生，了解需求、看车、试乘试驾后，林先生给朋友打电话询问其他店价格，朋友告知能便宜 5000 元，给赠品、免费保养两次等优惠项目，林先生由于家离华阳大众店比较近，为了方便日后的维修保养等，准备在该店购车，但是销售顾问不知情，不知道客户到底怎么想。只是在需求分析环节了解到客户的家庭住址离 4S 店比较近。经过一番艰难的谈判，最后成功促成交易。

☞实训步骤

◎将学生进行分组，5 人一组，按所给资料进行角色分配。

◎以组为单位，进行情景设计。

◎每组选派一人扮演销售顾问，一人扮演客户，进行组内演练。要求组内轮流扮演上面两个角色，其他人作为观察员，记录扮演者的优点和不足。

◎选派组长抽签，选中者，在班级进行模拟演练，本组其他人和其他组员扮演观察员进行点评。

☞实训评价

◎完成情景设计。

◎完成谈判成交环节视频拍摄。

任务十一 车辆交付

知识目标

1. 了解车辆交付环节的阶段目标
2. 认识车辆交付的重要性
3. 把握车辆交付流程

能力目标

1. 能够独立完成交车前的准备
2. 能够熟练按流程完成车辆交付工作

任务导入

模拟销售顾问，完成客户的车辆交付工作，设计完美的交车流程。

销售顾问梁东预约客户李先生明天交车。李先生准备和妻子、朋友等一起到店提车。预约中李先生提醒销售顾问尽量快点，别忘记之前的承诺。

分析：

上述材料中客户李先生到店提车并提出了自己的想法。要想完美交车，满足客户的期望，需要销售顾问做好交车前的一切准备工作，还要快速执行交车流程，给客户及朋友意外的惊喜，让客户满意离店，后续客户如果介绍朋友来店购车，那整个交车过程就达到了我们的目的。

课程导航

1. 车辆交付的阶段目标
2. 车辆交付的重要性
3. 车辆交付流程

知识解读

一、车辆交付的阶段目标

（一）车辆交付环节客户的期望

客户对新车有期待，对销售顾问也有期待。

（1）新车整洁干净、无缺陷，已配有承诺过的各种选装件或精品。

客户一进店，看到自己的车子干净、亮丽地摆在交车间，客户的心情也会很愉悦。

（2）销售顾问要做好充分准备，客户进店后依然能保持热情状态，并提前准备好各种文件，节省客户的时间。

整个交车过程销售顾问能够耐心、细心地为客户服务，使交车过程能够快速、顺利地完成。

（3）在交车过程中掌握新车各项功能的操作，了解保修范围、保养间隔及成本。

在交车过程中，能够有服务顾问为客户讲解新车设备的使用方法；保险专员为客户介绍汽车在使用过程中可能会出现的事故，以及相关的保险内容。

（二）车辆交付目的及措施

汽车销售中，客户交款提车，为什么要强调交车环节？因为在交车环节客户的期望很多，为了满足甚至超越客户期望，我们为此做了很多，希望客户都能看得到，感受得到。

1. 正确的选择

通过交车环节，让客户感受此次购买是正确的选择。正确的选择包括：对品牌和产品的选择、对销售顾问的选择、对经销商的选择等。

2. 信赖感

交车环节前是新车销售，我们对销售顾问信任，所以在他的手里购车；交车后，由于经销商有售后服务部门和售后服务流程，服务顾问的出现和介绍，让客户感受到从售前到售后服务的连续性，产生对经销商的信赖感。

3. 美好回忆

客户从打算购买新车到拥有爱车的过程如同找到心爱的伴侣一样，如果有一个完美的交车仪式就会给客户留下深刻印象。

那么如何实现上述目的呢？

（1）预想客户期望。销售顾问把自己当成客户，站在客户角度考虑问题，想客户所想。

（2）创造感动。交车准备时，销售顾问应该根据客户特点，创造感动，如赠送小礼品等。

（3）意外惊喜。例如，一客户想购买一辆奥迪 Q3 作为妻子的生日礼物，他拿着妻子的身份证办理手续，销售顾问关注到了这个细节，于是在交车环节送给客户一个与其妻子属相一致的平安挂件。客户特别高兴，没想到销售顾问这么细心。

（三）车辆交付的阶段目标

（1）创造令人难忘的新车交付仪式，强化顾客的明智选择，巩固并提升顾客关系。

（2）让顾客了解如何使用和发挥新车性能，树立口碑，从而为个人和经销店带来更多销售机会。

（3）确保客户有较高的忠诚度。

二、车辆交付的重要性

1. 销售满意度的考核

汽车生产厂家对经销商销售顾问的考核中包含很多因素，如新车的车况和整洁程度，交车中对客户的关注程度，完成交车所需时间，对新车功能、用户手册等详细解释，介绍售后服务顾问，或告诉售后服务顾问的联系方式，整个交车过程感觉愉快等，所占考核比例会占到总分的 1/3。销售满意度（SSI）分数比较低就是因为交车环节做得不够好。因此，销售顾问需要非常重视新车交付的环节。

2. 保持客户的忠诚度

对于客户而言，新车交付环节才是自己梦想实现拥有爱车的时候，在这个时候心里的兴奋度才达到最高。如果销售顾问已经开始为下一个客户忙碌，而不理会已经成交了的客户，势必会引起客户心理上的变化。所以我们要重视交车环节，最终目的是让客户保持高的忠诚度，能够转介绍或者重复购买。

三、车辆交付流程

车辆交付过程我们要按照具体的交车流程来操作，执行交车流程规范，让客户对产品与服务产生高度认同，发掘更多的销售机会。

车辆交付流程如图 11-1 所示。

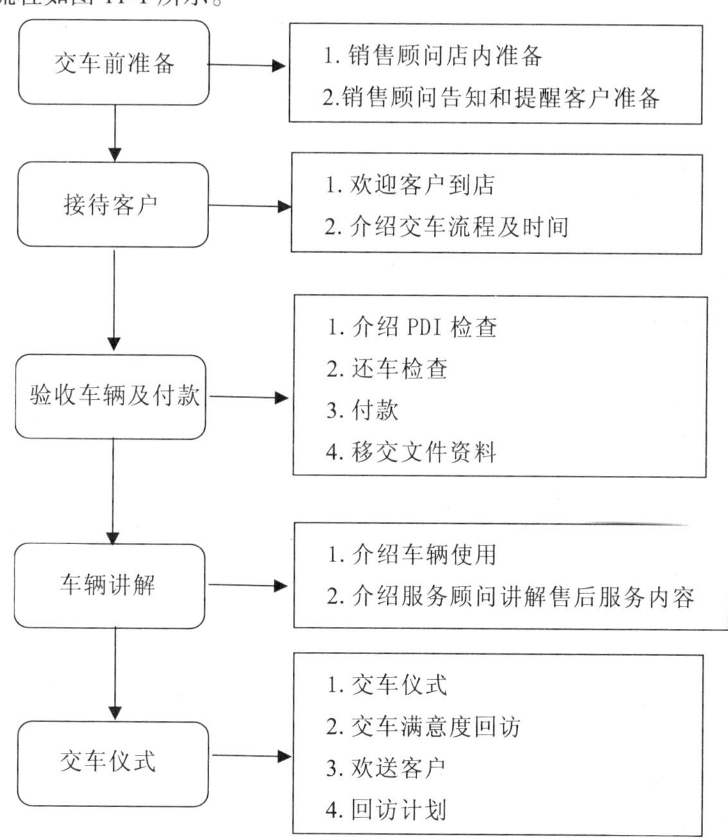

图 11-1　车辆交付流程

1. 交车前的准备

车辆交付的准备工作包括销售顾问店内准备和销售顾问对客户的提醒告知。

（1）销售顾问店内准备。

交车前的准备工作尤为重要，一定要在交车前对所有的工作，包括车辆状态、文件准备以及人员提前协调准备，避免顾客到店后由于准备工作未完成造成顾客抱怨。

① 交车前委托服务顾问进行 PDI 检查。

② 检查车辆随车文件及工具的完整性，整理好的所有文件放到交车文件袋内。

③ 提前为顾客车辆加油，确保 10L 以上。

④ 提前准备小礼物（准备充分，参加交车的客户都要赠送）。

⑤ 预先进行洗车，保证车内外清洁，预定交车位，并保证交车位清洁。

如果有条件建议经销商专门配备若干名交车人员，负责需交付车辆的整备工作，包括车辆检查、清洁、加油、礼品准备和交车位预定的协调工作。

（2）销售顾问对客户的告知和提醒准备。

提前告知顾客交车的流程以及所需要时间，让顾客提前有所准备，避免交车当天由于顾客时间紧张未及时安排，而造成仓促交车。交车前提醒顾客所需要的相关证件，避免顾客到店时由于手续不全无法提车而产生抱怨。

① 交车前提前 24 小时电话提醒，欢迎顾客前来参加交车仪式。

② 与顾客确认交车时间、付款方式及金额，并温馨提醒顾客携带相关证件与文件，包括发票、出厂证、保险单、保修单以及说明书等。

③ 向顾客简要介绍交车流程及所需时间，强调对顾客的好处，提醒顾客交车当天提前安排好时间。

④ 邀请顾客的家人或者朋友一同参加交车仪式，并询问是否有特殊要求。

⑤ 在当天进行短信提醒。

2. 接待客户

（1）客户迎接与接待。

① 销售顾问提前 30 分钟把车辆停在交车区。

② 整理仪容仪表，准备好相关文件。

③ 面带微笑，热情欢迎顾客到达。有条件的经销商，最好在门口放置有“欢迎×××到店提车”字样的展示架，营造客户到店提车的温馨氛围。所有与顾客接触过的经销商员工都需以顾客姓氏问候顾客，自然微笑并恭喜顾客，与顾客分享喜悦。

到店提车”字样的展示架，营造客户到店提车的温馨氛围。所有与顾客接触过的经销商员工都需以顾客姓氏问候顾客，自然微笑并恭喜顾客，与顾客分享喜悦。

④ 引导客户到休息区，根据客户习惯和爱好主动提供饮品。

（2）向顾客介绍交车流程以及所需要的时间。

此时比较容易引起客户抱怨，因此在交车环节要注意降低客户的期望值，预约交车时间要比实际交车时间长，这样我们在预约时间内提前完成交车，可提高客户满意度。

3. 验收车辆及付款

（1）介绍 PDI 检查。

① 告知顾客已按照 PDI 检查表提前做好车辆整备，让客户了解新车在交给他们之前已经全面检查，并完全具备交车条件。

② 按照 PDI 检查表（见表 11-1）向顾客说明相关检测项目，最后请顾客签字确认。

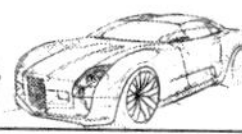

（2）还车检查。

① 引领顾客到新车旁，陪同顾客进行新车检查。

② 利用“新车交车确认单”（见表 11-2，以一汽—大众品牌汽车为例）进行确认，说明相关内容，获得顾客的确认。

（3）付款。

付款涉及两个方面，一是销售顾问方面，二是收银员方面。

① 销售顾问。

◆ 询问顾客是否可以付款，与顾客确认金额。

◆ 引领顾客到收银处进行付款。

◆ 先将收银员介绍给顾客，再将顾客介绍给收银员（姓氏尊称）。

② 收银员。

◆ 面带微笑，以顾客姓氏问候顾客，并表示祝贺。

◆ 唱收唱付，处理收款事项。

◆ 将付款材料（发票等）装入汽车文件夹，双手呈递给顾客。

（4）移交文件资料。

顾客接车前希望销售顾问能够把所有的随车文件及收据整理好并交予他们，因为交车时资料繁多，因此很多资料整理好并向他们详细说明十分必要。

① 依据各车型的首保里程，让顾客在免费保养凭证上签字。

② 车辆合格证、发票、车辆钥匙及条码、纳税申报表、保险手续等，当面核对并提醒客户保管好。

③ 移交随车资料，包括《保养手册》“服务网通讯录”“首次免费保养凭证”“售前检查证明”“安全使用说明”“三包凭证”（仅向家用汽车用户提供，非家用汽车用户不提供，必须将“三包凭证”从随车文件中取出）。

④ 向顾客介绍有关三包条款，并告知只有家用汽车享受三包服务，介绍三包有效期的内容，销售顾问负责顾客在“三包凭证”上签字确认，并当日将“三包凭证”上的存档联交索赔员存档，在“三包凭证”上加盖 PDI 章。

⑤ 向顾客介绍应当使用汽车公司认可的备件，4S 店是提供原装备件的唯一渠道。

⑥ 陪同顾客当面检查新车外观、内饰状况及随车工具/备件和随车文件的完整性，逐项核对。

⑦ 向顾客介绍“服务网通讯录”，告知均为汽车厂家授权服务网点，都能提供专业的服务。

⑧ 请顾客在“新车交车确认单”签字确认。

⑨ 将所有文件装在汽车文件夹里，并交给顾客。

4. 车辆讲解

（1）销售顾问讲解，介绍车辆的使用。

① 介绍新车，重点介绍顾客感兴趣的功能和操作，在有限的时间内让顾客熟悉爱车的基本操作。

② 解释产品配置和功能，解答顾客的疑问。

③ 使用“安全使用说明”，讲解车辆规范操作要领，并将顾客感兴趣的内容用即时贴做标记。同时提醒顾客阅读“安全使用说明”中的安全注意事项，按使用说明书的要求进行使用和维护保养。

（2）向顾客介绍服务顾问，服务顾问讲解售后服务内容。

服务顾问递交名片，主动向顾客介绍服务透明车间。服务顾问介绍的内容有：维修保养常识；维修保养周期；质量担保规定；最新 DSG 变速箱质量担保政策；24 小时的救援热线；预约服务以及好处。

表 11-1　　　　北京现代汽车有限公司 PDI 检查表

北京现代汽车有限公司

经销商代码________

经销商名称________

新车交付前 PDI 检查

车型		颜色		出厂日期		交车日期	

VIN 号	发动机号	里程显示

第一部分：内/外部环车目检

安装护车套件，除掉车身保护膜

□检查车内部与外观是否有缺陷

□检查漆面、电镀件、车内/外装饰是否有缺损

第二部分：发动机舱与轮胎

□发动机盖锁扣及支架

□蓄电池状况

□发动机配线的连接

□发动机箱软管的连接

□散热器冷却液的液位

□风挡清洗液的液位

□制动液的液位

□发动机油位

□自动变速箱油位

□离合器液的液位

□轮胎状况/气压（包括备胎）（$2.1kg/cm^2$）

□轮胎螺母扭矩（900～1100kg·cm）

第三部分：车内操作与控制

□离合器踏板高度与自由行程

□制动器踏板高度与自由行程

□油门踏板

□驻车制动器的高度与行程

□座椅/安全带的调节

□遮光

□保险丝

□儿童锁

□门锁/车窗

□眼镜盒/天窗

□车内/外灯的操作

□车内音响设备的操作与状况

□风挡清洗器和雨刮器的操作

□倒车镜/后视镜的调节

□仪表显示及点烟器

□时钟与空调

第四部分：路试

□发动机噪声

□仪表板报警灯

□ABS/气囊报警灯

□制动踏板的操作

□驻车制动器操作

□加速器踏板操作

□离合器踏板操作

□变速器换档装置操作

□加热器与通风装置操作

□后窗玻璃除霜器

□喇叭操作

□异常噪音与震动

□转向操作（方向盘转到中心位置）

□发动机性能

□自动变速器液位（热态检查）

□怠速/排放

第五部分：车辆交接

□检查随车物品、工具、备胎、千斤顶、用户手册、保修手册、合格证、钥匙是否齐备

□全车内外清洁/清洗，检查车辆是否漏水

车辆使用常识

□汽车油耗（行车电脑特点）；　□安全气囊；　□车灯雾气；　□轮胎使用注意事项；　□其他客户通信

交接确认

以上车辆经双方验收车况完好，各项工具及必要附件齐全，用户手册、保修手册、合格证等随车资料齐全。特此证明

（盖章）

检查员签字	销售员签字	销售经理签字	车主签字
日期	日期	日期	日期

经销商地址：　　　　销售电话：　　　　服务热线

说明：1. 检查项目正常打“√”，不正常打“×”。　2. 此表一式两份，销售部和服务部各一份。

表 11-2　　　　　　　　　　　　新车交车确认单

新车交车确认单

车主姓名：＿＿＿＿＿＿　证件号码：＿＿＿＿＿＿　交车日期：＿＿＿年＿＿＿月＿＿＿日

车型代码：＿＿＿＿＿＿　地盘号码：＿＿＿＿＿＿　发动机号码：＿＿＿＿＿＿

合格证号码：＿＿＿＿＿＿　联系地址：＿＿＿＿＿＿

固定号码：＿＿＿＿＿＿　手机：＿＿＿＿＿＿　销售顾问：＿＿＿＿＿＿

车况检查							
外观良好		车内外整洁		装备齐全			
随车附送的资料和物品核对							
保养手册		服务网通讯录		首次免费保养凭证		售前检查证明	
备胎		主、副钥匙		天线		千斤顶	
螺丝刀		故障警示牌		烟灰缸		点烟器	
安全使用说明书							
证件及单据点交							
发票		纳税申请表		合格证/行驶证		身份证/暂住证	
保养单		三包凭证					
车辆使用讲解							
座椅/方向盘调整		后视镜调整		电动窗操作		空调、除雾	
音响系统		灯光/仪表		引擎盖/油箱盖操作		雨刷、喷水	
油/玻璃水/防冻液及燃油标号				其他装备、安全气囊/GPS 导航/DSG/ESP/行车电脑			
一汽大众热线电话：				24 小时救援热线		服务中心电话	
服务顾问：							

祝贺您拥有一汽—大众品牌汽车，能为您提供真诚的服务，是我们华阳大众汽车销售服务有限公司的荣幸。

祝您用车愉快！

车主签字：　　　　日期：　　　　销售顾问签字：　　　　日期：

5. 交车仪式

充满喜悦的专属交车仪式会给顾客营造出一种良好的氛围，表达经销商对顾客的尊重。参加交车仪式的人员有：销售总监（展厅经理）、销售顾问、服务顾问、客户顾问等。以“鞍山何佳奥迪”的交车仪式为例说明。

案例

鞍山何佳奥迪交车仪式

◆ 将准备交付的车辆放在交车间，用红布盖好，车轮系好红布条。

◆ 当客户来时销售顾问陪同客户展厅聊天，通知其他同事准备交车仪式用品（包括10L油、两瓶水或者饮料，客户喜欢的CD等）。

◆ 主持人（随意找销售顾问）：今天是最尊贵的车主某某某的交车之日，请工作人员做好交车准备，此时放倒计时音乐，音乐结束后主持人说：由销售顾问某某某陪同车主某某某进入交车现场(走红地毯)。所有工作人员站在门口拍手欢迎，销售顾问送花(在交车间门口)。

◆ 送花的话术：今天给您交车，我特意为您订了一束鲜花，来祝贺您喜得爱车。

◆ 客户进入交车间后，放《恭喜发财》的音乐。销售顾问介绍销售经理、服务顾问、客服人员及同事。销售顾问陪同客户掀开车的红盖头，其余人员共喊口号——和佳购车、家和万事兴！然后告诉客户我们给您加10L油。

◆ 销售顾问及在场人员合影留念。

◆ 送客户开车离店，挥手告别。

（1）交车仪式的行为要点

① 交车仪式和礼品的准备尊重当地风俗的，营造顾客满意的氛围。

② 交车小礼品，切勿采用假花，礼品并不一定贵重，但一定要让顾客感受到我们的诚意。

（2）交车满意度回访

交车仪式后，邀请顾客进行满意度调查，告知顾客接下来的回访是为了更好地了解顾客的用车感受。

（3）欢送客户

提醒顾客选择就近的加油站加油，提醒燃油标号，并示意加油站的位置（加油站若太远，经销商可以制作加油站路线卡提供给顾客）。出席人员列队挥手微笑送别顾客，直至顾客远离，从视线中消失。

（4）回访计划

送走客户，我们要核对、完善CRM系统，制订回访跟踪计划。

任务专项实训

实训项目

按交车流程预约客户交车。

实训目的

通过交车，让学生认识到交车环节的重要性，掌握交车流程及如何提升客户满意度。

实训内容

销售顾问周冬雪接待了预约客户王先生明天上午9点交车。销售顾问做好了一切交车准备，

并询问客户是否有特殊事项，邀请家人和朋友一起来提车。客户一到店就看到了自己提车的展示架，步入展厅就听到销售顾问说："欢迎王先生及家人和朋友到店提车"，同时配有欢快的音乐，王先生及家人和朋友被引领到休息区。经过2个小时的时间，销售顾问提前完成了交车各个环节，进行了交车仪式后与王先生及家人和朋友告别。

☞实训步骤

◎将学生进行分组，10人一组。

◎以组为单位，分配扮演角色，包括客户、客户家人及朋友、销售顾问及经销商代表。

◎以组为单位，不同角色各自分工，准备材料、交车仪式设计等，然后练习模拟交车活动。

☞实训评价

◎完成谈判成交环节视频拍摄。

任务十二 客户跟踪

知识目标

1. 了解客户跟踪环节的阶段目标
2. 认识客户跟踪的意义
3. 把握客户跟踪技巧

能力目标

1. 掌握客户跟踪技巧
2. 能够按要求恰当地进行客户回访跟踪

任务导入

模拟销售顾问，完成车辆交付后的客户跟踪回访。

客户李先生拥有爱车有一周的时间了，他购买的是一辆 2015 年全新迈腾豪华版。销售顾问梁东当天给客户打了电话，询问了李先生对爱车的感受，还问及有没有不会使用的装备，欢迎随时打电话咨询；然后又告诉李先生，有朋友想买车的话，介绍给他，公司还有礼品赠送。彼此交流非常愉快，梁东承诺李先生，公司有好消息会及时通知到他本人。电话结束后梁东又更新完善了 CRM 系统中客户的相关信息。

分析：

上述材料我们看到销售顾问与客户进行了回访，那么要想尽量使客户开心愉悦，也有相应的跟踪技巧。

课程导航

1. 客户跟踪的阶段目标
2. 客户跟踪分类及跟踪技巧
3. 客户抱怨和投诉处理

知识解读

顾客提车后的一段时间内对车辆比较好奇，也会有很多疑问，这个时候销售顾问和客服专员及时电话回访顾客，大多数顾客是表示欢迎的，他们会感受到来自经销商的关怀。另外，从汽车

销售角度看，目前各大汽车品牌存在着竞争，不是产品本身的竞争，很多时候体现出来的是服务竞争。我们通过客户跟踪提供个性化的服务，满足或者超出客户的期望，从而使客户由满意转化为忠诚，或者转介绍客户，帮助我们进行新客户开发。到了跟踪环节我们又谈到新客户开发，这就意味着汽车销售流程如同一个转动的轮子一样，如何让它快速有效地转起来，客户的跟踪特别关键。

一、客户跟踪的阶段目标

（一）跟踪环节客户的期望

交车后一段时间内，客户对车好奇，也有新鲜感，由于交车时间有限，所以客户对车的了解也不一定完全清楚，所以交车后的联系意味着我们对客户能持续的关注。再有交车后的联系可以在发现问题后及时帮助客户处理。在此环节客户的期望如下。

（1）销售顾问在购车后继续关注我，每次联系时都提供一些有用的信息，让我感觉到有价值。

客户提车后销售顾问和客户保持持续的联系，证明不是客户买了车我们就不理他们了，要让客户感受到我们经销商和销售顾问对客户的持续关怀。而且，每当经销商有什么活动、新车型上市、自驾游、试乘试驾活动等都要及时通知客户，为客户提供值得信赖的信息，利于客户的忠诚。

（2）在回访中，继续与我建立友好的关系，使我感觉到这家经销店始终欢迎我。

在汽车销售中客户提车后还会涉及后续的维修和保养，4S 店要经常和客户保持联系，让客户感到自己是尊贵的。

在销售中，重复购买的客户也被称为回头客。一个经销商回头客比率会占客户总数比率的多少，叫回头率，它反映了企业对顾客的保持能力以及顾客对企业的忠实程度。那么客户为什么会重复购买，客户的回头率和什么有关系呢？图 12-1 所示为客户回头率的影响因素。

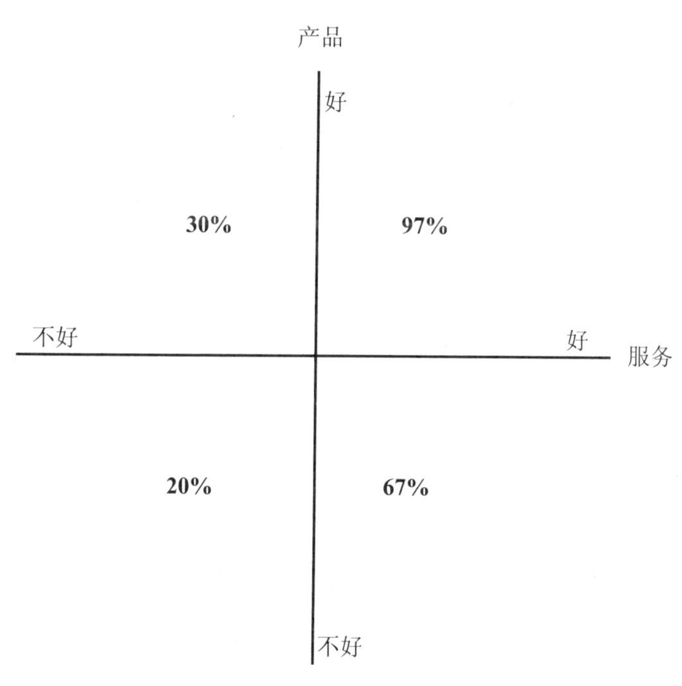

图 12-1　客户回头率的影响因素

从图 12-1 中我们会发现，客户的回头率与产品和服务有关系。服务和产品都好客户的回头率会达到 97%；服务好，产品不好（这里的不好是一般，产品处理问题，通过售后服务处理解决，能够恢复到原来状态。如果特别不好就谈不上回头），回头率会达到 67%；产品好，服务不好，回头率会达到 30%；产品和服务都不好，还是有人买，回头率会达到 20%。我们深入分析 67%和 30%这两个数据就会发现，回头率的高低更多地取决于服务的好坏。

提高顾客回头率，保持已获得的顾客，对于汽车企业是极为关键的，没有顾客，汽车企业乃至于其他企业就无法经营。不过许多企业只注意争取新顾客，并向他们推销产品，而忽视了老顾客。事实上企业得到的顾客总是有限的，为了扩大经营场所，不断提高经济效益，就必须在争取新客户的同时，加强巩固对老客户的服务意识。

（二）跟踪环节的阶段目标

（1）交车后的持续关爱和维系，赢得顾客。

目前通讯设备发达，我们可以通过各种通讯工具，对客户保持持续的关爱和联系，让客户感觉我们随时都在关爱他们。

（2）通过合适频次的回访，与成交顾客保持长久关系，寻找新的销售机会。

销售机会是以销售为目的的每一次见面或者联系，通俗地说，就是只要能带来利润增值的任何一次沟通都可以算做销售机会，如重复购买、转介绍、维修保养、旧车加装等。

（3）及时了解顾客用车过程中的不满意因素，及时响应并予以解决，以提高顾客的满意度。

任何产品都存在使用过程中会出现问题的情况，有问题不可怕，可怕的就是出了问题无人回应。我们通过回访发现问题及时处理，让产品恢复到客户最初的使用状态，快速解决客户用车问题，才能赢得客户的满意。然后通过老客户的口碑，传递购买正能量，为我们赢得转介绍。

二、客户跟踪分类及跟踪技巧

跟踪的客户主要分为以下 3 类。

1. *潜在客户*

对潜在客户进行跟踪和维系的主要目的是为了促进成交。潜在客户又分为两大类，一是基本潜在客户，二是即将成交潜在客户。

（1）基本潜在客户。

面对基本潜在客户，比如我们在活动中获得的，包括车展、网站、微信、QQ 等方式联系到的客户，要主动问候邀约到店，一次邀约不来，还要定期二次邀约，所以和基本潜在客户沟通更能够体现销售顾问的耐心和有效性。销售顾问要定期整理 CRM 系统，把客户进行分类，制订定期的跟踪计划。只要我们做了，做得足够多，就一定会有收获，关键在于坚持。

（2）即将成交潜在客户。

面对即将成交潜在客户，我们要提高跟进频率，每次电话前都要做好跟进准备，查看整理 CRM 系统，明确上次沟通时间、客户的异议、客户的表现，依据最近一次的沟通内容深入联系，想办法帮助客户解决目前他正困惑的问题；或者向客户传递有价值的信息，引导客户需求，促进成交。

2. *现实客户*

现实客户也叫保有客户。对保有客户进行跟踪主要是为了增加客户满意度，使客户的状态从片刻的欣喜达到长久的忠诚，并希望客户能够成为我们的宣传者，为我们推荐更多的新客户。保有客户的跟踪维系重在解决抱怨和投诉，寻找转介绍。

（1）客户抱怨和投诉处理。

客户的抱怨和投诉有当面进行投诉，也有电话回访中的投诉。

① 正确认识客户的抱怨和投诉。

◆ 我们要正确认识客户抱怨和投诉，只有客户发出声音，我们才能收集到更多的信息进行反馈和改进，帮助我们不断完善经营中的不足。

◆ 在遇到顾客抱怨时，不要推诿逃避，防止抱怨扩散。

◆ 对于客户的抱怨和投诉要积极应对、快速响应，按照流程及时处理。

案例

美国《白宫全国消费者协会》对客户的投诉和抱怨状态与销售人员处理及时与否对客户重复购买产生的影响做过一个调查，具体分为4大类投诉，统计数据如下：

◇ 顾客不满意，也不投诉，但还会继续购买我们商品的有9%，而91%的顾客不会再回来；

◇ 投诉过但没有得到解决，还继续购买我们商品的顾客有19%，而81%的顾客不会再回来；

◇ 投诉过但不是迅速得到过解决，会有54%的顾客继续购买我们的商品，而46%的顾客不会回来；

◇投诉后迅速得到解决，会有82%的顾客继续购买我们的商品，只有18%的顾客不会回来。

上述数据说明，面对客户的投诉和抱怨，不管是哪种状态，我们都要做出及时回应，积极处理，这样有助于保有客户对我们持续的忠诚。

② 客户抱怨和投诉处理流程。抱怨和投诉分为当面现场投诉、电话回访抱怨和投诉，其处理流程如图12-2所示。

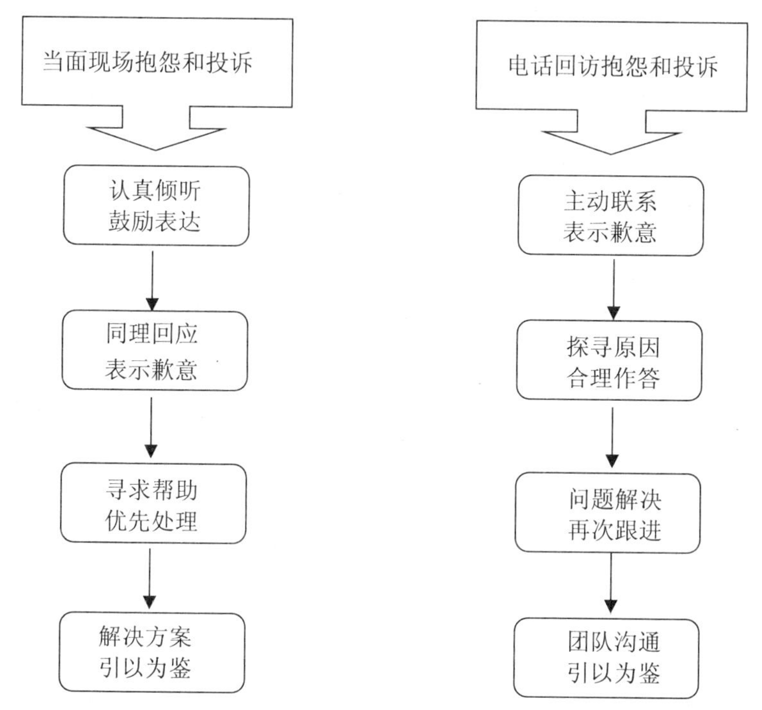

图12-2　客户现场抱怨和投诉与电话回访抱怨和投诉处理流程

◆ 客户当面进行现场投诉。这类问题的处理流程是要求我们要做到认真倾听，鼓励顾客充分表达投诉的原因，对因我们硬件或软件所造成的瑕疵表示歉意。当然在处理投诉的过程中如遇相关的技术疑问，应第一时间寻求相关部门的帮助，优先处理顾客的抱怨投诉，给出相应的解决方案。最后，在团队内部分享，做到引以为戒。

◆ 电话回访客户的投诉和抱怨。客户的抱怨和投诉问题是在回访过程中，或者是客服部门回访过程中出现。这就要求销售顾问主动联系顾客，对给顾客带来的不便和影响深表歉意。基于客服部门所反馈的问题进一步与顾客确认，以确保我们的认知是正确的。确认后需要给出相应的解决方案，并且后续跟进相应的处理结果。最后我们需要做到内部与客服之间的沟通确认投诉、抱怨消除。在夕会或周例会上与部门分享，规避后期同样的问题再次发生。

（2）寻求保有顾客的转介绍。

在新客户的开发中，老客户的介绍是一个重要的途径。因此，积极主动地向现实用户寻求转介绍，是扩大客户量的一个重要途径。

目前的汽车销售集客方式主要有两种：一种是被动的，即老客户告知新客户相关的信息，新客户与销售顾问主动联系；另一种是主动的，即销售顾问主动向老客户寻求新客户的信息，销售顾问主动与新客户进行联系，了解购车事宜。

我们要求销售顾问采用主动方式，主动向老顾客索取新客户的信息，主动与新客户进行联系，如表 12-1 所示。

表 12-1　寻求保有客户转介绍流程及话术

步骤	话术
客户关怀	“王女士，最近工作怎么样？” “王女士，您的奥迪车现在开着还好吗？”
主动寻求	“王女士，您周围有没有朋友也打算要买车？” “王女士，您能把您朋友的联系方式告诉我吗？” “王女士，如果您对我的服务还算满意的话，您能否帮我一个忙？”
新客户详情询问	“您的朋友陈小姐现在开什么车？” “根据您对陈小姐的了解，她可能会选择哪一款车？”
主动出击	“陈小姐，您好，我是××店的销售顾问×××。您现在讲话方便吗？” “您的朋友王女士前两天在我们店购买了新车，对车的质量很满意，王女士提到您也正打算购买一款新车，今天冒昧地给您打电话，主要是想了解一下您的想法。”

（3）现实客户跟踪技巧。

对于现实客户的跟踪，有的汽车 4S 店要求第一次跟踪是在 24 小时内，有的则要求第一跟踪为 48 小时；第二次跟踪时间基本为 3 天；第三次跟踪为 7 天；以后为 1 个月、3 个月、半年、一年等，都要定期跟踪。不同时段跟踪话题选择和技巧也不一样。

客户提车后一段时间内会接到来自于厂家及销售顾问的回访电话，有时候客户会很烦，那么如何与客户进行电话回访呢？

① 交车后的 3 次跟踪。

◆ 交车后第一次跟踪（24 小时或者 48 小时）。发送短信关怀顾客（电话短信、微信、QQ 等）。内容可涵盖：感谢顾客选择本经销商产品；告之服务顾问以及售后的联系方式，以便顾客能够知道在今后的用车过程中，如果有车辆保养的相关疑虑可以及时联系经销商的相关人员；告知今后如有任何疑问，会随时提供帮助。销售顾问一般都会在 2 小时左右，估计客户到家就进行第一次跟踪。

◆ 交车后第二次跟踪（3 天）。更多地从顾客用车感受上给予关注。了解顾客用车感受并能够及时帮助顾客解决问题，让顾客感受到经销店始终如一的热情服务，对顾客的疑问及时解答，对顾客提出的投诉或抱怨，做好记录，24 小时内提供解决方案。跟踪了解顾客对处理结果的满意度，及时向上级主管进行反馈，及时进行内部分享。实时进行 CRM 系统的客户信息维护。

◆ 交车后的第三次跟踪（7 天）。更多地关注顾客在经销店的购车体验。询问用户的满意

度，核算首保时间，进行首保提醒，告知顾客售后服务预约的价值与优惠。对顾客提出的投诉或抱怨，处理方法同上，并进行 CRM 系统的客户信息维护。

② 交车后三次跟踪以外，顾客的维系举措。销售顾问 1 个月、3 各月、半年、每年至少两次进行跟踪。跟踪内容在这里举例说明，具体还要根据店内情况和客户情况而定。目前销售顾问可以从如下几个方面入手。

客户关怀式跟踪：生日祝福，车辆使用，如季节年检提醒、天气变化温馨提示等。

客户利益式跟踪：优惠政策、活动提醒、新车型投放等。

客户业务式跟踪：续保提醒、保养提醒等。

3. 流失客户

流失客户的回访对于我们来说意义重大，可以让我们知道我们的差距和需要改进的地方。当然，也有很多客户之所以流失完全是因为个人对产品和品牌的偏好问题，对于这类顾客则可以请他进行转介绍。

在进行流失客户的回访时，电话回访是最常用的手段，因此需要注意打电话的礼仪和通话时间的选择，在初次接触环节中，已对电话沟通礼仪和通话时间进行介绍，此处不再赘述。

无论客户做出什么样的选择，销售顾问都要恭喜客户，以拉近和客户之间的关系。当客户愿意继续进行沟通时，适时主动询问客户购买其他品牌的原因，并根据情况主动向客户寻求转介绍。

任务专项实训

实训项目

电话跟踪回访。

实训目的

通过电话跟踪回访，让学生了解跟踪回访时间和要求，掌握跟踪技巧，顺利进行回访。

实训内容

客户常先生拥有爱车——奔驰一周的时间了，用车愉快。销售顾问在需求分析环节了解到，常先生有一个儿子，今年参加高考，还知道常先生喜欢钓鱼。基于上述情况，销售顾问周冬雪进行了跟踪回访。

实训步骤

◎将学生进行分组，5 人一组。

◎以组为单位，分配扮演角色。一个人扮演客户，一个人扮演销售顾问。

◎以组为单位设计回访问卷。

◎以组为单位，进行回访模拟演练，组内其他成员当观察员。

实训评价

◎完成回访话术脚本设计。